U0094213

改变历史的
科学故事

郑士波 魏志敏 编著

中国华侨出版社

图书在版编目 (CIP) 数据

改变历史的科学故事 / 郑士波 , 魏志敏编著 . — 北京 : 中国华侨出版社 ,2017.7

ISBN 978-7-5113-6886-7

Ⅰ . ①改… Ⅱ . ①郑… ②魏… Ⅲ . ①科学故事—作品集—中国—当代 Ⅳ . ① I247.81

中国版本图书馆 CIP 数据核字 (2017) 第 139685 号

改变历史的科学故事

编　　著：郑士波　魏志敏

出 版 人：方　鸣

责任编辑：高文喆

封面设计：彼　岸

文字编辑：李华凯

美术编辑：刘欣梅

经　　销：新华书店

开　　本：720mm×1020mm　1/16　印张：28　字数：780 千字

印　　刷：三河市金元印装有限公司

版　　次：2017 年 8 月第 1 版　2021 年 11 月第 5 次印刷

书　　号：ISBN 978-7-5113-6886-7

定　　价：75.00 元

中国华侨出版社　北京市朝阳区西坝河东里 77 号楼底商 5 号　邮编：100028

发 行 部：（010）88893001　　传　真：（010）62707370

网　　址：www.oveaschin.com　E-mail：oveaschin@sina.com

如果发现印装质量问题，影响阅读，请与印刷厂联系调换。

前言
PREFACE

人类从蒙昧时期走到科学技术发达的今天，已经走过了漫漫五千年的历程。纵观人类的文明进步史，就是一部活生生的科学发展史。毋庸置疑，科学技术是人类社会发展的原动力。科学包含了世界的全部奥秘，是揭开自然之谜的钥匙，是通向未来世界的桥梁，它的不断进步给世界带来了翻天覆地的变化。掌握了科学的人，就像搭上了一列高速列车，向着美好的未来飞奔而去。科学是人生的主要功课之一，虽然未必人人能成为科学家，但作为一个21世纪的现代人，不了解基本的科学知识，是难以想象的。

基于此，我们精心编写了这本《改变历史的科学故事》。本书以时间为线索，分外国卷和中国卷，以故事形式讲述了过去五千年世界科技发展变化的历史。从科学文明的发端到科学思想的产生，从中世纪的漫长黑夜到技术革命的尽扫阴霾，从物理学的重大突破到生物技术颠覆式的革命，娓娓道来。书中精心挑选了上百个具有影响力的科学故事，内容包括对人类具有重大影响的科学大发现、科技发明等，占星术催生了天文学、指南针与全球航行、开普勒发现了天体间的引力、神农尝百草、毕昇发明活字印刷术、郑和下西洋等均在其中，涉及物理、化学、数学、医学、生物、农业、地理、天文等多个领域，融知识性、趣味性于一体。

全书配有1000余幅精美插图，有珍贵的实物照片、现场照片、手绘插图，也有大量原理示意图和结构清晰、解释详尽的分解图等，再配以简洁、准确的图注，与文字相辅相成，帮助读者形象、直观地理解各学科知识，激发读者热爱科学、学习知识的兴趣，拓展其想象空间，使他们能在充满趣味的阅读中，轻松增长知识，并启发其思维与创造能力。另外，本书还设置了一些小栏目作为知识链接，或对专业术语进行通俗解释，或对相关知识进行补充延伸，或为实用性较强的提示说明，或为与之相关的历史档案，让读者有豁然开朗、触类旁通之感，并留下深刻印象。

厚厚一大本，却不感到沉重枯燥，带领读者步入轻松、有趣、绚烂的彩色读书之旅；对科学知识的讲述既简明通俗，又达到了准确的要求；内容编排上既注重各章节间的内在联系和逻辑顺序，又符合一般读者的认知规律；既可以作为青少年学科学的起步读物，随时随地"充电"，又适合父母与孩子一起在知识的海洋里遨游，相互学习、共同提高，还便于在急需查找某些信息时，迅速而准确地获取相关的知识；既图文并茂，又与现代审美有机结合，用新颖科学的体例、版式和装帧设计，全面打造一个融汇文字、图片等元素的全新视读世界，彰显其欣赏价值与艺术价值。

今天，"科学技术是第一生产力"的观念已深入人心，崇尚科学的精神正成为时代的主旋律。现代社会要求人们对博大精深的科学知识体系的概貌有个了解，形成与之相匹配的知识结构，以便能够与时俱进地进行知识更新。这样，才会理解和应对自然界的各种现象和社会生活中有关科学的各种问题。愿每位读者都能确立科学的观点、科学的方法和科学的精神，具备较为丰富的科学素养。

目录
CONTENTS

外国卷

中国卷

外国卷

最早的太阳历

Zui Zao De Tai Yang Li

　　一提起埃及，大家都会不约而同地想到金字塔，没错！金字塔已成为今天埃及的象征，但埃及作为四大文明古国之一，其重要的文明成果还有太阳历。

　　古埃及的太阳历是人类历史上最早的历法，约在公元前4000年就已出现，这跟尼罗河的定期泛滥关系密切。从某种意义上讲，甚至可以说是尼罗河的定期泛滥催生了太阳历，所以在这里有必要交代一下尼罗河的情况。

　　尼罗河，是上源青尼罗河、白尼罗河两条尼罗河在苏丹首都喀土穆汇合后的正式称谓。它全长6700千米，堪称世界上最长的河流，它流经坦桑尼亚、卢旺达、乌干达、肯尼亚、埃塞俄比亚、苏丹和埃及等国家，最后向北注入地中海。尼罗河主宰着其流经国家的命运，离开了它的滋润，这里的文明将灰飞烟灭。但由于尼罗河水流缓慢，泥沙不断沉积使河床持续填高，致使多次泛滥成灾，但河水退后，又留给当地人大片沃土。因此，古埃及人需找到其中的规律以趋利避害。

　　经过长期观测，古埃及人逐步发现尼罗河泛滥的规律，当它开始泛滥时，清晨的天狼星正好位于地平线上。这一点天文学上称为"偕日升"，即与太阳同时升起，于是这一天便被设定为一年的第一天。不巧的是，天狼星偕日升的周期并没有很快被发现，智慧的古埃及人并没有放弃，经过几代人的不懈努

　　世界上曾经流行过几种历法，它包括中国的授时历、欧洲古历法、希腊古历法、巴比伦古历法等。中国古历法根据月亮的圆缺和运行的周期来确定；欧洲的古历法是根据天空中星象的变化来确定的；希腊的古历法也是根据星象的变化来确定的；古巴比伦的历法是根据星象和两河河水的涨落来确定的。在这些历法中一年天数最少的是354天，最多的是384天。

两种历法的比较

从这张表可以看出古埃及的太阳历是比较科学的，它与现行的历法大致相同，这样极为有利于农业生产。

月份＼名称＼天数	古埃及太阳历	现代公历
1	30	31
2	30	28（闰年29）
3	30	31
4	30	30
5	30	31
6	30	30
7	30	31
8	30	31
9	30	30
10	30	31
11	30	30
12	30	31
宗教节日	5	
合计	365	365（闰年366）

尼罗河流域示意图
尼罗河流域是人类文明的发祥地之一，古埃及人在这里创造了辉煌的古代文明。

力，他们终于发现，天狼星偕日升那天与其120周年后那一天恰好相差一个月，而到了第1461年，偕日升那天又重新成为一年的开始。于是古埃及人设定1460年的周期为天狗周（因为在他们的神话中称天狼星为天狗）。

我们把古埃及的太阳历与当前的公历做一个简单的对比，就不难发现其科学性：一年的天数为365天，继而把一年划分为12个月，每月30天，末了还剩5天则作为宗教节日，这比精确的一回归年（365.25天）仅少0.25天，120年后少30天，1460年后就会少365天，又接近一年，如此便形成一个完整的周期。这样精妙的历法凝结着无数古埃及人的智慧。

在古埃及，人们用大量的时间进行天象的观测，特别是对天狼星位置的观测更加细致入微。他们发现，在固定的

❖ 何为"回归年" ❖

回归年就是太阳绕天球的黄道一周的时间，所以又称为太阳年。回归年是比较常用的年长单位，它的准确定义为：太阳中心从春分点到下一个春分点所经历的时间间隔。这是因为地球上的观察者由于地球绕太阳的公转而产生了太阳在天球上运行的现象，在太阳二次经过春分点的间隔内，地球正好绕日一周，是为一年。一回归年平均的长度为365.24220日，折合365日5时48分46.08秒，现在使用的历法就是以回归年作为基本计量年长的单位。

另外，由于一个回归年的12等份——30.4368日近于两个朔望月时间长度之和，阳历也把一年分成12月，但这里的"月"已与朔望没什么内在联系。

时间里，天狼星从天空消失，在太阳再次出现在同一位置时，它又从东方的天空升起，这就是一个周年。同时，古埃及人把天狼星比太阳早升起的那一天定为元旦。

古埃及人创制的太阳历对尼罗河流域的农业生产有着深远的影响，这也是古埃及跻身世界四大文明古国的重要标志之一。正是有了这样一部较为完备的历法作指导，古埃及人才得以准确预测尼罗河河水涨落，合理安排农时，做到趋利避害，获得一年又一年的大丰收，从而具备了稳定的衣食之源。

描绘古埃及控制洪水的泥版画

古埃及人根据天狼星的位移和尼罗河河水的涨落情况来确定季节，进而在此基础上确立了历法。这种历法后来就演变成了太阳历。

在这个物质基础上，古埃及才得以在宗教、建筑和医学等领域创造更加辉煌灿烂的文明成果。

胡夫金字塔

Hu Fu Jin Zi Ta

　　蓝天白云映衬下的尼罗河，缓缓向北流去，漫漫的黄沙之中矗立着一座座高耸入云的金字塔，其中最为著名的是胡夫金字塔。

　　胡夫金字塔也称大金字塔，位于埃及首都开罗西南约 10 千米的吉萨高地，它是世界上规模最为宏大，也是较为古老的金字塔，始建于埃及第四王朝第二个法老胡夫统治时期，被认为是胡夫为自己建造的陵墓，根据古埃及宗教理论，只要保护好

胡夫金字塔
它原高 146.5 米，由于风雨侵蚀等原因，现高 136.5 米，每边长 230.37 米，每个斜面的
倾角是 51° 52′。

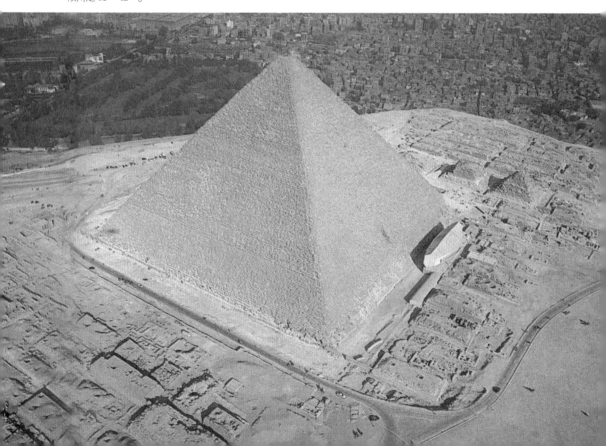

尸体，人死之后灵魂可以继续存在，3000年以后就会在极乐世界复活并从此获得永生。这与佛教理论中的轮回转世有着异曲同工之妙。有鉴于此，古埃及的每位法老便从登基之日起，便着手为自己修建陵墓，以求死后超度为神，胡夫统治时期正逢古埃及盛世，因此他的陵墓规模也空前绝后。

胡夫金字塔原高 146.5 米，后因顶端受到侵蚀，现在的高度为 136.5 米，大致相当于 40 层楼房那么高。在 1889 年法国巴黎的埃菲尔铁塔建成前，它一直是世界最高的建筑，整个塔身呈正四棱锥形，底面为正方形，占地 5 公顷，四个斜面分别对着东、西、南、北四个方位，误差不超过圆弧 3′，底边原长 230.35 米，由于年深月久的侵蚀，塔身外层石灰石存在一定程度上的脱落，目前底边缩短为 227 米，倾斜角度为 51°52′。胡夫金字塔通身由近 230 万块巨石砌成，每块石头重量在 5~160 吨，

胡夫金字塔内部示意图
这张图表明法老墓室的修建实施了三个方案，一开始，工匠们开凿了一段通向地下室的通道。然后，他们又改变了计划，开凿了一段向上的通道，之后又开始修建第二个墓室。但是，未等竣工，胡夫又下令实施了一个更大的方案，即把向上的通道延长，并扩展为宏伟的走廊，由走廊进入国王巨大的墓室。墓室上还用花岗石围成了山形墙，使其更加坚固。

石块的接合面经过认真打磨，表面光滑，角度异常准确，以至于石块间都不用任何黏

❖ 奇妙的金字塔能 ❖

何为"金字塔能"？它是金字塔形的构造物内部产生的一种特殊的能量，人们借助这种能量可以收到意想不到的奇妙效果。

其一，金字塔能具有保鲜的功能，如将一杯新鲜奶酪放进金字塔，两天以后依然鲜美如初；若将一把锈迹斑斑的钥匙放进金字塔，时隔不久，就会亮光闪烁。

其二，金字塔拥有自动制造"木乃伊"的功能，法国人安乐尼·博维于 1930 年前往埃及进入"国王墓室"，不经意发现误入金字塔的猫和老鼠的尸体，潮湿的墓室环境并未使这些尸体腐烂——它们已然干透，成为新的木乃伊。

其三，金字塔的空间形态可以使该空间内的自然、化学、生物进程发生变化，捷克斯洛伐克放射专家卡尔·德鲍尔经过实验得出这一结论。一次，他将一把刮胡刀放在金字塔模型中，满以为它将变钝，结果却相反，刀片由此变得更锋利。之后他又用这把刀片刮了 50 次胡子。

合物，全部依靠自然拼接，在没有被风蚀、破坏的地方，石缝中连薄薄的刀片也难以插入，可以想象其工艺之精湛。

胡夫金字塔的入口在其北侧面，距地面 18 米，从入口通过甬道可以深入神秘的地下宫殿，该甬道与地平线呈 30° 夹角，与北极星相对。由此可见，北极星在古埃及人的心目中有着特殊的意义。沿甬道上行则能到达国王的殡室，殡室长 10.43 米，宽 5.21 米，高 5.82 米，与地面的垂直距离为 42.82 米，墓室中仅存一具红色花岗岩石棺，别无他物，这也正是后来某些考古学家怀疑金字塔不是作为法老陵墓的一个重要论据。

古埃及人建造金字塔想象图

古埃及人建造金字塔除了主要使用人力外，还借助杠杆、绳索和滑轮等极为简单的工具作为辅助手段。

根据古希腊历史学家希罗多德等人估计，法老胡夫至少动用了 10 万奴隶，耗时 20 ~ 30 年时间建造完成。但最新的权威考古学家发现，金字塔应由劳工建造而非奴隶，其主体部分为贫民和工匠，而且采用轮流工作制，工期约为 3 个月。因为考古人员在金字塔附近地区发现了建造者们的集体宿舍等生活设施的遗迹和墓地，以及大量用于测算、加工石料的工具（作为随葬品），而奴隶是不会享受此种待遇的。

胡夫金字塔、哈夫拉金字塔和门卡乌拉金字塔在吉萨高地一字排开，组成灰黄色的金字塔群。这些单纯、高大、厚重的巨大四棱锥体高傲地屹立在浩瀚的沙海中，向世人夸耀着古埃及人的智慧和伟大。其旁边更有气势磅礴的狮身人面像相伴，高约 20 米，长约 46 米。狮子在古埃及人眼中是力量与神圣不可侵犯的象征，所以法老才选择它为自己守陵，它也确实忠于职守，一守就是 4000 多年，其间从来没有擅离职守。

集巨大、精密、和谐为一体的金字塔留给人们的不仅仅是建筑史上的奇迹，更体现了古埃及劳动人民在天文星象学、数学、力学等领域的极高造诣。

腓尼基人开创航海业

Fei Ni Ji Ren Kai Chuang Hang Hai Ye

腓尼基人是一个相当古老的民族，生活在地中海东岸，大致相当于今天的黎巴嫩和叙利亚沿海一带，曾创造过高度的文明，在公元前 10 世纪至公元前 8 世纪达到了鼎盛。

历史上，腓尼基人开创了举世瞩目的航海业，这跟他们所处的地理环境有很大关系。腓尼基人居住的地方前面为浩瀚的大海，背靠高大的黎巴嫩山，没有适宜耕作的土地，这就注定了腓尼基人不能成为农耕民族。他们转而发展起了手工业，制造出精美的玻璃花瓶、珠宝饰物、金属器皿及各种武器等。这些手工制品与异域民族产品的交易需要腓尼基人在汹涌澎湃的大海上闯出一条生路。

于是勇敢的腓尼基人驾驶自制的船只向茫茫的地中海开进了。据说，腓尼基人从埃及人和苏美尔人那里学到精湛的造船工艺。这种船船身狭长，前端高高翘起，中部建有交叉的桅杆，两侧设双层墙橹，通体看起来轻巧、结实。该船主要靠船桨划行，有时拉起风帆，可同时搭载 3 ~ 6 人。大概由 8~10 只船组成一支船队。英国大不列颠博物馆珍藏的一幅反映腓尼基船队航海盛况的浮雕，栩栩如生地刻

腓尼基人航海图

大约从公元前 10 世纪开始，腓尼基人就使用自己制造的帆船从地中海东岸港口出发，开始了远航。他们将从亚洲带来的货物运送到地中海沿岸的各个港口，同当地人进行贸易。腓尼基人除了在地中海沿岸航行外，还穿过直布罗陀海峡，向南航行到南非海岸，向北最远航行到今天的英国一带。

港口贸易
腓尼基人在地中海各个港口与当地人进行以物换物的贸易。

画了腓尼基人的航海特色。

　　腓尼基人凭借高超的造船技术和娴熟的驾船技巧，怀着无比坚定的决心，曾经航行到地中海的每一个港口，同当地的居民做各种各样的交易。腓尼基人自产的一种绛紫色染料有着很好的销路，以至于古希腊人称腓尼基为"绛紫色的国度"。后来史学家考证发现，腓尼基商人不仅航行在地中海，他们的商船队也曾经一度穿过直布罗陀海峡，进入波涛汹涌的大西洋，至今该海峡还有以腓尼基神名命名的坐标——美尔卡不塔坐标。腓尼基人由此向北直达今法国的大西洋海岸和英国的不列颠群岛；向南则一直航行到非洲南端的好望角，也有说法认为他们曾环绕了整个非洲航行。

❖　玻璃的发现　❖

　　相传，玻璃是由古代腓尼基商人偶然发现的。一次，一支腓尼基船队在运输天然碱的途中遇大风浪，只得靠岸。这些商人便从船上搬下一些碱块在沙滩上砌灶做饭。第二天，海上风平浪静。正当他们收拾好锅灶上船起锚之时，忽然发现岸上有许多珍珠一样闪闪发光的东西，这便是世界上最早的玻璃。

腓尼基字母

据说，一个名叫卡德穆斯的腓尼基工匠，一次在别人家干活忘记了带一件工具，便拿起块木板，用刀在上面刻画些什么，吩咐奴隶送给家中的妻子。卡德穆斯的妻子看完木片，二话没说就交给奴隶一件工具。原来，卡德穆斯在木片上画下的便是第一个腓尼基字母。久而久之，腓尼基文字便逐步传播开来。

腓尼基字母比当时的象形、楔形文字更实用，因为它在象形文字和楔形文字外形基础上抽象出一系列简单的符号，组成22个字母。腓尼基字母是今天欧洲诸多文字的共同祖先。

在北非，至今流传这样一个故事：古埃及的法老尼科召见几位腓尼基航海勇士时说："你们腓尼基人自称最善于远航，真是如此吗？你们要说'是'，那么现在你们就航行，从埃及出发，沿海岸线一直向前，要保证海岸总在船的左侧，最后回到埃及来见我。到时候我有重赏，如果你们觉得做不到，就实说，我也不惩罚你们，只是以后不要妄自吹嘘善远航了。"法老深知这需开辟新航道，要冒很大风险，觉得腓尼基人不会真的去做，没想到这些腓尼基人慨然允诺，接受挑战，而且很快组织起一支船队出发了。3年过去了，他们杳无音讯，法老以为这几个狂妄的腓尼基人早已葬身鱼腹。但是，在法老万万没料到的3年后的一天，这几个腓尼基人竟真的回到了埃及。开始尼科不相信他们，但他们一五一十地向法老讲了沿途见闻，还献上收集到的奇珍异宝，最后法老终于折服了。

腓尼基人的环非洲航行，堪称人类航海史上的第一次壮举。当时欧洲流行的说法是：大西洋就是世界的尽头，没有人能穿越直布罗陀海峡。但伟大的腓尼基航海勇士却跨越地中海，北抵英吉利，南达南非，进入印度洋。腓尼基人无愧于世界航海业开拓者的称号。

腓尼基人的航海取得了丰硕的成果，具有十分重要的历史意义。首先，这为其自己建立了海上霸权，垄断了航路和贸易。他们在地中海沿岸建立一系列商站殖民地，其中很多商站发展成了著名商城，进而成为强大的城邦国家，如北非的迦太基（今突尼斯），就曾一度威

郑和下西洋

在中国，远海航行开始得也很早。最著名的是15世纪初的郑和远洋航行。1405～1433年，郑和先后7次远洋航行。他率领着船队从今天的南京出发，向南航行。先后到达了东南亚、南亚、西亚和非洲东海岸。郑和开创了人类历史上远洋航行的壮举，他比欧洲人的远洋航行早了半个多世纪。

胁过罗马人。其次，腓尼基人的远航为后来的世界航海提供了第一手航海资料和宝贵的经验，同时扩大了世界各地经济、文化交流，加强了联系。

泰勒斯预言日全食
Tai Le Si Yu Yan Ri Quan Shi

　　泰勒斯（Thales），古希腊哲学家、数学家和天文学家，生活在公元前 7 世纪和公元前 6 世纪之间。他出身于小亚细亚的米利都城的奴隶主贵族家庭，泰勒斯不为显赫的地位、富足的生活所诱惑，全身心地投入到哲学和科学的研究之中，终于成为一位科学泰斗。其在天文学、数学、哲学等领域都取得了骄人的成就，但最令后人称道的还是其对于公元前 585 年 5 月 28 日日全食的预言。

　　当时的情况是：吕底亚王国与西进的米底王国（占有今天伊朗的大部）发生矛盾，双方的部队在哈吕斯河流域进行了殊死的战斗，但战争一直持续了 5 年，仍未决出高下。双方谁也没有罢手的意思，但两国的人民却因此陷入了痛苦的深渊。考虑到人民的疾苦，贵族出身的科学家泰勒斯决定凭借自己的智慧拯救黎民于水火中。泰勒斯经过缜密的观测与推算，认定公元前 585 年 5 月 28 日这天哈吕斯河一带会出现日全食的天象奇观。他到处散布流言，说日食是上天反对人间战乱的警示。但没有人把这位文弱书生的话放在心上，只不过权且当作茶余饭后的谈资罢了，根本不相信会发生什么日食。战争依旧如火如荼地进行着，但始料不及的是，

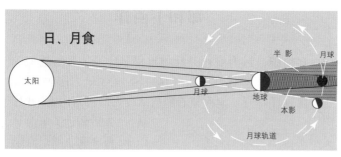

日食与日、月、地球的关系

现代科学观察得知，一年之中，食最少发生两次，而且均为日食。最多会发生 7 次：5 次日食，2 次月食。最近一次发生 7 次食的年份是 1935 年，而下一次则是 2160 年。当食发生时，太阳、月亮和地球三者必须在同一平面上。换而言之，当日食发生时，月球的本影锥必须投射在地球表面上，若三者恒在同一平面时，日食一定发生在每个朔日。

公元前 585 年 5 月 28 日这一天，正当两国的精锐部队酣战之时，天色骤然暗了下来，最后竟然与黑夜无二，交战的人马不胜惊惧，人们又想起市井上的流言，真以为神人喷怒要降灾祸于人间，于是迅速撤出战斗，化干戈为玉帛，重新言归于好，并且以

联姻的方式巩固了和平成果。从此，泰勒斯声名鹊起，受到人们的景仰和爱戴，被称为不朽的科学家。同时，人们也百思不得其解。泰勒斯是如何预测到这次日食的呢？

原来，泰勒斯研究过迦勒底人的沙罗周期，一个沙罗周期为6585.321124日或18年又11日，约为223个朔望月。既然日、月和地球的运行都是有规律的，那么日、月食的发生也就存在一定的规律性。具体而言，日食一定发生在朔月，18年11日之后日、地球、月又基本回到原来的位置上，这时极有可能再次发生日食，而对天文学熟悉的泰勒斯当然知道公元前603年5月18日有过日食。由此推算出公元前585年5月28日的日食便在情理之中了。

月球轨道交界面

日全食时，月球本影掠过地球表面所造成的全食区域，宽度不会超过270千米，而月球半影涵盖的日盖的日偏食区域——图中斜线部分——远大于日全食区域。

日全食路径

◆ 泰勒斯测量金字塔的高度 ◆

泰勒斯生活的年代，埃及的大金字塔已建成1000多年，但它的确切高度仍旧是一个谜。许多人做过努力，但均以失败而告终。

后来，人们听说泰勒斯很有学问，但只闻其名，未见其实。何不借此机会试探一下他的能力，法老也是这么想。泰勒斯慨然应允，但提出要选择一个阳光明媚的日子，而且法老必须在场。这一天，法老如约而至，金字塔周围也聚集了不少围观者。泰勒斯站在空地上，他的影子投在地面。每隔一段时间，他就让别人测量他影子的长度，并记录在案。当测量值等于他的身高时，他命人立即在大金字塔的投影处做好标记，之后再测量金字塔底部到投影标记的距离。这样，他不费吹灰之力就得到了金字塔确切的高度。

在法老和众人一再请求下，他向大家讲解了从"影长等于身长"推导"塔影等于塔高"的原理。其实，他用的就是相似三角形定理。

除了天文学，泰勒斯在数学和哲学方面也都取得了令人振奋的成就，如在平面几何方面，我们所熟知的"直径平分圆周""三角形两等边对应等角""两条直线相交对顶角相等""两角及其夹边已知的三角形完全确定"等基本定理均由泰勒斯论证并进一步归纳整理，应用到实践生活中。比如，他曾以一根标杆测出金字塔的高度。

在哲学上泰勒斯提出了唯物主义的世界观："水是万物之源，万物终归于水"，从而否定神创世界观，开创了由世界自身出发去认识世界的本来面目的先河。这对于后世的唯物主义世界观体系的形成具有一定引导意义。

古巴比伦城和空中花园

Gu Ba Bi Lun Cheng He Kong Zhong Hua Yuan

巴比伦城，曾是两河文明的象征，也是两河文明的发源地。城中的空中花园，更是令人叹为观止。

巴比伦城位于美索不达米亚平原中部，依幼发拉底河而建，位于今天的伊拉克首都巴格达以南约90千米的地方。它始建于公元前3000年，是古巴比伦王国的政治、经济中心，是当时的军事要塞。幼发拉底河穿城而过，为城市居民提供了水源和天然的城防屏障。

古巴比伦城总体呈正方形，边长达4千米，总占地超过8.5平方千米，该城有一条长达18千米、高约为3米的城墙。城墙之间由沟堑相接，并设置300余座塔楼（每隔44米就有一座）以增强防御。古巴比伦的城墙还有一个鲜明的特色，它分为内外两重。其中，外城墙又分为三重，厚度不均，在3.3米至7.8米之间。同时上面建有类似中国长城垛口的战垛，以

古巴比伦的伊什塔尔门
这座门上的装饰龙象征巴比伦的主神马尔杜克，装饰牛则是闪电之神阿达佳的象征。

方便隐蔽射箭。内城墙分为两层，两层中间设有壕沟。巴比伦城也有护城河，它在内、外城之间，河面最宽处达 80 米，最窄的地方也不下 20 米。一旦被敌攻破外城墙进入两城墙的中间地带时，它可以掘开幼发拉底河的一处堤坝，放水淹没这一地带，让敌人成为名副其实的"城"中之鳖。古巴比伦城真可谓固若金汤。

古巴比伦还有著名的伊什塔尔门和"圣道"。伊什塔尔门是该城的北门，以掌管战争的女神伊什塔尔的名字命名。其门框、横梁和门板都是纯铜浇铸而成，是货真价实的铜墙铁壁。这座城门高可达 12 米，门墙和塔楼上嵌有色彩艳丽的琉璃瓦。整座城门显得雄伟、端庄，而且华丽、辉煌。从伊什塔尔门进去，便是贯穿南北的中央大道——圣道。由于它是供宗教游行专用的，故而得名。整条圣道由一米见方的石板铺砌而成，中央部分为白色和玫瑰色相间排布而成，两侧为红色，石板上刻有宗教铭文。圣道两旁的墙壁上饰有白色、黄色的狮子像。

古巴比伦科学家在研究星空
古巴比伦的科学技术十分发达。古巴比伦人精通天文学，他们研究恒星和行星的运动规律，试图发现它们的位置与地球之间的关系。他们认为，地球是个扁平的圆盘，悬挂在太空中，为空气所包围。通过观察天相，古巴比伦人将一天定为 24 小时，每小时 60 分，每分钟 60 秒，这一方法一直沿用到现在。

巴比伦城中最杰出的建筑当数空中花园，世人称之为世界七大奇观之一。关于花园的修建还有一段动人的故事。

相传，在公元前 604～前 562 年间，古巴比伦国王尼布甲尼撒二世在位之初娶了米堤亚公主赛米拉斯。由于两国是世交，二人的婚姻是双方的父亲定下的。在今天看来，有包办之嫌。尽管如此，新娘赛米拉斯对尼布甲尼撒印象也不错，只是巴比伦这个地方令她生厌，因为美索不达米亚平原黄土遍地、沙尘满天，天气还经常酷热难耐。而她的家乡，却是山清水秀，鸟语花香，还拥有郁郁葱葱的森林，且气候宜人。久而久之，王后思乡成病，终日愁苦，一度饮食俱废，花容月貌的

✦ 苏美尔人的科学成就 ✦

公元前 4000~前 2250 年，两河流域进入了盛世，《旧约全书》称其为"希纳国"（Land of Shinar）。两河沿岸因河水泛滥而积淀成肥沃土壤，史称"肥沃的新月地带"。单就这一点看，有点像尼罗河。但由于两河（幼发拉底河与底格里斯河）不像尼罗河一样是定期泛滥的，所以确定时间就必须靠观测天象。住在下游的苏美尔人发明了太阴历，即以月亮的圆缺作为计时标准。他们把一年划分为 12 个月，共 354 天，并发明置闰的方法，以解决与太阳历相差 11 天的问题；同时把一小时分成 60 分，以 7 天为一星期。数学方面，他们还会分数、加减乘除四则运算和解一元二次方程，发明了 10 进位法和 16 进位法；把圆分为 360 度，并知道 π 近似于 3。苏美尔人甚至会计算不规则多边形的面积及一些锥体的体积。

王后很快憔悴不堪。为治愈王后的这块"心病"，尼布甲尼撒下令建造空中花园。园中的景致均仿照公主的故乡而建。今天的空中花园遗址位于伊拉克首都巴格达西南 90 千米处，由一层一层的平台组成，从台基到顶部逐渐变小。上面种满各种鲜花和林木，其间点缀有亭台、楼阁，最难得的是在 20 多米高的梯形结构的平台上还有溪流和瀑布，来此参观的人们无不啧啧称奇。

人们百思不得其解的是空中花园的供水系统和防渗漏系统，因为园中的植物和泉流飞瀑都需要水，而且用量还很大。就算让奴隶们不停地推动抽水装置，把水抽到花园最高处类似水塔的装置中，再顺人工河流流淌，那将需要多少奴隶呢？又得多大的抽水装置呢？即便这些条件都满足了，水流下后势必危及花园的地基，那时的尼布甲尼撒陛下又是如何应对的呢？这真是一个千古之谜。

古巴比伦空中花园
这是后来人们根据文献记载而描绘出的巴比伦空中花园的大致模样。从中我们可以看出，它的确是一座宏伟的建筑，堪称当时的世界奇迹之一。

德谟克利特提出原子理论

De Mo Ke Li Te Ti Chu Yuan Zi Li Lun

德谟克利特（Democritus），古希腊哲学家，出生于色斯雷的阿布德拉，是古希腊朴素原子论的集大成者。需要指出的是，这里谈到的原子论与现代科学原子论不同，它只是哲学层面上的原子论。

德谟克利特小时候就对自然科学发生了浓厚的兴趣，热衷于学习和思考。他曾经师从波斯术士和星象象，初步了解了一些神学、天文学知识。在这一阶段，他还注意培养自己的自制力和想象力。

德谟克利特成年以后，先后游历埃及、巴比伦、印度和雅典等文明中心，学习哲学、数学和水利等。他回到家乡阿布德拉时已经有很高的学问，并被公推为该城的执政官。但即便在从政期间他也从未丢下对哲学、自然科学的研究工作。

德谟克利特在原子论领域做出的贡献离不开其恩师留基伯的引导和教诲。正如牛顿所说，只有站在巨人的肩膀上，你才能看得更远，取得更大的成就。德谟克利特完全继承了老师的原子学说，认为原子从来就存在于虚空之中，无始无终；原子和虚空构成了宇宙万物，原子本身是最小的、不可再分的物质粒子。"原子"一词在希腊语中的本意即为不可分割。这种观点在当时是很先进的，对后来的科学原子论的形成也有一定的启发作用。

德谟克利特在继承老师的

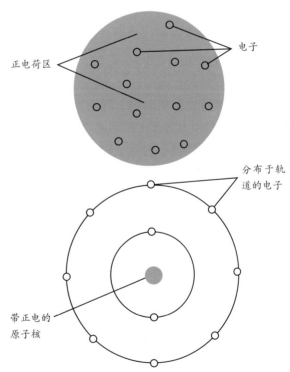

电子

正电荷区

分布于轨道的电子

带正电的原子核

早期的原子模型图

早期的欧洲科学家认为，原子由原子核和带电的电子构成。电子均匀地排列在以原子核为中心的圆形空间区域内。

❖ 德谟克利特的认识论 ❖

德谟克利特本身作为一个哲学家，他同样关注认识论问题，不过他还是利用了原子论。他认为"影像"是由从事物中溢出的原子构成。这种所谓的影像作用于人的感官和心灵，感觉和思想由此产生，这看起来很是牵强。德谟克利特对于认识论的主要贡献在于区分了感性认识和理性认识。他把感性认识称为"暧昧的认识"，而把理性认识称为"真理的认识"。他认为感性认识是对原子本身性状的感知，而人们对周围事物不同颜色、形状的判断就是理性认识。由于原子本身没有质的差别，所以感性认识有必要上升为理性认识。这对于认识论的发展有着非凡的意义。

成果的基础上，又进一步提出，原子虽不可分，用肉眼不能观测到，但在体积、形状、性状和位置排列的特征方面仍存在差异，他举例说水之所以能够流动，就因为水原子表面光滑，彼此之间易于滑动；而铁的形状非常稳定，则源于其原子表面凹凸不平，原子之间易于啮合而非常稳固。德谟克利特还从原子的角度解释了"生"与"死"。他说原子虽然不生不灭、不增不减，但它们所构成的化合物却由于原子的排列次序等不同而性质经常发生改变，从而使一种物质演变为另一种物质。于是人们由此产生了"生"与"死"的概念。这一点与事实基本吻合，体现了德谟克利特的研究水平。

德谟克利特根据他的原子理论发展了天体演化学说。他认为在原始的宇宙旋涡运动中，质量较大的原子逐渐成为旋涡的中心，由于自身旋转而形成球状聚合体，如地球。同时质量较小的原子则围绕该中心旋转，宇宙空间的部分原子由于高速旋转而日趋干燥，最终燃烧形成恒星体。

德谟克利特理论的进步性还表现为，他否定了神的存在。他认为神是原始人由于自然知识贫乏，对自然现象解释不清而莫名恐惧才臆造出来的。他还解释说，所谓灵魂也是由原子构成的物体，一旦原子间的结合方式改变，这种物体也会消亡。

德谟克利特的原子论在当时看来虽然先进，但与现代科学原子论仍有着质的差别。它只能算是哲学领域的原子理论，因为他的结论产生于思维和直觉，而现代科学理论都建立在定量试验和严密的数学推理的基础上。同时他一直认为原子不可再分，与事实不符，这不能不说是一个遗憾。不过在他生活的时代，能达到这样的认识水平已难能可贵。

德谟克利特一生的研究涉猎天文、地理、生物、物理、数学、逻辑等诸多领域，并且有许多创见和专著。马克思称之为"古希腊第一个百科全书式的学者"。

博学的亚里士多德

Bo Xue De Ya Li Shi Duo De

亚里士多德
古希腊伟大的哲学家和思想家。
他提出的一系列理论在欧洲流
行了近 2000 年。

　　亚里士多德出生在希腊的沿海地区，后移居雅典，在那里师从哲学大师柏拉图。这为其日后在多个领域取得成就奠定了雄厚的基础。

　　亚里士多德是伟大的哲学家、科学家和教育家，在哲学、政治学、教育学、逻辑学、生物学、医学、天文学、物理学都有所创见。他在哲学方面著有《形而上学》一书。在书中他提出了著名的"四因说"，即构成事物的要素必须包括四个方面：质料因、形式因、动力因和目的因。质料因是形成的基本物质，形式因是物质存在的形式，动力因是物质存在的原因和作用，目的因则为设计物体所要达到的目的。四种因素搞清楚了，人们对物体也便有了清晰的认识。

　　除了哲学，亚里士多德对科学也有许多独到的见解。在天文学方面，他相信地心说。同时，他认为地球和其他天体由不同物质构成，前者由水、气、火、土组成，而其他天体则是由"以太"构成。在物理方面，他否定了原子论，更不相信有什么虚空；在生物学方面，得益于他的学生亚历山大大帝的帮助，亚历山大带兵远征各地期间经常为他带回各种动植物的标本供他研究。亚里士多德亲自解剖过 50 多种动物，以了解它们的生理构造，而且他还对动植物进行了初步分类。当时，

◆ 亚里士多德的《物理学》 ◆

　　亚里士多德在物理方面的成就多体现在《物理学》一书中，这部书主要从三个方面讨论了事物的运动问题。第一，运动的本质、种类和形式，运动的本质就是运动物体潜能的实现，潜在的能力得以实现即为运动。运动的形式可分为两种：环形运动与直线运动。第二，运动的条件——地点与时间，任何事物的运动总是在一定的时间和地点中进行的，所以地点和时间是运动的必要条件。第三，运动与运动者，亚里士多德认为一切运动的物体必然被某物所运动，要么被自身的运动本原所运动，要么被他物所运动。

亚里士多德区分的种类已达500多种，为后来生物学发展起到了积极的引导作用。

亚里士多德经过不懈努力，做出一些创造性的发现，如鲸不是鱼，它是胎生。他还关注过遗传学方面的问题，提出："黑白两个不同肤色的人结婚以后，其子女是白皮肤的，但再过一代在孙子、孙女中又会出现黑皮肤的人。这种隔代遗传是怎么一回事呢？"这个伟大的问题虽在2000多年前就已被提出，但直到20世纪，隐性基因才圆满回答了这一问题。

雅典学院图

这幅图画描绘的是亚里士多德和他的老师柏拉图在雅典学院辩论哲学问题时的情景。

在教育方面，亚里士多德也堪称一代宗师。亚里士多德经过对儿童身心发展的充分考察，又结合自己的人性论、认识论等方面的成果，形成一套独特的教育思想。他认为人是通过灵魂来感觉和思考的，灵魂借助身体的各种感官感知外界事物，再经过自身理性的思考最终形成知识和真理。鉴于此，亚里士多德把灵魂分为两部分，一是非理性灵魂，其功能是本能、感觉、欲望等；二是理性灵魂，它的作用是思维、理解和认识。亚里士多德强调教育的目的在于，在非理性灵魂的基础上充分发挥理性灵魂的作用，以理性灵魂的充分发展作为终极目的。

亚里士多德为践行自己的教育思想，开设了专门的哲学学校。在他的学校里非常注重实践，认为只有在实践活动中学生才能获得德、智、体等方面的全面发展。在师生关系方面，亚里士多德倡导教学相长，反对师道尊严和学生只能被动接受的做法。他有一句名言："吾爱吾师，吾更爱真理。"而且他身体力行，突破了其师的理论范围，开创了新的境界。

亚里士多德成果之多，达到了令人吃惊的地步。他一生有170部专著，流传下来的有47部。这些著作涉及天文学、动物学、胚胎学、地理学、地质学、物理学、解剖学和生理学等各门学科，是名副其实的百科全书。

亚里士多德对世界的贡献是空前绝后的，绝对称得上是伟大的、百科全书式的大师。有鉴于此，后人将他与其师柏拉图，还有苏格拉底并称为古希腊三贤，也有人将这三人喻为古希腊科学史上三座高峰。恩格斯称其为"最博学的人"，实不为过。

欧几里得和《几何原本》

Ou Ji Li De He Ji He Yuan Ben

欧几里得，古希腊著名数学家，是几何学的奠基人。

欧几里得出生在雅典，曾经师从柏拉图，受到柏拉图思想的影响，治学严谨。后来在埃及托勒密国王的盛情邀请下，到亚历山大城主持教育，成果非凡。托勒密国王本人对数学较感兴趣，但又无心深究，经常浅尝辄止，总是询问欧几里得有没有什么捷径。欧几里得则郑重其事地告诉他："在几何的王国里，没有专门为国王铺设的大道。"国王为欧几里得严谨的治学态度所打动，后来这句话成为激励学习者不畏艰苦的箴言。

欧几里得在系统地总结前人几何学知识的基础上，加上自己的创造性成果，开创了一门新的几何学，人们称之为欧氏几何学。欧氏几何学的显著特点是把人们已公认的定义、定理和假设用演绎的方法展开为几何命题。从此，几何走上了独立发展的道路。

欧氏几何学的集大成著作是《几何原本》。在这本书中，欧几里得集中阐述了自己的几何思想。《几何原本》共13卷，每卷（或几卷一起）都以定义开头。第一卷首先给出23个定义，如"点是没有面积的""线只有长度没有宽度"等。同时也给出平面、直角、锐角、钝角、平行线等定义，然后则是5个假设。作者先做出如下假设：（1）从某一点向另一点作直线，（2）将一条线无限延长，（3）以任意中心和半径作圆，（4）所有的直角都相等，（5）若一直线与两直线相交，使同旁内角小于两直角，则两直线若延长，一定在小于两直角的两内角的一侧相交（此后的许多学者都试着证明这一假设，却没能成功，这引发了非欧几何学的创立）。5个假设之后是5条公理，它们共同构成了《几何原本》的基础。

《几何原本》前6卷为平面几何部分，第

欧几里得

古希腊数学家，几何学的奠基人和开拓者。他在数学领域内的贡献是非常大的，他开创的欧氏几何学成为后来几何学的基础。

◆ 非欧几何简介 ◆

非欧几何，顾名思义，指不同于欧几里得几何学的一类几何体系。它的主要构成是罗氏几何和黎曼几何。非欧几何与欧氏几何最主要的区别在于各自的公理体系中采用了不同的平行公理。罗氏几何的平行公理是：通过直线外一点至少有两条直线与已知直线平行。而黎曼几何的平行公理是：同一平面上的任意两条直线一定相交。

非欧几何的创建打破了欧氏几何一统天下的局面，从根本上革新和拓展了人们的传统几何学观念，导致人们对几何学基础展开新一轮的深入研究。同时对于20世纪初的经典物理学在空间和时间方面的物理观念变革起了重大的引导和启发作用。现在人们普遍认为宇宙空间更符合非欧几何的结论。

一卷内容有关点、直线、三角形、正方形和平行四边形。其中包括著名的"驴桥"命题，即"等腰三角形两底角相等，两底角的外角边相等"；面积贴合问题："在一已知直线（段）上以已知角贴合一平行四边形等于一已知三角形"；著名的毕达哥拉斯定理："直角三角形斜边上的正方形的面积等于直角边上的两个正方形的面积之和。"

第二卷在定义了馨折形之后，给出14个命题，作为第一卷中有关面积变换问题命题的延续。如果把几何语言转换为代数语言，这一卷当中的第5、6、11、14命题就相当于求解如下二次方程：$ax^2-x^2=b^2$、$ax+x^2=b^2$、$x^2+ax=a^2$和$x^2=ab$。

第三卷包含37个命题，论述了圆本身的特点，圆的相交问题及相切问题，还有弦和圆周角的一些定理。

第四卷，全都用来描述圆的问题，如圆的内接与外切，还附有圆内接正多边形的作图方法。

第五卷发展了一般比例论，第六卷是把第五卷的结论应用于解决相似图形的问题。第七、八、九卷是算术部分、讲数论，分别有39、27、36个命题。第十卷包含115个命题，列举了可表述成 a±b 的线段的各种可能形式，最后三卷致力于立体几何。《几何原本》的许多结论由仅

这是希腊文《几何原本》一书的部分内文。

有的几个定义、公设、公理推出。它的公理体系是演绎数学成熟的标志，为以后的数学发展指明了方向。欧几里得使公理化成为现代数学的根本特征之一，不愧为几何学的一代宗师。

亚历山大港的法洛斯灯塔

Ya Li Shan Da Gang De Fa Luo Si Deng Ta

在埃及的亚历山大港附近的法洛斯岛上，历史上曾矗立着一座法洛斯灯塔，与埃及的金字塔、巴比伦的空中花园等并称世界七大奇迹，但它又个性鲜明。

法洛斯灯塔不带任何宗教色彩，是一座纯民用建筑。大约公元前300年，马其顿国王亚历山大大帝的部下托勒密·索格取代亚历山大成为埃及之主，并宣布新城亚历山大为国都。鉴于亚历山大港的航道十分危险，他便采纳下属建议，下令由建筑师索斯查图斯在港口的入口处建造一座灯塔，以方便引导航船入港。由于该塔建在港口附近的法洛斯岛，故而得名。

建于法洛斯岛上的大灯塔及卡特湾要塞遗址。

法洛斯灯塔设计高度为122米，是当时世界最高的建筑物。灯塔塔身以白色的大理石建成，洁白如玉，蔚为壮观。该塔分为三层，底层为四角柱体，高约105.3米，是整座塔的基座；中层为八角柱体，高度约为20米，直径较底座部分略小，以增加灯塔的稳固性；顶层则是圆柱状，高度约为8米。顶层之上巍然屹立着海神波赛冬的雕像，凝视着大海上的航船，给整座建筑物增添了不少生机与活力。法洛斯灯塔从下到上结构紧凑，浑然一体，为苍茫的亚历山大港湾平添了一道亮丽的风景。

法洛斯灯塔的工作原理是这样的：塔内螺旋式阶梯直通塔顶，平时有专人负责运送燃油，而位于塔顶瞭望台的引航员在夜间就点燃引航灯，再通过一组巨大的镜片聚光反射出去，这样海上夜航的船只就能找到航标，就能安全地进港靠岸；

◆ 帕特农神殿 ◆

　　在蔚为壮观的亚历山大灯塔建成的同时，古希腊的帕特农神殿也已经巍然屹立于雅典老城区卫城中心。该神庙由著名建筑师与雕刻师菲迪亚斯设计。

　　神庙总体呈长方形，长约69.5米，宽约30.8米，有46根多立克式环列圆柱构成柱廊。其额枋、檐口、屋檐多处饰有镀金青铜盾牌、各种文饰和珍禽异卉等装饰性雕塑。中楣饰带由92块白色大理石板装饰而成，并配有描述希腊神话内容的连环浮雕。东西庙顶的"人"字墙上，雕刻着乘4马金车在天空奔驰的太阳神赫利俄斯、侧身躺卧的酒神狄俄尼索斯和驾银车遨游太空的月神塞勒涅的浮雕以及描写火神赫淮斯托斯劈开万神之王宙斯的脑袋，雅典娜全身披甲从中跃出的一组浮雕。

　　神庙主体建筑为两个大厅，两旁各倚一座有6根多立克圆柱的门厅，东边门厅通向内殿，殿内供奉着巨大的雅典娜女神，神像设计灵巧，可搬动、转移、隐蔽。帕特农神庙是多立克式建筑艺术的登峰造极之作，有"希腊国宝"之称。

而在白天，就只用镜片反射日光。据史料记载，无论白天还是黑夜，法洛斯灯塔都能为56千米内的船只引航。同时，由于亚历山大港的军事战略位置，灯塔在战时还作为侦察敌情的平台使用。

　　法洛斯灯塔一度成为亚历山大的标志性建筑，后来由于埃及迁都开罗而遭遗弃。956年、1303年和1323年，该地区发生三次大规模的地震，几乎将这座雄伟的灯塔毁尽。这还不算完，在1480年，当地的统治者居然用灯塔残存的大理石来加固城堡。至此，千年灯塔销声匿迹。直到1996年11月，几名潜水员在地中海深处发现了法洛斯灯塔残存的基石，这座已消失几百年的古灯塔才重新露面，引起人们的关注。近几年以来，考古学家对亚历山大港的法洛斯灯塔进行了一系列的发掘工作，以期对它有更深的认识。

亚历山大港灯塔（想象图）
亚历山大港灯塔曾经被誉为世界七大奇迹之一。现在该塔已不复存在，人们只能从各种文献资料中一窥其特色。

阿基米德的故事

A Ji Mi De De Gu Shi

阿基米德是古希腊伟大的数学家和力学专家。他出身贵族，但酷爱学习，11岁时就来到埃及的亚历山大里亚城学习哲学、数学、天文学和物理学等学科。还受到过埃拉托塞和卡农（二人均为欧几里得的学生）的亲自指点，是与牛顿、高斯齐名的伟大数学家。

阿基米德一心扑在科学研究上面，达到了忘我的境地，留下了许多佳话。比如他发现浮力定律的过程便是这样一个典型。

故事是这样的：叙拉古国王命王城的金匠打造一顶新王冠，要求纯金制作。但是，金匠在制造金银器皿时掺杂使假、中饱私囊，这在当时已是司空见惯。因此，等到王冠打造完成以后，国王想到的第一件事便是如何检验王冠的纯度，但又不能破坏了近乎完美的王冠。这可愁坏了叙拉古国王和朝臣。最后大家一致决定把这道难题交给宫廷教师阿基米德来解答。

阿基米德开始也想不出什么好办法，但他没有放弃。这也许就是科学家与普通人的差距所在。有一天，他在洗澡时浴盆中溢出的水触发了他的灵感：既然人体入水愈深，溢出的水愈多，那么若是将王冠投入水中，溢出的水量也就应等于同等重量的黄金排出的水量。如若不相等，就是掺了假。想到这里，他从澡盆中一跃而起，赤身裸体地跑到大街上，一边跑还一

古希腊物理学家阿基米德
这是拜占廷壁画中的一部分，描绘了罗马大军攻破叙拉古城时，阿基米德仍沉醉于数学研究之中，图中他双手保护着自己的数学工具，两眼愤怒地回望着什么（原图中站在他身后的是一持剑的罗马士兵）。

浴盆中的阿基米德
传说阿基米德到公共浴池洗澡受到了启发，发现了有名的浮力定律，即浸在液体中的物体受到向上的浮力，其大小等于物体所排出液体的重量。

边喊："尤里卡，尤里卡（找到了）！"自己却浑然不觉。事后人们知道了事情的来龙去脉，无不感叹阿基米德专注于科研的精神。

阿基米德有一颗聪明的大脑，解决了许多复杂的问题，但有时也把问题想得十分简单。例如，在他发现了杠杆原理（力臂和力的大小成反比）后，就对国王说："在宇宙中给我一个支点，我就可以撬起地球！"而叙拉古国王笑笑说："可爱的阿基米德先生，向宙斯起誓，你说的这个支点是无论如何也不存在的。"

◀ 阿基米德的科学成就 ▶

阿基米德在许多科学领域取得令同时代科学家高山仰止的成就。在数学领域，阿基米德使用"穷竭法"求得了抛物线弓形、螺线、圆形的面积和椭形体、抛物面体等复杂几何体的体积，被公认为微积分计算的鼻祖。他还利用此法估算出了 π 值，得出了三次方程的解法。他还提出了一套按级计算法，并利用它解决了许多数学难题。他主要的数学著作有《论球和圆柱》《论劈锥曲面体与球体》《抛物线求积》和《论螺线》。在力学领域，阿基米德的成就主要集中在静力学和流体力学方面。在研究机械的过程中，他发现了杠杆原理。在研究浮体过程中，他发现了浮力定律。他著有《论平板的平衡》《论浮体》《论杠杆》《论重心》等力学著作。在天文学领域，阿基米德设计了表现日、月食现象的仪器。他还提出地球是球状的，并绕太阳旋转，比哥白尼的"日心地动说"早1800多年。

阿基米德这才意识到自己把事情想得太理想化了。这也反映出他对自己的观点深信不疑，而且永远是那么肯定，不论在别人看来是如何荒唐。

难怪罗马历史学家普鲁塔克说："他是一个中了邪的人。"令人惋惜的是，这位智慧、可爱的阿基米德先生最后竟死于敌人的利剑之下。那是公元前212年的一天，罗马远征军攻破了叙拉古的城防，一名士兵闯进了他的住所，用一把利剑指向他的咽喉刚要开口，阿基米德却出人意料地说道："先等我把这个原理证完再说。"这位罗马士兵没能理解他的意思，一怒之下竟杀死了这位科学大师，给后人留下无尽的遗憾。

测算不规则物体的体积或质量
把桃子完全浸在水中，根据它的排水量，可测算出它的体积。

罗马统治者为阿基米德的智慧所折服，为他举行了盛大的葬礼，将其安葬在西西里岛，并为之建造了圆柱内切球状的墓碑，以彰显他在数学上的杰出贡献。

特别提示

杠杆原理

定义：一根硬棒，在力的作用下，如果能绕着固定点转动，这根硬棒就叫作杠杆。

说明：杠杆是物理学中特定条件下一个总名称，它必须要满足以下几个条件：

①有力作用在物体上，这个力能使物体转动。

②当物体转动时，必须绕着一个固定点转动。

③这个硬棒在力的作用下不发生形变，但不一定非是直棒，任何形状都可以。

④转动中受到阻碍转动的力。

杠杆的五要素：

动力（F_1）：作用在杠杆上，使杠杆转动的力。

阻力（F_2）：作用在杠杆上，阻碍杠杆转动的力。

支点（O）：杠杆绕着转动的点。

动力臂（L_1）：从支点到动力作用线的距离。

阻力臂（L_2）：从支点到阻力作用线的距离。

阿基米德浮力定律

因为物体各个面都要受到水的压力，但是在两侧水的压力大小相等、方向相反，互相平衡。而上下两面由于深度不同，受到水的压力由于深度不同而大小不同，下表面由于深度大，向上的压力大于上表面向下的压力，根据二力的合成，物体受到的合力就向上，这便是浮力，故浮力总是竖直向上的。

浮力的大小：$F_浮 = F_{向上} - F_{向下}$

阿基米德原理：浸入水里的物体受到向上的浮力，浮力的大小等于它排开的液体受到的重力。

①阿基米德原理也适用于气体，浸没在气体里的物体受到浮力的大小，等于它排开的气体受到的重力。

②浮力的大小与物体的密度无关。

③浮力的大小与物体的形状无关。

④浮力的大小与物体的全部浸入液体后的深度无关。

托勒密

他为"地心说"提出了许多"理论"依据，其中某些还具有合理的成分。

托勒密的错误

Tuo Le Mi De Cuo Wu

托勒密生于埃及，父母都是希腊人。关于他的生平，史书记载得很少，但他的"错误"却是尽人皆知。

托勒密犯了一个著名的错误，那便是地心说。说它是错误，那是实事求是，但同时它也是不折不扣的科学。之所以称之为科学，是因为它在科学史上的进步意义。

其实，首创地心说的是亚里士多德。托勒密全面继承了这一学术观点，同时依靠前人的积累和自己长期观测得到的数据，写成了 13 卷本的《至大论》。在该书中，他将地球之外的空间分为 11 个天层，依次为月球天、水星天、金星天、太阳天、火星天、木星天、土星天、恒星天、晶莹天、最高天和净火天。托勒密认为，各行星都围绕着自身的轴心转动，同时每个行星的轴心又以地球为中心做圆周运动。他以地球为中心的圆周为"均轮"，各行星自转的圆周为"本轮"。他还承认地球不在均轮的正中心，从而均轮都是一些偏心圆；众恒星与日月行星一道绕地球公转。托勒密所描绘的数学图景并不符合实际情况，但对于当时观测的行星运动情况解释得近乎完美，而这一理论在航海上也具有一定的实用价值。托勒密自己对这一理论体系的评价是：不具备物理的真实性，仅仅作为计算天体位置的一个数学方案而已。但人们还是接受了它，认为它是科学的。

之所以在托勒密犯下这样的错误之后，当时的世人又犯了一个错误（接受他的观点）是有一定原因的。第一，绕着某一中心做匀速圆周运动的提法暗合于当时占主导地位的柏拉图思想，与亚里士多德的物理学也是吻合的；第二，以几种圆周轨道的组合说明行星的位置和运动状况，与实际相近，相对于以前的体系而言是一种进步，还能解释行星的亮度差异；第三，地球处于宇宙中心不动的说法令人们安心，也与基督教义的说法一致。如此一来，在以后 1000 多年的时间里，人们对此深信不疑。

直到 15 世纪，哥白尼才指出了这一理论的谬误。人们对于宇宙中心这个问题的认识一步步朝着正确的方向发展。不幸的是，我们逐渐认清了谁是宇宙中心的时候，不经意地又犯下了另外一个错误，那就是全面否定托勒密及其地心说。

在上海交通大学科学史系的研究生入学考试中，不止一次地出过这样一道题："试论托勒密的天文学说是不是科学。"结果呢，大部分考生在这道题上栽了跟头，众口一词地说它不是科学，错误的理论怎么能成为科学呢？而正确答案恰恰相反：它是科学。可见持这种错误观点的人不在少数，为什么呢？因为我们从小学到大学的教育中历史唯物主义和辩证唯物主义的精神贯彻得太少。

何谓科学？科学是一部不断进步的阶梯。今天的"正确"结论，明天可能成为悖论。如果我们否定托勒密是对的，那么哥白尼、开普勒和牛顿又将如何评判？太阳也不是宇宙的中心；

托勒密天体系谱图

这张天体图从整体上看是错误的，但它也有某些合理性和科学性。

◆ 托勒密的著作 ◆

《至大论》是托勒密的一部重要著作，不再赘述。他另外还有其他九部著作：《实用天文表》，将《至大论》中的天文表单独汇编，并对其中参数加以修订以方便实际应用。该书一直被用到中世纪以后。《日晷论》，主要研究日晷的角度、投影和比例的问题，相比古罗马工程师维特鲁威的《建筑十年》，在具体技巧有诸多改进。《平球论》专注于各种圆的平面投影，形成构造平面星盘的理论基础。《地理学》是当时地理学和地图学知识的集大成之作，在地理方面居于重要地位，全书共分为八卷。《恒星之象》仅有第二部分存世。在书中，作者列举了一些明亮恒星的偕日升与偕日落，是对于《至大论》在这一领域的补充。《星象假说》《四书》《光学》《谐和论》等著作或因失传，或因后人记述颇有争议，这里不再一一赘述。

行星的轨迹亦非精确的椭圆；"绝对时空"是不存在的，我们只能一并称之为"伪科学"，显然这是不负责任的做法。所以我们必须按照辩证唯物主义和历史唯物主义的要求，重新划定科学的界限，即具有进步意义，推动人类社会向前发展的理论就具有科学性。托勒密的理论符合这一点：第一，他肯定大地没有支托，而是悬空的；第二，认识到行星和日月是离地球较近的天体群，走出了把太阳系从众星中识别出来的关键一步。所以，我们在承认托勒密地心说是一个错误的同时，也要看到其巨大的积极意义。

阿拉伯炼金术中的化学

A La Bo Lian Jin Shu Zhong De Hua Xue

无论是在东方还是西方，炼金术都源远流长。西方的炼金术大致开始于1世纪，后受到统治者和巫医的推崇，迅速发展。但炼金术的发展无意间催化了化学这门学科，最后竟被其否定和取代。

阿拉伯人的炼金术尤为出名，它可以追溯到古埃及，时间应为8世纪。阿拉伯的炼金术体现了一种关于本质的哲学。它与古希腊赫尔墨斯的神智学，以及关于矿物和金属转变成金的特殊原理都有密切的关系。在具体的操作过程中，运用了许多

阿拉伯炼金术与中国炼丹术的异同

阿拉伯的炼金术与中国的炼金术有许多相似之处。除了炼制设备相似外，所用药物也大致相同。中国所用的药物主要是硫、汞、丹砂、硝石、雄黄等，阿拉伯炼金术大体上用的也是这些。阿拉伯人还常常把用于炼金的药物名称之前冠以"中国"二字。如硝石，他们称为"中国雪"。阿拉伯的炼金术士与中国的炼丹家一样，大都以医术见长。不同之处就在于，中国的炼丹家目标是炼出长生不老药，而阿拉伯的炼金术士追求的则是黄金，梦想着以此来发财致富。同时整个炼制过程设计非常严密，富有很强的逻辑性和科学性，以至于在炼金的过程中产生了许多有价值的化学发现。

水银
水银是一种从朱砂中提取出来的液态金属。

化学的知识和实验方法。

首先，炼金术的思想隐含着化学原理。如阿拉伯早期著名的炼金术士比尔·伊本·海扬在他的著作《物性大典》《七十书》《炉火术》《东方水银》等著作中指出金属可以相互转换，他说重水（水银）可以将铁、铜和铅变成金。虽然这些提法现在看来是幼稚可笑的，无丝毫科学依据，但他为后来的化合、分解等化学实验的尝试起到了启发作用。

其次，早期的炼金术为后来化学的产生与发展提供了基本的实验器具和药品。阿拉伯著名的炼金术士拉齐就曾发明、命名了蒸馏器，使用了包括坩埚、烧杯、漏斗、天平、焙烧炉、水浴、沙浴、铁剪、勺子和风箱在内的众多仪器设备。同时还提出了植物性物质、动物性物质、矿物性物质和

18 世纪的炼金术实验室
当时的人们通过煮动物的尿液或水银来提炼黄金，最后也不过是徒劳一场。

衍生物等概念，又进一步把矿物质分为金属体、岩石、矾土等种类。以后的阿维森纳——他是一名医生和炼金术士，在其所著的《医典》中，也有关于无机矿物的分类：可溶物、盐、石和硫等。他还写到，明矾和硇砂是含有土和火的盐类物质，金属则是由汞、硫和其他杂质混合而成，石是由于水受干素作用而形成的。在这本书中，还提到合金的概念。这些阿拉伯的炼金术家所获得的成果一定程度上构

◆ 炼金术的影响 ◆

炼金术被现代科学技术证明是错误的，但由于"长生不老"的诱惑力，19 世纪以前它一直保持着旺盛的生命力。西方的国王如英王亨利六世、法国国王查理七世和九世、瑞典国王查理十二以及普鲁士的腓特烈·威廉一世和二世，无一不极力推崇炼金术，妄图以此达到长生不老的目的，甚至形成所谓"炼金术的中心"，如布拉格。更有甚者，如罗马的鲁道夫二世和英国的伊丽莎白女王一度加封炼金术士为伯爵，受此殊荣的有英国的约翰·迪真、罗马的迈克尔·梅尔特等人。

成了早期化学研究的雏形，可以说近代化学的产生源于炼金术。

最后，阿拉伯炼金术中的方法，诸如蒸馏、缓烧、过滤、升华和煅烧等，都成为后来化学实验的基本操作方法。使用这些方法炼金的术士有许多成为化学的先驱，如比尔·伊本·海扬、拉齐、贾比尔·伊本·哈扬等。

尽管化学从炼金术中脱胎，炼金术最终还是受到近代化学的怀疑和否定，被定格为"伪科学"，这一过程主要产生于 17 世纪以后。

古登堡的活版印刷

Gu Deng Bao De Huo Ban Yin Shua

提起活版印刷，我们总是想起北宋的毕昇。现在，我们先放下他不提，而是共同探讨一下德国人古登堡的活字印刷。

是不是古登堡最早发明了活字印刷，我们也按下不提。他确实自己创制了一套印刷技术，而且得到了广泛使用和传播。古登堡出身铸币工人家庭，幼年习得金匠手艺，为日后从事印刷事业打下基础。其实，古登堡早在 1434 年和 1444 年

古登堡的印刷工作室

该情景即使对于今天的许多印刷工来说仍非常熟悉，在左前方，排字工人正从字盘中取出一个字母进行排版，而图的后面，辅助印刷工则在铅字上面涂油墨，印刷工人正在用力转动螺旋杆，使其下移进行压印。尽管整个过程显得有些笨拙，但对于手抄书来说，无疑是一场革命。

间就开始活字印刷的探索。起初是较大的木活字，虽然可以排版印刷，但十分不方便，而用木板刻成较小的字模强度又跟不上，最终他想到了金属制版。当时所用的材料主要为铅锡合金，其中加入一定量的锑以提高活字强度。古登堡的功绩之一就在于他最终确定三种金属的比例搭配。

古登堡发明的印刷机

螺旋

墨球

压印石

屏蔽容器

压纸格

　　在解决了刻版的问题之后，接下来便是印制设备的问题，在克服这个难题的过程中，古登堡从当时压榨葡萄汁的立式压榨机受到启发。最终他将一台木制的压榨机改装成第一台印刷机，并且试印了一下。他先将活字字块排好，然后将其固定在印刷机的底部座台上，再用羊毛制的软毡蘸墨刷在字版上，下边铺上纸张，向下拉动铁制螺旋杆，压印板便在纸上印出字迹，最后向上摇动拉杆，抽出纸张，便宣告完成。效果虽不尽如人意，但总可以慢慢改进以提高印刷质量。

　　就在第一次试印过程之中，另一个难题摆到了古登堡面前。当时他用的还是传统的水性墨，水性墨自身黏附性差，用在雕版印刷中还可，而在活字印刷中印出的字迹时浓时淡，很不均匀。若是采用黏稠度较高的油性墨，效果或许会好一些，想到此，古登堡开始试制油性墨。经过反复试验，他发现将松节油精（蒸馏松树脂得到）与碳黑混合再加入煮沸的亚麻油中形成的墨质量较好，而且这种墨印出的字迹呈暗黑色，非常适合大量印刷。

　　至此，一整套的活字印刷技术便宣告完成。为了推广这项发明，古登堡于1450年与富商富斯特合伙开办了一家印刷厂。由于当时正处于欧洲文艺复兴的上升时期，人文主义的艺术和文化空前发展，大量的读物需要印刷，古登堡等人开设的印刷厂规模迅速扩大。同时其他的印刷厂也如雨后春笋般崛起，印刷术也就自然而然地推广开来。

　　古登堡的活字印刷术进一步走出国界，被广泛地使用则是源于1462年美因茨动乱事件。当时工厂被毁，印刷工人流离失所、各奔东西，不经意地就把活字技术带到各地，如1468年他们在瑞士巴塞尔，1465年在意大利，1470年在法国，

> **◆ 历史的误会 ◆**
>
> 西方学者也承认中国早在 1045 年就有活字印刷技术，但认为这只是一种构想，一直没有投入使用，因而没有实用价值。证据就是到了明清甚至民国时期，民间仍大量使用雕版印刷。殊不知中国有自己的特殊国情：其一，中国有上万个汉字，而西方的拼音文字只需 50 多个字母，相比之下中国铸活字不易；其二，中国历来人口众多，书籍的印量很大，还有重印的因素，因此侧重木版印刷。事实上，中国铸造的金属活字的绝对数量要远远多于欧洲，只是相对于木版印刷的量较小而已。可见中国的活字印刷并非不实用。

1475 年在西班牙，甚至在墨西哥都建立了印刷厂。古登堡发明的活字印刷技术在欧洲广为传播，极大地推动了文艺复兴和宗教改革的进程。到了 16 世纪以后，这种印刷技术进一步改良，其产量和质量空前提高，最终形成了庞大的近代出版业，在社会发展的进程中扮演着愈来愈重要的角色。

至于是不是古登堡首创了活字印刷尚未定论。但有资料证明古登堡确实受到过中国印刷术的影响，如芝加哥大学的钱存训教授就说："古登堡的妻子出身于威尼斯的孔塔里家族，因此他见到过从威尼斯带回的中国雕版，从中受到启发又做出发展，才发明了活字印刷。"但我们不可否认，古登堡确实独立发明了这项技术。

哥伦布发现新大陆

Ge Lun Bu Fa Xian Xin Da Lu

哥伦布出生于意大利的热那亚城。那里航海业发达，年轻的哥伦布热衷于航海和冒险。这些条件为其日后的远航打下了基础。

15 ~ 16 世纪的欧洲，地圆学说已广为传播。人们相信从欧洲海岸出发一直向西，便可以到达东方。而《马可·波罗行记》又把东方描写为遍地是黄金和香料的天堂。当时的欧洲，随着商品经济的发展和资本主义萌芽的出现，发生了所谓的"货币危机"，即作为币材的黄金和白银严重匮乏。许多欧洲人狂热地想到东方去攫取黄金，以圆自己的发财梦，哥伦布便是其中的代表人物。哥伦布自幼就酷爱航海，15 岁就跟随货船在地中海上航行。

哥伦布

哥伦布是意大利著名的航海家，自幼喜欢冒险，为寻找传说中金银遍地的中国和印度，他四次横渡大西洋，并首次发现了美洲大陆，为以后的殖民掠夺打下了基础。

然而，梦想归梦想，去东方在当时可不是一件容易的事。传统的东西之间陆上贸易通道已被崛起的土耳其帝国隔断，地中海上的通路又被阿拉伯人把持。欧洲人要圆自己的梦，必须开辟新航路。可喜的是此时中国的指南针已传入欧洲，而欧洲的造船业也达到相当的水平。这时，年富力强的克里斯托弗·哥伦布认为条件已经成熟，决定进行一次远航。

第一次航行并不顺利，首要的问题是找不到赞助者。哥伦布 1486 年就向西班牙王室提出了自己的设想，直到 1491 年才获批准。双方签订《圣大非协定》。在西班牙王室的支持下，1492 年 8 月 3 日，哥伦布率领由三艘船组成的舰队从西班牙的巴罗斯港出发，开始了人类历史上首次穿越大西洋的航行，他们一行共 87 人，经过两个多月的颠簸，哥伦布一行终于发现了一片陆地，草木葱茏。他们欣喜地上岸，并将其命为圣萨尔瓦多，意为救世主。这个岛屿就是现在巴哈马群岛中的一个，现名为华特霖岛。这时哥伦布犯了一个错误，他以为已经到了印度就没有再向西航行，而是转道向南，沿着海岸线，陆续到达了今天的古巴和海地。他称这一带的原住民为印第安人（即印度人），并了解了他们的风土人情，只是没有找到大量的黄金。

虽然没有直接获取黄金，但哥伦布也不虚此行。他一上岸就与当地的原住民进行欺诈性贸易，以各种废旧物品换取他们的珍奇、贵重的财物。而善良的原住

◆ 美洲名称的由来 ◆

把哥伦布所到的地方确定为新大陆的是佛罗伦萨人亚美利哥·维斯普奇。1499 年他随同西班牙考察船到西印度群岛一带考察，发现并探测了南美洲的亚马孙河口，接着沿海岸向东航行，到达南美东北角一带，1500 年，返回西班牙。1501 年，他又由里斯本出发，沿南美洲东海岸向南方航行，进行考察，发现了拉普拉塔河河口，到达南纬 50 度之远，1502 年返回。他确认那不是亚洲，而是一块"新大陆"（New Land）。1507 年，德意志制图学家瓦尔德塞缪勒制成世界地图，附有短文说明。其中称这块大陆为亚美利加（America），"亚美利加"一词由亚美利哥而来，后来成为美洲的名称。

西班牙国王颁给哥伦布的"特权书"和"勋章"。

民待之如上宾，主动帮助他们适应当地的生活方式，如建筑房屋、采集和狩猎等。这些野心勃勃的殖民者站稳脚跟后，却对当地人进行疯狂掠夺和残酷的压榨。临走的时候，还虏走了 10 名印第安人。1493 年的 3 月 15 日，号称"大西洋海军元帅"的哥伦布，在经过 240 天的远航后，回到出发地巴罗斯港，消息轰动了整个西班牙和欧洲。哥伦布展示了他从美洲带回的金饰珠宝和珍禽异兽，并向人们宣布他已找到去东方的新航路。哥伦布由此受到国王的嘉奖，平步青云地跻身贵族行列。1493 年 5 月 29 日，西班牙国王颁布命令授予哥伦布新发现的岛屿和陆地的海军总司令、钦差和总督的头衔，并向他颁发了授衔证书。

不久，尝到甜头的西班牙王室让哥伦布再度远航。在第二次航行中，哥伦布到达海地和多米尼加等地区。1498 年和 1502 年，哥伦布又两次航行美洲，扩大了对美洲大陆的探索范围，但始终未能找到中国和印度，也未能给西班牙王室带回他们期望的黄金，逐渐被冷落。1506 年的 5 月 20 日，哥伦布在西班牙的瓦里阿多里城郁郁而终。

哥伦布发现了美洲新大陆，但到死也说自己到了印度，今天的东印度群岛的名称即来源于此。后来，一个叫亚美利哥的意大利人发现哥伦布到达的不是印度，而是一个原来不为人所知的大陆，这块大陆就以亚美利哥的名字被命名为亚美利

哥伦布航海用的船只复原模型

15 世纪 90 年代哥伦布向西航行时，就乘坐这种航船，用直角索具把多桅帆船进行改造。船体中部竖立主桅，并在前桅挂一直角帆。必要时，主桅可向右重新挂起直角帆。

哥伦布四次远航示意图
从1492年到1504年，哥伦布先后进行了四次跨大西洋远航。在这四次远航中，他先后发现了现在被称为西印度群岛的大量岛屿和美洲大陆。

加洲（America）。美洲的发现开拓了人们的眼界，使世界逐步连为一体，对于扩大世界范围内的交流和推动人类文明进步有一定积极意义；同时也引发了大规模的殖民扩张，为当地的人民带来空前的灾难。

麦哲伦环球航海

Mai Zhe Lun Huan Qiu Hang Hai

葡萄牙航海家麦哲伦像

　　麦哲伦，全名费尔南多·麦哲伦，是世界著名航海家，出身于葡萄牙贵族。在他生活的时代，已有哥伦布发现新大陆和达·伽马开辟通向东方的新航道的航海壮举。在前人的激励下，麦哲伦决定做一次真正意义上的环球船行，以实证地圆学说。

　　起初，麦哲伦求助于葡萄牙王室，未果。转而向西班牙国王请求资助。获准以后，麦哲伦率领一支由5艘帆船和来自9个国家的270名水手组成的船队，于1519年9月20日从西班牙塞维利亚港出发，向西驶入大西洋。6天以后到达特内里费岛，

15 世纪欧洲港口
15 世纪欧洲沿海各国的航运业已十分发达，在地中海和大西洋沿岸出现了许多著名的港口。这些港口经济发达，对外贸易十分频繁。

稍事休整，于 10 月 3 日继续向巴西远航，终于 11 月 29 日驶抵圣奥古斯丁角西南方 27 里格处（里格，长度单位）。之后，船队继续向南，次年的 3 月才到达阿根廷南部的圣朱利安港。当时的自然条件对航行极为不利，寒冷的天气使得缺衣少食的船员开始怀疑此行的价值，由于人心不稳，还发生了 3 名船员叛乱的事件。麦哲伦凭其卓越的领导才能，果断地平息了叛乱，并处死了肇事者。在圣朱利安港一直待到这一年的 8 月，为的是等待天气的好转。

根据麦哲伦等人的航海日志，船队于 1520 年 8 月 24 日离开圣朱利安港南下，10 月 21 日绕过了维尔京角进入了智利南端的一个海峡（后被命名为麦哲伦海峡）。由于该海峡水流湍急，麦哲伦的船队只得小心翼翼地前进，经过 20 多天他们才驶出海峡，在此期间有两条船沉没。10 月 28 日，麦哲伦等人出了海峡西口进入"南面的海"，幸运的是在这片海域的 110 天航行竟然没有遇上过巨浪，故而船员称

◆ 麦哲伦海峡 ◆

麦哲伦海峡位于南美大陆南端的火地岛、克拉伦斯岛、圣伊内斯岛之间，东连大西洋，西通太平洋，东西长 580 千米，南北宽 3.3 ～ 33 千米。海峡分为东、西两段，中间是弗罗厄德角。西段入口宽为 48 千米，最窄的地方仅有 3.3 千米，水深可达 1 千多米。两岸都是陡峭的冰山，景象蔚为壮观。东段较为开阔但水势浅，最浅处水深不足 20 米，两岸则是茵茵绿草，风景怡人。统观麦哲伦海峡，正处于南纬 50 多度的西风带。因此海峡经常是大雾弥漫、白浪滔天，对航行极为不利，但它一直是两大洋之间的重要航道，直到巴拿马运河开通为止。

环球航行示意图
从 1519 年 9 月到 1522
年 9 月，经过 3 年时间，
麦哲伦及其率领的船队
完成了环球航行，从而
证明了地球是圆的。

之为"太平洋"。然后开始了横渡太平洋的艰难历程。由于长时间的曝晒，船上的柏油融化，饮用水蒸发殆尽，食物也变质甚至生了蛆虫。船员无奈之下只得以牛皮绳和舱中的老鼠充饥。许多人因此而丧命，其艰难困苦可见一斑，但最危险的时刻还没有到来。

经过严重的减员之后，麦哲伦的船队于 1521 年 3 月份抵达马里亚纳群岛中的关岛。在这里船员们获得梦寐以求的新鲜食物，他们感觉自己好像进入了天堂。在这里他们停下来修整了一段时间以恢复体力，之后他们继续向西航行，到达了菲律宾群岛。至此，麦哲伦本人也走到了生命的尽头。

在登上菲律宾群岛的务宿岛后不久，这些殖民者的真实面目就显露出来。麦哲伦妄图利用岛上两部落的矛盾来控制这块富饶的土地，不料在帮助其中一个部落进攻另一个部落时，被原住民杀死。环球航行面临夭折的危险。幸好麦哲伦的得力助手埃里·卡诺带领余下的两艘船逃离虎口，他们穿过马六甲海峡进入印度洋，这时

美洲沿岸的港口
发现美洲大陆后，西、葡、英、荷等国在大西洋沿岸建立了许多港口。它们成为来往于美洲与欧洲的中转站和殖民者的据点。

仅有的两艘船又被葡萄牙海军俘去一只。埃里·卡诺只好带领仅存的"维多利亚"号绕过好望角，回到西班牙的塞维利亚港，这时已是 1522 年的 9 月 6 日。经过 3 年多的航行，原来浩浩荡荡的船队只剩下一艘船和 18 名船员，可见这次航行付出的代价之大。

历时 3 年多的环球航行，以铁的事实证明了地球是圆的，使"天圆地方说"不攻自破，同时也使世界的形势大大改观，宣布了一个新时代的到来。麦哲伦等人为世界航海史、科学史做出巨大贡献的同时，客观上也给殖民主义扩张开辟了广阔的道路。

推动地球的哥白尼

Tui Dong Di Qiu De Ge Bai Ni

地球无时无刻不在公转和自转，这些转动是由哥白尼推动的吗？显然不是。哥白尼推动的仅仅是"地心说"中的"地球"，让它动了起来。

哥白尼出生和成长于 15 世纪后半叶，当时天文学正是亚里士多德—托勒密地心说的统治时期。投身于天文学研究的哥白尼也得先学习这些学说，仔细研究、探讨大大小小的均轮和本轮体系。前期的哥白尼在教会系统学习，而地心说则是基督教义的支柱，应该说哥白尼在早期受这一学说的影响还是很深的，但哥白尼绝不是盲从主义者。

哥白尼
波兰天文学家，他的《天体运行论》
为人们认识宇宙开辟了一个新的途径。

大学期间，哥白尼广泛涉猎各门学科，尤其是数学领域。毕达哥拉斯学派简单的数学关系和几何图形给哥白尼留下了很深的印象。后来他又到弗龙堡做僧正，由于职务闲散，他便进行了大量的天文观测和研究，进而获得大量的第一手资料。所有这一切使他隐隐感到托勒密学说体系似乎存在一些不和谐的东西。再加上当时的一些进步的天文学家已经开始怀疑这一地心体系，哥白尼的思想又向前迈出了坚定的一步。

哥白尼认真分析了托勒密体系中行星运动状况的规律，即每颗行星都有一日一周、一年一周和相当于岁差的周期运动规律，而托勒密认为地球是静止不动的，然后再用均轮、本轮体系加以解释。如此一来，整个过程异常烦琐和牵强。如果抛弃这一体系，接受古希腊人阿利斯塔克等认为地球绕太阳转动的学说，将别有一番洞天。于是哥白尼建立起了一个全新的宇宙体系：太阳居于宇宙的中心静止不动，地球及其他行星都围绕它转动，当时人们知道太阳有六颗行星，依次是水星、金星、地球、火星、木星和土星；月球则围绕地球转动；另有其他恒星在离太阳较远的天

表现哥白尼《天体运行论》理论的图绘

尽管今天的天文学家认为它并不精确，但在几百年前它却是非常接近真理的。哥白尼提出，行星绕着太阳运行，地球并不是宇宙的中心，这一观点被称为"日心说"。哥白尼还认为行星的运行轨道实际上是椭圆形的。

球表面静止不动。这就是著名的哥白尼日心说。

日心说从根本上否定了"地心不动"的天文学说，明确指出地球也动，而且是围绕太阳转动。有人将这一革命性的创举戏称为"推动地球"，哥白尼被誉为能够推动地球的人。

科学的发展是没有止境的，哥白尼没有在提出这样一个观点之后就罢手，而是又继续花了30多年的时间去修正、完善这一学说。哥白尼曾写过一篇《要释》作为《天体运行论》的附属部分，系统地解惑答疑，使日心说的体系更加完备。

✦ 《天体运行论》 ✦

《天体运行论》于1543年在德国纽伦堡出版发行，书中集中论述了日心说。全书共有6卷：第一卷就开宗明义地概括了日心说的要点；第二卷则运用数学知识讲解天体在天球上的运动；第三卷讲解了岁差；第四卷阐述月亮绕地球转动的情况；第五、六卷深入细致地探讨行星的运动规律。该书不仅对日、行星和月球的运动规律进行严格的定量探讨和数学论证，而且附有宇宙图像。它从根本上撼动了基督教教义的支柱，解除了神学对自然科学的羁绊，极大地推动了天文学的发展。

哥白尼的聪明之处还在于，他能够理性地去面对现实。他的这本《天体运行论》击中了基督神学的软肋，如果直接发表，很容易被教会封杀。那样自己的毕生心血就付诸东流。高明的哥白尼在书的序中写明此书献给当时的教皇，又在前言中说书中的理论仅是为方便天文测算而作的人为假设。如此一来，在表面看来这本书不仅不与基督教义对立，还是为基督教服务的工具。结果这个障眼法真的瞒了教会70多年，直到1616年《天体运行论》才被禁止。但在这么多年里，它早已经广泛传播，真正的禁毁已不可能了。最终哥白尼的学说得以流传，哥白尼胜利了，尽管他的大作出版之际，他本人已经作古。后来，诸如牛顿等人又使哥白尼的学说进一步向前发展。

哥白尼的学说动摇了基督神学的根基，使其摇摇欲坠。人们由此看到了科学的曙光，"科学的发展从此便大踏步前进"（恩格斯语）。

第谷的天文观测

Di Gu De Tian Wen Guan Ce

第谷也是一位出身贵族的天文学家。儿时和年轻时的第谷与常人没有什么大的差别，他脾气暴躁、性格偏执、好斗，逢事爱问个为什么。这也可能是他成功的一个原因吧。

第谷的成名在于他的天文观测事业。尽管其伯父强烈要求他学文科，第谷还

✦ 《论新天象》 ✦

《论新天象》是第谷的一部拉丁文著作，出版于1588年。这本书详细地记录了第谷11年间观测到的天文现象，其中包括对1577年大彗星的专门论述，总体上构筑了所谓的"第谷宇宙体系"，该体系最突出的一点就是抛弃了以前天文学家惯用的以思辨来阐述见解的方法。他强调以实际观测的数据作为论证的起点。第谷穷其一生进行天文观测，所得大部分资料都集中在此书中。美中不足的是，虽然第谷尊重事实、深入观察的做法为后来的天文工作者树立了光辉的榜样，但是他在该书中的理论仍然趋向于地心说。这一点在某种程度上束缚了天文学的进步。

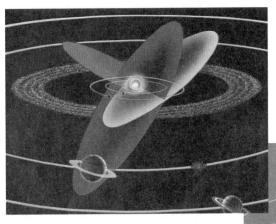

奇异的小行星图

小行星是围绕太阳运行的自然天体之一，一直以来，它很少被人发现。第谷在进行天文观测时发现了许多以前没有发现的小行星。

彗星的周期及环绕太阳运行图

奥尔特云

冥王星轨道

短周期彗星轨道

长周期彗星轨道

太阳

木星轨道

地球轨道

是偷偷地研读天文学著作，尤其是托勒密的《大综合论》和哥白尼的《天体运行论》，他简直爱不释手。不仅读书，第谷还付诸行动：观测天象。1563 年 8 月，第谷观测到了木星和土星相合的景观，并进行了详细的记录。这是他第一次记录天象，以后便一发而不可收拾。

1572 年 12 月 11 日黄昏时分，第谷正忙着手头的实验。疲劳的时候，他总是习惯性地凝视一下浩渺的天空。这时他一抬头刚好发现了仙后星座中闪烁着一颗新星。为什么这么说呢？因为从少年时代起第谷便熟悉天上的星星，他清楚地知道这些星的位置和轨迹。他熟悉它们，就像熟悉小伙伴们的脸庞一样。更何况今天的这颗新星是那么明亮，甚至都有些耀眼。他认定这是一颗新星，它以前从来没出现过。为了得到这颗星的准确数据，第谷使用了精心设计的六分仪，却没能发现它有任何视差，如果是颗近地星就会有 58′ 30″ 的视差，比如月球。他认为这是一颗从未出现过的恒星，于是给予了它相当的关注，并详细记录了该星的颜色和亮度的变化。这便是第谷超新星的发现过程。当时却有许多学者由于盲从《圣经》而把这颗星星称为魔鬼的幻影。

第谷对天文学界的另一突出贡献是对彗星的测定。那是在其发现超新星 5 年后的一个傍晚，第谷在纹岛的天文台发现了一颗彗星，并对其进行了详细的记录和精确的测量，直至 75 天后消失为止。第谷经过严密的论证和推理得出结论：彗星发光是由阳光穿过彗头而致，彗星也是绕日公转的天体。第谷这次以不折不扣的事实驳斥了亚里士多德认为彗星是燃烧着的干性脂油的谬论。

30 多年的时间里，第谷孜孜不倦地进行着他的天文观测事业，获得大量的第一手资料和手稿。他的敬业精神和出色成绩博得丹麦国王腓特烈二世的赏识。国

第谷的天文台

作为开普勒的老师，第谷是望远镜发明以前最伟大的天文学家。他在丹麦国王腓特烈二世所赐予的汶岛上建立天文台，以精确地观察星空，所用观察工具是金属六分仪和四分仪。

王为他专门拨款修建了乌伦堡天文台，并配以最全、最新的观测仪器。这一切使得第谷如鱼得水，取得一系列观测成就，如编制第一份完整的天文星表，发现黄赤交角的变化和月球运动中的二均差，完成了对基督世界延用 1000 多年的儒略历的改历工作，颁行格里高里历法等。最重要的是第谷培养和造就了新一代的天文学家——开普勒。在老师的悉心教导下，开普勒创立了三大行星运动定律，为天文学做出了重大贡献。

第谷以惊人的毅力和一双锐眼把天文观测事业推向一个又一个新高度，可以说在望远境发明之前的天文观测史上，他是巅峰，难怪被人们誉为"星学之王"。

维萨留斯偷尸做解剖

Wei Sa Liu Si Tou Shi Zuo Jie Pou

科学每前进一步都需要有人为此做出努力，付出代价，解剖学亦不例外。16 世纪比利时著名的解剖学家维萨留斯就为了做解剖而干起了"偷尸的勾当"。

事情还要追溯到 1536 年，当时年仅 18 岁的维萨留斯在比利时的卢万城读书，学的是解剖学。这个医学院的解剖课倒是蛮有意思，名义上是解剖，但任课教师从没亲自解剖过一具尸体。那也得想办法对付过去，于是就以背诵盖伦的论断代替动手操作。这位盖伦又是怎么做的呢？他也碍于教会的禁令而不敢解剖人体，以猪、狗、牛、羊等代替，而这些动物的身体构造肯定是跟人有显著差别的。认真的维萨留斯觉得这既荒唐又可笑，简直是对科学事业的亵渎。久而久之，他萌发了偷尸做解剖的想法。

《人体结构》中描绘的肌肉解剖图

杜普教授的解剖学课 伦勃朗 油画 1632年

《人体结构》

维萨留斯的《人体结构》是自盖伦以来，西方解剖学上的又一个重大进展。它关于人体构造的一些论述对于今天的解剖学者而言仍有参考价值。

全书共分为八卷，第一、二卷论述骨骼和肌肉。这两部分构成人体的主体架构，所以要放在开始讲。第三卷细述了血液循环系统。当时人们已经区分了动脉、静脉的概念。维萨留斯则指出静脉是用来输送营养物质的。第四卷专论神经系统，在书中维萨留斯强调神经的作用是传递知觉和灵气，这一点他与盖伦保持了一致。第五卷则集中笔墨阐明了腹部的内脏器官和生殖器官的位置和功能，这一卷最能体现维萨留斯解剖真人尸体的优势。第六卷他又接着描述了胸部的脏器。第七卷则写了脑和眼睛的机理。第八卷讲了他的动物活体解剖实验并且总结了全书。除了正文之外，该书还附有300张木刻插图、3张全身骨骼图和44张肌肉图，使此书增色不少。

《人体结构》内容翔实而生动，是一本不可多得的杰作。惠特曼曾说："这（《人体结构》）不是一本书，触及它即触及人体。"

当时，卢万城有一处刑场，全国各地的死刑犯都集中到这里被处决。由于中世纪在黑暗的教会统治下，人们的反抗此起彼伏。为了加强镇压，教会和行政当局每天都要处死一批犯人。而且当时采用的是绞刑，因此尸体较为完整，便于解剖观察人体的各部分脏器。只是布告上写得明明白白：盗尸者，就地处决！如果偷尸被抓住，自己也就会同那些死尸一样被挂在绞架上。可是，已被科学摄去灵魂的维萨留斯也顾不了这么多。经过一番周密部署，他终于大着胆子在守尸卫兵的眼皮底下偷走几具尸体，其中有男人、女人、老人和孩子等各种类型的尸体。他把这些宝贵的尸体停放在自己院子的地下室里，那里十分隐蔽，做解剖时不易被人发现。日久天长，这里停放的尸体越来越多，成了一座小的停尸库。这大概是人类有史以来第一座医用解剖尸库。

有了这些真实的尸体作为实验对象，维萨留斯再也不用拿动物当人体了。他一有时间便关上门溜进地下室去解剖那些尸体，并作详细的记录，有时他还绘图描述

1543 年，维萨留斯发表《人体结构》时公开演讲的场面。

人体的骨骼和肌肉的分布状况。

功夫不负有心人。维萨留斯经过不懈努力，逐渐积累了大量的第一手解剖资料，通过对这些资料的加工整理，1543 年维萨留斯写成《人体结构》一书。书中不仅对人体的骨骼、肌肉和内脏作了详细的描述，还指出了盖伦人体解剖理论的 200 余处错误，他甚至把盖伦的文献当众抛向空中，并说它是一堆废纸。他曾指着一个解剖标本，语重心长地对学生说："真正的知识在这里！"有人说维萨留斯太刻薄，殊不知这正是科学进步所需要的精神。

维萨留斯冒着生命危险，偷尸做实验，获得了真知，为医学做出了巨大贡献，因此也赢得了人们的尊敬。当局也逐步认可了维萨留斯的做法，于 1539 年批准了他用死刑犯的尸体做解剖实验。从此以后，维萨留斯在这一领域获得了长足的进步。

43 岁时的伽利略
此时的伽利略已取得了多项科研成果，但由于教会的阻碍，他还没得到社会大众的认可。

比萨斜塔上的实验

Bi Sa Xie Ta Shang De Shi Yan

实践出真知，谁要是违背了这条真理，谁就注定要在科学面前栽上一个大跟头，哲学大师亚里士多德都不能例外。

原来，古希腊著名的哲学大师亚里士多德曾做出这样一个著名论断：两个铁球，如果其中一个是另一个重量的 10 倍，如果两个铁球在同一高度同时落下，那么重的铁球落地速度必然是轻的铁球的 10 倍。这话并不难理解，重的物体当然比轻的物体先着地，这还用问吗？而且这话是大师说的，人们对此深信不疑。而一个十七八岁的毛头小伙子偏不信这一套，招来人们一次又一次的冷嘲热讽。

伽利略发现钟摆的等时性原理

18 岁那年的一天，伽利略在教堂里祈祷完之后，就坐在长凳上看远处的景物。他的视野中出现了雪白的大理石柱、美丽的祭坛……突然，教堂的执事进来破坏了沉静的氛围。原来他是来点教堂的灯，这种灯是用长绳系在天花板上的。当这位执事点灯时，不小心碰动了它。借助惯性，吊灯就一左一右地摆个不停。这时，伽利略的注意力又转移到灯上。目光随着吊灯左右摆动。突然，伽利略发现一个有趣的现象。那就是，尽管吊灯摆动的幅度越来越小，但完成摆动周期所花的时间始终未变（当时他测定时间是靠脉搏的频率）。伽利略由此发现了钟摆的等时性原理。

这个毛头小伙子就是 18 岁的伽利略。他经过多次实验发现亚里士多德的说法是不对的，但当时没有人相信他，1590 年的一天，伽利略当众宣布自己要检验一下圣哲的话是否正确。这天天气格外晴朗，好像老天也要见证一下这个历史时刻，地点就选在著名的比萨斜塔。消息传出，人们奔走相告。时过不久，比萨斜塔周围便密密麻麻地挤满了人，就像今天的某种大赛事要开场一样。人们要亲眼看看大师的话到底对不对。

伽利略带着他的助手，信心十足地步入斜塔，然后快步走上塔的最高层。他环视四周，人们的面孔有的充满惊奇，有的则略带嘲讽，还有的漠然以待。

伽利略不慌不忙将器具一一取出。这些器具包括一个沙漏（用于计时），一个铁盒，底部可以自动打开；还有两个分别重为 10 千克和 1 千克的铁球。

伽利略的助手将这两个铁球装入盒子，然后将盒子水平端起，探身到栏杆的外侧。最后由伽利略在众目睽睽之下按动按钮，盒子的底部自动打开，两个铁球同时从盒中脱落，自由落向地面。这时成千上万的人全都屏住呼吸，目光随着铁球向下移动，在铁球从铁盒落到地面的短暂间隔中，人群异常安静，地上连掉一根针都能听到。只听"咚"的一声，两个铁球同时砸到了地面上，时间不差分毫。平静的人群立即沸腾了，有的人对着塔上的伽利略欢呼，

自由落体实验

1590 年，意大利著名科学家伽利略在比萨斜塔上做了著名的自由落体实验，它以铁的事实告诉人们：物体下落的速度与物体本身的质量大小无关。

太阳系成员

太阳 865000 英里

水星 3030 英里
火星 4225 英里
金星 7520 英里
地球 7925 英里

海王星 30200 英里
天王星 31440 英里
土星 74975 英里
木星 88730 英里

太阳系各成员示意图

今天我们已经知道太阳系有八大行星。但在伽利略的时代，人们只知道其中的六颗，而且仅仅知道其名称而已，很多人根本无法进一步了解其真实情况，伽利略为人们打开了了解这些行星的大门。

有的人惊得合不拢嘴，那副神情分明在说："我的上帝，亚里士多德大师也有错的时候！"伽利略则浑身轻松，心满意足地微笑着。

自由落体实验在人们的一片沸腾声中结束了，亚里士多德的"落体运动法则"不攻自破。但伽利略并没有为这点小小成绩（在他看来，这仅仅是一点小小的成绩）而骄傲自满，从塔上下来后，他就投入到新的科学研究中。

凭着这种追求真理、尊重实践的科学精神，伽利略又有了一系列的重大发现。他发现了摆的等时性原理，从而发明了钟表；他在李希普发明望远镜的基础上发明了放大 20 倍率的天文望远镜。

他著有《论运动》《关于托勒密和哥白尼两大世界体系的对话》《关于两种新科学的对话》《关于太阳黑子的书信》和《关于力学和位置运动的两种新科学的对话和数学证明对话集》等科学专著。伽利略为科学事业做出巨大贡献，被称为近代自然科学的奠基人。

李普希发明望远镜

Li Pu Xi Fa Ming Wang Yuan Jing

　　许多孩子都喜欢一种玩具，那就是望远镜。因为架一副望远镜在眼前，世界会一下子变近了，孩子的脸上立刻现出神气十足的样子。可你知道是谁家的孩子最先"神气"的吗？

　　这些幸运儿是 H. 李普希的孩子们。事情发生在 17 世纪初的荷兰。那时眼镜和凸（凹）透镜对人们已不再是什么稀罕物件了，眼镜店也出现在了大街小巷。在小镇米德尔堡的集市上就有一家眼镜店，主人叫 H. 李普希。生意并不是很红火，以至于给自己的孩子买不起一件像样的玩具。但孩子是不能也不会没有玩具的。这在哪里都一样，穷人家的孩子没有专门的玩具，但家具什物，父母的工具，甚至是一堆土、一汪水都是他们最好的玩具。他们可以将这些平淡无奇的东西玩得热火朝天，玩得大汗淋漓，他们乐此不疲，这是天性使然，李普希的孩子也是这样。

　　1608 年的一天，他的三个孩子拿着几块废旧的镜片比画着，翻过来调过去地这儿照照那儿看看，有时还把几块镜片叠在一起透过去看。突然，小儿子向正在店里打理生意的父亲大喊："爸爸，快来看呀！"李普希听到喊叫声，以为又是被镜片割破了手指，赶忙从店里跑出来。可等他看到孩子们还在那里比比画画，感觉不对劲。等到了近前，小儿子连忙得意地一手拿一块镜片得意地对他说："爸爸，你透过这两片玻璃看远处的教堂！"李普希以为他又在搞恶作剧，但还是下意识地俯下身去。当他的眼睛透过一前一后两块镜片看远处的教堂时，教堂顶上的风向标是那样清晰，好像一下子被拉到了眼前，李普希为此惊讶不已。消息不胫而走，没过几天，整个小城几乎人手一副镜片看看这儿，望望那儿，好像人人都成了科研工作者似的。

　　极富商业头脑的李普希比一般人想得更远。他找来一

主焦点

牛顿焦点

卡塞格林焦点

肘焦点

反射型的焦点系统

望远镜的类型

根据制作原理和使用方法的不同，望远镜一般分为：折射望远镜、反射望远镜、射电望远镜等多种类型；根据成像原理又可以分为：普通、红外、夜视等多种；根据位置不同可分为地球望远镜和太空望远镜。

根长约 15 厘米、直径约为 3 厘米的金属管，又做了两块口径相当的凸透镜和凹透镜，一前一后固定在金属管两端。就这样，一副简陋的望远镜制成了。

李普希想，这一定是件新奇的玩具，细心的他还为此申请了专利。

在他申请专利时，竟引起了荷兰政府的注意。政府的这群正在谋求海上霸权的野心家可没有把这项发明仅仅看作是一件玩具。他们在批准李普希专利权的同时，就责成他为海军赶制一批更为方便实用的双筒望远镜。这可是一笔不小的订单，李普希欣然受命。最初的折射式望远镜就这样诞生了，并且很快投入使用。

从此以后，荷兰人像得到一件法宝一般，对于望远镜的制作工艺严格保密。可世界上哪有不透风的墙？更何况望远镜原理简单，而用途又如此之大。首先是意大利的那位天文怪才伽利略，他在望远镜发明的第二年就照猫画虎地制造了一部天文望远镜。开始是 3 倍的，后几经改进倍率达到 30 倍。伽利略用它来观察月球的表面和木星的卫星，在天文观测领域又迈进了一步。60 年以后，牛顿又在折射式望远镜的基础上制成了第一架反射式望远镜。之后望远镜不断发展，现在的射电天文望远镜能看到 200 亿光年外的宇宙空间，甚至更远。

总之，望远镜的问世，使人们真正拥有了一双仰望太空的"千里眼"。同时，望远镜也大大开阔了人们的视野。

两种不同类型的望远镜

哈维与血液循环

Ha Wei Yu Xue Ye Xun Huan

　　科学每前进一小步，都需有人艰苦卓绝地付出惨重的代价，有时甚至是鲜血和生命，比如布鲁诺、维萨里、塞尔维特等几位。同他们相比，我们今天要讲的哈维要幸运得多。

　　威廉·哈维出生在英国肯特郡的一个富裕家庭，早年毕业于剑桥大学，后留学意大利获医学博士学位。他在治学方法上受伽利略的影响，强调实验的作用。

　　哈维的主要贡献是正确地解释了血液循环系统。他首先系统地研究了前人的成果。这还得从博学的亚里士多德谈起。这位先哲说人体的血管内充满了气体，人们竟信以为真，可见盲听盲信有多危险。接下来，公元前3世纪的古希腊医生——赫罗菲拉斯，他把静、动脉血管区分开来，此举具有一定的积极意义。而到了公元前2世纪，名医盖伦则毫不客气地否定了亚里士多德的谬论，指出血管中流淌的是血而不是其他。之后，就是达·芬奇、维萨里、塞尔维特等人的一系列成果。对于前人的研究成果，哈维在学习时总要多打几个问号：血液真的是流到人体四周就消散了吗？那又是怎样消失的呢？

　　带着这些问题，哈维开始了他的实验。他先是用兔子和蛇作为实验对象，之后又扩展到其他40余种动物。在解剖这些活体动物之后，他发现心脏的作用就像一个水泵，它专门输出血液，这些血液凭借其收缩压力流遍全身。这时他又产生了疑问：心脏中的血液又是从哪儿来的呢，是自己造出来的吗？如果是，那么又与如下事实相矛盾：心脏每分钟跳动60～70次，每搏输出血量为60～70

哈维为查理一世阐述血液循环的机理

哈维发现血液循环的机理后，很多人并不相信。作为皇家医生的他经常给国王查理一世讲有关血液循环的机理。

人体血管

在《心血运行论》里的一幅图解中，哈维通过显示瓣膜如何阻止静脉中的血除了流向心脏之外，还流向其他的方向，确立了血液循环理论的一个组成部分。胳膊被捆绑着，因此静脉显示了出来，极小的隆起就是瓣膜。

颈总动脉
颈内静脉
锁骨下动脉
锁骨下静脉
主动脉弓
腋静脉
腋动脉
头静脉
肺动脉
上腔静脉
冠状动脉
肺静脉
肘正中静脉
下腔静脉
髂总动脉
髂总静脉
股骨动脉
腓骨动脉

人体血液循环示意图

毫升，如此算来心脏每分钟需制造约 4.5 千克的血液，每小时则约为 272.2 千克。而这个重量相当于三个身材高大之人体重的总和。拳头大小的心脏具有这样的力量吗？即便有，也还有一个问题不能解释，那就是因创伤失血过多的人为什么会很快死去？既然心脏有如此强大的造血机能，情况不应是这样。

通过进一步研究，哈维终于发现，心脏本身不具备造血机能，而仅仅是一个中转站和动力站而已。血液被心肌压出，沿动脉血管流向身体各个组织、器官，之后再经静脉管回流心脏，周而复始，循环往复。这就是著名的哈维血液循环理论。为了证明这一理论的正确性，哈维又进行了相关实验。他请一些体型较瘦的人作为实验对象，先把他们的静脉扎紧，结果近心端的血管瘪了下去；然后再扎起动脉，却发现近心端的血管膨胀起来，而远心端的血管瘪了下来。这充分说明，血液从心脏流出，经动脉到达全身处后，又从静脉回流心脏。

尽管哈维的科学结论有充分的事实依据，可当时还是没有被认可，甚至遭到非议和攻击。只因为他的观点与权威理论不符，他的血液循环专著《心血运行论》被称为荒谬的言论、无稽之谈。不过，因为他的御医身份，教会虽然气恼，却也奈何不了他。

直到哈维死后数年，他的血液循环理论才被认可，其《心血运行论》一书被称为近

《心血运行论》

《心血运行论》是对哈维血液循环理论的总结和概括，全书共分为17个章节。该书于1628年出版。

这本书一开始就谈到，心脏是人体血液流通运动的本原与中心。血液通过心脏收缩的动力，经动脉流到全身，再通过静脉回流心脏。接着哈维写道，全部血液必须经过肺部才能从心脏的右边流到左边，并指出心脏是肌肉质的，主要运动方式是收缩。哈维进一步论证了血液在身体内不断循环的概念，这在当时是一个全新的概念。

哈维这部著作曾引起了社会各界激烈的争论，但其意义非同小可，并且很快应用于临床，如解释动物咬伤的伤口感染，以及毒性的扩散等。

代生命科学的发端。

哈维利用临床观察、尸体解剖，再加上逻辑分析和生理测试，从各个方面证明心脏是一个可以泵出血液的肌肉实体。

开普勒和行星运动

Kai Pu Le He Xing Xing Yun Dong

开普勒的理论说明了太阳系真正的几何形状。

开普勒以"天空的立法者"闻名于世，他怎能为天空立法呢？原来是他发现了行星的运动规律。

命运似乎要捉弄一下这位"立法者"，使他一生贫病交加。而开普勒却对命运之神的嘲弄不屑一顾，死心塌地地研究天文学，尽管大学期间他读的是文科。

开普勒开始热心于哥白尼的学说，但并不迷信权威，而是长期坚持天文观察、记录、思考，并仔细演算观测所得数据。一段时间以后，他发现行星的运动好像并不是规则的匀速圆周运动。这一结论是根据实际观测数据得出的，他决心弄个究竟。

开普勒是公认的数学天才。在解决行星轨道问题时，他首先想到的是数学。而在这方面，古希腊人早就有过关于天体轨道正多面体的猜想。开普勒循着这个思路发现，在包容土星轨道的天球中内接正六面体，木星的轨道恰好外切于这个

◆ **《宇宙和谐论》** ◆

《宇宙和谐论》是开普勒晚期的重要著作。全书分为五卷，该书的第一卷讲了多边形的几何学，他曾用多边形诠释行星轨道，不过在此仅仅从其结构的角度进行了剖析。第二、三卷，研究对象从多边形过渡到了多面体，着重分析了多面体占据空间的大小与相应多边形面积的关系问题。第四卷，则带有明显的占星术色彩。在这一卷中他写道，黄道是人类灵魂的投影。每当黄道上出现圣物……人类的灵魂就会产生一些兴奋点，每个人出生时行星的位置排列特点都将影响其一生。第五卷他又回到唯物的天文科学中，这一卷中集中讨论了行星运行过程中距离、速度、偏心率等问题。著名的开普勒第三定律也在这一卷给出。

开普勒的《宇宙和谐论》不仅是一部自然科学著作，它在哲学上强调宇宙、人类社会应保持和谐稳定的观念也有积极的社会意义。

六面体。其他的行星如土星、火星的轨道都具有类似的特点，只是内接的多面体形状不同罢了。他将这一思路充分展开，又进一步加工整理后写成《神秘的宇宙》一书。这本书虽然仅是对天文学的初探，略显幼稚，却展现了作者天文学方面的天赋和潜力。当时著名的天文学家第谷看到了这一点，主动邀请这个年轻人做自己的助手。

自从来到了第谷主持的布拉格天文台之后，师徒二人相得益彰，共同开展了许多研究项目。可不久第谷便辞世了。所幸的是，第谷临终向鲁道夫二世推荐了开普勒，使他得以继续在天文台工作。开普勒在第谷奠定的基础上继续探索行星的轨道。他渐渐发现，要测定行星的轨道只靠太阳和行星本身的位置是不够的，有必要找到第三个点作为参考点。他选定的这个点是火星，而火星的公转周期为1.8 年。开普勒根据对太阳与火星的位置变幻规律，运用三角定点原理把地球的轨

开普勒

道勾勒了出来。接着他又借助有关地球的资料，描绘了其他行星包括火星的运行状况。开普勒在综合分析了所有这些行星的轨道特点后发现，行星的运行轨道不是正圆，而是椭圆形；其运动速度也不是匀速，而是与太阳的距离有关。在他1609 年出版的《新天文学》一书中给出了两个行星运行定律。

开普勒第一定律：所有的行星都分别在大小不同的椭圆轨道上围绕太阳运动，太阳在这些椭圆的一个焦点上。这一定律指出了行星一切可能的位置，这些位置的集合便形成了其轨道线。

天体力学中的开普勒第一定律　　天体力学中的开普勒第二定律　　天体力学中的开普勒第三定律

　　开普勒第二定律：行星与太阳的连线在相等的时间里扫过相等的面积。该定律归纳了行星运行中速率改变的规律。根据这一定律，我们可以测定各个时刻行星所处的确切位置。

　　开普勒于 1619 年又出版了《宇宙和谐论》，在书中他给出了第三定律：行星公转周期的平方与它距太阳距离的立方成正比。

　　三大定律的完成，宣布了开普勒天文学体系的成熟，使人们对于行星的运动规律有了一个较为全面的理解。他开创了天文学发展的新阶段。

第一架天文望远镜的诞生

Di Yi Jia Tian Wen Wang Yuan Jing De DanSheng

　　伽利略是意大利物理学家、数学家和天文学家。李普希发明望远镜后立即引起了伽利略浓厚的兴趣。于是，他马上着手制造这种仪器。1609 年，世界上第一架天文望远镜诞生了。

　　这种由伽利略制造的折射望远镜的物镜口径只有 4.4 厘米。镜筒前头那块玻璃透镜被称为物镜，当来自天体的光线射到物镜上时，光线会被折射并被透镜集中于一个点上，这个点就是焦点，该天体的像在那里形成。在镜筒的另一端的透镜口径较小，被称为目镜。天体的像在目镜中被放大，以供观测者观察，物镜和焦点之间的距离称为焦距。一般说来，望远镜的放大倍数是望远镜的物镜的焦距与目镜的焦距之比。

　　伽利略首先用望远镜观测月亮，结果发现月亮并不像人们常说的那样。事实上，月球是一个崎岖多山的星球，而不是我们肉眼所见的光滑无瑕的外形。通过望远镜，伽利略还看到了处于低洼区域的灰色平原，尽管伽利略不相信那里有水，但后来，这些灰色平原还是被称为"海"。

伽利略还特别注意到，与行星相比较，恒星在望远镜里只是一个光点，而不呈现出明显的圆面，不管怎样放大，这些恒星在望远镜中仍然是一个微小的光点。造成这种现象的原因是所有的恒星都距离我们非常遥远。

伽利略于 1610 年经过长达几个星期的观测，断定木星有 4 颗如同环绕地球运行的月亮一样的卫星。到目前为止，人们共发现了 18 颗木星卫星。人们至今仍把伽利略发现的那 4 颗木星卫星称为"伽利略卫星"，以此来纪念伽利略的伟大发现。

伽利略以前就支持哥白尼的"日心说"，发现木星卫星后，他比以前更加相信哥白尼的学说了。特别是当他发现金星也有圆缺变化时，他进一步确信"日心说"是正确的。事实上，这种圆缺变化被称为金星的相位。因此，他坚持认为托勒密的学说是错误的。

伽利略的这些发明都是借助天文望远镜观测星空而得来的结果，他的这一发明让人类具备了"千里眼"，从而开启了天文学上的新纪元。

马德堡半球实验

Ma De Bao Ban Qiu Shi Yan

科学总是在人们的一片惊呼声中前进，空气压力的证明即是如此，它是通过著名的"半球实验"完成的。

主持这项实验的人名字叫奥托·冯·格里克，他于 1602 年出生在德国名城马德堡的一个富裕家庭。此人天资聪明，15 岁便考入著名的莱尼兹大学学习文科。但数学、物理等自然学科好像对他更有诱惑力，他热衷于科学实验，甚至一度赴英、法等当时被认为较先进的国家专门学习自然科学。23 岁时才又回到了马德堡。由于格里克本人知识丰富，工作勤勉，他于 1646 年当选为该市市长。在成为市长后，他仍旧兢兢业业地工作，为当地人谋福利。

格里克对真空的研究

1647 年，格里克制造了一个空吸泵，空吸泵由一个圆筒和活塞组成，圆筒上带有两个阀门盖。格里克想用这个装置抽出密封啤酒桶中的水，从而得到真空。可是，当他用这个装置抽出木质啤酒桶中的水时，听见了笛声噪音，说明空气进入了啤酒桶。格里克又把啤酒桶放在一个大的盛水容器中密封起来重新进行实验。当他把啤酒桶中的水抽出时，大容器中的水又渗进了啤酒桶。

为了解决渗漏问题，格里克让人做了一个底部带孔的空心铜球进行实验，当他让工人从球中抽出空气时，铜球随即瘪了。

格里克在实验过程中发现，无论抽气口放在铜球的哪个位置，在抽气过程中，容器中的残留空气都分布于铜球的整个内部空间。由这一现象他发现了空气具有弹性。由这个重要结果出发，他研究空气密度随高度的变化，并得出结论，空气密度随高度而减小，由此他推理大气层以外的空间是真空的。他还通过实验研究空气做功等。

为了获得真空，格里克坚持研究，他终于发明了真空泵，用真空泵做实验，他获得了成功。而且格里克做了许多关于真空的实验：他把钟放到真空中，发现听不到钟的声音；把火焰放在真空中，发现火熄灭了；把鸟和鱼放在真空中，发现它们都会很快死去；把葡萄放在真空中发现能够存放较长的时间等。

尽管格里克政务繁忙，但仍然抽空继续在自然科学领域进行研究，尤其是在真空领域。几经探索，他发明了抽气机。在抽气机的帮助下，格里克又完成了一系列的真空、大气压强的实验。其中就有最著名的马德堡半球实验。

在格里克生活的年代，人们已有了一定的近代自然科学知识，但对于格里克描述的强大的大气压力仍是将信将疑，议论纷纷，甚至有人公开说他在吹牛。

为了使人们对大气压强有个更明确的认识，格里克决定做一次公开实验，向公众证明自己学说的正确性。事先，格里克做了充分的准备：他先命工匠铸造了两个空心的铜制半球。这两个半球直径超过 1 米，异常坚固，边缘也非常平滑，为的是

马德堡半球实验图

奥托·格里克生平

1602 年 11 月 20 日，奥托·格里克出生于德国马德堡市，15 岁进入莱尼兹大学学习法律，之后又去了荷兰的莱顿继续深造，同时开始关注数学等自然学科。后来格里克又游历了英法等国。1626 年重回德国，并当选马德堡市参议员。战争期间，他以工程师的身份为瑞典政府服务。家乡光复后，格里克回到那里，并于 1646 年当选马德堡市长。任职期间，仍不遗余力地进行科学研究，且成果很多。他发明了真空泵和摩擦发电机，并于 1654 年主持了著名的马德堡半球实验。

1681 年，格里克宣布退休，然后移居汉堡安度晚年，直至 1686 年 5 月 11 日去世。

两半扣在一起不泄漏空气，而且禁得住拉拽。此外还从马车行里特地挑选的壮马。

一切就绪以后，格里克于 1654 年在马德堡市市政中心广场进行了这次实验。他先命人将马匹分成均匀的两组，每一组集中拴在一个铜半球后面。然后将两半球紧密接合在一起，严丝合缝。再用准备好的抽气机将球内的空气抽净。最后号令员一声令下，两组马匹向相反的方向奔去，将拴在马匹与铜球之间的绳索绷紧、绷紧、再绷紧，最后只听见绳索发出咯吱咯吱的响声、马蹄踏地的咚咚声，还有马粗重的喘气声，而铜球却如同铸死一般，两个半球始终紧密接合，纹丝不动，直到 16 匹马大汗淋漓，四腿乱颤，依然如故。看热闹的人们见状吃惊不小，一个个张大了嘴巴。一声哨响，实验圆满结束，其结果与格里克说的分毫不差。呼喊的人群扑向格里克，将其高高地举过头顶。

格里克胜利了，他向人们成功地展示了科学的伟大，赢得了人们的尊敬。后来人们称这两个金属半球为"马德堡半球"。

帕斯卡与帕斯卡定律

Pa Si Ka Yu Pa Si Ka Ding Lü

静止流体中任一点的压强各向相等，即该点在通过它的所有平面上的压强都相等。这就是名噪一时的帕斯卡定律，该定律以其发现者的名字命名。与这条定律同样出名的还有帕斯卡本人。

帕斯卡，全名布莱斯·帕斯卡，1623 年出生于克勒加菲朗。他自幼聪明伶俐，

❖ 赌徒和概率论 ❖

一个赌徒在夜以继日的赌博中发现一个非常难解的问题，他问帕斯卡："两个赌徒相约共赌若干局，其间谁先赢够 S 局结果就算谁赢，可现实的情况是第一个人很快赢了 A 局（a＜s），而第二个人赢了 B 局（b＜s），谁都没赢够 S 局。但由于某种外在原因，赌博被迫终止，这时赌本应当归谁所有呢？"帕斯卡对这个问题思考了一段时间后就请他的朋友费马帮忙。后来荷兰的惠更斯也加入了解决这个问题的行列，三个人同心协力奋斗了三年多，于 1651 年将这个难题彻底解决，并写成《论赌博中的计算》一书公开发表。从此，数学研究领域出现一个新的分支——概率论。

善于思考，被称为神童。16 岁的帕斯卡就参加了巴黎数学家和物理学家小组（法国科学院的前身），一度成为新闻人物。17 岁时，他就发表了《圆锥截线论》一文，在文中他提出了帕斯卡定理：在圆锥曲线内接六边形，其六对边六交点共线，此书的数学水平之高令笛卡尔都难以置信。

这些成就在旁人看来已经很了不起了，但帕斯卡并不满足。之后他又专注于大气压强和流体力学方面的研究。帕斯卡在这一领域的研究也是基于前人的基础。1643 年，托里拆利用水银证实了大气压强的存在，并测定了其具体数值。帕斯卡在这方面也投入很大精力。在 1646 年和 1647 年两年的时间里，他反复做着如下的实验：把几根长数米的各种形状的玻璃管固定在船桅上，然后分别在不同的玻璃管中加注水和葡萄酒，再将管子倒置固定。结果发现水的液柱要比葡萄酒的高，这是由于水的密度小于葡萄酒的密度。此实验证明了大气压强的存在，其对液柱底面所成的压力与液柱自身的重力相等。

此外，帕斯卡还组织了不同海拔高度条件下的类似实验。如在 1648 年他让自己的妻弟佩里埃把气压计带到了多姆山上测量

帕斯卡水压机原理图
操作时，用活塞推动两个压板平台来锻造铸件。

水压图示

此图形象地展示了流体在封闭的容器中压强发生变化的情况。它有力地证明了帕斯卡定律的正确性。

那里的大气压。结果发现随着海拔高度的增加，大气压强逐步变小；通过不同天气条件下的实验，帕斯卡还发现大气压与天气有很大的关系。

在一系列关于大气压强的实验中，帕斯卡逐渐总结出：处于气体（或液体）某一深度的点所受的由于气体（或液体）重量所产生的压强仅仅与这个点所在的深度有关，而与方向无关。这就包含了帕斯卡定律的基本内涵。

通过进一步的液体实验，他更加充分地证实了这一点。实验是这样设计的：取一个大木桶并在其中灌满水，之后将其密封，只在封盖上开一小孔，然后拿一根细长的管子插入小孔，管子的粗细要与小孔直径相当，保证插入后小孔和管子之间没有丝毫缝隙。之后把管子向上拉直，在顶端灌一杯水。由于管细，一杯水就可使管中水面骤然升高，这时奇迹发生了，桶内压强急骤升高，桶壁不负重物，水就四散溅开。

这一实验进一步解释了帕斯卡定律，即在流体（气体或液体）中，封闭容器中的静止流体某一部分压强发生变化，这一变化将会毫无损失地传至流体的各个部分和容器壁。帕斯卡还在《液体平衡的论述》一文中讲到该定律的应用价值。一个上端有两个开口的容器，其中一个开口面积是另一个的 100 倍，在容器中注满水，再往每个口插入大小合适的活塞，当一个力压小活塞时，就会在大活塞一端产生相当于这个力 100 倍且方向相反的压力。根据这一力学原理，帕斯卡发明了注射器和水压机。这两者分别在医疗领域和工业领域起着举足轻重的作用。

科学化学的创立

Ke Xue Hua Xue De Chuang Li

波义耳
英国科学家和哲学家，对分析化
学做出了突出贡献。

科学家从来就不是什么先知先觉，科学的进步有时是靠偶然性来推动的。这话不无道理，科学化学的创立就是明证。

一束淡雅的紫罗兰推动近代化学向前迈了一大步。300多年前的一天，园丁送给波义耳一束紫罗兰。波义耳顺手将它放在实验台上，可过会儿一不留神将盐酸溅到了可爱的花瓣上。他正要将其丢掉，却猛然发现紫罗兰的花朵竟变成了红色。这引起波义耳的思考：既然盐酸能使紫罗兰变红，那么其他的酸或许也能，经实验证明确实能。

这回波义耳更来了兴趣：紫罗兰遇酸变红，遇碱呢？一检验，它遇碱变蓝。之后，他又用许多种植物的浸出液做相同的试验。最后发现地衣类植物中的石蕊遇酸变红、遇碱变蓝的效果最为明显。从此，石蕊试液就作为固定的酸碱指示剂。直到今天，我们在实验室中和工农业生产各领域仍大量应用这一发现。

在发现石蕊试纸过程中，波义耳充分利用化学分析的方法。事实上，正是波义耳将这一方法引入化学研究领域的，化学分析运用的最显著成果还在于由此确立的"不可分元素说"。

早在2000多年前，古希腊哲学家就提出了四元素说——水、空气、火和土，还有后来医药化学家派提出的"三元素说"，后来这一学说被称为怀疑派化学家

◆ 《怀疑派化学家》 ◆

《怀疑派化学家》是波义耳1661年完成的著作。在这本书中他明确提出了化学的研究对象、研究方法及他的物质观，标志着化学成为一门独立的科学学科。《怀疑派化学家》的一大特点是全书使用了对话的形式，其中有逍遥派化学家，主张亚里士多德的四元素观点；有医药派化学家，持三元素论观点；有哲学家，在争辩中保持中立；还有作者自己代表的怀疑派化学家。四方都坚持己方主张，相互之间展开激烈的争辩。通读全书，怀疑派化学家对旧理论的批判，对元素内涵的认识都阐述得明白无误，最终凭借无可争辩的事实取得了决定性的胜利。

$$V_1 = a$$
$$P_1 = b$$
$$P_1V_1 = ab$$

$$V_2 = (1/2)a$$
$$P_2 = 2b$$
$$P_2V_2 = ab = P_1V_1$$

波义耳定律示意图

在图中，最初的压力是 a，体积是 b，当体积变为原来的一半，压力就会增加 2 倍，而它们的积恒为 ab。

的波义耳否定。波义耳对化学元素的定义做了现代意义上的表述，他说：我说的元素的定义和那些讲得最明白的化学家们所说的元素定义相同，是指某种原始的、简单的、一点杂质也没有的物质。元素不能由任何其他物质构成，亦不能彼此相互形成。元素是直接构成所谓完全混合物（化合物）的成分，也是完全混合物最终分解的要素。从这几句话可以看出，他所说的用化学方法不能再分解的物质即为元素，与今天科学的元素概念十分接近。

波义耳为元素下的定义对于化学从炼金术中脱出，独立发展成为一门科学起了至关重要的作用。他第一次明确了化学自己的任务，并指出化学的基本研究方法为定性分析法，使化学最终踏上唯物主义的道路。

波义耳还身体力行地进行实验研究，一生做了大量试验，直至 1691 年逝世前仍致力于科学试验。他一贯强调只有实验和观察才是科学思维的基础。除了对指示剂的研究，他还定义了酸和碱，将物质分为三大类——酸、碱、盐，并首创众多定性检验盐类的方法，如利用盐酸和硝酸盐溶液混合生成白色沉淀物的性质来检验盐酸和银盐。波义耳的这些方法今天我们仍在用。后来，波义耳将这些方法整理成《矿泉水的实验研究史的简单回顾》一书，他不愧为定性分析的先驱。

波义耳对科学的另一重大贡献是：反对宗教与科学的完全对立。1655 年，波义耳来到当时的科学圣地——牛津，发现那里科学与宗教对立的空气极为紧张，就发出了"人的得救不是靠反对什么，而是靠接受上帝的恩典。只要你肯，仍然可以在科学里爱上帝，敬拜上帝"的响亮号召。这一宣言使很多人的思想偏差得以扭转，从此清教徒科学家和基督徒科学家携手并肩共同把近代科学推向前进。

波义耳对科学事业，尤其是化学的杰出贡献赢得了后人的尊敬，他也由此得到了"化学之父"的美誉。

牛顿与万有引力定律

Niu Dun Yu Wan You Yin Li Ding Lü

1665 年的夏天，伦敦城里发生了大瘟疫，而英格兰的沃尔斯索普乡下依然平静如常。一处不大的农家小院，院角几株种植多年的苹果树在习习的晚风中轻舞，树叶簌簌飒飒地撩拨着。房间里昏黄的灯光依旧亮着，一切静谧、安详。忽然，"咚"的一声闷响打破了沉寂，屋中灯下的读书人赶忙开门冲了出来，四周张望并未见一个人影，正在纳闷儿，"咚！"又是一下子，这回不巧，不知什么东西正砸头上，这人顿感一阵眩晕。良久，他抬头看见了枝头树叶间时隐时现的苹果，不觉笑了。

"你知道这人是谁？他就是大名鼎鼎的艾萨克·牛顿，伟大的……"

"哦，明白了，不就是那个英国的物理学家牛顿吗，被苹果砸了一下头，脑筋一转就发现了万有引力定律。这也是命该如此，要是那个灵性的苹果正打到我头上，我也不一样琢磨出个把定律来吗？"

可笑，这种人只知牛顿被苹果砸了头，却不知背后牛顿的才智和努力。

牛顿 1642 年生于英格兰贝蒂林肯郡的农民家庭，幼年经历坎坷。他 19 岁考入剑桥大学特里尼蒂学院，23 岁获得文学学士学位。那年 6 月，由于躲避瘟疫回到乡下，直至 1667 年重回剑桥大学。两年时间里，他构思了经典力学、微积分和光学等学科的思想，1668 年获硕士学位，第二年被破格提升为数学教授，年仅 27 岁，担任此职务达 26 年。1705 年，英女王授予牛顿爵士头衔。他于 1727 年 3 月 20 日逝世，享受国葬待遇，与英国历代君主和名人长眠于威斯敏斯特教堂。

由此可见，牛顿绝不是仅仅被苹果砸了一下就猛然悟到了万有引力定律，而是有着深厚的知识背景和超乎寻常的探索精神，在看到了苹果落地之后，也不是一下子悟出了什么定律，而是在一系列的计算推导后才得

牛顿

艾萨克·牛顿是世界杰出的自然科学家，17 世纪自然科学革命的领头人物。他在物理学、天文学、数学等领域都做出了卓越的贡献。他也因此而成为第一位被女王授予爵士头衔的自然科学家。

《自然哲学的数学原理》书影
此书被评价为科学史上最伟大的著作，在这本书中，牛顿为后来的力学研究打下了基础。

牛顿的胜利
尽管牛顿在世时已被认为是一个划时代的科学先驱，但他的研究工作仍引来了许多人的诽谤与非议，这幅充满寓意的光实验绘画表现了牛顿在科学上的胜利。

出这一具有历史意义的科学结论。

牛顿在解决为什么苹果要落地而月亮却可以绕地球旋转不停的问题的时候，没有像前人那样依靠大量的观察测得数据，再进一步找出答案，而主要是靠思考与数学推导。

大体思路为：先求出月球绕地球飞行的速度，这个速度由月球绕地球轨道周长除以其绕地球周期得到，代数表达式为 $V_月 = 2\pi r/T$。在此基础上求得月球的向心加速度，即月球绕地球飞行速度的平方除以其轨道半径，代数表达式为 $a_月 = (V_月)/r$。根据已知的数据（月球的公转周期为 27.3 天，月球绕地球飞行速度为 3.8×10^8 米／秒）解得此式结果为 0.0027 米／秒^2。这一结果适用于月亮，那么苹果呢？由于其自身重量相对于地球可忽略不计，它的加速度就应等于自由落体加速度为 9.8 米／秒^2，再根据开普勒三定律就可得出苹果和月球二者重力加速度关系。最终得到 $F = GMm/r^2$，即物体间彼此都有吸引力。这种力的大小仅与它们各自的质量和它们之间的距离相关，这就是著名的万有引力定律。

列文虎克发现微生物

Lie Wen Hu Ke Fa Xian Wei Sheng Wu

安东尼·冯·列文虎克与前面所讲到的科学家有一点不同，那就是他是一位业余科学家，但也有一点相同，那便是同样有着非凡的成就。

列文虎克，1635年7月18日生于英格兰南部威特岛的弗雷施特瓦，从小善于动手制造，后因家道中落而寄人篱下，但勤于读书学习，并能够学以致用，制造各种机械装置。他于1653年开始在牛津大学学习，后又作为波义耳的助手工作，其才华得到充分展现。

列文虎克最早发现微生物，这也得益于他长于机械制造，正所谓工欲善其事，必先利其器。列文虎克发现微生物的"器"就是显微镜。他一生制造过400多架显微镜，其中倍数最高的达到200～300倍。当时的显微镜结构较为简陋，主要包括镜座、镜柱、粗大的镜筒、目镜和物镜。与现代显微镜相比，列文虎克的显微镜粗笨厚重，且只有一个物镜镜头，又不能调节视距，但列文虎克就用它进行了一系列观察试验，发现了许许多多令人震惊的微生物。

列文虎克用显微镜观察过雨水、污水、血液、辣椒水、酒、头发、牙垢等物质，并且对观测结果津津乐道："在我偶尔观察一颗水滴时，非常惊奇地看到许许多多不可思议的各种微小的生物。有些微生物的身长为其宽度的3～4倍，据我判断，它们的整个厚度比虱子身上的毫毛厚不了多少。这些小生物具有很短很细的腿，位于头部的前面（虽然我没能认出它们的头，但由于动起来这一部分老是走在前面，我还是把它叫作头）靠近最后的部分，附有一个明显的球状物体。依我判断，这最后部分是稍微分叉的。"这便是列文虎克对水中细菌的细致描述。除此之外，他还公布了其他发现。

列文虎克发明并使用过的显微镜

列文虎克用他发明的显微镜发现了许多肉眼无法看到的微生物，为许多过去人们无法解释的现象找到了答案。

1668年，列文虎克将鱼尾作了切片，拿到显微镜下观察，竟发现了上面的毛细血管，在镜头中可以清晰地看到涌动的血液经过这些

❧ 微生物自然发生说被推翻 ❧

在列文虎克用显微镜发现微生物之后，许多人重复了类似的实验。他们发现有机物变质时，会有大量的微生物存在，即便原来没有，把它拿到温暖的地方后，这些微生物也会很快冒出来，于是微生物自然发生说逐渐形成。

到了 19 世纪，法国科学家巴斯德在显微镜的帮助下通过一个实验推翻这一说法。他先取出一定量的营养液使之发酵，之后用显微镜观察到其中的大量微生物，然后将这些营养液注入曲颈瓶中煮沸消毒，最后将其密闭。从此，营养液长期保持清洁，不再产生微生物。这一实验使得微生物自然产生说不攻自破，巴斯德认为生命来源于生命，而不是其他。

后来，在这一研究的基础上诞生了现代生物学，并进一步推动了医学实践的发展。

毛细血管从动脉流到静脉，列文虎克欣喜若狂：原来意大利生物学家马尔比基关于毛细血管的论断完全正确，英国人哈维对血液循环的描述也可以更加完善了。

对于微生物的观察，列文虎克乐在其中。他于 1675 年在青蛙的脏器中发现了寄生虫，这引起了动物学界的极大兴趣。到了 1677 年，他进一步研究了动物的有性生殖，在显微镜的镜头中，他首次在动物和人的精液中发现了活泼、弯曲前进的微动物——精子。他还进一步猜想，在精子的头部可以找到真正的胚胎，这些胚胎会在将来形成生命个体，可惜他想错了。

显微镜原理图
显微镜由物镜、目镜和载物台下的聚光镜构成，通过这种组合可以将微小物体放大。

列文虎克还做出了一项敦促人们形成良好生活习惯的发现。那是 1669 年，列文虎克在一位不爱刷牙的人口腔中发现，"在一个人口腔的牙垢里生活的生物，比一个王国的居民还多"。此言一出，舆论哗然，牙膏的销售量猛增。说起来有点儿滑稽。总之，安东尼·冯·列文虎克发现微生物开拓了人们探索的领域，使人们对于自身和周围的事物有了一个全新的认识，促进了近代医学和其他学科的进一步发展。

哈雷和哈雷彗星

Ha Lei He Ha Lei Hui Xing

英国天文学家哈雷
哈雷十分注意对天空的观测，他通过观测发现了许多年以前被人们忽视的天体。

哈雷，与一颗彗星同名，那是因为他——埃德蒙·哈雷最早测定、证实了这颗彗星的存在。

埃德蒙·哈雷，1656 年出生在伦敦附近的哈格斯顿，17 岁考入牛津大学王后学院学习数学，这为他日后在天文学方面做出杰出贡献打下了牢固的基础。在 1676 年他行将毕业之际，毅然离开伦敦，搭乘东印度公司的航船远赴南大西洋的圣赫勒纳岛，在那儿建起了人类史上第一个南半球天文台。一段时间以后他汇编了有 340 多颗南天恒星黄通坐标的南天星表。为此，他得到"南天第谷"的美誉。这张星表发表后，哈雷即被选为皇宫学会会员。1720 年，他出任格林尼治天文台台长。前后几十年，哈雷投入很大精力测定彗星轨道，做了大量记录。光在他的《彗星天文学论说》一书中就记录了 24 颗彗星的详细资料，其中包括"哈雷彗星"。

哈雷彗星之所以以哈雷的名字命名，固然是哈雷在帮助人们清楚认识这颗大彗星的过程中功不可没，但并不是哈雷首先发现了它，许多人在此存在误解。其实人们对于哈雷彗星零星的认识历史极其久远。

✦ 哈雷彗星小档案 ✦

哈雷彗星在其被证实以后，一直受到人们的关注。近些年来，随着彗星探测器的使用，人们了解到了更多关于哈雷彗星的资料。

哈雷彗星与其他彗星相比，大且活跃，轨道有明确规律：其轨道为逆向，与黄道面有 18° 夹角，平均公转周期为 76 年，近日距为 8800 万千米，远日距为 53 亿千米，轨道偏心率为 0.967。该彗星的彗核比较暗。其反照率为 0.03，甚至比煤还暗些，堪称太阳系中最暗的星体之一。哈雷彗星的彗核密度为 0.1 克/厘米^3，呈蜂窝状，估计是由冰升华后尘埃滞留所致。

据测算，哈雷彗星将于 2061 年返回内层太阳系，到时地球上的人类将再一次目睹它的尊容。

1910 年拍摄到的哈雷彗星

中国史书上关于哈雷彗星的记载就非常详尽，如《春秋》的鲁文公十四年就有"秋七月，有星孛入于北斗"的记载。这在世界上堪称最早的关于哈雷彗星的确切记录。不十分确切的记录则更早，《淮南子·兵略训》中写道："武王伐纣，东面而迎岁至纪而水，至共头而坠，彗星出，而授殷人其柄。"其中所指"彗星"，据后世天文学家推算应为公元前 1057 年回归的哈雷彗星。大约从公元前 240 年起，彗星的历次出现，我国史书都有记述。只是近代西方在天文学等科学领域才超过我国，哈雷系统地研究这一彗星就是一例。

1986 年拍摄到的哈雷彗星
这是时隔 76 年，也就是哈雷彗星在一个周期内两次重返地球上空时人们拍摄的照片。

埃德蒙·哈雷于 1695 年开始专注于研究彗星，并测定了 1337~1698 年 300 多年间出现的彗星中 24 颗的轨道和其他有价值的数据。经过整理这些资料，他发现 1530 年、1607 年、1682 年连续出现的三颗彗星轨道极为接近，只是经过近日点的时刻彼此相差了一年之久，哈雷根据牛顿的万有引力定律将这个偏差解释为木星、土星的引力所致。想到此，哈雷断定：这三颗彗星是同一彗星的三次回归。但科学不能只凭想当然，他搜索关于彗星的记录，终于发现历史上 1456 年、1378 年、1301 年、1245 年等年份都有关于这颗彗星的记载，哈雷更加肯定了自己的发现。他在《彗星天文学论说》一文中预言：大彗星将于 1758 年底或 1759 年初（因为木星可能影响其轨迹，带来不确定性）再次光临地球。果然，在 1759 年的 3 月 14 日大彗星拖着长长的尾巴再现于天空，可此时的哈雷早已作古。然而人们没有忘记他，将大彗星正式命名为哈雷彗星。

富兰克林发明避雷针

Fu Lan Ke Lin Fa Ming Bi Lei Zhen

避雷针，不是什么新鲜玩意儿。今天，几乎每栋大楼都安装它。其实，很久以前它就进入了人们的生活。

据唐代文献记载，我国在汉朝就出现了避雷针的雏形。只不过它是以另外一种方式为人们所接受：将一片铜制鱼尾瓦置于屋顶以避邪，防天火。其实防天火就是避雷，因为雷击建筑易发生火灾。

再者，可以从我国的某些建筑装饰传统中找到避雷针的影子。如一些古代建筑的屋脊两侧，各探出一个龙头，作吞云吐雾状，蔚为壮观。这一构思仅仅是为了装饰吗？其实吐出的龙舌根部连接一根循墙边直通地下细细的金属丝。这是一个设计巧妙的避雷针。

从我国古代关于避雷针的应用实践不难看出其工作原理并不复杂，但在现代避雷针的发明过程中，却有人付出了相当大的代价。

1752年6月，暴风雨密布的一天，富兰克林带着儿子威廉，手里拿着一个刚刚做成的硕大的风筝，并且风筝上面装有金属线，但系在金属线一端的长绳却是麻绳。富兰克林父子在暴雨狂风中将风筝放到空中，偶尔的过路人对此十分不解，"平时都好好的，怎么一下子疯到这个

富兰克林的闪电实验

1752 年 5 月，为了证明天空的雷电与摩擦起电产生的电的性质是一样的，富兰克林做了这个著名的风筝试验，从而证实了他的想法是正确的。

◆ 富兰克林的杰出贡献 ◆

富兰克林在电学上有许多重要成就是通过实验取得的，他对当时许多混乱的电学知识（如电的产生、转移、感应、存储、充放电等）作了比较系统的整理。他曾把多个莱顿瓶联结起来，以储存更多电荷。他用实验证明莱顿瓶内外金属箔所带电荷数量相等，电性相反。1747年，他提出了电的单流质理论，并用数学上的正负来表示多余或缺少这种电流质。他还认为摩擦起电只是使电荷转移而不是创生，所生电荷的正负必须严格相等——这个思想后来发展为电学中的基本定律之一——电荷守恒定律。他利用这一理论说明了带介质的电容器原理。

富兰克林的第二项重大贡献是统一了天电和地电，彻底破除了人们对雷电的恐惧。他一方面列举了12条静电火花与雷电火花的相同之处，一方面通过岗亭实验和风筝实验（1752年6月）给予实验证明。后来他的论文集《电学实验与研究》出版，特别是风筝实验的报告轰动了欧洲，使人们看到电学是一门有广大前景的科学，避雷针也成了人类破除迷信、征服自然的一项重要技术成果，推动了电学、电工学的发展。

美国科学家、发明家本杰明·富兰克林

富兰克林是一位勇于实践的科学家，他的许多科学成就是在实验中取得的。

富兰克林对大自然有着广泛的兴趣。他研究过物体（尤其是金属）的热传导、声音在水中的传播、利用蒸发取得低温的方法；他还研究过植物的移植、传染病的防治；在横渡大西洋时，他观察了海湾暖流对气候的影响，测量了海水的流速和温度等。作为发明家，他发明了高架取书器、老年人使用的双焦距眼镜、三轮钟等。

地步！"富兰克林对此全然不顾，一边拽紧风筝线，一边招呼着不远处的儿子。风太大了，风筝在空中活像个醉汉，飘忽不定。突然一道耀眼的闪电劈开天幕，掠过风筝。同时富兰克林紧拽风筝线的手一阵麻木。他意识到自己被闪电击中了。他又做了几次类似的实验，将闪电引入并贮存在莱顿瓶中带回实验室。

富兰克林称自己收集的闪电为雷电，并用它做了各种常规的电学实验，发现雷电与人工摩擦产生的电毫无二致。不久，他公开宣布天空的雷电和人造电是同一种东西，以无可辩驳的事实揭穿了"雷电是上帝发怒"的谎言。

风筝实验的成功引起了各国科学家的广泛关注。在富兰克林实验的第二年，俄国科学家利赫曼重复了该实验，不幸被雷电击中致死，为电学实验付出了生命的代

闪电放电示意图

价。富兰克林闻听此事十分伤感，但一天也没有停止电学实验。几经失败，他制成了第一根现代避雷针。它构造十分简单：一根几米长的金属杆固定在屋顶上，但杆子与屋顶之间用绝缘材料隔开，杆子底端拴一根粗导线直通地下。它的工作原理是，当雷电经过房屋附近时，电流会沿着金属杆通过导线直通大地，从而得以保全房屋。

避雷针发明以后，于第二年（1754年）投入使用，但保守的人认为这样不祥，会招致灾难。但事实给这些人上了生动的一课——一场暴风雨过后教堂被击中起火，而与之毗邻的高层建筑却安然无恙。谣言被戳穿，避雷针很快传播到世界各地。

富兰克林对其他科学领域也非常感兴趣。与同时代的绝大部分人不同，富兰克林反对牛顿提出的光"粒子"理论（即认为光线由微粒组成），同时力推罗伯特·胡克等人提出的光的"波"理论。他认为近温暖地面的空气被迅速加热，导致膨胀后螺旋上升，并由此引发了飓风与龙卷风。富兰克林还考察了墨西哥湾流的流动路线，墨西哥湾流为横跨大西洋的暖流，他建议远洋船长们应当随时随地使用温度计定位该暖流，从而利用此暖流航行，或者当行船方向与该暖流流动方向相反时，避开该暖流。

富兰克林不但是一位优秀的科学家，还是一位十分杰出的社会活动家，同时，他还特别重视教育，他兴办图书馆，创立了多个协会来提高各阶层人的文化素质。北美独立战争爆发后，他参与了第二届大陆会议，并参与起草了《独立宣言》。

避雷针本身并不复杂，却具有很强的实用价值。这正是怀念其发明者——富兰克林的重要原因。1790年4月17日夜里11点，富兰克林去世，享年84岁。他生前威名赫赫，死后的墓碑上只刻着这样几个字："印刷工富兰克林。"

英国纺织发明家哈格里夫斯

珍妮纺纱机

Zhen Ni Fang Sha Ji

17～18世纪的世界形势发生了很大变化，随着海外殖民扩张的进行，英国国内、国际市场空前膨胀，对棉纺织品的需求加倍增长，但落后的生产工艺严重阻碍了历史进程。

在形势的逼迫下，人们苦苦探索新的棉纺业生产工具。终于在1733年，约翰·凯伊发明的飞梭大大提高了织布的效率。

然而，处于织布业上游的纺纱业很快就不能再满足日益增长的织布的需要。因为此时的棉纱纺织还是陈旧的工艺，一次只能纺出一根纱。

为此，英国全国上下都很着急，英国皇家艺术学会于1761年正式宣布重赏发明新型纺纱机的人，其条件是，该机器要能"一次纺出6根棉线、亚麻线、大麻线或毛线，而且只需要一个人开机器、看机器"。重赏之下必有勇夫，三年以后新的纺纱机终于诞生了，但发明者并不是什么工程师或科学家。

那是1764年的一天，英国的一位纺织工匠詹姆斯·哈格里夫斯正在家中像往常一样织布。唯一不同的是，那天他十几岁的小女儿珍妮也闹着要学习纺纱。刚开始，哈格里夫斯并没有把她的话当回事。不过最后被她缠得实在没办法，只得同意给她一部纺纱机和一个纱锭，任她摆弄。开始的时候，小珍妮还一板一眼地好好纺纱。没过半小时她便心不在焉了，捅捅这儿，摸摸那儿。忽然，噗喇一下子纺纱机翻倒地上，仰面朝天。

看到上面的纺锤由水平变成直立的状态，还飞快地转着，珍妮觉得好玩极了，可又怕父亲责怪，所以待在那里默不作声。

珍妮纺纱机的构造和工作原理

珍妮纺纱机底部的框架上安装若干线轴和纺锤。每一个轴都以皮带连在一个锭子上。两横条之间通过的一排纺锤形成一个杆，此杆可以在框架的凹槽内滑动。工人向后拉杆抽出粗纱，再用横条将带子夹紧，转动轮子从而带动锭子。然后又将杆子前移，纺锤转动，纱线便绕在上面。最后工人拉动控制杆，将纱线退下，纺纱的一个周期便告完成。

哈格里夫斯听到声音不对赶紧跑过去看，一看纺车翻了个仰面朝天，什么都明白了。珍妮一阵紧张，可父亲并没有责备她，而是陷入了沉思：既然纺锤立起来也一样转，那么还不如索性将一排纺锤并立在一起，仍由一个轮子驱动，这样不就同时纺出几根纱线了吗？想到此，他欣喜若狂，不但没有责罚女儿，还夸她是个天才。

说干就干，哈格里夫斯找来了一些木料和工具，凭着他"万能"的手很快制成了一架新的纺纱机。几经实验和改造，哈格里夫斯完成了这部全新的纺纱机。它由4根木腿支撑，机下有转轴，机上是滑轨，可以同时安装8个纺锤，大大提高了纺纱的效率。哈格里夫斯

传动皮带

垂直纺锭

可移动的张力杆

滚筒

粗纱筒管

哈氏发明的珍妮精纺机（改良型）

认为这是在女儿的启发下产生的结果，便将其命名为"珍妮纺纱机"。

后来，哈格里夫斯进一步改进了珍妮纺纱机，使安装的纺锤从8个增加到18个、30个、80个，甚至上百个。

纺纱效率由此提高了百倍，各纺纱工厂争相采用这种新机器。本来哈格里夫斯为提高纺纱效率做出杰出贡献，应受到褒奖。没想到的是，等待他的却是打、砸、抢。原来，周围的纺织工匠说这种机器抢了他们的饭碗，所以他们得先砸掉这部机器。这群人不但捣毁了珍妮机，还顺便偷走了哈格里夫斯家的一些财物。

于是，一筹莫展的哈格里夫斯，被迫举家迁往外地。1770年，他申请珍妮机的专利，而且在更大的范围内推广了这项技术，从而解决了困扰英国的"纱荒"。

珍妮纺纱机诞生后没几年，就出现了水轮驱动的"水力纺纱机"，其效率更高。1779年，克隆普顿综合了珍妮纺纱机和水力纺纱机的优点，制成"走锭纺纱机"。它兼有前两者的长处，又称"骡机"。

总之，纺纱工艺一步步不断提高，哈格里夫斯作为这一历史过程的开拓者，受到了后人的尊敬。

瓦特发明蒸汽机

Wa Te Fa Ming Zheng Qi Ji

蒸汽机的发明者瓦特

瓦特发明蒸汽机，没错，但这不等于说在瓦特之前就没有使用蒸汽的机械。其实，蒸汽机的发明也经历了一个产生、发展、逐步完善的过程。

传说，古埃及早在公元前 2 世纪便出现了利用蒸汽驱动球体的机械装置，只是年代太过久远，具体情况已无从考证。又有记载说，1 世纪古希腊发明家希罗曾用蒸汽作动力开动玩具。意大利大画家达·芬奇也用画笔描绘过用蒸汽机开动大炮的情景。

较为确切地使用蒸汽作动力应是从近代开始。1698 年，英国工程师萨弗里发明了使用蒸汽驱动的抽水机。1712 年，英国的纽可门发明了效率更高的蒸汽机，可以用活塞把水和冷凝蒸汽隔开。事实上，瓦特发明蒸汽机是从改进纽可门蒸汽机开始的。

纽可门蒸汽机在生产领域的广泛使用，引起了人们的广泛关注，这其中当然也包括詹姆士·瓦特。机会只赋予有准备的人，而瓦特就是这样一个有准备的人。

✦ 纽可门蒸汽机 ✦

纽可门在研究赛维利蒸汽泵的过程中，发现了赛维利蒸汽泵的两大缺点。

一大缺点是热效率太低。纽可门在设计上作了重要革新：他不让冷却水直接进入汽缸，而是把冷却水通过一个细小的龙头向汽缸内进行喷溅。另一大缺点是赛维利蒸汽泵基本上还是一种水泵，而不是典型的动力机。针对这一点，他在赛维利蒸汽泵中引入了巴本的活塞装置，这样蒸汽压力、大气压力和真空即可在交互作用下推动活塞装置，蒸汽压力、大气压力和真空即可在交互作用下推动活塞做往复式的机械运动。而这种机械运动一旦传递出去，蒸汽泵也就成了蒸汽机。

由于进行了几次研究和革新，一台近代蒸汽机的完整蓝图基本上设计出来了。1705 年，纽可门、考利和赛维利一道，终于试制出了第一台真正算得上是动力机的蒸汽机。

蒸汽机采煤

蒸汽时代的到来，使英国工业获得前所未有的发展，煤作为机械工业所必需的原材料被大规模开采。

詹姆士·瓦特，1736 年 1 月 19 日出生于苏格兰的格拉斯哥市附近的机械师家庭。他从小就迷恋机械制造。由于家道中落，瓦特中学刚毕业便去伦敦学习制造机械的手艺。他天资聪颖又勤奋刻苦，用 1 年时间学会了别人用 4 年才能学会的技艺。然后瓦特在家乡的格拉斯哥大学谋了一份仪器修理师的工作，从此踏上了人生的金光大道。

瓦特借修理教学仪器的机会结识了许多科学家，如布莱克教授和罗比逊等人，经常与他们一起探讨仪器、机械方面的问题。1764 年的一天，格拉斯哥大学的一台纽可门蒸汽机模型送到瓦特这里要求修理。瓦特不但修好了机器，还对机械的构造和工作原理产生了极大的兴趣。

他找到了布莱克教授，与之共同研究减少纽可门蒸汽机的耗煤量，提高其效率的方案。后来瓦特发现该蒸汽机的汽缸和冷凝器没有分开，造成了热能的极大浪费，找到了症结之后，瓦特便开始改造纽可门蒸汽机的试验。

瓦特筹措了一些资金，并租了一间实验室，便开始试制具有冷热两个容器的蒸汽机。他想，这样一来负责做功的汽缸始终是热的，而蒸汽冷凝的过程在另一个容器中完成。如此便可避免同一汽缸反复冷热交替，从而节约了热能。经过多次实验、多次失败，瓦特最终完成了一台具有实用价值的单作用式蒸汽机，并申请了专利。

瓦特单向蒸汽机图　　　　　瓦特双向蒸汽机图

　　为了在更大范围内推广自己的新发明，瓦特用自己设计的蒸汽机与纽可门蒸汽机当众比赛抽水。结果用同样多的煤，瓦特蒸汽机抽水量是纽可门蒸汽机的5倍。人们看到了瓦特蒸汽机的优势，纷纷用它替代了纽可门蒸汽机。

　　瓦特没有就此罢手，而是吸收了德国络伊波尔德的利用进排气阀使汽缸往复运动的原理，用飞轮和曲拐把活塞的往复运动变成圆周运动，可惜该技术已被皮卡德抢先申请了专利。但他另想办法，用行星齿轮结构把往复运动变成了圆周运动，终于在1781年10月获得了双作用式蒸汽机的专利权。

　　詹姆士·瓦特再接再厉，1784年用飞轮解决了转动的稳定性问题，获得了蒸汽机方面的第三个专利，两年以后他又着手进行了蒸汽机配气结构，从而获得第四个专利。瓦特不间断地努力，后来发明了压力表，保证了机器运行的安全。他最终于1794年彻底完成了双作用式蒸汽机的发明，因为这一年皮卡德专利期满，瓦特将行星齿轮结构改装为曲柄连杆结构，从而使蒸汽机更加完善。1781年瓦特提出了5种将往复运动转变成旋转运动的方法；1782年，瓦特获得了"双动作蒸汽机的专利"；1784年，瓦特在他的新专利中又提出了"平连杆结构"的说法，这使蒸汽机有了更广泛的实用性；1788年，他又发明了离心调速器和节气阀；1790年，他完成了汽缸示功器的发明。至此，瓦特完成了蒸汽机的发明全过程。

　　蒸汽机的发明，使工业革命迅速展开，并波及美、德、法等国。瓦特为人类进步事业做出了不可磨灭的贡献。国际单位制中以"瓦特"作为功率单位就是为了纪念这位发明家。

拉瓦锡的发现

La Wa Xi De Fa Xian

法国化学家拉瓦锡
他提出的燃烧理论后来被认为是真正正确的科学理论。

拉瓦锡对近代化学的产生和发展产生了革命性影响，堪称科学界的革命领袖，最后却被政治革命者戕害。

他自幼博学多才，20 岁就获得法律硕士学位，后师从化学家葛太德学习化学，成就斐然。拉瓦锡对化学研究并没有停留在实验上，他还多次实地考察，对矿物和水的化学成分进行了深入的研究。

具体而言，拉瓦锡对于近代化学的贡献主要体现在三方面：第一就是发现质量守恒定律，即参加化学反应的各物质的质量总和等于反应后生成各物质的质量总和。他在阐述这一定律时举例说，磷燃烧后生成物所增加的重量恰好等于空气失去的重量，并根据这一定律写出了糖变酒精发酵过程的化学方程式：

葡萄糖 —发酵→ 碳酸 + 酒精

关于质量守恒定律，拉瓦锡解释说："无论是人工的或是自然的作用都没有创造出什么东西。物质在每一化学反应前的质量等于反应后的质量。"

拉瓦锡在化学领域的又一贡献就是燃烧原理。破旧才能立新，他首先否定了燃素说。他从 1772 年开始做燃烧实验。其中一个具有决定意义的是硫的燃烧实验，硫在燃烧后余下的灰烬质量比原来硫的质量还要大，这引起了他的极大兴趣。接着拉瓦锡又对磷做了相同的实验，结果也一样。

然后他又燃烧锡，锡灰的质量也有所增加，细心的拉瓦锡称量了密闭容器中的空气。最后惊奇地发现，这些物质燃烧后的灰烬增加的质量与容器气体减少的质量完全相同。

拉瓦锡据此写成《燃烧概论》一文，正确解释了燃烧的本质，同时也否定了燃素在燃烧中的作用。

拉瓦锡的第三大贡献则是否定了古希腊的四元素说和三元素说，重新定义了化学元素的概念。他强调以实验来说明问题。他将蒸馏水密闭加热了相当长的时间，结果水的质量没有丝毫的改变，这无疑否定了四元素说。拉瓦锡进一步将元素的

拉瓦锡实验室
拉瓦锡在这间实验室里经过多次试验，发现了燃烧是氧与其他元素化合的结果。

定义陈述为：用任何化学手段都不能分解的物质即为元素。

根据拉瓦锡对元素的理解，他把33种元素分为四大部类：第一类有锑、银、铋、钴、铜、锡、铁、钼、汞、锰、金、铂、锌、钨、铅等，它们被氧化后可以生成能中和酸的盐基，因此称之为简单的金属物质；第二类为简单的非金属物质，氧化之后成为酸，主要有碳、磷、硫、硼酸素、氧酸素和盐酸等；第三类为一般简单物质，有光、热、氧、氢、氮等元素；第四类为土类物质，其中包括石灰、镁土、铁土、铝土、硅土等。拉瓦锡定义的元素虽然与科学的元素周期表中的元素尚存在一定的差距，但相对于之前的元素观已有很大的进步，并为以后的化学家指明了努力的方向。

除了以上谈到的三大贡献，拉瓦锡还写了一系列的著作和学术论文。其主要著作有《化学命名法》《化学概论》《燃烧概论》《化学教程》等，其中《化学概论》最具革命意义。他的论文多发表在当时的《化学年报》《科学院院报》上。

令人无限惋惜的是，这位伟大的化学家最后竟在革命中以莫须有的罪名被处死。数学家拉格朗日叹息道："人们可以瞬间把他的头砍下来，而这样的头，也许百年都长不出一个来。"

牛痘接种法的发明

Niu Dou Jie Zhong Fa De Fa Ming

天花，一个逝去的恶魔。今天我们再回顾那段预防天花的历史，可以看到在同疾病的斗争中，人类表现得多么出色！

天花，有史以来它的阴影就一直笼罩着人类。保存完好的几千年前的木乃伊身上就有天花留下的痘痕，其历史之久远可见一斑。还有，曾经不可一世的古罗马帝国也被天花折磨得奄奄一息。14世纪前后的欧洲，天花竟夺去了上亿人的生命。在很长一段时间里，人们对天花束手无策，只好任其肆虐。

在探索治疗天花的过程中，人们逐渐发现有些人虽然患了天花却侥幸活了下来，而且这些人以后就再也不会染上天花。是什么原因使这些幸存者具有免疫性的呢？18世纪70年代的英国医生爱德华·琴纳试图揭开其中的谜团。

琴纳花了很长时间去研究患过天花的人的身体肌理，但发现他们除了皮肤上比其他人多些麻坑之外没有任何特别之处。琴纳顿感困惑，但他决心一定要将这个问题弄清楚。

琴纳是一名医生，有许多天花病感染者的资料，他们有一个重要的特征就是

此图表现了早期人们接种牛痘时忐忑不安的心情。

不分男女老幼，不分地域，不分种族，也不分贵贱。无特征成了他们最大的特征。一次，在一个村庄调查时，琴纳发现这里牛奶场的挤奶女工没有一个人患天花。这一现象引起琴纳极大的兴趣，他进一步核实了情况，发现不但那些挤奶工，就是跟农场牲畜打交道的人得天花的概率也很小。难道这些牲畜有什么魔力？

英国医生琴纳

他发明了预防天花的牛痘疫苗接种法，为人类的健康做出了划时代的贡献。

琴纳跟这些女工深入聊了这个问题，这才知道她们开始从事这个职业时经常染上牛的脓浆，之后就出现了轻微的天花症状，但很轻微，一般是不治而愈。琴纳发现这种身上有脓包的牛其实是患了天花，但死亡的极少，皮上也不会留下麻坑。琴纳忽然悟到了什么，他人为地将牛痘的脓浆接种到一个叫詹姆斯·菲普斯的小男孩身上，小孩发了几天低烧，身上也长了些水泡，但很快痊愈。给这个孩子接种牛痘的那一天是 1796 年 5 月 14 日，菲普斯是人类历史上第一个接种牛痘的人。过了几个月，琴纳又给小菲普斯接种天花病人身上的脓浆，过了一段时间发现他根本不会再染上这种病，同那些得过天花病的幸存者一样获得了某种强大的抵抗力。琴纳成功了，他用事实说明，在健康的人身上接种牛痘，就可以使这个人再也不得天花。多么伟大呀！吞噬了无数生命的恶魔——天花，终于被科学扼住了喉咙。天花肆虐的时代过去了，无数人激动地流下了热泪。

伟大的琴纳给天花这个恶魔套上了枷锁，全人类又经过 200 多年的努力，终于在 1980 年将它消灭。那一年联合国卫生组织宣布天花已在全世界绝种。

琴纳发明接种牛痘，不仅普救众生，还发现对抗传染性疾病的又一利器，那便是免疫，从而奠定了免疫科学的基础。

◆ 中国古代的"种痘术" ◆

勤劳智慧的中国人民，早在 10 世纪就发明了自己的"种痘术"。不过，这种预防天花的方法不是源于什么科学实验，而是根据"以毒攻毒"的哲学思想，对疾病以其之道还治其之身。具体操作方法是：取少许天花病患者身上水泡的脓液，用棉棒蘸取些许置入健康人的鼻孔。几天以后这个人会出现轻微的天花症状，但痊愈之后就终生不得天花。这种"种痘术"一度西传至欧美。可惜未能进一步发展，而且这种方法对脓液的摄取量不能准确控制，因此防病的同时风险也很大。

伏打发明电池

Fu Da Fa Ming Dian Chi

科学家的每一项发明，并不总是有意的行为。就像牛顿看到苹果落地发现万有引力定律一样，伏打在蛙腿的启发下发明了电池。

伏打本身不是生物学家，所以最初受到蛙腿启发的也不是他，而是另外一个意大利人——伽伐尼，他专攻生物学和医学。在一次实验中，他不经意地用手术刀碰了已解剖的蛙腿一下，不料这时蛙腿突然抽搐了一下。生物学家对此有些不解，继而又试了几次，结果都相同。他觉得有必要深究一下，便把蛙腿平放在金属板上，再用一根细铁丝插入蛙腿，然后把铁丝的另一端与金属板相连，蛙腿就又开始抽搐。之后，伽伐尼把金属板换成玻璃板，把铁丝换成玻璃棒，蛙腿便没有反应，但要是将铜丝和银丝接在一起，再与蛙腿的肌肉接触，蛙腿则会更为剧烈地抽动。伽伐尼是这样解释该现象的：蛙腿神经中含某种肉眼看不见的流体，它在金属导体和肌肉间流动形成"生物电"，进而刺激肌肉使之收缩，发生抽搐的现象。

起初，"生物电"的概念只在生物学界使用。后来物理学家伏打知道了，决定把伽伐尼的蛙腿实验跟自己的电学实验结合起来。他把各种不同金属，如金、银、铜、铁、锡、铅、锌等，两两一组地结合在一起做蛙腿实验。发现各组的实验效果各不相同。伏打想来想去觉得可能是由于不同的金属带

伏打电池的工作原理

◆ 第一组伏打电池 ◆

伏打电池是将化学能转变为电能的一种简单装置，即用一组锌盘、铜盘，中间以用盐水浸湿的纸片隔开。根据锌与硫酸的反应原理，酸溶液中的氢离子从锌片上得到电子生成氢气，锌原子失去电子变成锌离子，同时释放出一定热量。这两个反应分别在电池的两极进行，电子转移则需要连接正负两极和用电器，这时电子从正极（锌片）向负极（铜片）的流动就产生电流。第一组伏打电池产生的电能可以使 40 瓦的用电器工作 1 小时。

有不同的电荷数导致两者之间存在的电位差，而蛙腿将它们连接起来，就会形成电流，电流刺激了蛙腿上的肌肉使之痉挛，在整个过程中蛙腿并不产生电流，而仅仅起到传导电、证明其存在的作用。

为了证明自己的猜想，伏打摒弃了蛙腿，而是把两根金属线接起来，一端连着眼睛而另一端放入嘴中，因为他知道眼睛和嘴巴是两个很敏感的器官。

在刚接触时，眼睛和嘴都产生了异样的感觉，不同的感受来自于不同的金属组合。伏打进一步用盐水等物质把两种金属片隔起来，并用金属线加以连接，发现都会有电流产生。在大量的实验中，他还发现各种金属的起电顺序：锌—铅—锡—铁—铜—银—金，但这种以盐水隔开的"金属对"产生的电流极其微弱，如何使这种电流变得更强些呢？

英国科学家伏打
酸性电池的发明者，他的发明将人类引入了一个新的时代。

经过对不同溶液实验效应比较，伏打发现若是把金属泡在酸中产生的电流极强，如果增加金属的片数，即由原来的一组两片（分别为不同金属）增加为一组 40 片（其中 20 片为同一种金属）或更多，产生的电流就会更加强大，甚至可以使人感到"电震"。

于是，伏打由此发明了历史上第一组电池，并取名为"伽伐尼电池"，但伽伐尼坚决不同意，这种电源又被更名为"伏打电池"。这一年恰好是 1800 年，从此人们便开始大规模使用电池。

由于伏打电池可以提供持续而稳定的电流，科学家可以利用它开展一系列的电学实验，由此众多的发明和发现汇成了电气时代的洪流。

世界上第一艘蒸汽轮船

Shi Jie Shang Di Yi Sou Zheng Qi Lun Chuan

人不如鱼善游，但靠船也能横渡江河湖海。船的历史与人类历史几乎一样悠久。

远古时期，人们"刳木为舟，剡木为楫"，渡水如履平地。西方更有挪亚方舟拯救世界的传说。可见舟船对人们是何等重要。到了近代，出现了人类跨越大洋甚至环球航行，如中国的郑和七下西洋，曾一度到达东非等地，他所乘坐的最大的木制帆船其长度竟抵得上今天的中型航母。西方的迪亚士、达·伽马、哥伦布、麦哲伦等人有的横跨大西洋，有的到达好望角，有的甚至完成环球航行。他们所用的交通工具就是帆船。

发明帆船的人是伟大的。几根桅杆、一角风帆，使人们省去多少体力。凭着它，人们可以到达地球上任何一块水域。但人心是最不容易满足的——原来帆船也有其致命的弱点，船速低、受自然力制约、方向不便控制等。有什么比风力更稳定、更持久的动力吗？

有，在19世纪已出现了一种叫作蒸汽机的机械，它马力强劲，操作简便，易于控制，但就是还没有人试着把它搬到船上。

到了19世纪初，一个叫富尔顿的美国人开始考虑这个问题。在他考察各国的造船技术时，发现许多时候人们都在用帆船运载蒸汽机到各地。为什么不让这些笨重的家伙自己来推动船前进呢？富尔顿给自己提了这个问题后不久，便同工程师菲奇合作发明了一艘汽船，更确切地说，这仅仅是一个雏形。然而遗憾的是，他没有申请专利，因此他的发明被埋没了。

1803年，富尔顿来到巴黎。他把建造以蒸汽机作为动力机械的轮船的构想呈报给法兰西帝国的皇帝拿破仑，拿破仑答应给予资助。不久，第一艘以瓦特蒸汽机为动力机械，以桨轮推进的轮船在塞纳河下水试航。这次是逆水航行，其速度与岸上小跑的行人相当。可惜，没过多长时间，由于木结构船体经不起蒸汽机的剧烈振动，致使船体从中间断裂，翻沉入河中。富尔顿倒没因为这次首航失败而沮丧，

美国发明家富尔顿
富尔顿发明的汽船使人类告别了帆船时代。

轮船的发展

自从富尔顿发明第一艘轮船后，轮船制造业便在欧美的一些沿海地区蓬勃发展起来。1819 年，美国的蒸汽轮船"萨瓦纳"号横渡大西洋，其仅用了哥伦布横渡大西洋所需时间的 1/3。这艘船的显著特点是既有风帆又有蒸汽机。1838年，"大西洋"号和"天狼星"摒弃了船帆，完全以蒸汽机为动力横渡大西洋，将航行时间缩短为 15 天，这次航行向人们昭示了蒸汽机轮船的可靠性，风帆逐渐退出历史舞台。到了 1850 年，轮船进一步改造：船壳由木质结构转为钢铁结构，击水明轮也换成了螺旋桨，轮船走上了平稳发展的道路。

而是积极地总结经验教训，准备下次航行。不料，拿破仑皇帝却失去了耐心。他认为这个颤颤巍巍、步履蹒跚的东西对自己的军事扩张没有多大的帮助，拒绝为汽船的再次改造、试航提供资金。无奈之下，富尔顿只得又回到了美国，从事这方面的研制工作。

一天，美国著名发明家利文斯顿亲自上门找到富尔顿，答应提供资金、材料和人力，帮助他完成对汽船的研制。之所以这样做，是因为具有战略眼光的利文斯顿看到了这一发明的重要价值。3 年过去了，富尔顿于 1806 年开始建造一艘新的汽船，取名"克莱蒙特"。"克莱蒙特"号第二年在哈得逊河主航道首航成功，由于有了第一次失败的教训，"克莱蒙特"号建造得非常结实，而且更稳定、更快。这是人类历史上第一艘主体部分由铁板建造，以螺旋桨为推进器，以瓦特蒸汽机为动力机械的汽船，从此人类造船史又掀开了崭新的一页。

自从出现了第一艘蒸汽轮船，世界好像一下子小了许多。随着技术的改进，横渡大西洋的时间从 72 天减少为 29 天，再减少为 15 天。两岸的贸易也迅速活跃起来，世界各地的联系也由此变得愈来愈紧密。

世界上第一艘汽船
这是富尔顿发明的第一艘汽船"克莱蒙特"号的模型船。

世界上第一辆蒸汽机车

Shi Jie Shang Di Yi Liang Zheng Qi Ji Che

1813年的蒸汽机车，
它用蒸汽作为动力。

随着瓦特蒸汽机的问世，第一次工业革命迅速展开。这时，动力问题解决了，但由于各行各业都在发展，对材料和燃料的需求量大增。于是，运输的难题又摆在人们面前。

传统的马车运输，由于其速度低、成本高、运量有限，已远远不能满足大工业生产的需要。新的交通工具呼之欲出。在18世纪末到19世纪初的几十年里，许多人投身研制蒸汽动力机车，其中著名的就有耶维安、斯敏顿、莫多克等人。他们研制的蒸汽机车由于有太多的缺点和不足，根本就没有实用价值。最后，研制出具有实用价值、方便快捷、

◆ 磁悬浮列车 ◆

任何事物的发展都有一个从无到有，从低级到高级的过程。从史蒂芬逊的蒸汽机车到今天时速达到200～300千米的高速铁路，已经是一个不小的飞跃。但人们仍不满足，科学家研究发现，钢轨和钢轮是阻碍火车进一步提速的障碍。可是火车没有轮子和钢轨还能走吗？答案是"能"。既然两块同性的磁铁能够互相排斥，而不靠近，那么列车本身若是跟路面也存在这种斥力，且足够大，不就可以脱离轨道和地面，在空中滞留吗？再加以推动力，列车就可以悬浮前进。如此一来，既摆脱了车轮与轨道的摩擦力，又消除了轮、轨之间摩擦形成的噪声。这种列车叫作磁悬浮列车，时速可达500千米以上。

性能稳定的蒸汽机车的历史重任落到了史蒂芬逊肩上。

乔治·史蒂芬逊，1781 年出生于英国的一个矿工家庭。贫寒的家境使他根本就没机会接受教育。从 8 岁起，他便开始放牛贴补家用，一干就是 6 年。别的孩子还在玩耍时，小乔治已过早地挑起家庭的重担。在别的孩子快要到花季的年龄，史蒂芬逊却进入了一家煤矿，当了一名见习司炉工，过早地品尝了生活的滋味。但史蒂芬逊毫不为自己出身的卑微而消沉，而是积极地投入到本职工作中去，夜以继日地学习机械、制图方面的知识，并付诸实践，很快成长为一名机械修理工、机械师，最终成为蒸汽机方面的权威。

1807 以后，史蒂芬逊开始研究、改造耶维安等人设计制造的蒸汽机车：首先是把笨重的立式锅炉改成轻便美观、更实用的卧式锅炉；其次是为蒸汽机车设计了轨道，这种轨道与传统的马拉车铁轨有所不同，他在两条路轨间加装了一条有齿的轨道，目的是防滑；最后，史蒂芬逊将车轮内侧加上了轮缘，可以有效防止出轨。经过一系列努力，史蒂芬逊终于在1814年设计制造了一辆全新的蒸汽机车，取名"布鲁克"。它形态粗笨，自重 5 吨，最打眼的是车头上的巨大飞轮。在第一次试车中，

"火箭"号机车复制品 英国

1829年，为了挑选从利物浦到曼彻斯特的铁路线最好的机车，人们举行了 次比赛——雷恩希尔选拔赛。"火箭"号主要是由工程师罗伯特·斯蒂芬森制造的。同年，英国人制造的"斯托尔布里雄"号，成为在美国铁轨上运行的第一台机车。它几乎与下页的"阿根诺里亚"号一模一样，但因太重而不适合在美国铁路上运行。

如果锅炉里压力太大引起危险，安全阀可排出蒸汽，以减少压力，保证安全。

燃料箱装着机车用的煤

流过锅炉铜水管的热气把水加热成蒸汽

把蒸汽送到活塞处的管道

烟囱很高，所以早期的铁路上没有低矮的门式桥梁

又高又窄的烟囱，改善了火的通风条件，提高了早期机车的效率

水桶

装在两个分离式斜置的气缸里的活塞驱动车轮

煤在"炉膛"里燃烧

凸缘车轮

"布鲁克"牵引重为 30 吨的 8 节车厢以 6.4 千米的时速行驶。尽管这比以前的机车已大有进步，但仍因为其丑陋、漏气、缓震性能差、易坏等缺陷受到人们的讥讽："喂，史蒂芬逊先生，你那个丑家伙是妖怪，还是魔王，把我们的牛都吓惊啦，你小心别从上面掉下来摔着！"史蒂芬逊对此一言不发，他要用事实来回答他们。

"阿根诺里亚"号机车
这是当时世界上最为先进的蒸汽驱动的机车，它在当时具有速度快、牵引力大等优点。很快这种型号的机车便在欧美各国普及开来了。

乔治·史蒂芬逊花了十余年时间终于完成了对"布鲁克"的改造，于 1825 年制成了"旅行者"号蒸汽机车，并于当年的 9 月 27 日在达林顿至斯托克铁路上试车。那天，斯托克镇人山人海，大家都要目睹"旅行者"号是怎样拖动 6 节煤车和 20 节客车的。机车在预定时刻开动了，它不负众望，毫不费力地拖动 450 名乘客和 90 吨煤，以时速 24.1 千米的高速，驶向达林顿车站。试车圆满成功，从此人类运输史上的机车也驶向了新纪元。

随着性能优良的史蒂芬逊机车问世，人们很快发现铁路运输的优越性：运费低、速度快、运量大，尤其适用于大宗货物。于是，大规模修建铁路席卷英国，后来又波及美国，继而又波及其他欧美主要国家，蒸汽机车的发明大大加快了西方主要国家工业进程，世界格局也由此发生了日新月异的变化。

很快，火车取代了马车，成为陆上最主要的交通工具。为了适应大规模货运和客运的需要，欧洲和美国加快了铁路的修建速度。到 19 世纪末，世界上的铁路已

大工厂的车间
随着火车运输的普及，工业化的步伐也加快了，欧洲各地建立起了许多工厂。本图表现的是 18 世纪 20 年代英国一个工厂生产车间繁忙的场面。

超过 5 万千米。20 世纪初，广大的发展中国家也开始修建铁路，到 20 世纪末，世界上的铁路运营里程已达到近百万千米。世界上绝大部分的货运和客运任务都由火车来承担。美国（超过 30 万千米）、俄罗斯（超过 14 万千米）、中国（超过 8 万千米）、印度（超过 7 万千米）、英国（超过 2 万千米）、德国（超过 2 万千米）、法国（超过 2 万千米）、日本（超过 1.5 万千米）和南非（超过 1.3 万千米）等是世界上铁路较多的国家。

当然，随着技术的改进与提高，火车的速度也远非当初可比。现在，一般火车的时速都在 80 千米以上。火车也由以前的蒸汽机车改为内燃机车或电力机车。在我国，更加清洁、高效的电力机车业已开始规模化使用。法国、德国、日本和美国是使用电力机车比较多，技术也比较成熟的国家。现在法国、德国和日本等国又在研究速度更快、更清洁和无噪音的磁悬浮机车，并已取得了初步成功。2003 年，我国第一辆磁悬浮机车在上海正式投入使用，它的时速高达 450 千米。

电磁感应产生电流

Dian Ci Gan Ying Chan Sheng Dian Liu

英国物理学家法拉第
他发现了电磁感应现象，使电规模化使用和成为清洁、便宜的动力成为可能。

工业革命的迅速展开促使人类社会的发展进入快车道，在机械、能源等工业蓬勃发展之时，人们也在寻找一种利用效率更高、更清洁的动力，电力理所当然地成为人们的首选，于是电气领域内的革命悄悄地展开了。

先是 1820 年丹麦的奥斯特发现通电的金属可以产生磁的效应，接着是法国人毕奥和萨伐尔又发现了毕奥—萨伐尔定律，然后就有德国物理学家欧姆在 1825 年又发现导体具有电阻，并在此基础上提出了欧姆定律，揭示了导线中电流和电位差的正比关系。这些重大的发现为电和磁之间的互相转化铺平了理论基础，法拉第则在实践上解决了电和磁是怎样实现转化的这一难题，为电能的实际应用打开了通道。

法拉第，1791年9月22日出生于英国的一个铁匠家庭，与他同时代的许多发明家、科学家一样，只接受过几年的小学教育。法拉第从13岁至20岁做了7年的装订工人，但他一直热心于科学研究。后来，在别人的介绍下投到著名物理学家戴维的门下，做一名助手。很快，法拉第得到了施展自己才华的机会。

受到奥斯特电可以产生磁的启发，法拉第从1822年就着手研究把磁转化为电的问题。他先设计了如下实验装置：装置两端的中间以导线连接，并设置一个开关，

法拉第圆盘
这个装置证明电流的产生离不开磁。

左端为电源（伏打电池），右端为电流指示器，然后进行实验：接通电源（合上开关），电流指示器指针明显偏转，但很快又恢复到原位。断掉开关，切断电源，指针也同样发生偏转，既而复原。实验表明，在"开""关"的时点，指针各发生一次偏转，但都不能保持。法拉第进而用永久磁铁加以验证。1821年10月17日，他完成了一个具有决定意义的实验：取一半径约为11.4厘米、长约为244厘米的圆纸筒，在上面绕8匝铜线圈，再接到安培计上。然后将一条形磁铁以线筒一端放入，发现安培计指针偏转，又将磁铁从另一端抽出，指针再次偏转，只是方向相反。这便是发电机的基本原理，今天各种复杂的发电机都是根据这个原理设计制造的。

在总结实验的基础上，法拉第进行了深入的理论分析：他引入了笛卡尔的磁力线概念对所谓的"电磁感应"进行解释——感应电流的产生是由导体切割磁力线所致，电流的方向则取决于磁力线被切割的方向。为了便于现实中的操作，法拉第还以左、右手拇指与其他四指的位置特点为依据制定了左手法则和右手法则，至今我们仍在使用。这样，法拉第进一步完善了电磁理论。1838年，法拉第又解释了从负电荷或正电荷发出的电力线的感应特点。

电磁产生电流原理
闭合线圈切割磁力线时就可以产生电流。

发电机示意图

发电机是用三组闭合的线圈同时在同一个磁场中切割磁力线，进而产生连续不断的电流。

法拉第并不满足于已有的贡献，而是进一步将研究领域扩展到电解的规律。在这一过程中他发现了两个重要的比例关系：由相同电量产生的不同电解产物间有当量关系，电解产物的数量与所耗电量成正比。这两个规律后来被称为法拉第电解定律，在电学工业领域获得广泛应用。

法拉第发现电磁感应定律和电解定律之后，一时名扬四海，但他仍然孜孜以求，在物理学领域默默耕耘。他澄清了各种关于电的说法，发现贮存电的方法，继而发现法拉第效应。同时，法拉第试图通过实验发现重力和电之间的关系，寻找磁场对光源所发射的光谱线的影响，寻找电对光的作用等，但由于当时的实验条件有限，他的这些实验都没有成功，但他的思想和观点是正确的。

◆ 《电学实验研究》 ◆

《电学实验研究》是法拉第在电学领域的集大成之作，介绍了法拉第在电学领域的众多实验，总数在1万以上，涉及电、磁、光等方面。

法拉第在该书的第一卷就阐明了各种电的同一性，他认为无论是摩擦电、动物电、磁感应电、温差电还是伏打电，性质都一样。在以后的三卷中，法拉第向人们介绍了物质在电场中的特性，测定了物质的介电常数，提出了一些新的概念如电力线、磁力线、电磁场等，并且记录了电荷守恒定律的证明过程。

《电学实验研究》中的许多内容都具有首创意义，对后人研究物理学有重要的参考价值和借鉴意义。

法拉第发现的电磁感应原理，连同其他贡献共同构成了发电机、电动机发明的基础，使人类从蒸汽时代疾步跨入了电气时代。1867年，法拉第离开人世，享年76岁。亲人们按照他的遗嘱举行了简单的葬礼，他墓碑上只刻了三行字：迈克尔·法拉第／生于1791年9月22日／死于1867年8月25日。

莫尔斯发明有线电报

Mo Er Si Fa Ming You Xian Dian Bao

通讯，它注定要伴随人类始终。从古代的烽火台到近代欧洲的"夏普通讯机"，再到后来的电解式电信机和磁针式电信机，信息传输速度愈来愈快，范围也更广。在通讯事业发展的进程中，具有革命意义的一步则是有线电报的产生。

有线电报的发明者莫尔斯与其同时代的科学家、发明家有很大不同。他不仅家境贫困，而且前半生从事的是与发明无关的美术，并且非常成功，从1826年起他担任了16年的美国美术学会主席。可到了41岁那年，画家莫尔斯迷上了发明。这其中还有一段故事。

1832年10月1日，从法国勒阿弗尔港出发的"萨丽"号邮轮横跨大西洋驶向纽约。这本是一次极平常的航行，谁也没想到它会激发一项重大发明。航行中，一名叫作查尔斯·杰克逊的医生晚饭后在餐桌上展示了一个实验：他手上拿一块马蹄形的铁条，上面整齐地缠绕着绝缘的铜导线，然后给导线通电，这时铁条骤然产生了磁性。一下子将桌上的铁餐具吸了过来，人们睁大眼睛，伸长脖子看着杰克逊手上充满魔力的铁条。这时，杰克逊忽地切断电源，磁性顿消，人们吃惊不已，

美国发明家莫尔斯

他发明的有线电报使人类第一次远距离通讯变得"近"了许多。

而他则略显得意地说道："先生们，这是一种无穷的力量。电流通过线圈时，就会产生磁性，而且无论线圈有多长，电线有多长，电流都会瞬间通过……"这时，人群中的莫尔斯突然问道："先生，那么电的速度到底有多快？"杰克逊一时语塞："这个……反正是很快，瞬间通过！""要是电能用来传递电磁信号该有多好！"莫尔斯默默地想。

说干就干，莫尔斯很快就找到物理学家亨利并拜他为师，学习电磁基础知识。以前他从没有接触过这些，现在他已年过不惑，再从零开始，其难度可想而知。功夫不负有心人，一年以后他已熟练掌握电磁方面的基础知识，着手研究电报。

经过夜以继日的实验、思考、总结、再实验，莫尔斯利用继电器，即其主体部分是一块电磁铁。他用电磁铁做成电铃，就可以把信号传到更远的地方。正当他准备把这一构思付诸实践时，另一问题向他袭来：他为了做电报实验花

库克和惠斯通电报机
早期的发报机有五根针。后来库克与惠斯通将它简化为一根针，如上图这台电报机。

完了所有积蓄，而且几乎荒废了美术，没有了收入，生计就成了问题。莫尔斯被迫重拾画笔，为了衣食作画，但无论如何他也放不下自己的发明事业。

在贫困交加的逆境中，莫尔斯忽然想到了一种新的思路，即利用电流的有无及间隔时间，产生若干种符号，再将其按一定规律排列组合，代表不同的数字和文字。而电流的速度非常之快，可以瞬间将各种符号传递到遥远的地方。有了这一方案，莫尔斯似乎成竹在胸，开始不分昼夜地对应字母编写符号。这时，他前段时间卖画的积蓄逐步告罄。有时，他的口袋中只有几枚硬币，吃饭一度成了问题。

电报接收机及莫尔斯电码符号
莫尔斯电码发出点、划和间隔的组合，代表数字和字母表上的字母。

无论多么艰难，莫尔斯都要把实验坚持下去的精神打动了一位名叫威尔的技师。威尔出身富贵之家，答应为莫尔斯提供购买设备的资金，甚至亲自加入到实验当中，作为莫尔斯的助手，二人一道改进电报机。

不知不觉，时间又过去了一

◆ 莫尔斯电码 ◆

莫尔斯为发明电码煞费苦心。他先是对报刊、杂志、书籍中的常用字进行统计，进而向印刷工人讨教，按照常用的英文字母对应简单的电码、不常用的英文字母对应复杂的电码的原则进行系统编码。电报的具体符号则通过"接通""断开"电路的方法，形成"点""划"和"空白"等不同组合，用以对应不同的字母、数字、标点等。如字母"A"用一点一划表示，阿拉伯数字"5"用5个点表示，字母"e"用"·"表示，"t"用"—"表示等。各个字符不仅在"点"与"划"的组合上有规定，还对"点"与"划"的长度，以及"间隔"的幅度确定严格的时间比例。这样，使收、发报的准确性大大提高。

年，莫尔斯等人认为电报机已经较为完善，可以为人们的生活服务了。于是他带上电报机的样品，前往华盛顿劝说国会通过议案，对其拨款3万美元，以修建华盛顿到巴尔的摩的电报线路。几经周折和反复，国会最终通过决议。该线路1844年正式完工，并于5月24日进行了试验。莫尔斯亲自操作，在华盛顿向巴尔的摩的威尔发出以下电文："上帝创造了何等奇迹。"从这一时刻起，人类进入了电报时代。

有线电报诞生后迅速推广至欧美各国，并且出现了跨海电报线路。有线电报的出现，使人们在政治、经济、文化等方面交流变得更快捷、准确。

莫尔斯试验接收机
它使用点和划组成的莫尔斯电码，通过断断续续的嘀嗒声将信息记录下来。

细胞学说的创立

Xi Bao Xue Shuo De Chuang Li

林耐

瑞典植物学家、探险家，现代植物学的创始人，著有《植物哲学》一书。

任何一门学科的发展，都离不开前人的研究基础。细胞学说的创立同样离不开细胞研究先行者们的努力。

1665 年，英国科学家虎克用显微镜观察软木切片时，偶然发现其中的蜂窝状结构，他将"蜂窝"中一个个"蜂房"称为"细胞"。这是细胞概念的首次提出。后来英国植物学家布朗和捷克生理学家普金叶先后观察到植物和动物的细胞核，这使人们对细胞的认识更进了一步。至此，施莱登、施旺等人创立细胞学说的条件基本成熟。

施莱登 20~24 岁曾学习法律，并取得律师资格。但他更热衷于植物学研究，终于在 1827 年考入耶拿大学专攻植物学。在治学过程中，他独树一帜。在其他植物学家专注于形态分类时，他却用显微镜对各种植物的特征进行观察和描述。施莱登重复了前人虎克、奥肯、布朗等人的实验，并对他们的实验结果进行了分析和总结。

在批判地继承前人成就的基础上，施莱登提出了自己的细胞学理论。他认为细胞是构成植物体的基本单位，植物体所有器官、组织均由细胞组成，植物发育、成长的过程就是细胞发育、成长的过程。具体包括细胞的生命特征、生理过程、生理地位等方面。

在论述细胞生命特征时，施莱登指出了细胞生

动物细胞的立体模式图

分泌性颗粒 —— 中心粒

细胞核 —— 高尔基氏体

核仁 —— 微管

核膜 —— 溶小体

粗糙内质网 —— 肝醣颗粒

游离核糖体（多醣体）—— 粗糙内质网

细胞膜 —— 平滑内质网

粒线体

脂肪小滴 —— 微绒毛

动物细胞的切面图

相对而言，动物细胞的细胞核比较复杂，它由核膜、核仁和核骨架等部分组成。

命的两重性，即细胞一方面要维持自身生命过程，另一方面又作为整个机体组织的一部分发挥其功能。这种提法明显带有 19 世纪初奥肯"两重生命论"的烙印。

施莱登认为，细胞的生理过程就是旧细胞产生新细胞，而这个过程中细胞核是关键：新细胞的生成首先是细胞核的生成，接着便是细胞的其他组成物质从老细胞组织分裂出来，最后新的细胞核与刚分裂出来的细胞组织形成新的细胞。

谈及细胞的生理地位，施莱登明确提出，细胞作为植物体赖以生存和成长的根本依托，是植物生命体的基本构成单位。

以上几个方面的论述，构成了

细胞分裂图

细胞分裂是其生命延续和生物生长发育的基本过程。

细胞学说的基本组成部分。从此，细胞学说开始建立起来。后来，德国动物学家施旺又把施莱登植物细胞学说引入到动物学，细胞学说从此更加完整。

施旺原来从事动物胚胎学、解剖学研究。19 世纪 30 年代中期，胚胎学与细胞学并驾齐驱，使得施旺有意把二者加以结合。他从另外一个角度解释了细

◆ 《植物学概论》 ◆

《植物学概论》是施莱登 1842 年完成的植物学教科书，集中阐述了他的细胞学说。在这本书的开始部分，他写了对于植物体所蕴含物质的研究成果，接着便转入了植物细胞学的集中论述。他认为细胞是"植物中普遍存在的基本构造"，无论如何复杂的植物体都由"各具特色的、独立的、分离的个体"构成，接着提到植物细胞两重特性，"一方面是独立的，进行自身发展的生活；另一方面则是附属的，作为植物整体一部分而存活"。然后，施莱登对植物学发展的历程进行了分段，即从古代到中世纪末、林耐时期、林耐以后。最后施莱登论述了形态学和组织学，为后世植物学家开辟了新的研究领域。

在当时，《植物学概论》的结构、体例都是新的，为植物学研究确立了一个全新的角度，提出了植物学领域的新准则，激起了人们对植物学极大的热情。

植物细胞的立体模式图

白色体

叶绿体

高尔基氏体

微管

核膜

核仁

细胞壁

液泡

粗糙内质网

粒线体

游离核糖体

平滑内质网

溶小体

细胞核

胞的生理过程：新细胞的生成要借助新陈代谢将细胞间物质转化为细胞生成所需物质，借助细胞相互吸引力浓缩和沉淀细胞间质，进而生成新的细胞。

在解释生命发育的过程时，施旺直接指出，动物个体发育过程都是从单细胞开始的。单细胞生成之后，不断分化出新的细胞，整个生命个体才不断发育成长。

只有当施旺把施莱登的细胞学说引入动物学之后，生物学中统一的细胞学说才形成，虽不够完善，但为日后生物学发展指明了道路。

焦耳与能量守恒定律

Jiao Er Yu Neng Liang Shou Heng Ding Lü

八仙过海，各显其能。科学家要想在其领域有所建树，也需有其过人之处。19世纪英国物理学家焦耳的过人之处就在于准确测量。

焦耳出生在曼彻斯特的一个酿酒师家庭。酿酒工艺要求的是极为精确的测量，无论是原料的选配，还是酿酒池中的温度、湿度以及其他特征都必须一丝不苟地测量，并加以记录和分析。从小就接触酿酒技术的焦耳随着年龄的增长，不但熟练掌握了这项技术，还开了一家酒厂。不过，做酒厂主人丝毫也不影响他对物理、化学的兴趣。

焦耳还专门向化学家道尔顿请教，从他那里获得了许多基础理论知识。同时，他也非常重视实验。1840 年前后，焦耳开始做通电导体发热方面的实验。

他的实验设计如下：准备一根金属丝，并测出其电阻，然后将其连接安培计，接通电源插入水中。

这时注意准确测定通电时间和水升温的度数，并适时读出安培计显示的电流强度，最后通过计算得出电流做的功和水由此获得的热量。实验表明，电能和热能之间可以相互转化。

通过整理该实验的精确数据，焦耳发现其中的固有规律：电流通过产生的热能与电流强度的

英国物理学家、化学家焦耳
他在物体的能量转换方面做出了巨大的贡献。

平方、用电器电阻以及通电时间长短成正比。焦耳的精确测量结出了累累硕果，但当时的科学权威对此不屑一顾，在他们看来，唯利是图的小商人还能有什么科学发明，但科学家从来是不分出身和职业的。

啤酒商焦耳从来不让别人的看法左右自己。他很快就投入到各种机械能相互转化的实验中。比如，他曾通过测量在水中旋转的电磁体做的功和运动线圈产生的热量，得出消耗的功和产生的热量跟感应电流的强度之平方成正比关系。

✦ 热功当量的测定 ✦

焦耳的主要贡献是测定了热和机械功之间的关系。他于 1843 年在英国《哲学杂志》第二十三卷第三辑上发表了论文《关于电磁的热效应和热的功值》，对热和功的关系作了系统的介绍。此后，他用不同材料进行实验，并不断改进实验设计，发现结果都相差不多；随着实验精度的提高，趋近于一定的数值。最后他将多年的实验结果写成论文发表在英国皇家学会《哲学学报》（1850 年第一百四十卷）上，他指出：第一，不论固体或液体，摩擦所产生的热量，总是与所耗的力的大小成比例；第二，要产生使 1 磅水（在真空中称量，其温度在 50～60 华氏度之间）增加 1 华氏度的热量，需要耗用 772 磅重物下降 1 英尺的机械功。他精益求精，直到 1878 年还有测量结果的报告。他近四十年的研究工作，为热运动与其他运动的相互转换、运动守恒等问题，提供了无可置疑的证据，焦耳因此成为能量守恒定律的发现者之一。

热力学演示图

之后焦耳又做了许多类似的实验，逐渐发现自然界的能量既不能产生也不能消失，只能在各种形式之间相互转化。

他还断定，热也是一种能量形式。这一论断强烈地冲击着当时科学界流行的"热质说"。

热质说可以解释温度不同的物体接触时，温度高的物体温度下降而低温物体温度上升的现象，它认为那是因为热质从高温物体流向低温物体。可是，相互碰撞摩擦的物体同时升温，热质是怎么创造出来的呢？热质说不能自圆其说，而焦耳的"热是一种能量形式"的说法却可以轻松地解决这一问题，但由于先入为主，热质说仍然很有市场。

焦耳坚持不懈，继续做有关实验，最终以更多、更翔实的实验数据测得热功当量为 423.9 千克米 / 千卡，与今天物理学使用的 427 千克米 / 千卡已经很接近了。在铁的事实面前，焦耳的反对派（如威廉·汤姆生）不得不承认热功当量说。最后，焦耳和汤姆生共同完成了对能量守恒定律的精确表述。

焦耳一生致力于能量、热功当量研究的时间超过 40 年，取得大量成果。这些成就多集中在他的专著，如《论磁电的热效应和热的机械值》《论水电解时产生的热》《论热功当量》《关于伏打电产生的热》等。

1889 年 10 月 11 日，焦耳逝世。国际物理学界为了纪念他在物理学领域的贡献，把"焦耳"作为功的单位，把论述通电导体产生热能的定律命名为焦耳定律。

与死神抗争的巴斯德

Yu Si Shen Kang Zheng De Ba Si De

　　路易·巴斯德，1822年出生在法国的多尔，是近代著名的化学家和微生物学的奠基人。

　　巴斯德早年家境贫困，靠半工半读于21岁考入巴黎高等师范学院，专攻化学。他早期一直致力于晶体结构方面的研究，并取得相当的成就。1854年以后，巴斯德逐步转入微生物学领域。

　　人们很早就在日常生活中发现，做好的饭菜和奶制品等放久会变酸的现象，但不知到底是什么原因使其发生这样的变化。巴斯德于19世纪50年代投入这一问题的研究，他以牛奶为实验对象，准备一份鲜奶和一份变酸的奶，然后分别从中取出少量放到显微镜下观察，结果在两个样本中发现同一种微小的生物，即我们今天所谓的乳酸菌。区别仅在于所含细菌数目不同，鲜奶中的乳酸菌数量明显少于酸牛奶。接着，巴斯德又对新酿造的酒和放置一段时间已变酸的酒进行类似的实验，在两种酒中也发现同样的生物——酵母菌，而且前者所含细菌少于后者。他经过进一步分析、研究，最终确认无论是牛奶还是酒变酸都是因为细菌数量的增加和活动的加强所致。巴斯德把这类极小的生物称为"微生物"，并且以乳酸菌和酵母菌作为它们的代表对其生活习性、营养状况、繁殖特征等方面进行了深入分析。1857年，巴斯德关于微生物的第一个成果——论文《关于乳酸发酵的记录》正式发表。此文标志着一个新的生物学分支——微生物学诞生。

正在做实验的巴斯德
巴斯德是法国著名的化学家和生物学家，他通过多次实验发现了物质变酸的原因，为后来在医学上确立热消毒法奠定了基础。

免 疫 机 构

●抗原

淋巴球

胚芽细胞

活性淋巴球   浆细胞

免疫机构示意图

从这张图表我们可以清楚地看到免疫是如何进行的：只有将已经具有抗病毒的菌体培养液注入患者的体内，患者才能产生抗体。

1863 年，巴斯德发明防止葡萄酒变酸的高温密闭灭菌法，后来称之为"巴斯德灭菌法"。在研究解决丝蚕病的过程当中，他对致病菌有了进一步认识，从而在 60 年代末提出了病菌学理论，这引起了一些临床医学家的注意。当时的许多外科手术过程非常顺利，就是术后病人死亡率居高不下。英国名医李斯特意识到这可能与创口感染病菌有关，遂用巴斯德灭菌法对手术器械和场所消毒灭菌。此举使其术后病人死亡率从 45% 骤降至 15%。

进入 19 世纪 70 年代以后，达内恩医师受巴斯德灭菌法的启发，发明了碘酒消毒法。后来美国的霍尔斯特德和英国的亨特又开医学戴消毒手套和口罩的先河。这些灭菌法和防菌法至今仍在外科手术领域广泛应用。

然而，巴斯德在开创微生物学之后更大的贡献在于免疫学方面的研究。病菌侵入人体就会使人产生抗体，那么要是让失去毒性的病菌进入人体，使之产生抗体以杀灭后来侵入的有毒病菌，不就可以达到免疫效果吗？巴斯德在这方面进行了大量探索。其中最值得一提的是其培育的狂犬病疫苗。1880 年，巴斯德收集了一名狂犬病患者的唾液，将其兑水后注射到一只健康的兔子身上。一天以后，兔子死去，他再把这只兔子的唾液接种另外一只健康兔，它也很快死去。巴斯德在显微镜下观察死兔的体液，发现了一种新的微生物，进而用营养液加以培养，再将菌液注射到兔子体内，结果毒性再次发作。他在观察这些染病动物的体液时发现了与培养液中相同的微生物，巴斯德初步确认这种病菌（其实是病毒）是导致兔子死亡的原因，于是对

巴斯德巧解酒石酸旋光性之谜

路易·巴斯德不仅在微生物学领域培育出了各种疫苗，而且在有机化学方面正确解释了酒石酸旋光性现象。他在研究副酒石酸时发现其中有的结晶面朝左而有的朝右。于是，他就人为地把右向结晶体和左向结晶体分开放置，并分别配出溶液，发现左向晶体具有左旋光性，而右向晶体则有右向旋光性。若将两种溶液混合，再用旋光仪观察，发现溶液失去光学活性，说明方向相反的偏振光相互抵消。他在1853年得到中性的、不具旋光性的酒石酸，即葡萄酸。至此，困扰化学家长达30年的酒石酸旋光性之谜得以圆满解决。

培养这类病菌用低温（0 ~ 12℃）的方法减毒，后又用干燥的方法再次加以减毒。过了一段时间后，经实验发现其毒性已不能使动物致病，可以用来免疫。1885年6月，巴斯德第一次使用减毒疫苗治愈了一名患狂犬病的男孩。从此，狂犬疫苗进入实用阶段。

在战胜了狂犬病之后，巴斯德被誉为与死神抗争的英雄。为了表彰其在微生物学领域的杰出贡献，巴黎建立了"巴斯德学院"。该学院后来为推进微生物学的发展起了重要作用。

巴斯德在实验室工作
巴斯德是个技术精湛的实验者，有着强烈的求知解难之心而又善于观察。

达尔文的进化论

Da Er Wen De Jin Hua Lun

提起达尔文，你首先想到的是进化论，说到进化论就不能不讲拉马克。拉马克在其《动物哲学》一书中粗略地描述了动物界由简单到复杂的进化过程。这可以称为最早的进化论观点，达尔文正是在这样的基础下创立了成熟的进化论。

达尔文的生物进化论提出了人是由猿类进化而来的理论，引起了巨大的轰动，它与能量转化与守恒定律、细胞学说并称为19世纪三大科学发现。进化论的提出，在生物学领域、思想界以及农业生产和园艺实践中都产生了划时代的意义。

达尔文，1809年生于英国的一个医生家庭。达尔文从小就热爱大自然，尤其喜欢打猎、采集矿物和动植物标本，但少年时期的达尔文学习成绩一般。因此，父亲认为他"游手好闲""不务正业"，1828年将他送到剑桥大学，改学神学，希望他将来成为一名"尊贵的牧师"。达尔文在大学期间仍然把大部分时间花在对自然科学的研究上。在22岁那年，经别人的推荐，他瞒着家人，以"博物学家"的身份加入"贝格尔"号海洋调查船，参加环球旅行。

"贝格尔"号环球航行之旅是达尔文一生最为快乐的时光，也是收获最大的时期。这期间的达尔文精力充沛、兴趣广泛，沿途细致考察了各地的地质特点和生物分类，比较了化石和当前各种动植物的差别和联系，并且深入研究了多种生物的地理分布，还采集了大量稀有生物的标本，发现了许多在书中没有记载的新物种。在这次旅行中，达尔文开始思考人类是怎样起源的，动植物的遗传和变异等问题。在考察的过程中，达尔文根据物种的变化，一直在思考这样一个问题：自然界的奇花异树、人类及其他万物究竟是怎样来的？他们为什么会千变万化？彼此之间会有什么联系？逐渐地，达尔文对神创论产生了怀疑，他决定揭开其中的谜团。

猿与人的比较

在猿的身上已经形成了许多现代意义上人的特征，如其大头盖骨同现代人已经非常相似，其前肢与后肢已开始分工，这些都是从猿到人必须具备的条件。

人手与猿手之比较

人手与猿手在结构上具有十分明显的相似性，但人手的拇指比猿手要长，且具有更大的活动范围；猿手的手掌比人手手掌长，这是由于握东西的需要而形成的。

人脚与猿脚之比较

猿脚的长脚趾和拇趾分离是为了抓握东西的需要，而人的脚趾短则是为了提高站立的稳定程度，但猿脚没有人脚的拱曲部分——足弓。

1831~1836 年，达尔文先后在南美洲海岸考察了 5 年，收集了大量的标本和实物，尤其是在南美的科隆群岛的考察，使达尔文更坚定高等物种是由低等物种进化而来的想法，物种进化的理论逐渐在他的脑海中形成，并且有了一个清晰的概念。1836 年，达尔文还去了澳大利亚考察，了解那里的生物，进一步为他的物种进化理论搜集证据。

1836 年 10 月，达尔文结束环球旅行考察回到英国，在随后的时间里忙于整理带回来的标本和笔记资料，在不经意间接触到了马尔萨斯的《人口论》一书。书中提到人口的增长速度要远远快于粮食的增加速度，只有依靠瘟疫和战争等灾难性因素抑制人口过快增长，才能缓解人口与粮食之间的矛盾。这其实言明了种内竞争的必要性，为达尔文进化论思想的形成提供了依据。达尔文在"贝格尔"号环球考察的基础上，又受到马尔萨斯人口论的影响，经过大量的科学推理和综合分析，生物进化思想逐渐成熟起来。1842 年，他写出了《物种起源》的纲要，第一次提出了进化论的思想。1859 年，他发表《物种起源》一书，在学术界引起轩然大波。它标志着一个时代的结束和另一个时代的到来。《物种起源》的问世，在欧洲乃至整个世界引起了极大的轰动。它沉重打击了神权统治的基础，以全新的生物进化的思想，推翻了"神创万物"的理论。

达尔文的进化论思想可以概括为以下几个方面：首先是遗传和变异。他指出，遗传和变异普遍存在于各个物种当中，进而推动各种生物进化或灭绝。而遗传、变异也相互作用，有的变异能遗传给后代个体，而有的变异就不能，分别称为一定变异和不定变异。关于变异的诱因，达尔文认为是生存环境的变迁、器官的使用程度等。

其次是自然选择，即所谓"物竞天择，适者生存"。其实，"自然选择"的

◆ 拉马克对进化原因的分析 ◆

拉马克认为引起进化演变的有两个互不相连、各自独立的原因：第一个原因是谋求更加复杂化（完善）的天赋。"在相继产生各种各样的动物时，自然从最不完善或最简单的开始，以最完善的结束，这样就使得动物的结构逐渐变得更加复杂。"这种趋向于更加复杂化的倾向来自于"上帝所赋予的权力"，或者说是自然"赐予动物生命以这样的权力，即使结构日益复杂化的权力"。在拉马克看来，取得使结构日益复杂化的权力是动物生命的内在潜力，这是自然的规律，用不着特别解释。

引起进化演变的第二个原因是对环境的特殊条件做出反应的能力。拉马克说过，如果趋向于完善的内在冲动是进化的唯一原因，那么就只会有一条笔直的序列引向完善。然而在自然界中我们遇到的却是在种与属中各式各样的特殊适应，并不是笔直的序列。拉马克认为，这是由于动物必须永远与其环境取得全面协调的缘故，当这种协调遭到破坏时，动物就通过它的行为来重新建立协调关系。

概念是受了种畜场"人工选择"的影响而提出的，即人工选择是根据人的需要，而自然选择则是根据自然的需要。达尔文通过观察发现，大多数生物繁殖过剩，而这些新生个体在残酷的生存竞争中，只能接受自然条件的再选择，适应当前环境者才能生存。

再次是性状分歧、种形成、绝灭和系统树生产。生活实践告诉人们，各种动植物可以从一个共同的原始祖先，经过人工选择，从而形成众多性状各异的品种。在自然界中，这个道理依然适用，一个物种会由于生存条件的差异，形成许多变种、亚种和种。时间久了，同一物种内的亲缘关系，会像一株枝杈众多的大树，即称为系统树。

《物种起源》一书从以下几个部分论述了物种的起源和其发展的史略：（一）家养状况下的变异；（二）自然状况下的变异；（三）生存斗争；（四）自然选择，即适者生存；（五）变异的法则；（六）学说的难点；（七）对于自然选择的种种异议；（八）本能；（九）杂种性质；（十）论地质记录的不完全；（十一）论生物在地质上的演替；（十二）地理分布；（十三）生物的相互亲缘关系。

《物种起源》一书近乎完美地表述了达尔文的进化论思想，对日后的生物学发展具有决定性意义。因为《物种起源》的出版标志着19世纪绝大多数有学问的人对生物界和人类在生物界中的作用和地位有了一个全新和正确的看法。1882年4月19日，达尔文因病去世，人们把他的遗体安葬在牛顿的墓旁，以表达对这位著名科学家的敬仰。

化学家的神奇眼睛——光谱分析法

Hua Xue Jia De Shen Qi Yan Jing Guang Pu Fen Xi Fa

19世纪的德国化学家R.W.本生有个习惯，那就是自制实验仪器如烧杯、试管、漏斗等。没想到，这一习惯引出许多故事。

一个冬日的下午，本生独自待在实验室的角落里，守着一个火炉，耐心地烧着玻璃，等玻璃变软到一定程度，他便用事先准备好的气筒把这些玻璃吹成各种各样的形状，然后再放到特制的模具中加工成型，造出需要的实验器皿。自己制造器具，既节约实验成本，用起来又方便顺手。美中不足的是，火焰的温度不好控制，导致出了好多废品。于是他开始研制更好的灯来烧制玻璃。

1853年，他成功地发明了本生灯。该灯的外层火焰可达到800～900℃，而且没有颜色，不会干扰对实验结果的观察。在烧制实验器具以及做实验时，本生逐渐发现不同的化学物质被灼烧时会呈现不同的焰色，如灼烧玻璃时，火焰呈黄色；灼烧钾盐时，火焰为淡紫色；灼烧钠盐则为黄色；钡盐在被灼烧时，火焰为黄绿色；而灼烧铜盐时，火焰出现蓝绿色。五颜六色的火焰使本生意识到，通过物质被灼烧时

连续光谱与各种元素光谱

太阳的表面温度高达5500℃，在这样的温度下，会生成可见光中的所有颜色。但阳光经过大气圈时，大气圈中较冷的外层中的原子吸收了阳光中某些频率的光。这样，太阳光谱上就出现了被称为夫琅和费谱线的暗线条。如上图所示，夫琅和费谱线的不同位置，分别表示太阳大气圈中的不同元素。

火焰的颜色就可以辨明物质的组成。想到此，他忙碌起来，在最短的时间里灼烧了他所能找到的金属和金属盐，并记录它们的火焰颜色。最后他发现，多数金属或金属盐灼烧时火焰呈不同的颜色。这就是著名的焰色反应实验。

通过焰色反应实验，确实可以很轻松地检验、区别许多单质，但遇上化合物时，火焰呈混合颜色，这种方法就显得黔驴技穷。为此，本生大伤脑筋。

正当他一筹莫展之际，一个熟悉的身影出现在他面前，原来是物理学教授基尔霍夫。基尔霍夫问清缘由之后，笑着对本生说："简单得很嘛，车路不通走马路。我们搞物理的认为仅靠观察火焰颜色来判别物质是不准确的，而它们的光谱更能准确地反映其本质。"

"光谱？"本生一时没反应过来。

基尔霍夫又接着说道："你呀，只盯着化学是不行的，有时需要物理和化学协同作战，才能攻克科学的堡垒。这样吧，我把那块珍藏四十多年的石英三棱镜拿来，合作观察一下那些物质的光谱,结果会怎样呢？"

本生自然欣然允诺。次日，二人一起来到本生的实验室，将一架直筒望远镜和三棱镜连在一起，制成世界上第一台光谱分析仪。仪器装好后，本生开始在物镜一侧灼烧各种不同的物质，如纳盐、钾盐、锂盐等。基尔霍夫则在目镜一侧观察、记录。两条黄线；一条紫线和一条红线；一条明亮的红线，一条较暗的橙线。经过系列试验，他们确认，每种元素都有特定的谱线，而化合物混在一起的谱线可通过棱镜把分属各元素的谱线分开，使之射到相应的位置上，最后再加以综合分析。这就是所谓的光谱分析法。

这个新的化学成分分析法诞生后，很快显示出其威力。

连续光谱与各种元素光谱
因为每种元素都有特定的谱线，所以通过对光谱的分析和比对就可以确定不同的元素。

本生小传

罗伯特·威廉·本生于 1811 年 3 月 30 日出生在德国哥廷根的书香门第。他从小受到良好的教育，在哥廷根读完小学、中学后，以优异的成绩考入霍茨明登大学预科，又进入哥廷根大学系统学习化学、矿物学和数学等课程，于 1830 年获博士学位。1830~1833 年，本生步行游历欧洲，遍访化工厂、矿产地和实验室；然后担任哥廷根大学的教师，1843 年成为布勒斯劳大学化学教授。这时他遇到了基尔霍夫。二人共同发明了光谱分析法。本生在科学领域涉猎很广，成就斐然，却淡泊名利。1899 年 8 月 16 日，本生逝世，享年 88 岁。

本生等人用它在 1860 年发现了新元素铯，又于第二年发现了铷。另外，铊、铟、镓、铼、锗等元素也都是通过该方法发现的。不仅如此，本生和基尔霍夫联合发明的光谱分析法还可以用来分析太阳和其他恒星的化学成分。1859 年，他们让一束阳光射入光谱仪的物镜，在目镜中看到了钠 –D 双暗线。开始时他们以为太阳上缺少钠元素，稍后考虑到炽热的钠蒸汽既能射出钠 –D 双线，同时又吸收这种射线，经过与煅烧生石灰的光谱对比分析，最后确定太阳是含有钠元素的。这一年的 10 月，基尔霍夫向柏林科学院提交报告公布，太阳含有钠、铁、钙、氧、镍等多种元素。

基尔霍夫居然测出 1.5 亿千米以外的太阳的化学成分，这个消息不胫而走，整个欧洲科学界都被震动了。

光谱分析法的出现，在化学史上有着超乎寻常的意义，这一方法被形象地称为"化学家神奇的眼睛"。

◆ 铷的发现 ◆

1861 年 2 月 23 日，本生和基尔霍夫将处理云母矿所得的溶液，加入少量氯化铂，即产生大量沉淀，在分光镜上鉴定这种沉淀时，只看见钾的谱线。后来，他们用沸水洗涤这种沉淀，每洗一次，就用分光镜检验一遍。他们发现，随着洗涤次数的增加，从分光镜中观察到的钾的光谱线逐渐变弱，最后终于消失，同时又出现了另外两条深紫色的光谱线，它们逐渐加深，最后变得格外鲜明，出现了几条深红色、黄色、绿色的新谱线，它们不属于任何已知元素。这又是一种新的元素。因为它能发射强烈的深红色谱线，他们就将它命名为铷（rubidium）。

从麻沸散到现代麻醉药

Cong Ma Fei San Dao Xian Dai Ma Zui Yao

人类自古以来就苦苦找寻治病止痛的良药，如我国古代就流传着神农尝百草，一日而遇七十毒的故事。

在中国，比较成熟、专门用于手术麻醉的药剂还得从华佗的麻沸散说起。华佗是中国古代杰出的医生，生活在东汉末年。那时连年战乱，人民伤病很多。华佗医道纯熟，能妙手回春，却苦于没有麻醉药，只能眼睁睁地看着手术病人痛苦地抽搐、惨叫而束手无策。

一次，他喝醉了酒，一天一夜都人事不省。其夫人急坏了，就用扎银针的方法加以抢救，华佗却没有丝毫反应。后来他酒醒了，听夫人讲了此事大为惊奇。他想，既然酒喝多了就可失去知觉，何不用此法来缓解手术病人的疼痛。一试果然灵验，美中不足的是，用酒麻醉持续时间较短。有什么好办法解决这一难题呢？华佗也不得而知，只是每天照常出诊给人治病。

一天，他正在家中整理医学手稿，突然几个村民风风火火地来到家里叫他快去看一个病人，还说去晚了就怕没救了。华佗拎起药囊跟他们来到病人家里。病人的样子挺可怕的，只见他眼睛瞪着，牙关紧闭，嘴角淌着白沫，躺在地上一动不动。华佗不愧是名医，他摸了一下病人的脉相，又询问了病人的家人一

人体麻醉的类型
根据手术的不同，对人体的麻醉可采用局部麻醉和全身麻醉等方法。本图就是几种不同的麻醉方法。

些有关病人之前的情况，说不要紧，然后用清凉解毒的方法救醒病人。原来，这个病人是误食一种叫洋金花的毒草所致。华佗走时带上了这些洋金花，回到家里将其制成麻醉药，再将药剂与热酒调和，效果奇佳。这种药剂被称为"麻沸散"，是纯中药制剂，为无数手术病人解除了痛苦。在华佗死后，由其所创的麻沸散原始处方就失传了。

中国在 2 世纪出现了麻沸散，同时代的西方医生们普遍使用野生罂粟花和莨菪作为麻醉剂。古罗马人认为疗效最好的麻醉剂是曼德拉草。普林尼曾对该药作过如下描述：曼德拉草使用的剂量应与患者的强健程度成正比，中等剂量为三汤匙。用水冲服可治蛇咬，在做外科手术之前服用则起到麻醉作用。尽管诸如此类的麻醉剂已出现，但由于剂量不好把握，有时会带来危险，大多数小手术还是不用麻醉剂。

1846 年，美国医生莫顿开创了用乙醚为病人麻醉的先例
欧美医生在临床上一直在探索更为安全、简便的麻醉剂。美国医生莫顿在这方面取得了突破性的进展，1846年，他发现乙醚具有很好的麻醉效果，而且很安全，它对人体的副作用很小。

◆ 特殊的麻醉方法 ◆

一般的麻醉手段都是通过简单地吸入或注射麻醉剂（如乙醚、氯仿等）达到预期效果，而在 18 世纪末的欧洲，就出现一种降温麻醉法。到了 19 世纪和 20 世纪初，该方法更为成熟。如 1902 年，Simpson 把用乙醚麻醉的动物降温到 25℃左右。然后就无须对其进行持续麻醉，手术照样可以顺利进行。1905 年，Swan 试行全身体表降温，减缓循环，再进行心脏手术，获得成功。

随着时间的推移，欧洲进入漫长的中世纪。这时，人们仍然使用上述麻醉药，只是在摄取方式上有了一些进步，主要用"催眠海绵"法，即把诸如鸦片、曼德拉草、莨菪与海绵一同先浸泡在水中；然后取出海绵敷在患者嘴上，让其吸入少许药味，就可以达到麻醉的效果。

稍后的英格兰人还使用了一种叫作"德韦尔"的麻醉剂。该饮剂的配料不仅包括鸦片、莨菪等毒物，还有醋剂和泻根等，起到抵消前者毒性的作用。这样就使得麻醉过程更为安全可靠。

不过，麻醉的根本性改观还是在近代。18 世纪中叶，约瑟夫·普利斯特里发现了氧化亚氮（笑气）的麻醉作用。1818 年科学家发现了乙醚，20 年后用于手术麻醉成效显著，却未被广泛使用。1846 年 10 月 16 日，美国康涅狄格州哈特福德市的牙医莫顿当众给病人施行了乙醚麻醉，然后由主刀医生将患者下颌部的肿瘤切除。

如此一来，乙醚的麻醉作用才为世人知晓和认可。第二年，英国的产科医生开始用乙醚为产妇麻醉镇痛。几年以后，氯仿悄然进入麻醉领域，最为出名的例子就是维多利亚女王临产时使用了氯仿作为麻醉剂。

1898 年，腰麻被引入这一领域。1903 年，人们合成了巴比妥类衍生物，作为催眠镇静的药物。1920 年，米吉尔发明气管插管的麻醉方法，可以在麻醉期间防止呼吸停止。1921 年，硬膜外麻醉诞生。1934 年，硫喷妥纳应用于临床麻醉，后发展成为现代静脉麻醉的主要药物。1942 年，南美洲出产的箭毒作为肌松药用于临床，顺利解决了过去麻醉程度很深（甚至濒临死亡）但肌肉仍不松弛的问题。

进入 20 世纪 80 年代以后，麻醉的研究重点转向提高麻醉的安全性，降低其毒副作用方面。如以异氟醚、地氟醚等代替乙醚，使麻醉过程安全迅速、苏醒及时。新中国成立后五十多年经过几代人的努力，我国在麻醉学领域取得很大进展，并且培养了一大批麻醉专业人才。

孟德尔的突破

Meng De Er De Tu Po

奥地利遗传学家孟德尔

　　子孙长得像长辈这一现象并不稀奇，甚至可以说很普遍。历史上，科学家曾探索这一问题，如拉马克曾在其专著《动物学哲学》中提出遗传问题。而稍后的达尔文对遗传的规律做了进一步探索，并在 1859 年发表的《物种起源》一书中把遗传和变异作为自然选择原理的基础。但是，直到 1865 年孟德尔发表了《植物的杂交实验》一文，人们才弄清了这一现象的根本规律。

　　格雷戈尔·约翰·孟德尔出生于西里西亚的一个农民家庭，受教育不是很多，但从小博闻强识，掌握了许多植物学、动物学等领域的知识。他成年后进入修道院，协助克拉谢尔管理植物园，其间在多普勒和克拉谢尔的影响下做杂交实验，从中发现了植物遗传性状的传递规律。

　　孟德尔主要贡献之一就是首先提出遗传单位，即基因的概念。他通过实验发现植物种子内部存在稳定的遗传因子，这种遗传因子来自父本和母本，成对出现，物种的性状是由它们控制的。

　　孟德尔还意识到基因分为显性基因和隐性基因。其差别在于前者表现出来，而后者往往不表现出其性状。

　　孟德尔在提出遗传基因的基础上，又进一步阐述两条重要的遗传规律，史称"孟德尔定律"，其中首推分离定律。

　　推出分离定律的实验材料用的是豌豆。这是因为豌豆表现的性状很容易准确识别，杂种也可育，便于观察多代遗传的特点。另外其生长期较短，可以缩短实验周期。尽管如此，杂交试验也持续了 8 年，科学创新的艰辛在此可见一斑。孟德尔将具有不同性状的豌豆杂交，发现杂种性状只类似于亲本中的一个，而不是两个亲本性状的折中，而杂种自交产生的子二代发生了性状分离。他通过大量试验，统计分析得出杂种后代性状的分离比率为 3∶1，这就是有名的孟德尔第一定律——分离定律。

　　在得出分离定律之后，孟德尔又进行新一轮的实验。他先找出具有双显性基因的母本，如豆粒的黄颜色性状相对于绿颜色性状为显性，还有圆形相对于

男性染色体

人类的染色体

女性染色体

上：根据核型分析，将相同对按照大小之顺序排列。
下：核分裂中期的光学显微镜像。

人类的染色体决定遗传基因

人是结构最为复杂的生物。在人的众多基因中，决定人性别的是 X 与 Y 两种基因，通过上图你可以清晰地看到男女的性别形成是由什么决定的。

皱形是显性。再找出具有双隐性基因的父本，最后将其杂交，发现子一代个体均呈现显性特征，子二代的个体不但出现显性和隐性特征，还出现了兼有显性和隐性特征的个体，如黄色皱形豆粒。孟德尔由此得出自由组合的遗传定律，即生殖细胞在形成过程中，不同对的等位基因可自由组合，且机会相等，继而形成具有不同性状的配子，这被称为孟德尔第二定律。

孟德尔提出的生物遗传定律，显然没有得到人们的重视，但他的成果意义十分重大，这些定律今天仍在育种实践领域广泛应用，而且他创立的遗传分析方法与细胞学方法、数学统计法、物理化学法并称生物学研究的四大方法。

孟德尔遗传理论确实为生物学开创了全新局面，可与达尔文的进化论并驾齐驱，不愧为现代遗传学的奠基人。

诺贝尔和安全炸药

Nuo Bei Er He An Quan Zha Yao

诺贝尔，全名阿尔弗雷德·伯纳德·诺贝尔，1833年10月21日出生在瑞典首都斯德哥尔摩。幼年的诺贝尔家境贫苦，但受到作为发明家的父亲的影响，热衷于发明创造。

诺贝尔从小勤奋好学，虽然只接受过一年的正规学校教育，但他精通英、法、德、俄、瑞典等多国语言，甚至可以用外文写作，其自学能力可见一斑。不只在外语，在发明领域小诺贝尔的学习劲头更足，他可以连续几个小时观察父亲的实验。

在诺贝尔9岁的那一年，父亲带他去了俄国，并为其聘请了家庭教师，教授小诺贝尔数、理、化方面的基础知识，为他日后搞发明打下了基础。同时，诺贝尔在学习之余在父亲开的工厂里帮忙，这使他的动手能力进一步增强，并具备了生产和管理方面的知识和经验。

当时，由于工业革命的开展和深入刺激了能源、铁路等基础工业部门发展。为了提高挖掘铁、煤、土石的速度，工人频繁地使用炸药，但当时的炸药无论是威力，还是安全性能都不尽如人意。意大利人索布雷罗于1846年合成了威力较大的硝化甘油，可惜安全性太差。那时又盛传法国人也在研制性能优良的炸药，这一切促使诺贝尔的注意力转移到炸药上来。

1859年，在家庭教师西宁那里，诺贝尔第一次见识了硝化甘油，西宁把少许硝化甘油倒在铁砧上，再用铁锤一敲便诱发了强烈的爆炸。

瑞典化学家诺贝尔

他发明的安全炸药为人们在生产领域提供了很大的方便，但它的另一个副作用就是促进了战争的升级。

诺贝尔对硝化甘油做了进一步分析，发现无论是高温加热还是重力冲击均可以导致其爆炸，他开始为寻求一种安全的引爆装置而忙碌。经过无数次实验，最后他发现若是把水银溶于浓硝酸中，再加入一定量的酒精，便可生成雷酸汞，这种物质的爆炸力和敏感度都很大，可以作为引爆硝酸甘油的物质。

用雷酸汞制成的引爆装置装到硝酸甘油的炸药实体上，诺贝尔亲自点燃导火索，只听"轰"的一声巨响，实验室的各种器物到处乱飞，他本人已被炸得血肉模糊。当他从废墟中爬

火箭燃料
它也是炸药的一种，虽然其爆炸威力小，但燃烧充分。

黑色炸药
它具有威力大的特点，但缺点是体积大，运输不便。

出来后，用尽最后一点儿气力说道："我成功了。"然后，就昏死过去。

科学的进程是如此悲壮！不管怎样，雷酸汞雷管发明成功，他在1864年申请了这项专利。很快，诺贝尔的发明传播开来，用于开矿、筑路等工程项目中，大大减轻了工人们的挖掘强度，工程进度也快了许多。正当人们沉浸在炸药给生活带来的好处之中时，灾难却向诺贝尔一家袭来。

一般焰火
这是最原始的炸药，威力小，几乎没有实用价值。

1864年9月3日，诺贝尔的弟弟埃米尔和另外4名工人在实验中被炸身亡，不久年迈的老诺贝尔因经不起丧子之痛含悲而逝。诺贝尔强忍巨大悲痛，在斯德哥尔摩郊外采点设厂，开始整批地生产硝化甘油。但世界各地的爆炸事故接

诺贝尔奖

1896 年 12 月 10 日，伟大的科学家诺贝尔逝世于意大利。遵照其遗嘱，他的大部分遗产（约 900 万美元）作为设立诺贝尔奖金的基金，每年提取基金的利息，重奖为人类进步事业做出重大贡献的后人。诺贝尔在他的遗嘱中明确指出，获奖的唯一标准是其实际成就，而不得有任何国籍、民族、肤色、信仰等方面的歧视；奖金每年颁发一次，授予前一年中在物理学、化学、生理学、医学、文学、和平等领域里"对人类做出最大贡献的人"。该奖于 1901 年 12 月 10 日，即诺贝尔逝世 5 周年纪念日首次颁发，至今已有超过 500 人获此殊荣。诺贝尔临终设立此奖，是其对人类科学文化事业进步的又一重大贡献，永远值得后人景仰。

连不断，有些国家的政府为此甚至禁止制造、运输和贮藏硝化甘油，这给诺贝尔的事业带来极大的困难。

诺贝尔奖章
诺贝尔奖金质奖章正面（下）、反面（左）

经过慎重考虑，诺贝尔决定赴美国加利福尼亚就地生产硝化甘油，并研制安全炸药。在试验中，他分析了一些物质的性质，认为用多孔蓬松的物质吸收硝化甘油，可以降低危险性，最后设定 25% 的硅藻土吸收 75% 的硝化甘油就可形成安全性很高的炸药。

威力强劲、使用安全的猛炸药的出现，使黑色火药逐步退出了历史舞台，这堪称炸药史上的里程碑。诺贝尔在随后的几年里，又发明了威力更大、更安全的新型炸药——炸胶。1887 年，燃烧充分、极少烟雾残渣的无烟炸药在诺贝尔实验室里诞生了。

循着威力更大、更安全和更符合人的需要的原则，诺贝尔在发明炸药道路坚定不移地走下去，为人类的进步做出了杰出的贡献，受到后人的尊敬。

门捷列夫破解元素之谜

Men Jie Lie Fu Po Jie Yuan Su Zhi Mi

19世纪以来，化学领域重大突破接连不断。继原子—分子论之后，对元素性质和分类的认识也进一步深化。

1864年，德国化学家迈耶尔根据各元素的化学性质，排出"六元素表"，它已初具周期表的轮廓。第二年，英国的化学家纽兰兹发现，若把已知元素按原子量大小顺次排列，相邻的八元素性质相似。由此，他戏称这个规律为"八音律"。这些科学家对化学元素之间关系的描述促成了人类对化学元素认识上量的进步，而俄国的门捷列夫发明的元素周期表则是质的飞跃。

元素周期表

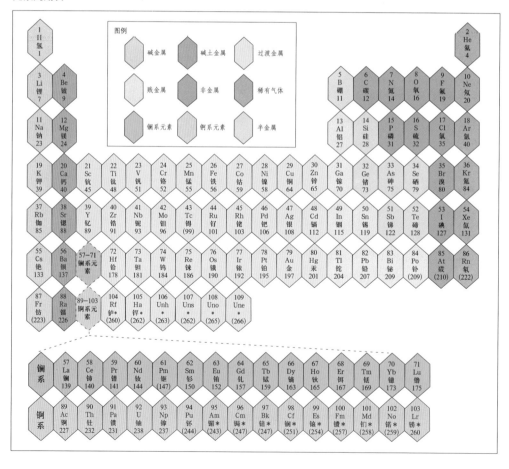

门捷列夫，1834 年出生于俄国的西伯利亚，由一个政治流放者完成了对他的科学启蒙，后随母亲来到彼得堡，进入中央师范学院自然科学系学习，逐步形成了唯物主义世界观。他坚信各种元素的质量和化学性质之间必然存在某种联系，并试图找出这种关系。

大学毕业后，门捷列夫被派往敖德萨任中学教师，为了教学的方便和高效，他决定寻求一种合乎逻辑的方式将当时已知的 65 种元素进行排列组合，不过尝试了几种方法都失败了。最后，门捷列夫决定按各元素的化学性质分门别类再插入到教科书的各个章节。为此，在仔细研究了各种元素的特点之后，将每一种元素的化学性质、物理性质、化合价、原子量等都记在一张小卡片上，最后 60 多张卡片构成一副门捷列夫特有的"扑克牌"。他把这副扑克牌时时刻刻拿在手里，不停地翻看、排序，翻了一遍又一遍，排完了又重排一遍，不厌其烦，甚至在吃饭、会客时也不例外。

俄国化学家门捷列夫
他是第一个发现各种元素之间的规律，并于 1869 年完成了第一张较为完整的元素周期表，形象地解释了各种元素之间的关系。

◆ 元素周期表的作用 ◆

元素周期表的出现对于现代化学有着特殊的意义。具体而言，可以分为如下几个方面。

一是可以据此有计划、有目的地去探寻新元素，既然元素是按原子量的大小有规律地排列，那么，两个原子量悬殊的元素之间，一定有未被发现的元素，门捷列夫据此预测了类硼、类铝、类硅、类锆 4 个新元素的存在，不久，预言得到证实。之后，其他科学家又发现了镓、钪、锗等元素。迄今为止，人们发现的新元素已经远远超过 20 世纪的数量。

二是可以矫正以前测得的原子量，门捷列夫在编元素周期表时，重新修订了一大批元素的原子量（至少有 17 个）。因为根据元素周期律，以前测定的许多原子量显然不准确。以铟为例，原以为它和锌一样是二价的，所以测定其原子量为 75，根据周期表发现铟和铝都是二价的，断定其原子量应为 113。它正好在钙和锡之间的空位上，性质也合适。后来的科学实验也证实了门氏的猜想完全正确。

三是有了周期表，人类在认识物质世界的思维方面有了新飞跃。例如，通过周期表，有力地证实了量变引起质变的规律，原子量变化引起了元素的质变。

久而久之，门捷列夫逐渐发现这些元素性质特点的规律：把全部已知元素按原子量递增顺序排列，相似元素就会依一定间隔出现。同时，门捷列夫还预见了元素周期律表格中的空白应该由尚未发现的元素来填补。他还估计了这些元素的属性。门捷列夫于 1869 年 3 月 1 日完成一份元素周期表，形象具体地解释了元素周期律。

门捷列夫在一篇名为《元素属性和原子量的关系》的论文中将周期律的基本思想阐述为：

（1）原子量的大小决定元素的性质，而其性质呈现明显的周期性。

（2）许多未知元素的同类元素将按其原子量大小被发现。

（3）可以通过元素的性质修正该元素的原子量。

门捷列夫发现的元素周期律说明，化学元素有着系统的分类体系，它们当中存在着一条严整的自然序列。这一发现为化学研究提供了新的理论基础，被称为化学的"圣经"。门捷列夫本人由于发现元素周期律，而被称为"俄国科学的门神"。

天才麦克斯韦

Tian Cai Mai Ke Si Wei

成功的百分之九十九要用汗水铸就，但也不可否认天才确实存在。19 世纪的詹姆斯·克拉克·麦克斯韦就是一例，但他像一颗划破夜空的耀眼的流星，转瞬即逝。

麦克斯韦 1831 年出生于英国苏格兰的一个名门望族。他出生的那年，法拉第刚刚发现电磁感应。他确确实实是一个天才，10 岁左右便在数学上崭露头角。14 岁时他发明了用大头针和棉线做出准确椭圆的方法，并将其整理成一篇小论文发表在《爱丁堡皇家学会学报》上，由此获得爱丁堡学院数学奖。很快，他又完成两篇论文——《关于摆线的理论》和《论弹性体的平衡》，交给皇家学会。

英国物理学家麦克斯韦

麦克斯韦在物理学上的主要贡献在于他对电磁学的研究，他的一系列研究成果为电和磁之间的相互转化奠定了理论基础。

1850 年，麦克斯韦进入剑桥大学的三一学院学习数学和物理。1855 年，刚刚毕业的麦克斯韦进入电磁研究领域，这一年法拉第又恰好告退，但二人还是走到了一起。法拉第富有物理学洞察力，但数学功底不足，专攻实验研究；而麦克斯韦长于理论概括和数学方法，他以数学方式准确地表述了法拉第的物理思想。二人珠联璧合，通力合作，联手把近代电磁学向前推进一大步。

1855 年，麦克斯韦发表了《论法拉第的力线》一文，第一次采用几何学的方法，对法拉第磁力线概念做出准确的数学表述。此举不但直接推进了实验研究，而且暗含了他日后得出的一些重要思想，为其进一步研究扫清了道路。

麦克斯韦在 1862 年发表的《论物理的力线》中提出了"位移电流"和"涡旋电场"等概念，在诠释法拉第相关实验结论的同时，发展了法拉第的思想。这是电磁理论首次较为完整的表述。

1873 年，麦克斯韦写出了著名的麦克斯韦方程组，以简洁、优美的数学语言对电磁场作了完整表述。此外，他汇总了从库仑、安培奥斯特到法拉第的思想，加上其个人研究成果，写成《电磁学通论》一书。该书堪称电磁理论的集大成之作，对麦克斯韦以前的电磁学进行了深刻分析和全面总结，具有极高的学术参考价值。爱因斯坦称之为"物理学自牛顿以来的一场最深刻最富成果的变革"。

麦克斯韦的高明之处在于把电和磁统一起来。他意识到二者之间的相互转化，认为其以波的形式传播扩散。他称这种波为电磁波，并预言了光波的存在。因为电磁波传播的速度与当时测定的光速相等，从而使麦克斯韦方程也成为光学的基本定律。

"尽管麦克斯韦理论具有内在的完美性并和一切经验相结合，但它只能逐渐地被物理学家所接受。"物理学家劳尼如是说，事实也是这样，没有几个人能弄懂他的理论，他们认为他的思维太不正常了。但是是金子总有一天会发光的，麦克斯韦逝世 10 多年后，德国物理学家赫兹完成了对电磁理论的验证工作。至此，麦克斯韦理论广为世人所接

左手定则

右手定则

每一通电流导线附近都存在磁场，磁力线是围着导线的封闭圆环，如果右手拇指指向电流方向，其余弯曲的四指便指向磁场方向。

如果将通电流的导线折成圆环，磁力线会朝同一方向通过圆环。

如果通电流的导线折成许多圆环（一个线圈），磁场的形状会类似于磁棒的磁场。

插入铁质或其他适当材质的核心，磁铁便制成了。由电流的开关可以开关磁场。

电磁原理图
上图依次为左手定则、右手定则以及电流产生磁的示意图。

《电磁学通论》

《电磁学通论》又译为《电和磁》，是麦克斯韦1873年完成的经典著作。在该书中，他没有发展自己早期提出的电磁模型，而是专门进行他从这一模型所获得的数学方程的研究。他认为自己的方程已经足够清楚，根本不需要任何模型作为补充。该书在结构上以迂回的方式从法拉第的力线概念转到流体场的机械模型，而后又进展到他的数学理论，同时列出一系列的方程组。这些方程概括了各个电磁学实验定律，而且超越了已有的实践认识，升华到更具有普遍性和预言能力的一般性理论。在这一部著作中，麦克斯韦对电磁理论做了全面、系统、严密的论述，并从数学上通过"唯一性定理"证明了方程组的解是唯一的。因此，人们完全相信，麦克斯韦方程组能够充分地反映电磁场的客观运动规律。

受。从法拉第到麦克斯韦，再到赫兹，科学的进程如同一场超越时空的接力赛。

无论如何，麦克斯韦的《电磁学通论》揭示了电磁现象的普遍规律，标志着电磁理论体系的成熟，麦克斯韦本人也因此被誉为电气时代的缔造者。

贝尔发明电话

Bei Er Fa Ming Dian Hua

电话是一个叫作亚历山大·贝尔的人发明的。1847年3月3日，贝尔出生在英国的爱丁堡。他的父亲和祖父都热衷于语音学研究，这也许算得上贝尔发明电话的一点渊源吧。但儿时的贝尔可没意识到这些，他像普通的孩子一样不用功学习，之后在其祖父的教诲下开始变得上进，为后来的发明奠定了良好的知识基础。

贝尔17岁时进入爱丁堡大学学习语言学，而后又在伦敦大学深造。1870年，全家迁往加拿大，接着，又辗转来到美国，继续从事语言方面的研究和教学。为了使聋人听到别人的说话声，贝尔试图在纸上描出声波细线，让聋人读懂别人的话，贝尔在描绘声波的实验中偶然发现，每当接通、切断电流时，线圈就会发出异样的声响。贝尔又反复开关电源，结果是相同的。他突发奇想，若是使电流的变化与声波变化的频率与强度相同，那么声音不就可以与电流传播得一样快、一样远吗？循着自己的思路，贝尔用薄薄的金属片做成电磁开关，电源也与开关连好。他认为只要对着金属片讲话，金属片就会随着声音的振动，导致开关有规律地闭合，电流也会由此产生相应的波动。但是结果失败了，他就这个问题请教了几位电学家，不料他们不以为然。贝尔不是那种轻易放弃的人，1873 年的一天，他登门拜访了美国科学院院长约瑟夫·亨利，向他讲了自己的想法：

"先生，您看我是发表自己的看法，由别人去做，还是自己动手去完成它呢？"

"祝贺你，你已有了一项了不起的设想，年轻人。"

"可是……"

"干吧，别担心！"

"可是，尊敬的亨利先生，在制作方面还有不少困难，主要是我不懂电学。"

"不懂电学？"

"是的。"

"搞懂它，你会行的，动手干吧。"

从亨利那里回来，贝尔开始刻苦攻读电学方面的书籍。一段时间下来，对于一般电学知识，他已了如指掌。贝尔在着手研究电话的过程中，又结识了助手沃特森，更是如鱼得水。贝尔按照原来的思路，做成两部所谓的电话机，分置在两个房间，中间以导线相连。二人一人守一处，反复调试，毫无结果，一直到 1875 年 6 月 2 日事情才有了些转机。

这天早晨，二人来到各自的房间，沃特森开始通过电话向贝尔发信号。贝尔则不停地调整听筒的振动膜，忽然听到话筒发出了一些异样的声音。

正在试通电话的贝尔

贝尔发现了声音的震动原理，并在此基础上发明了电话。图为他亲自在试验通话的效果。

早期的电话及从事电话交换工作的人们
刚开始的时候，电话交换是靠手工来完成的，所以，电话局需要很多工人。

他仔细加以分辨，最后确认这是沃特森发出的讯号。他疾步冲向沃特森房间，让沃特森把刚才的一切加以多次重复，结果证明这种讯号的传播是稳定的。两人最终确认：人的声音首先振动了话筒的膜片，从而使底部的 U 形磁铁形成的磁场发生有规则的变动，促使缠在磁铁上的线圈产生的感应电流也发生相应的波动。这种波动随电流沿着导线传到另一端的电话——电流传递声音终于成为现实。在1875 年的 3 月 10 日，贝尔制成了一部可以清晰通话的电话机，并于第二年 2 月14 日获得专利。

在完成了电话机的发明之后，贝尔充分利用一切机会向公众宣传，并于1877年成立贝尔电话公司，开始电话的商业运作。事实如他在给父亲信中说的那样："一切都是我的，我肯定会获得荣誉、财富和成功。"

本茨的汽车

Ben Ci De Qi Che

车的历史是悠久的，但汽车的历史却不是很长，它是 19 世纪末才开始出现的。

1854 年，德国工程师奥托试制内燃机，几经挫折，最后制造出一台四冲程煤气内燃机，后来又改进为以汽油为燃料的四冲程常规活塞内燃机，为日后的汽车提供了心脏。

到了 1880 年，发明家戴姆勒萌发了用内燃机改造蒸汽自行车的想法。他先制成了一台小型高效内燃机，然后把它安装在两轮自行车上。这俨然是一辆摩托车，还算不上是汽车，但对于汽车的发明起到了很大的推动作用。

世界公认的汽车发明者

卡尔·弗里德里希·本茨是德国著名的戴姆勒－奔驰汽车公司的创始人之一，也是现代汽车工业的先驱者之一，人们称其为"汽车之父"。

有了把内燃机装在自行车上的尝试，就有人试着把它装在马车上，制造所谓"无马的马车"。德国人卡尔·本茨就是其中杰出的一位。他在 1886 年研制了一台小型汽缸，并用它做成一部链式引擎，与戴姆勒内燃机相比更为小巧、更为高效。

之后，本茨将自己发明的内燃机安装在一辆三轮车上，构成一辆新的先进自行车。鉴于它用汽油内燃机作动力，故人们称之为"汽车"。

戴姆勒的汽车发明

戴姆勒将资金和精力投入到他的甘斯塔特别墅花园里的试验工厂。才华横溢的迈巴赫也和他并肩工作。到 1884 年，他们对奥托的四冲程发动机锲而不舍的开发工作获得了回报，一种能安装在车辆上的更轻、更小的发动机产生了。这种发动机首先安装在一辆自行车上，这就是最早的摩托车。1886 年，戴姆勒和迈巴赫在世界上最早的四轮汽车上安装了改进的发动机。与此同时，卡尔·本茨也在曼海姆的工厂发明了他的三轮机动车。

反光镜　挡风玻璃　为后座乘客准备的折叠式挡风玻璃　车篷

备用胎　工具箱　充气的轮胎

较为成熟的汽车
到 20 世纪初，汽车已发展到比较成熟的阶段，已基本具备了现代汽车的外形。

　　第一辆汽车重达 250 千克，功率为 25 ～ 29 千瓦，时速不超过 20 千米，当时售价约为 2 万马克。开始时本茨的汽车很不完善。它的车轮仍为木质的，外面包

◄ 德莱斯发明自行车 ►

　　德莱斯原是一个护林员，每天都要从一片林子走到另一片林子，多年走路的辛苦激起了他想发明一种交通工具的欲望。就这样，德莱斯开始设计和制造自行车。他用两个木轮、一个鞍座和一个安在前轮上起控制作用的车把，制成了一辆两轮车。人坐在车上，用双脚蹬地驱动木轮运动。就这样，世界上第一辆自行车问世了。

　　1817 年，德莱斯第一次骑自行车旅游，一路上受尽人们的讥笑……他决心用事实来回答这种讥笑。在一次比赛中，他骑车 4 小时通过的距离，马拉车却用了 15 个小时。尽管如此，仍然没有一家厂商愿意生产、出售这种自行车。

　　1839 年，苏格兰人马克米廉发明了脚蹬，装在自行车前轮上，使自行车技术大大提高了一步。此后几十年中，涌现出了各种各样的自行车，如风帆自行车、水上踏车、冰上自行车、五轮自行车，自行车逐渐成为大众化的交通工具。以后随着充气轮胎、链条等的出现，自行车的结构越来越完善。

◆ 最早的汽车拉力赛 ◆

　　现在谈到汽车拉力赛，人们便自然而然地想到各式各样精致的跑车，时速个个达到几百千米，然而当年汽车刚发明时的汽车比赛可没这么风光。19世纪末，出现了各种类型的汽车，它们互相竞争。在1894年，法国巴黎举行了首届汽车比赛。启事是这样写的："各种各样的车辆不论其动力是蒸汽的、燃气的、汽油的还是电的，都可以申请参加比赛。"结果，仅在预赛中，大部分车子就抛锚，被淘汰了。决赛中的21辆车，也仅有15辆到达目的地，但值得一提的是，15辆中有9辆使用戴姆勒发动机。在第二年巴黎的波尔多长途汽车赛中，汽油汽车再次把蒸汽汽车抛在后面。从此，汽油汽车在运输领域取得了主导地位。

一层金属皮，9年以后汽车才装上了轮胎，车轮这一部分才有一点儿现代汽车的样子。后来，美国的亨利·福特为提高汽车行驶的稳定性，研制成功了四轮汽车。这时汽车才基本具备了现代汽车的外形。

　　卡尔·本茨本人对自己发明的汽车，也不是十分满意，尤其是点火系统。多次实验后，他才发明出今天普遍使用的高压电火花点火。正当本茨的汽车一步步走向成熟和完善，准备正式试车时，官方却莫名其妙地阻止他试车。这使他极为懊恼，但本茨夫人非常相信自己的丈夫，并支持他的事业。

改进的本茨汽车
在实际使用中，本茨发现实心轮胎既颠簸又不安全，于是改用充气的橡胶轮胎，这样既安全又舒适。

　　她不顾官方禁令，毅然推出车子跳了上去，发动好车，沿着门前的马路疾驶而去。行人望着这位妇女驾驶的"怪车"辆目瞪口呆，本茨夫人却旁若无人地开着车兜了一圈，又回到住处。她可能是世界上第一个开车兜风的人，却无意间宣告本茨汽车试车成功。

　　对于本茨发明的汽车，人们惊诧不已，议论纷纷，媒体也十分关注。当时的一家报纸是这样报道的："大家把这辆车子当作汽车……它不仅可以在笔直的道路上行驶，而且可以在较大的斜坡运输。正如一位推销商可以带上他的样品无拘无束地驾驶这辆车……我们相信，这种车子将有良好的前景，因为这种车使用简便，速度极快，是最便宜的运输工具，甚至也适用于旅游者。"可见，当时的人们充分估计了汽车的发展前景和即将担负的责任。

　　尽管如此，汽车并没有很快成为实用交通工具。其原因有二，其一是由于它的大部分零部件均系手工完成，制造成本注定很高；其二是工艺不够精良，乘坐舒适度较差，所以许多年里，汽车仅作为富人们外出备用的交通工具。

　　但这些不能阻碍汽车前进的步伐。20世纪初，汽车开始规模生产，并很快形成汽车工业，人类由此跨入了汽车时代，本茨也因此被称为"为世界安上轮子的人"。

大发明家爱迪生

Da Fa Ming Jia Ai Di Sheng

爱迪生

爱迪生是世界历史上最有成就和最伟大的发明家。他的1000多项发明几乎每一项都与人们的日常生活息息相关。他的发明彻底改变了人们的生活方式。今天，在我们日常生活中所用的每一种电器都留有爱迪生的影子。

　　托玛斯·爱迪生是人类史上最伟大的发明家之一，他一生的发明共有两千多项，拥有专利一千多项。这在人类历史上实属罕见。

　　爱迪生，1847年2月11日出生在美国俄亥俄州的米兰镇，在家中是最小的孩子。父亲是木匠，母亲是教师，家境很差。他只受过3个月的学校教育。就这些背景，无论如何与他1000多项专利发明成果都是不相称的，但这就是事实。于是有人说，那是因为他有一位好母亲，她教子有方，才使爱迪生日后有所成就。

　　确实，爱迪生在小学当了3个月的笨孩子之后，

爱迪生发明的留声机

就被母亲带回家，开始了"半工半读"的生活，即白天跟父亲做木工活，晚上跟母亲学文化。爱迪生聪明勤奋，这样的培养方式一方面使他有一定的知识功底，另一方面提高动手能力。爱迪生小小年纪，就在自己家中的地窖里搞起各种小实验。后来由于家庭经济条件恶化，他出去为人赶过马车、当过报童，一个偶然的机会使他有幸成为一位火车电报员。不幸的是，由于他在车上做实验引起大火，又被解雇。但任何艰难困苦也不会使这位伟大的发明家有丝毫退缩。

19世纪70年代，第二次科技革命已经展开，各种发明创造层出不穷，但如何记录人类的声音呢？最后爱迪生回答了这个问题——留声机。

启发爱迪生发明留声机的灵感源于他发明碳粒电话受话器的实验过程。在实验中，他偶尔发现随着人说话声音的高低起伏，接触在膜片上的金属针也跟着有规则地震颤。这时他突然想到把这一过程倒过来，就可以复制声音。于是爱迪生把锡箔纸卷在带螺蚊的圆筒上，圆筒下有一层薄铁皮，铁皮中央装上一根短针。当他用钢针滑动锡箔纸，果然就发出了声音。爱迪生按照这一原理设计制造了世界上第一台"会说话的机器"，后来人们又称之为留声机。经过改进，留声机广泛传播开来，传到中国，老百姓叫它"洋喇叭"。

爱迪生发明的灯泡

科学家是不容易满足的，爱迪生更是如此。就在留声机在博览会展出时，他又开始对另一问题着了迷：用电照明。

虽说当时已出现了电弧灯，但它需要2000块伏打电池作电源，而且光线灼眼，照明时间也很短，不适于家用。于是，爱迪生开始了新一轮的攻坚战，他几乎把家搬到实验室，吃饭、睡觉都在那里。他有时连续几天做实验，不断地查阅

通电的灯泡及灯中发光的灯丝
导体通电后会发光、发热这一现象人们很早就知道，但如何让这一现象持久却是一个很大的难题。爱迪生解决了这个难题，他发明了实用且耐用的电灯。

资料，总结前人的成果，探索自己的道路。最后，他把注意力锁定在灯丝上。他先后试着用铬等金属和碳化的棉线作灯丝，由于氧化作用，这些灯丝均被烧断。爱迪生又实验了 1600 多种材料作灯丝都归于失败。最后，他发现抽净灯泡中的空气以后，再用碳化棉丝作灯丝可以维持 40 个小时，终于，在 1879 年 10 月 21 日，他实现了发明家用电灯，从此电灯取代了煤气为广大民众所接受。

爱迪生发明电灯以后，一时声名鹊起，成了公众人物。他却不为所动，又开始考虑如何利用人的视觉暂留现象设计一种可以迅速连续拍照的摄影机，然后把这些照片依次迅速地展现在人的面前，给人的感觉就好像是在看运动的景物或物体。在这一思路指导下，爱迪生又利用他人发明的感光软片，很快制成了摄影机。之后，他又制成了可以连续出现胶片的放映机。至此，爱迪生又完成了他的另一项发明———"留影机"。

1869 年，爱迪生来到了纽约，靠自己娴熟的技术在一家通讯所找到一份工作，不久他就发明了一种新式电报机。1876 年，他又改进了贝尔的电话，使之投入到实际应用中。

爱迪生一生发明成果极其丰富，除了留声机、电灯、留影机之外，还有 1300 多项专利。从他的第一项发明起，以后每 10 天左右就有一项发明问世。爱迪生经过艰苦卓绝的努力，在发明领域做出巨大成就，为人类进步事业做出了巨大贡献。

卢米埃尔发明现代电影

Lu Mi Ai Er Fa Ming Xian Dai Dian Ying

提起电影，大家并不陌生。但电影究竟诞生于何时，却存在颇多争议。用事物的影像来表现故事情节的艺术形式（如灯影戏、皮影戏）很早就出现了，而现代电影则产生于 19 世纪。

像其他许多发明一样，电影的发明经历了漫长的过程。电影的产生与视觉暂留现象是分不开的。1825 年，英国人费东和派里斯发明的"幻盘"，以及 1832 年普拉托等人发明的"诡盘"，还有 1834 年英国人霍尔纳制成的"走马盘"，都是利用这一现象把转动的静态图像变成连续的动态图像。

视觉暂留的时间大约为 1/10 秒，因此表现某个事物的动态过程，需要大量的图像。1839 年摄影技术产生，以及曝光时间的缩短使现代电影的产生成为可能。1882 年以后，生理学家马莱在"摄影枪"的基础上改进制成的"活动底片连续摄影机"，已经具备了现代摄影机的雏形。法国的雷诺于 1888 年制造出了"光学影戏机"（使用凿孔的画片带），类似今天的动画片技术。从 1892

电影的发明者卢米埃尔兄弟

年起，雷诺时常在巴黎葛莱凡蜡人馆放映动画片。这些动画片在制作时已经利用了近代动画片的主要技术。几乎是同时，爱迪生造成了每格凿有四组小孔的 35 毫米影片，并与"电影视境"同时使用，人们可以通过它看到放大后的影片画面。

爱迪生的发明成果传到法国后，很快被卢米埃尔兄弟采用，并加以改进。他们在 1894 年制成了第一台较为完美的电影放映机。它可以投射到宽大的银幕上，从而解决多人观看的问题。

卢米埃尔兄弟很早就开始了电影机的研制工作，他们曾制成一架应用"杭勃罗欧偏心轮"的"连续摄影机"。后来结合爱迪生的电影机技术，兄弟二人又于

1895 年研制出活动电影机，这是一种兼摄影机、放映机和洗印机于一体的复合机器，在当时它是非常先进的。由于它性能上的优越，连俄国沙皇、英国女王、奥地利皇室以及其他许多国家的元首都要先睹为快，当时的火爆场面可想而知。为了满足各方面的需求，卢米埃尔兄弟培养了上百名摄影师（兼放映师）到世界各地推广这种机器。

雷　诺

雷诺是一个天才的技术专家，出生在一个由雕刻徽章的专家和教员组成的家庭。他于 1877 年在改进"走马盘"的基础上制成了圆鼓形的"活动视镜"。8 年后，他研制了"光学影戏机"。进入 19 世纪 90 年代后，雷诺开始在公众场合放映一些自制的动画片。这些片子做得都很短，一般都在 10～15 分钟，但制作技术已较为先进，如活动形象与布景的分离、画在透明纸上的连环图画、特技摄影、循环运动等。雷诺为电影事业的发展做出了相当的贡献。

　　卢米埃尔兄弟获得成功还得益于他们的公演活动。1895 年，欧美地区的电影放映非常盛行。卢米埃尔兄弟是 1895 年 12 月 28 日开始的，最初的地点选在巴黎嘉布遣路的"大咖啡馆"。当天放映的有《工厂的大门》《火车进站》《园丁浇水》和《墙》等短剧，情节极其简单，却吸引了几千观众聚集在大咖啡馆漆黑的大厅里。

　　随着时间的推移，卢米埃尔兄弟放映的电影质量也有所提高。他们改编了一些当时的动画片，如《可怜的比埃罗》，它主要描写了比埃罗和科隆宾娜的爱情，全剧只有短短的 12 分钟。卢米埃尔等人给它配上了歌曲，使它一下子声情并茂，激起了观众的热情；《更衣室旁》原来只是叙述了海水浴场的更衣室旁发生的一段很无聊的故事，而经过卢米埃尔及其助手的改编，风格完全不同了：首

电影摄像机
这是卢米埃尔兄弟发明的电影放映机的原型，今天看起来虽然很粗笨，但它确实是当时最为先进的电影放映设备。

早期的电影拍摄现场

早期的电影拍摄是将设计好的情节排演出来，再用摄像机将它完整拍摄下来，通过剪辑等手段将其制成一部完整的电影。

先他们在故事开始前加上了海边风景的画面，海鸥悠闲地掠过微微动荡的海面，给人很清爽的感觉，观众觉得耳目一新。另外，情节中低级的动作被删除，代之以较为文雅的举止，让人产生美感。如此一改，情节显得更为巧妙，人物刻画也较为典型，给观众留下极深刻的印象，该剧在同一个剧院就放映了多次。之后，兄弟二人还改编了许多旧作，其中较为成功的有《炉边偶梦》《桑陀教授》《消防员》《贺依特的乳白色旗子》等。

后来，卢米埃尔兄弟开始拍摄影片，初期以记录现实生活为主。他们制作的影片情节曲折生动，而且真实、扣人心弦，并一举获得了成功，从而为法国的电影奠定了基础。当英国的电影生产还处于手工阶段时，法国的影片制作已步入工业化轨道。1903~1909年，世界电影史上出现了所谓的"百代（法国）时期"。

卢米埃尔兄弟是世界电影的先驱和开拓者，同时也是纪录性现实主义的创始人，他们为世界电影事业做出了不可磨灭的贡献。

✦ 爱迪生在电影领域的贡献 ✦

在19世纪70年代，记录人类说话的声音似乎是件不可想象的事。1877年秋季，爱迪生使之成为现实——他发明了留声机。这留声机的"唱片"是一个包着薄锡铂纸的圆筒，用一个喇叭收音，先把声波的振动转换成电流的变化，再把电流的变化转换成机械振动，使一个钢针在薄锡铂纸上划出沟来，然后再把这一过程倒转，用钢针重新在这些沟里划动，使它放出声音来。你可千万别小看这架简陋的机器，它是世界上第一台有效的留声机。1888年时，爱迪生又将留声机加以改革，使它达到更完美的程度。正是在此基础上，电影事业从无声电影发展到有声电影，以后又进一步发展为立体电影和彩色电影。

伦琴射线

Lun Qin She Xian

伦琴

他发现了 X 射线，从而开创了影像学，使医生不必开刀便可看到身体内部的病变，从而引发了现代医学的新革命。

19 世纪末的经典物理学理论已比较成熟，建立起所谓的"有序世界"，但就在 1895 年，德国物理学家伦琴发现了 X 射线。

威廉·唐拉德·伦琴，1845 年出生于德国的尼普镇，先后在荷兰机械工程学院和苏黎世物理学院学习。1869 年，获博士学位，次年来到德国维尔茨堡大学，投到物理学家奥盖斯德·康特教授门下，从此开始了他长达 50 年的研究生涯。

在初始阶段，他的研究涉足热电、压电、电解质的电磁现象、介电常数、物性学和晶休等领域。随着时间的推移，许多物理学家把注意力投向了阴极射线。在做放电管阴极射线实验时，许多人都发现放在该管周围的照相底片有感光现象发生，其中包括当时著名物理学家克鲁克斯，但他们都疏于对这一现象进行深入研究，结果与科学发现失之交臂。而以谨慎观察著称的伦琴及时抓住有利时机，最终发现了 X 射线。

1895 年 11 月 8 日，伦琴像往常一样在实验室里做阴极射线的实验，因为有其他光线干扰，他便用黑纸片将放电管包严放入暗室。之后给放电管通电，结果又发现实验台一侧离放电管约 1 米远的氰化钡荧光屏发出微弱的光芒。目光敏锐的伦琴没有放过这一现象，而是多次重复实验，还把不同材质的物品，如书籍、木片、

◆ 克鲁克斯观察到 X 射线 ◆

早在 1876 年，英国科学家克鲁克斯在用放电管进行实验时就发现，放在实验装置附近的没有打开的照相底片由于某种原因变得模糊不清了。克鲁克斯还以底片的质量有问题，去生产厂家退了货。克鲁克斯可以说是一个研究阴极射线的专家，他最早使阴极射线管的真空度达到百万分之一大气压，制成"克鲁克斯管"；他首先发现阴极射线有动量，有热效应，认为阴极射线是带负电的粒子流。当时，他制作的阴极射线管被许多实验室普遍使用。

铝板等挡在放电管与荧光屏之间，发现不同的物品对该射线有不同的遮挡作用，同时也表明这种射线具备一定穿透力。但它究竟是一种什么射线呢？伦琴一时搞不清，便先叫它 X 射线，意为未知射线。之后 7 个星期的时间里，他全身心地投入到这一研究中。

为了进一步分析 X 射线的性质，他把砝码放入木质的盒子里，将盒子封严整个拿到 X 射线下，结果感光底片呈现出砝码模糊的影像。接着，他又用该射线照射金属片、指南针等物品，无一例外地发现类似的现象。最后伦琴突发奇想，把妻子叫到实验室，居然拍下一张妻子右手的 X 射线照片。于是他对 X 射线的奇妙特性更加有兴趣，经过深入的分析，将其做了简单的归纳：

①X 射线沿直线运动。

②X 射线可以使亚铂氰酸钡和其他多种化学制品发出荧光。

③X 射线区别于其他射线极为重要的一点就是，它可以穿透普通光线所不能穿透的物质，如该射线能够穿过肌肉却不能透过骨骼。

自 1895 年 12 月起，伦琴陆续将这一发现结果整理成文，分别证明了 X 射线的存在，分析了它使空气和其他气体产生电流的能力，叙述了该射线在空气中发生散射的特征。

伦琴在发现了 X 射线之后，对其进行深入研究。他的研究成果对于后来贝克雷尔和居里夫人的放射性研究起了巨大的推动作用，同时在医疗实践中得以应用，如诊断病情、放射性治疗癌症等；在工业领域，它主要用于检测物体的厚度、内部裂纹等；在生物学上，它为研究者提供了必要的原子、分子结构信息。总之，X 射线被广泛用于科研、生产等众多领域，造福于人类。

X 射线诞生前，人们称经典物理学的天空为乌云所笼罩，而它的出现，犹如一道耀眼的闪电划破天幕，使日后物理学的新发现如瓢泼大雨般洒向人间。

X 射线照片
利用 X 射线的特征，可以为人体拍照片，进而发现人体的病变，大大提高了医疗诊断的准确性。

无线电报问世

Wu Xian Dian Bao Wen Shi

纵观科学技术的进程，就如同一场接力赛，科学家们前赴后继，一步步地把科学推向前进。无线电报的问世就是这样一个过程。

1888年，赫兹发现了电磁波，使无线通信成为可能，但探索运用电磁波通信的人却寥寥无几。1894年，赫兹去世了，马可尼刚好20岁。当时他正在意大利的波罗尼亚大学攻读物理学，他在悼念赫兹的讣告中了解到了电磁波的一些特征。当别人还在感叹赫兹一生的光辉时，他却萌发了用电磁波传递信息的想法，并马上行动起来，这充分体现了马可尼对科学的敏锐眼光。他曾说："当我利用赫兹波开始做第一批实验时，我简直不能想象，一些著名的科学家竟忽略了应用这些理论。"

马可尼一头扎进了电磁波实验中，父母的整个住所都成了他的实验室。他在楼房顶层建起无线电发射装置，楼下客厅里安放检波器。当他在楼顶上发出无线电波信号时，客厅中检波器的铃声就响个不停，他的父母开始对此大惑不解，并埋怨马可尼把家里搞得一团糟。当他们弄清事情的真相后，对儿子的行动非常支持，父亲还资助他买相关的资料和设备，马可尼决心利用好这些有利条件。

初战告捷后，马可尼开始考虑提高设备灵敏度的问题。他在实验中发现收发机的位置越高，接收信号的灵敏度也就越高。于是，他干脆把一只丢弃的油桶剪开，改造成

1895年，马可尼的试验装置
这是马可尼最开始使用的无线电电报发射和接收装置。

◆ 莫尔斯的发报机 ◆

"无线电报之父"马可尼

他发明的无线电报使地球变成了一个"村",使人们实现了如近在咫尺的联系。

在盖尔教授的悉心教导下,加之自己的刻苦学习,莫尔斯终于学会了组装电池和制造电磁铁的方法,并在1835年底用旧材料制成第一台电报机。

莫尔斯发报机的结构是这样的:先把凹凸不平的字母版排列起来,拼成文章,后让字母版慢慢地触动开关,得以继续地发出信号;而收报机的结构则是:不连续的电流通过电磁铁,牵动摆尖左右摆的前端,它与铅笔连接,在移动的红带上划出波状的线条,经译码便还原成电文。莫尔斯的第一台电报机只能在2～3米的距离内有效。这是由于收发两方距离增大,电阻相应增加而失灵。要想使电报应用到实际生活中,那就必须进一步改进。

莫尔斯买来了各种各样的实验仪器和工具,夜以继日地在实验室里埋头苦干。他经历了一次又一次的失败,终于在1836年找到了一种新的设计方案,主体思路为:"电流只要停止片刻,就会出现火花。有火花出现可以看成是一种符号;没有火花出现是另一种符号;没有火花的时间长度又是一种符号。这3种符号如果组合起来代表数字和字母,就可以通过导线来传递文字了。"至此,发明电报机的最后一道难关终于被他攻破。

一张铁板,作为发射天线挂在树梢上。这样收报机接收信号的灵敏度确实提高不少,但他觉得检波器也不够理想——他用的还是洛奇发明的金属粉末检波器。马可尼对其做了一些改进,在玻璃管中加入少许银粉,与原来的镍粉均匀混合,同时把玻璃管密闭并抽尽里边的空气。如此一来,发报机的功率大增,无线收、发报的距离也达到将近3千米。

马可尼在欣喜之余,又想到进一步改进设备所需的大笔资金还没有着落。在父亲的提醒下,他找到意大利邮政部长,向他介绍自己的发明,并请求政府拨款予以资助,但部长却回绝了他的请求。马可尼无奈之下,悻悻地离开了意大利来到英国。在他的印象中,英国人很重视发明创造。

没想到在英国海关,马可尼带去的那套无线电收发装置竟被怀疑为间谍机器,马可尼为此费了半天口舌才获准进入英国。英国的官员确实好一些,他申请专利时,他们还把他介绍给邮电部的总工程师普利斯。

普利斯的出现,给马可尼带来莫大的希望,他的实验进展很快。1897年,在

波波夫的贡献

波波夫，1859 年出生在俄国的一个牧师家庭，与马可尼生活在同一时代，但比马可尼更早制造出电磁波接收机。

1888 年，波波夫就投身到电磁波的研究中，并于 6 年后研制出一台原始的无线电报机，而这时的马可尼刚进入电磁波研究领域。在改进无线电报机的实验中，他无意间发现了天线的作用，于是给自己的电报机装上了天线，从此他的机器灵敏度大为提高。1895 年 5 月 7 日，波波夫在俄国物理化学协会会场当众演示了自己的发明成果，得到了与会人员的一致认可。

随着实验的深入，所需资金越来越多，而保守的沙皇政府拒绝提供资金支持，致使实验的进度受到严重影响，以至于被后起的马可尼赶超。

波波夫最终也没有被世界承认首先发明无线电报机，但俄国物理化学协会在 1908 年宣布波波夫享有发明无线电的优先权。

南威尔士至索美塞得丘陵之间的试发实验中，收发间距已达到 10 ~ 20 千米。同一时期，马可尼还在海岸和舰船之间试发电报，都获得成功。而此时，在俄国的波波夫却因为沙皇政府不提供经费，实验几乎停滞。波波夫先于马可尼研制出无线电报机，这时却落在了后面，可见马可尼当初离开意大利去英国确实为自己的事业开辟了一条光明大道。

在普利斯的支持下，马可尼的无线电报事业蓬勃发展起来。通信距离也越来越远，一度可以跨越英吉利海峡，甚至在 1901 年实现了大西洋两岸的无线通信。

马可尼第一次使用无线电跨越大西洋发报成功
马可尼不断地改进无线电报的装置和提高其灵敏度，终于在 1901 年实现了跨大西洋发报的成功。

而且马可尼的无线电报逐步投入商业使用，前景无限广阔。

1909 年 11 月，马可尼因发明无线电报而荣获当年的诺贝尔物理学奖。尽管波波夫先发明原始的无线电报，却因后期发展滞后而无人问津。后来，在英、美、德等国科学家的共同努力下，无线电报技术得到了更为长足的发展，其稳定性和安全性也大大增强。现在，无线电通信技术已成为军事、民用、通信等行业最主要的联系方式。相信在以后，它会有更为广阔的发展空间。

居里夫妇的故事

Ju Li Fu Fu De Gu Shi

玛丽·居里和皮埃尔·居里夫妇二人双双投身于科学研究事业，并同时获得诺贝尔奖。这在科学史上是极其罕见的。

玛丽·居里，1867年生于波兰的首都华沙，她在中学时代就非常优秀，不仅掌握法、英、俄、德等四门外语，毕业时还获得金质奖章。1891年，玛丽进入巴黎大学学习物理，1893年获得物理学硕士学位，第二年又获得数学硕士学位。

皮埃尔·居里，1859年出生于法国，幼时反应迟钝，在家中接受启蒙教育，1875年获学士学位，两年后获硕士学位，随后在索邦学院物理实验室担任助教。

1894年，玛丽在巴黎索邦学院与皮埃尔相遇，为科学献身的共同理想使二人走到一起，他们于1895年结婚，从此开始新的生活。同时夫妻二人互助协作，相濡以沫，也迎来了他们科学发现的春天。

工作中的居里夫妇
居里夫妇在实验室中聚精会神地做实验。

居里夫人先是证实了贝克勒尔的发现。她用压电石英静电计测定，铀物质辐射的强度与化合物中铀的含量成正比，至于其他化学组成成分则与此无关。而早在1896年，贝克勒尔就断言射线的发射来源于铀原子的性质，可见这一论断是正确的。之后，居里夫人又着手测试各种元素，企图找出与铀一样具有辐射效应的元素，终于在一种沥青铀矿中获得突破性进展：她测得该物质的放射性强度比预计的要大得多。

她认为对此唯一合乎逻辑的解释就是，沥青铀矿石中含有一种放射性更强的元素。居里夫人开始想办法找寻并确认这种元素，她把矿石样品溶于水中，再用化学方法将其分解。后来丈夫皮埃尔·居里也加入进来。他帮助夫人用静电计对放射源——加以测定。终于在 1898 年 7 月，他们共同发现并确认这种新元素的存在。

正在夫妇俩为给该元素定名而踌躇之际，居里夫人的祖国波兰被敌国占领而灭亡。这一消息对玛丽·居里震动极大，她为了纪念祖国将该元素命名为"钋"。从此，元素周期表的大家族又添新成员了。但居里夫妇并没有被喜悦冲昏头脑，经过几个月的艰苦劳动，他们在十几吨沥青铀矿石中分离出"镭"——又一种新元素，所以居里夫人素有"镭的母亲"之

居里夫人的实验室

玛丽·居里（右）在她的实验室专心致志地做实验，正是在这里，她和丈夫一起发现了放射性元素钋和镭，这些发现将核物理研究大大向前推进了一步。

称。居里夫人还测出其原子量为 225，镭的存在事实为世人接受。

在发现镭之后，居里夫人的知名度空前提高，人们甚至猜测她会因发现镭而赚多少财富，但居里夫人却淡然处之，她说："没有人应该因镭致富，镭是一种元素，它是属于全世界的。"居里夫人根本

就没有申请专利，并且将镭的提取方法公布于众。这一惊人的举措，令当时无数人感动得流下热泪。

不仅如此，居里夫人还为放射性元素应用于医学而奔波，在人类历史上首先开放射性疗法之先河，使千千万万的癌症患者得以重生。1903年，因为在天然放射性研究领域的巨大贡献，居里夫妇二人同时获得了诺贝尔物理学奖。

正当他们在科学的大道上携手阔步前进时，不幸发生了：1906年，皮埃尔·居里因马车车祸不幸逝世，享年只有47岁。这对于居里夫人的打击太大了。她几乎承受不住这突如其来的打击。但一想到当年两人为科学而奋斗终生的誓言，她又顽强

大学讲台上的居里夫人
作为索邦大学第一位女教授的居里夫人，于1906年11月5日登上讲台。

地承担起生活和工作的重任，并于1911年从钋中分离出镭，再次荣获诺贝尔化学奖。

玛丽·居里是诺贝尔奖第一位女性得主，同时也是极少数两度获得该奖的科学家之一，她于1934年因白血病逝世于法国。尽管其一生获得无数荣誉，但她始终保持低调。她一门心思把科学推向前进的精神令后人深思。

◆ 压电效应的发现 ◆

皮埃尔·居里的第一项研究是在1880年与德斯爱因斯合作进行的，他们采用一种由温差电偶与铜丝光栅组成的新装置来测定红外线的波长。皮埃尔与他哥哥雅克·保罗很亲近，保罗比他大三岁。他们两人共同发现了一些晶体在某一特定方向上受压时，在它们的表面上会出现正或负电荷，这些电荷与压力的大小成正比，而当压力排除之后电荷也消失。1881年，他们发表了关于石英与电气石中压电效应的精确测量。1882年，他们证实了李普曼关于逆效应的预言：电场引起压电晶体产生微小的收缩。利用压电现象，他们还设计了一种压电石英静电计——居里计。这种仪器能把分量极微的电量精确地测量出来，并且成为当代石英控制计时机与无线电发报机的先驱。1883年，雅克·保罗前往蒙彼利埃大学任教，这时皮埃尔生涯中的第一个合作阶段才告结束。

普朗克的量子假说

Pu Lang Ke De Liang Zi Jia Shuo

19 世纪中后叶，经典物理学日趋完善，但科学的进程是不会就此止步的，在继续前行的路上遇到了黑体辐射，从而引发了"紫外灾难"。

在研究热能辐射时，德国物理学家基尔霍夫提出"黑体"概念。所谓黑体，即为可以全部吸收电磁辐射能量，且毫无反射、透射，看上去全黑的理想物体，如只有一个小孔的空腔物体，可近似地视为理想黑体。黑体辐射区别于其他辐射的特点在于，其辐射能量的分布只取决于黑体自身的温度，而与其成分无关。

1884 年，奥地利人波尔兹曼对黑体辐射做了初步理论解释。1896 年，德国人维恩根据热力学定律，对其实验结果进行归纳，给出一个半经验性质的、用于描述黑体能量分布的理论公式，称为维恩公式。按照公式计算得到的数据在高频部分（即短波区）与实验结果趋于一致，而在低频部分则与之相去甚远。1900 年，英国的瑞利从统计力学和经典电磁学的结合部分出发，给出一个新的辐射公式，与维恩公式相反，它在低频部分的计算结果与实验数据较为一致，在高频部分与实验值相差很远。根据瑞利公式，黑体辐射的能量将随着频率的提高接近紫外光区趋于无穷大，而实验测得值趋于零。如此一来，该公式显然是不成立的，但它又是完全符合经典物理学原理的。后来，人们就把这个困难局面称为"紫外灾难"。

紫外灾难的出现，给了普朗克施展才华的机会。马克斯·普朗克是 20 世纪初德国最著名的物理学家之一。他从小就表现出超群的数理才能，19 岁便获得物理学博士学位，1880 ~ 1890 年发表大量论文，精辟地阐述了化学平衡理论。1894 年，年仅 36 岁的普朗克成为柏林物理学界最具影响力的物理学家，并转入黑体辐射方面的研究。

对于瑞利公式与维恩公式都不能与实验结果完全相符合的问题，他创立了以瑞利公式为基础的辐射公式加以解决，并利用数学内插法将两个公式中的谬误改正，使之无论在高频部分还是低频部分都与实验值相符。他的这一公式被称为普朗克公式。虽然它与实验结果非常吻合，但仍带有很强的经验

德国科学家普朗克
19 世纪末 20 世纪初世界最著名的物理学家，量子力学的创始人之一。

紫外灾难

　　"紫外灾难"是由保罗·埃伦菲斯总结研究物体的热辐射时提出来的，指的是传统的热力学的基本定律，对热辐射过程中的能量分布关系无法提供一个令人满意的理论解释，由此导致了整个经典物理学大厦的动摇。根据经典物理学，黑体辐射的能量应该是连续分布的。所谓"黑体"是指吸收率是 100% 的理想物体。黑体不是真实存在的，但我们可以把一个表面开有一个小孔的空腔看作是近似的黑体。19 世纪末，卢梅尔等人做了一个著名的实验，发现黑体辐射的能量不是连续的。这个实验结果简直不可思议，当时，人们都试图从经典物理学出发寻找实验的规律，然而都失败了。英国物理学家瑞利和物理、天文学家金斯认为，能量是一种连续变化的物理量，在波长比较长、温度比较高的时候，实验事实比较符合具体辐射公式。但是，根据瑞利和金斯按经典热学推导出来的公式，在短波区（紫外光区）随着波长的变短，辐射强度可以无止境地增加。事实上，这是不可能的。因此，该公式在短波的紫外光谱区遇到了不解之谜，保罗·埃伦菲斯特意称之为"紫外灾难"。

性，理论性不足。为此，普朗克开始在理论上重新解释自己的公式，可惜经典物理学上通常被奉若神明的原理在此派不上用场。

　　既然沿着经典物理学的道路走不通，普朗克就提出一个异常大胆的假设：黑体的腔壁由无数能量不连续的带电谐振子组成，其所带电量是一个最小能量单元量子的整倍数。带电谐振子通过吸收和辐射电磁波，与腔内辐射场交换能量。这些谐振子的能量不是连续变化的，而是以某一固定值的整数倍跳跃式变化。这就是著名的普朗克量子假说。他将这一假说整理成《关于正常光谱的能量分布定律的理论》一文，并于 1900 年 12 月发表。

　　普朗克提出量子假说也不是偶然的。从其所运用的术语和主导思想可以看出，该假说明显受到奥地利物理学家波尔茨曼的影响。波尔茨曼曾于 1877 年提出把连续可变的能量分立，将其看成是无数带电谐振子的思想。普朗克的量子假说由于突破了经典物理学的成规，很难让人接受，就是普朗克本人，有时也对自己的学说产生怀疑，但无论如何，他的量子假说首次将能量不连续的思想引入物理学，在物理学的发展历史上有着里程碑式的意义，为后面的量子理论的创立和发展起了引导作用。

　　普朗克投身这一领域，缘起于"紫外灾难"。他的普朗克公式将这场"灾难"圆满解决，而他为解释该公式提出的量子假说又为物理学研究开辟了新领域。

大科学家卢瑟福

Da Ke Xue Jia Lu Se Fu

物理学家卢瑟福

作为 20 世纪伟大的物理学家，卢瑟福关于原子的想法很大程度上基于盖格尔和马斯登在 1909 年的 X 粒子撞击实验。

欧内斯特·卢瑟福，1871 年出生于新西兰的一个普通家庭，凭借着自己的天赋和谦逊、刻苦的治学精神，成为 20 世纪初伟大的科学家之一。他在原子物理领域有着不同凡响的成就，同时也造就了一大批物理学家和诺贝尔奖获得者，被称为"物理学研究的最伟大导师之一"。

卢瑟福毕生从事物理学研究，主攻放射性原子物理和核物理。其主要建树始于 1904 年，那一年他出版了《放射学》一书，这使他一跃成为放射学的权威人物。在书中，他初步描述了原子模型的概况。他在书中谈到，一束小粒子直射金箔的单原子层，其中少数小粒子弹回时出现大的角度偏转。他猜想这是由于射出的小粒子与某种很重的物体发生撞击，从而为日后发现原子核埋下了伏笔。

1906 年，卢瑟福的一名研究生又重复了这一实验，即用一束小粒子"轰击"一片金属箔。结果发现相当部分粒子可以直接穿透金箔，其余部分偏斜，部分反向弹回，卢瑟福称之为小粒子散射现象，那么散射现象又是如何形成的呢？卢瑟福凭借多年的研究和对实验的观察，认为每个原子中心都有一个带正电的原子核，大部分小粒子错过原子核，所以穿透金箔片，只有少部分击中它进而发生偏转或弹回。卢瑟福根据这一解释，正式建立原子模型，即结构致密的原子核周围是众多按一定轨道运行的电子。

在原子模型的基础上，卢瑟福于 1911 年又进一步提出"行星式原子结构模型"，基本可以表述为：带正电的原子核居于原子的中心位置，其质量占总质量的绝大部分，而电子则像行星围绕恒星转动一样绕原子核运转。这一设想最后在 1913 年得以证实，使人们对于原子结构的认识向前跃了一大步。

整个 20 世纪 20 年代，卢瑟福一直专注于原子研究。1919 年，他进行了一次被戏称为"现代炼金术"的实验，即以小粒子轰击氮原子，从而得到另外两种元素氧和氢。古代炼金术士梦寐以求的元素转变在此得以实现，但卢瑟福的实验没有"炼"出金子，而是开辟了核物理的广阔天地。

　　卢瑟福并没有止步。1920 年 6 月，他发现原子量和原子电荷数之间存在一定偏差。由此他推想，原子核内部除了质子，还应存在一种不带电荷但质量与质子相当的中性粒子。在主持卡文迪许实验室期间，他曾用一些实验方法试图将其从原子核中击出，结果失败。

　　尽管他没能发现中子，但他发现了原子核，创立了原子模型，已经对物理学做出巨大贡献。不仅如此，他在研究科学的同时，还为世界物理学界培养出波尔、查德威克、阿普不顿、鲍威尔、考克饶夫、瓦尔顿等 8 名诺贝尔奖获得者和盖尔、马斯顿、莫斯莱等著名物理学家。他之所以被称为世界导师型的科学家是因为其伟大的人格和高尚的品质。他一贯强调科学无国界，与各国的科学家广泛联系，同时不分民族、信仰广泛招收、培养来自世界各地的青年学者。还有一点就是，卢瑟福为人热情、诚恳，善于把实验室的每一个成员都团结在自己周围，为着共同的事业努力奋斗。

　　正如他的学生所说的那样，卢瑟福"不仅是一位伟大的科学家，而且是一位伟大的导师。科学史告诉我们，杰出的科学家不一定是伟人，而一位伟大的导师必是一位伟人"。欧内斯特·卢瑟福就是这样一位伟人。

电子、中子、质子图
量子力学描述的是已知存在的最小的物质单位——量子，以及诸如电子、质子和夸克之类的亚原子粒子是如何相互作用的。此图显示了一个原子的结构以及构成它的亚原子粒子。

血液的秘密

Xue Ye De Mi Mi

　　人们很早就意识到了血液的存在及其重要性。1628 年，英国人哈维以拉丁文完成名著《心脏运动论》，对血液循环进行了详细的描述和阐释。之后，就不断有人尝试对严重失血的病人进行输血救治。

　　据记载，1667 年，法国的哲学家丹尼斯和外科医生默累兹曾进行用羊羔血给人输血的实验。后来不断有人效仿，但导致大量病人迅速死亡。1818 年，布仑德尔又大胆地进行了一次人与人之间的输血试验，获得成功。于是其他人如法炮制，但死亡的例子占大多数。血液的秘密到底在哪里呢？

　　1900 年，医学家卡尔·兰德斯坦纳开始了实验，他随机抽取两个人的血浆，通过混合试验发现二者血清中的红血球有时会凝结。他认为这一现象若发生在病体内非常危险，只是当时的医学界没有对此引起足够的重视。兰德斯坦纳又把该实验推向更大的范围，他抽取了 22 位同事的健康血液，进行两两交叉混合实验观察血浆中红血球的变化，发现有时发生凝集，有时则不发生凝集。他把实验过程详细记录在案，经过仔细研究，最终按红血球和血清中抗原和抗体的不同将人类的血液分成不同类型，之后归结为三种：A、B、O。至此，兰德斯坦纳初步确立了输血原则：输血时供血者和受血者应为相同血型。1902 年，他带领 2 名学生继续实验，把被试者扩大到 150 多人，发现除了基本的 A、B、O 三种血型外，还有为数不多的人是 AB 血型。这样，血型系统理论框架基本形成。尽管它具有很强的现实指导意义，是后来输血学的基础，但在当时由于历史上大量的输血失败案例的

◆ 关于 Rh 血型 ◆

　　Rh 是恒河猴（Rhesas Macacus）英文名的前两个字母。猴子与血型有什么关系呢？原来，兰德斯坦纳等人在 1940 年的实验中，发现恒河猴体内的红细胞上存在 Rh 血型的抗原物质。之后，在某些人体内也发现有相同的抗原，并把有 Rh 抗原的血液称为 Rh 阴性，没有的则称为 Rh 阳性。据相关资料显示，Rh 阳性血型在我国汉族及许多少数民族中占 99.7%，个别少数民族约为 90%。在国外，情况差异较大：如一些民族 Rh 阴性血型的人约为 85%，而在欧美的白种人中，Rh 阳性的比率仅为 15% 左右。

存在，人们还是不敢轻易以身试"法"。

兰德斯坦纳具有开创意义的重大发现几乎被淡忘了，一直到 1908 年。这一年，他离开了维也纳病理研究所，来到威海米娜医院当医生。一天下午，该医院的急诊中心传来阵阵妇女的啼哭声。兰德斯坦纳恰从此

血液的构成

血液的主要成分是红血球、血小板和碳水化合物。红血球中抗原性决定了不同的血液不可以混在一起。这就为输血确立了基本的原则。

处经过, 便停下脚步问个究竟。原来, 她的孩子几天前生病发起高烧, 到今天又出现下肢浮肿、瘫痪, 而所有参与治疗的医生却束手无策, 于是这个妇女伤心地哭起来。兰德斯坦纳出于医生的本能, 不由分说, 上前粗略检查了孩子的病情, 觉得似乎尚存一线希望。他从理论上曾探讨过类似疾病的治疗, 但没有成功的病例。孩子的母亲决定让兰德斯坦纳一试, 他把她们带到自己的实验室, 先从孩子身上取出一定量的病原因子注入到猴子体内, 等猴子产生抗体后, 将猴子的血抽出一部分制成含有一种抗体的血清, 最后将其注入孩子体内, 最后生病的孩子得救了。

从此, 兰德斯坦纳声名远扬, 许多知名大学向他发出聘书。但他的研究仍没得到应有的重视, 他来到了美国的洛克菲勒医学院。这里有了更好的工作、实验条件, 兰德斯坦纳进一步揭示了溶血现象的奥秘: A 型血的红血球上带有抗原 A, B 型血的红血球上带有抗原 B, AB 血型的抗原也就为 AB, 只有 O 型血没有抗原 A、B 或 AB。当不同血型的血相混合后, 每种血浆就产生针对自身红细胞所缺乏抗原的抗体, 如 O 型血与 B 型血相混合, O 型血液中的"抗 –B"就会立即截获 B 型血的 B 型分子并与之粘连形成凝块, 这种凝集若是发生在人体内, 就会危及人的生命。从另一角度看, 溶血现象是一种免疫反应, 可以防止外界血液污染自身的血液, 保持自身血液的纯洁和健康。可是等到需要输血的时候, 这种机理的"好心"便干了"坏事"。

这一发现使人们可以放心大胆地输血了, 无数的危重病人起死回生。尤其在"一战"中, 成千上万的伤员被医生们通过输血技术从死亡线上拉回来, 兰德斯坦纳的血型理论最终为实践所证实。

1930 年, 由于他发现了血液的秘密, 造福了全人类, 因而被授予诺贝尔生理学或医学奖（通常简称为诺贝尔医学奖）。

想飞的莱特兄弟

Xiang Fei De Lai Te Xiong Di

美国的莱特兄弟梦想着像鸟儿一样飞上天空。从古至今，想飞的人绝不只他们两个，但是他们兄弟二人第一次圆了人类想飞的梦。

莱特兄弟出生在美国俄亥俄州的代顿市。哥哥威尔伯·莱特生于1867年4月16日，弟弟奥维尔·莱特生于1871年8月19日。他们的父亲密尔顿·莱特是一名牧师，收入微薄，但为人正派，心地善良，而且知识丰富。兄弟二人从小受父亲的熏陶，喜欢读书和思考问题，动手能力也很强。

一次，父亲从欧洲回来，给兄弟俩带回一件直升飞机玩具，可把他们乐坏了。他们除了读书学习和帮助母亲干活外，便一起拿着玩具飞机来到一片开阔地上玩。飞机是用陀螺制作的，以橡皮筋作为动力。一般总是弟弟把飞机稳稳托在手中，哥哥则拧紧橡皮筋，然后猛地一松手，小飞机便"噗噗啦啦"地飞过头顶，向远方滑去。时间一长，兄弟

征服蓝天的兄弟

威尔伯（左）和奥维尔（右）。威尔伯沉默寡言而又灵敏机智，是自学成才、极有天赋的科学家。奥维尔比较开朗，具有做生意的头脑。正是这样一对天才的合作给世界带来了第一架飞机。

✦ 飞机在"一战""二战"中的"贡献" ✈

莱特兄弟发明飞机，本意是为人类造福。遗憾的是，飞机在诞生后，不出几年便被请到战场上充当杀人利器。在"一战"中，飞机初露锋芒：各国总共生产了约18万架飞机，种类包括歼击机、轰炸机、强击机、运输机等。整个战争中，这些飞机共投下5万余吨炸弹，同时被击落的飞机达8000架。到了"二战"，各参战国生产飞机更达70万架，出动飞机在120万次以上，仅在诺曼底登陆一役中，美军就出动了1万多架飞机。苏军在攻克柏林时，投入的飞机也超过8000架。飞机在战争中使用规模之庞大，可见一斑。

二人对玩具本身丧失了兴趣，于是把它拆散，两人凑在一起观察它的构造，然后不约而同地到做木匠的爷爷那里找一些边角余料和斧凿等工具，自己动手做起了玩具飞机，一架、二架……一个多月过去了，沙地上整整齐齐地摆列一行"直升飞机"，如同随时准备起飞的战斗机群，蔚为壮观。

谁也没想到，从此兄弟二人与飞机结下了不解之缘。在他们生活的时代，已经出现热气球和飞艇等飞行工具，但都不是很理想。因为气球升空后飞行速度、方向完全取决于风力、风向，而飞艇自身虽然有动力和方向控制装置，但其体积过于庞大（有时它长达数百米，直径也在几十米），控制起来极为不便。于是人们开始研究新的飞行器。

当时在德国已有利林塔尔制造出滑翔机。消息传到美国，莱特兄弟终于按捺不住内心的激动，他们首先通过报刊、杂志和图书资料广泛搜罗有关飞机的信息，同时也学习一些空气动力学方面的知识。一段时间后，他们尝试着造了一架双翼滑翔机。这架滑翔机居然能飞到180米的高度，还可以在空中转变方向。

世界上第一架飞机
1903年，莱特兄弟研制的世界上第一架机械动力飞机试飞成功。它标志着一个新的时代的到来。

莱特兄弟不会满足于先进的滑翔机，他们开始考虑给这架滑翔机加上发动机。可是经测定，兄弟二人发现它最多能载重90千克，而当时通用的发动机最轻也得140千克。为了克服这一难题，他们找到机械师狄拉，三人一起设计制造了一台重77.2千克的发动机，该发动机具有12马力的功率。

飞机的 历史

早在莱特兄弟发明飞机前的几千年，人们就在研制能够在太空翱翔的工具。内燃机的发明为机械工具提供了持久、可靠的动力。到了1900年，莱特兄弟依据利林塔尔和夏尼特理论研制出了第一架有机械动力的滑翔机。1903年，他们的第一架真正的机械动力飞机试飞成功。从此，飞行机械进入了快速发展的轨道。下图是"二战"前在西方各国比较流行的几种飞机，但这些飞机都是战斗机，民用飞机的发展尚未起步。

①

"二战"前飞机

这是英国产的单引擎后掠翼飞机，它是世界上第一架用于实战的飞机。但它的缺点是速度慢，飞行的高度也比较低，容易受到攻击。

本图展示的是世界上第一架单翼双引擎飞机，这种飞机具有良好的操作性能和一定的安全性能，飞行时的最大速度可达100千米／小时。

本图展示的是世界上第一架单引擎前掠翼飞机，由于它采用前掠翼的设计，能够较好地增加飞机起飞时的升力，可以快速提高飞机的起飞和爬升速度。

这是"二战"前美国制造的最为先进的战斗轰炸机，它被称为"空中堡垒"，在飞行时它可以携带5吨炸药，同时，具有飞程高、长途奔袭等特点。

图中①是莱特兄弟发明的"小鹰 I 号"飞机，它是世界上第一架完全在机械动力的驱动下飞行的飞机，是一架不封闭的飞机。②是桑斯特·杜门飞机，它是世界上第一架采用后掠翼飞机，同时也是第一架相对封闭的飞机。③是"奈良 II 号"飞机，这架飞机创造了世界上第一次飞行记录，它和莱特兄弟发明的"小鹰 I 号"一样，也是不封闭的。

这是 20 世纪 30 年代美国制造的战斗机，它是世界上第一架采用喷射涡轮引擎的飞机，具有飞行速度快、操作机动灵活等特点。

这是"二战"前日本制造的后掠翼双引擎喷射涡轮发动机飞机，它具有飞行速度快、操作机动灵活等特点。

这是"二战"前日本制造的在"二战"中被广泛使用的"零"式战斗机，它采用向后变掠翼双引擎喷射涡轮发动机，是当时世界上最先进的飞机之一。

这是 20 世纪 20 年代出现的第一代客机，它是在战斗机的基础上改装来的。它只适用于短途和小批量的客运服务，因此，很快就被其他型号的客机取代。

"二战"后的飞机

第二次世界大战后，商用航空工业蓬勃发展起来，航空技术的发展也日新月异，飞机开始活跃在民用事业中。当然，美苏两个大国也没有忘记将更为先进的技术用在军用飞机上。之后，飞机朝着大型化、多用途、远航程方面发展。可变式后掠翼、后掠翼喷射推进等先进的技术被广泛运用在飞机上。像美国的波音、麦道、F-117、B-52、B-2 等和苏联的图-114、安-225、"米格"系列、"苏"系列等都是民用或军用飞机中的佼佼者。

单桨直升飞机

直升飞机是飞机家族中一种极为重要的类型，由于它具有机动灵活、不需要专门的跑道以及节省使用空间等优点，在救灾、通讯等工作中发挥了积极的作用。

E-2 鹰眼预警飞机

E-2 鹰眼预警飞机是世界上最先进的预警飞机，它是在波音客机的基础上改造而成的，可以同时跟踪 300 千米范围内的 300 多个目标。

F-18 大黄蜂战斗机

这是美国生产的 F-18 大黄蜂战斗机，是第三代战斗机。可变式后掠翼、后掠翼喷射推进等先进技术都在它的身上得到了全面的体现。它具有灵活机动、战斗力强等特点。

CL-601 商用机

为适应空中快速、短程运输的要求，各国都在大力发展小型、便捷的运输飞机。这种 CL-601 商用机就是由美国生产的，它具有造价低、方便实用的特点。

C-5A 银河军用运输机

这是 20 世纪 70 年代美国推出的当时最大的军民两用运输飞机，它有一个足球场那么大，能够携带超过 100 吨的物资，一次性飞行 6400 千米。

波音 747 客机

波音 747 客机是目前世界上第一款宽体民用飞机，它全长 71 米，翼展 60 米，每小时能飞行 1025 千米。

波音 757 客机

这是飞机转入民用后最为成功的典范。它由美国波音公司生产，它的载客量大，航程远（不加油可飞 5000 千米以上）。它在世界民用航空市场上占有的份额超过了一半。

协和式飞机

协和式飞机是由英国和法国联合研制的世界上第一架超音速客机，它于 1969 年投入使用。直到现在，它仍然是世界上巡航速度最快的民用飞机。它的最大巡航速度超过了 2250 千米 / 小时。但由于有噪声大、载客量小（100 人）等缺点，2004 年协和式飞机退出客运市场。

波音大型货运飞机

随着对空运货物要求的进一步严格，飞机的功能也越来越多，图为美国的波音大型货运飞机背着"奋进"号航天飞机在转场。

莱特兄弟把这台发动机草草地安装在自己的飞机上，并且赶制了两叶长为 2.59 米的推进式螺旋桨，在发动机与螺旋桨之间以链条相连。人类的第一架飞机初步完成。

1903 年 12 月 17 日，莱特兄弟的首架飞机"飞行者 I 号"试飞。这天早上，他们先把飞机拖到了海滩，进行了全面的检查。然后由弟弟奥维尔登上飞机，启动了发动机。在一片马达的轰鸣声中，飞机向前冲去，滑行速度越来越快。终于在众人的欢呼中飞离了地面，升到空中约 3 米的高度，12 秒钟以后，"飞

莱特兄弟 1903 年的"飞行者 I 号"模型

莱特兄弟制造的第一架飞机看起来更像一架滑翔机，它的结构比较简单。但它所采用的机械原理却与现代的飞机是一样的。

行者 I 号"安全着陆，空中飞行的距离超过 30 米。时间太短了，距离太短了，但它标志着一个崭新时代的到来。稍后，兄弟俩又轮番驾驶"飞行者 I 号"试飞了几次，其中滞空时间最长为 59 秒，飞行了 260 米。

1904 年，莱特兄弟又制造出了改进的"飞行者 II 号"。它的滞空时间延长到 5 分钟，连续飞行 5 千米。其后，他们在"飞行者 II 号"的基础上推出"飞行者 III 号"。它可以在空中连续飞行半小时，飞出 40 千米的距离。

莱特兄弟发明的飞机连创佳绩，引起了美国军方的注意。于是，军方组织了巨大的人力、物力，在他们的飞机的基础上研制军用飞机。

其他国家也纷纷仿效，飞机的发展步入快车道。"一战"前飞机时速已达 76 千米，飞行距离已增加到 186 千米，飞机已具备实用价值。

莱特兄弟一生效力于飞行事业，甚至都未曾结婚，为人类运输工具的发展做出了巨大贡献。

巴甫洛夫的实验

Ba Fu Luo Fu De Shi Yan

　　巴甫洛夫是苏联卓越的生理学家。他不仅取得了巨大的科学成就，更以崇高的品质、伟大的人格著称于世。他于1849年9月26日出生在俄国中部的梁赞镇。巴甫洛夫的父亲虽然没有多少钱给他，但培养了他从小认真读书、热爱劳动、勤于动手的好习惯。巴甫洛夫成功后每念及此，都非常感动。他在梁赞教会中学上的中学，但他的兴趣不在当牧师而在科学。于是，为了成全儿子，他的父亲送他到圣彼得堡大学的数理系生物科学部学习，也可以说是父亲一手把巴甫洛夫送上了科学之路。

　　大学期间，巴甫洛夫曾作为西昂教授的助手，从教授那里他学到了许多知识和技术，后于1884年赴德国留学，在路德维希和海登海因的教导下继续深造。两年后，巴甫洛夫回到祖国，来到名医波特金教授处做助理。师徒二人在一间浴室改建的小实验室里一同工作多年。

　　在巴甫洛夫科学生涯的开始阶段，他主攻血液循环生理学，就在波特金教授那间不起眼的小实验室中，完成了心脏神经实验，从而证明了心脏功能受4条神经支配，测定了它们的功能：4条神经分别传送阻止、加速、抑制、兴奋指令，同时他还研究了人的主观情绪和化学药物对心律、血压的影响，使人们对于神经和心脏之间的关系的认识大大加强。

俄国生理学家巴甫洛夫（左）和同事在实验室中留影，中间是他用来做实验的一条狗。

　　随后，巴甫洛夫把注意力转到消化系统生理学实验上，其中最为著名的是他设计的"假饲"实验，即将一条饥饿的、带有瘘管的狗放在实验台上，在它前面的盘子中放些狗爱吃的食物。这时，允许狗进食，但当狗吞咽时食物却从食管的切口掉出落到食盘中，狗的胃依然是空的，它还吃，食物仍回到食盘中。过了一会儿，奇迹发生了：尽管狗没有把食物咽到胃里，但它分泌的胃液却从胃部瘘管不停流了下来。由此得知，胃液的分泌是因为大脑通过神经下达了命令而不是食

◆ 暂时性联系接通 ◆

关于条件反射的神经机制，巴甫洛夫曾提出"暂时性联系接通"的概念。他认为条件反射建立的中枢机制是暂时性联系的接通。接通的可能部位在：①条件刺激和非条件刺激的皮层代表区之间。②皮层和皮层下结构之间。他强调了第一种可能性。在20世纪60年代中国生理学工作者利用 γ - 氨基丁酸对大脑皮层暂时性和可逆的抑制作用，在狗身上证明了大脑皮层在条件反射活动中的重要作用。60年代初开始用微电极技术来研究神经元的条件性活动，发现条件反射建成后，有一些神经元对阳性条件刺激表现为放电频率减少，在中枢神经系统的各个部位，这两类神经元数的比例各不相同，因此难以设想条件反射的建立是在中枢神经系统的两个部位间形成一个简单的联系。条件反射的建立、巩固和实现需要中枢神经系统很多部位的协同。

物刺激的结果。

　　巴甫洛夫在科学领域的主要贡献还集中在高级神经生理学领域，最为出名的是其创立的"条件反射"学说。一般认为他的条件反射学说是通过如下实验过程证明的：先摇铃，然后给狗喂食，重复多次以后便只摇铃而不再给其喂食，发现狗口中依然分泌大量唾液，从而证明狗的神经系统已形成条件反射。1924年的一场大雨把巴甫洛夫的实验室灌满了水，狗由于在笼里只能眼巴巴地看着大水漫过实验台，却不能逃生，表现得极为惊惧。等到巴甫洛夫赶来将其救出，这些狗都出现病态反应，已形成的条件反射消失殆尽。巴甫洛夫需要重新培养它们建立起原有的条件反射，再次做条件反射实验。这时，实验室的门缝又渗进许多水，尽管水不多，更不足以漫过实验台，但台上的狗狂吠不止，极力挣扎，条件反射再次消失。巴甫洛夫通过这一实验，向人们证实：过度的刺激会导致神经症等病理反应。他由此推论，人类的精神病是由客观环境中的强烈刺激造成的，这是人类历史上首次用唯物主义的方法来解释精神病理。

　　巴甫洛夫一生大部分时间在实验室度过，有一次，他与助手在实验室中由于出现操作失误而争吵起来。他一时气极，对其助手大喊："明天你不用再来这里了。"事后助手很懊悔，正要拿过纸笔写信向巴甫洛夫承认错误，却突然发现巴甫洛夫给他的便条："偶尔的争吵，不应妨碍正事，请你明天继续来帮忙。"生理学家的心胸之宽广可见一斑。

　　巴甫洛夫为科学奉献一生，同时也是一位伟大的爱国者。他不止一次表白："无论做什么，我都将在可能的范围内，尽力为祖国服务。"

冥思苦想的爱因斯坦

Ming Si Ku Xiang De Ai Yin Si Tan

2000年，爱因斯坦入围"千年风云人物"名单，而且名列前茅。曾经被视为孤僻、迟钝、表达不清的傻孩子又如何成为千年风云人物的呢？故事还得从19世纪70年代末说起。

1879年3月14日，阿尔伯特·爱因斯坦在德国南部乌尔姆城的一个犹太居民家中呱呱坠地。这是一个温馨、和睦的家庭，父亲精通数学，以经营电器为业，母亲温雅贤淑，倾心于艺术。小爱因斯坦的出世为全家带来喜悦和幸福，但很快又给这个幸福之家笼罩了一层忧郁。因为他与同龄的孩子比较起来，智力发育好像有些迟缓。

别家的孩子1岁多时就会说话了，缠着母亲问这问那，而小爱因斯坦只会偎依在母亲怀里呆呆地望着周围的一切，一点学说话的迹象都没有。邻居见此情形，不无担心地对他母亲说："这孩子怎么不说话呀？"母亲内心一阵酸楚，却又自我安慰道："他在思考，将来我们的小爱因斯坦一定会成为教授。"一旁的邻居也不好多说什么，倒生出一丝恻隐之情。

年轻时的爱因斯坦
年轻时的爱因斯坦并没有什么出众的地方，他提出的一系列理论没有多少人能理解，但这并不妨碍他的科学研究。

爱因斯坦的父母确实是非常优秀的父母，深知旁人对他抱有偏见，自己不能再伤害他。他们发现儿子虽然不苟言笑，却对万事万物表现出强烈的兴趣，于是就买回许多新奇、结构复杂的玩具给他玩，但小爱因斯坦更多的是"研究"这些玩具。

时光匆匆流过，爱因斯坦进入了小学，除了数学之外，其他功课平平甚至不及格，这种状况一直持续到中学。中学时他的兴趣科目多了一门——物理，他不喜欢体育，更讨厌军训。由于严重偏科，爱因斯坦中学毕业时都没拿到文凭。以至于为了上大学，他又补习一年才进入联邦工业大学师范系，攻读数学和物理。最后，他为自己选定了终生努力的方向——理论物理。四年之后，爱因斯坦大学毕业，尽管专业成绩异常突出，却因为性格的原因找不到一份工作。待业期间，爱因斯坦曾做家教，有时帮人清理账目。最困难的时候，他甚至以拉小提琴卖艺为生。

进行学术讨论

1933 年，爱因斯坦提出能量聚集的新理论，并邀请科学界的精英与记者一起参加他的学术论坛。

1902 年，经朋友的大力推荐，爱因斯坦在瑞士伯尔尼专利局找到一份技术员的工作，其职责是审核一份份专利申请。这使他大开眼界，同时他夜以继日地钻研物理学，终于在 1905 年有所成就。那年，爱因斯坦在德国《物理学年鉴》上发表《论动体的电动力学》，独立而完整地提出了狭义相对论的基本思想和基本内容，开始解释牛顿经典力学所不能解释的现象。

狭义相对论的两条基本原理分别是：

①相对性原理：物理学定律在所有惯性系中的描述形式是相同的，即所有的惯性系是等价的，不存在特殊的惯性系。

②光速不变原理：在所有惯性系中，真空中的光速具有相同的定值。

根据这一理论，时间会随着运动速度的变化而发生迟滞和提前。假如宇宙飞船以光速在太空中飞行一年，那么，地球上就已经过了 50 年。同时，爱因斯坦还提出，长度、重量都会

❖ 广义相对论 ❖

1915 年，阿尔伯特·爱因斯坦发表了他的广义相对论。他解释了引力作用和加速度作用没有差别的原因。他还解释了引力是如何和时空弯曲联系起来的。利用数学，爱因斯坦指出物体使周围空间、时间弯曲。在物体具有很大的相对质量（例如一颗恒星）时，这种弯曲可使从它旁边经过的任何其他事物，即使是光线，改变路径。该理论的两个重点在于：①弯曲光线。广义相对论指出，时空曲率将产生引力。当光线经过一些大质量的天体时，它的路线是弯曲的，这源于它沿着大质量物体所形成的时空曲率。因为黑洞是极大的质量的浓缩，它周围的时空非常弯曲，即使是光线也无法逃逸。②虫洞。理论上，虫洞是一个黑洞，它的质量非常大，把时空弯曲进了它自身之中，它的口开向宇宙的另一个空间及时间，或者也许完全进入另一个宇宙空间。也许能够利用虫洞建立一个时间旅行机器，但许多科学家指出这个机器不可能重返到它自身被创建的时间之前。

随着运动速度的变化而变化，并得出质量和能量之间转换的准确表达式：$E=mc^2$（m 为物体质量，c 为光速，E 为能量）。这一方程式向世人昭示：原子核内部蕴含着巨大能量。质能方程式成为核物理和高能物理的基础。

计算机绘制的关于"光会弯曲"理论的图

尽管当时极少有人理解爱因斯坦的理论，但他坚信自己理论的正确性，并且将其进一步发展成为广义相对论。1916 年，他发表了《广义相对论的基础》一文。这一旷世之作标志着他的研究水平已达 20 世纪理论物理的顶峰。爱因斯坦曾就相对论解释说："狭义相对论适用于引力之外的物理现象，广义相对论则提供了引力定律以及它与自然界其他力之间的关系。"

几乎是同时，爱因斯坦又做出了涉及光学和天文学的三大预言，这些预言不久一一应验。鉴于他的相对论和预言，人们赋予他极高的荣誉，如"20世纪的牛顿""人类历史上有头等光辉的巨星"等。但爱因斯坦淡泊名利，尽量回避吹捧他的公众集会。

1955 年 4 月 18 日，伟大的爱因斯坦在美国的普林斯顿悄然而逝，并留下一份颇为特殊

用计算机绘制的"$E=mc^2$"的质能方程式

的遗嘱：不发布告，不举行葬礼，不建坟墓，不立纪念碑，骨灰撒在永远保密之地，目的是不会让埋葬他的地方成为圣地。作为 20 世纪最伟大的科学家如此谦逊，闻之者无不肃然起敬。

从地图发现大陆漂移说

Cong Di Tu Fa Xian Da Lu Piao Yi Shuo

　　科学发现需要灵感，灵感有时来得很突然，魏格纳创立大陆漂移学说就源于一张世界地图给他的灵感。

　　魏格纳是德国著名的气象学家和地理学家，1905 年获得柏林洪堡大学博士学位，先后担任过观象台研究部主任、大学教授等职，因提出和证明大陆漂移假说而声名远扬。

　　1910 年，魏格纳因病住进医院，休养期间，他躺在病床

2 亿年前的地球大陆几乎是一整块的

魏格纳认为在 2 亿年前，地球上的大陆和大洋都是完整的、连续的，只是由于地壳的运动才使它们分开。至今地壳的这一运动还没有停止。

上百无聊赖，只有对面墙上挂着的一幅世界地图相伴，一天到晚，他就跟这张地图对视着，由于距离较远，他也只能看清大陆、大洋的轮廓而已。久而久之，他发现非洲西海岸凹进的几内亚湾与南美洲东部的凸出部分惊人的吻合，可以想象，若没有大西洋这两块大陆可以完全拼接在一起，其他的大陆与大陆的边缘轮廓也有类似性质。想到此，他为之一震，病痛都减轻了三分。

　　待出院后，魏格纳继续研究这一问题，他设想，也许远古时代世界上只有一块大陆，这块大陆由于受到某种力的作

用而四分五裂，破碎后的小块陆地则沿着不同的方向移动，形成今天的海陆分布格局。为了证实这一设想，魏格纳在大西洋两岸之间往返奔波，考察两地的地质、生物科系、古地磁、古气象的特征，而这些特征无一例外地佐证了自己的地理假说。

1915 年 1 月，魏格纳将这一结论初步整理成《大陆和大洋的形成》一文，把自己的观点公布于众。但当时他的这一学说尚不成熟，难以令人信服。有的专家讥笑他，说他得了地壳移动症和颠倒地极妄想症，而且已病入膏肓。魏格纳却不以为然，仍不厌其烦地向公众解释他的学说。他曾打比方说，只有把同一张报纸撕成几片后，这几片才能按照原来参差的裂痕重新拼接起来，同时保证上面的图画和文字衔接得准确无误。具体地，他提到北美洲纽芬兰地区的褶皱山系与西北欧洲斯堪的那维亚半岛的褶皱山系相呼应；美国的阿巴拉契亚的褶皱东北端延伸至大西洋岸边骤然消失，而在中欧地区和英国西南，类似的褶皱又陡然出现……

这时，突然有人诘问魏格纳，是谁竟把如此一张硕大、厚实的"报纸"撕裂的呢，他对这一问题的解答是：大陆由较轻的硅铝质组成，漂浮在很重的黏性硅镁层上面。几亿年以前，地球上只有一个海，即泛大洋，还有一块陆地，即泛大陆，泛大陆处于泛大洋的包围之中。后来由于地球自转产生的自赤道向两极的自转力和太阳、月亮产生的自东向西的潮汐力，泛大陆逐渐地分裂为几部分，又慢慢分离，在黏性硅镁质的泛大洋上向各自的方向漂移。经过几亿年的漫长岁月，终于形成今天海洋和大陆

1. 地球在 2 亿年前大概只有这一块联合大陆。专家认为海底大陆斜坡廓线才是各大陆的真正边界，这张构想图便是根据这一理论绘制而成的。图中可见大洋洲与南极洲相连，而印度还在非洲与南极洲之间。

2. 约在 1.35 亿年前，联合大陆沿着赤道稍北的一条东西断层裂开了。北美洲与欧洲分离，南美洲从非洲完全分离出来，大洋洲与南极洲还连在一起，印度迅速向北漂去。

3. 现今的地球形势图如上图所示。南北美洲向西漂移后，由新形成的大西洋海盆把它们与东半球隔开。印度撞及亚洲下侧，此时非洲向北微微移动。大洋洲从南极洲分裂出来，漂到现在的位置。

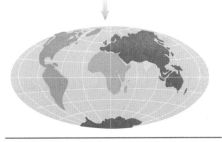

4. 这张表示 5000 万年后的地图是依循现有趋势绘制出来的。大西洋特别是南大西洋会扩大，但太平洋会缩小。印度一直保持东移的趋势，大洋洲慢慢靠近东南亚，非洲东部和美国加利福尼亚州一部分移入大海，新的大陆将出现于加勒比海。

海底扩张说

1962 年，美国普林斯顿大学的 H.H. 赫斯教授首先提出了"海底扩张说"。该学说以地幔对流说为基础，它认为，洋壳生成于大洋中脊，地幔物质从此处挤出，形成新的大洋底部，如此便形成一个地幔对流环；当该对流环分离时，新洋底就会背离洋脊运动，在海约处再次深入地幔；陆地边界若遇下降的对流环，这一带地形、地貌就会发生剧烈变动；海底平顶山由原洋脊处的火山喷发形成，后经侵蚀逐渐变平，进而随着洋底运动远离洋脊，淹没于大洋之中。

海底扩张如同传送带一样不断翻转，洋底不断更新，而大陆则同海底一道在地幔对流层上漂移。海底扩张说在一定程度上佐证了大陆漂移说。

的格局。

这样的答案看似天衣无缝，可仔细推敲还是有漏洞。那就是，根据当时的技术测定，潮汐力和地球自转离心力都不足以使上万亿吨的大陆分裂、漂移。因此，人们仍然难以相信他的学说，但执着的魏格纳没有放弃，直至生命的最后一刻。

1929 ~ 1930 年，魏格纳数次带队到格陵兰岛考察，以证明大陆漂移学说。为此，他经常和队员们冒着 -50 ~ -60℃ 的严寒，测量该岛的经纬度和漂移速度。1930 年 11 月 1 日是他的 50 岁生日，庆祝生日之后，他又冒险返回西海岸基地。第二天，魏格纳在自己第 4 次考察格陵兰岛时遭遇到暴风雪的袭击，倒在了茫茫的雪原上。

魏格纳的逝世使他的大陆漂移学说几乎无人问津，直到 20 世纪 60 年代板块理论提出后，大陆漂移说才又获新生，为世人所重视。

摩尔根创立基因说

Mo Er Gen Chuang Li Ji Yin Shuo

托马斯·摩尔根出身于美国的豪门大族，但从小养成了良好的生活习惯。他热爱大自然，喜爱户外活动，经常四处游历，最后决定献身于探索自然的科学事业。

1880 年，摩尔根考入肯塔基州立学院预科，后转入学院本部。1886 年获得动物学学士学位，同年进入霍普金斯大学研究生院进修，主攻生物形态学，4 年后获博士学位，此后在该领域颇有建树，成为一名年轻的博物学家。他曾随美国地质勘探队赴野外考察，其间对各种生物的性状产生兴趣，遂逐渐转入实验生物学研究领域。

那时，生物学已发展到一定水平。特别是1904年美国的萨顿证明了可染色体成对存在，每个配子只包含一对染色体中的一条，每条染色体携带多个遗传因子。到了1909年，丹麦的植物学家约翰逊以"基因"一词替代以前的所谓"遗传因子"一词。

为了进一步探索染色体中基因的存在状态和排列特征，1908年摩尔根开始了著名的果蝇实验，专门研究这一课题。

摩尔根将捕获的果蝇放在实验中特定条件下加以培养，如让它们吃各种各样带刺激性的食物，让它们的产卵过程以及幼虫的成长分别在较高温和低温环境中完成，必要时则对其进行紫外线照射以促其发生变异。经过很长一段时间，摩尔根发现果蝇有4对染色体，但雌雄果蝇

DNA 的构造模型

基 氢键 基 糖 磷酸 氧 磷 氧

基因的构造模型
从这个基因模型上你可以清晰地看见肉眼所无法看到的基因的形状。

所产生的配子的染色体状况有所差异：雌配子产生时从母体细胞的4对染色体中各得一条，所以该种配子所含染色体相同，均呈棒状，而雄配子的染色体中只有3条相同，第4条为钩状。在此基础上，雌雄配子结合发育成的雌性果蝇体细胞中的4对棒状染色体完全成对，雄性果蝇的细胞中则仅有3对棒状染色体成对分布，第4对由1条棒状染色体和另外的1条钩状共同组成。摩尔根将区分性别的染色体称为性染色体。他由此得出结论：生物性别由性染色体决定。

1910年4月，摩尔根的实验又获得突破性进展。一次，他对一群红眼果蝇进行X射线照射，在子一代个体中发现一只白眼雄果蝇。他随即让这只白眼果蝇与未经X射线照射的红眼果蝇交配，其结果完全符合孟德尔法则：子一代全是清一

一段 DNA 链

限制性内切酶
（基因刀）

外源
基因

DNA 被基因刀切
开，从上面取下一
段想要的基因

神奇的基因

通过基因的改变，可以使动物的生长过程发生很大的变化，本图就是对牛的基因进行改变的图示。

基因复制机制

色的红眼果蝇，子二代的个体则出现分化，1/4 为白眼果蝇，且全部是雄性，其余的 3/4 则为红眼果蝇。摩尔根对此分析后认为，眼色由一对基因控制，其中红眼为显性，白眼为隐性。

为了清晰地解释这一过程，摩尔根把雌性染色体称为 X，称雄性染色体为 Y。他认为未经 X 线照射的果蝇的 X 染色体携带红眼基因，而 Y 染色体只携带性别基因，没有决定眼色的基因。在 X 线的照射下，其中的一只雄果蝇的 X 染色体生成了隐性白眼基因。子一代中雌蝇的两条染色体分别来自母方的 X（带红眼基因）和来自父方的 X（带白眼基因），最终显性的红眼基因性状得以表现；雄蝇的染色体组成是来自母方的 X（红眼基因）和父方的 Y（仅带性基因），也呈现红眼特征。子

◆ 噬菌体的基因复制 ◆

噬菌体是专门侵染细菌和放线菌的一类病毒。它体积小，结构简单，除六角形头部含有 DNA 外，周身披有一个起保护作用的外壳和一个蝌蚪状的尾巴。侵染细菌时，先从自身尾部分泌出一种溶菌酶，将菌体某处的细胞壁溶解，然后再把头部的 DNA 经由这个缺口送入细菌体内。噬菌体侵染细菌的过程有两种类型：一种叫烈性感染，即侵入菌体内的噬菌体 DNA 立即进行自我复制，产生新的 DNA 和蛋白质外壳，然后分泌溶菌酶使菌体细胞壁裂解，释放出新的噬菌体；另一种类型叫温和感染，即噬菌体 DNA 进入菌体细胞后，并不立即进行自我复制，而是插入到被感染菌体细胞的染色体内，潜伏下来。当细菌染色体进行自我复制时，它也跟着复制，并随染色体一同悄悄地进入子细胞内。可是一遇到紫外光照射等外来刺激时，温和噬菌体的 DNA 就会立即脱离细菌染色体，迅速复制，进而使菌体裂解，释放出新的噬菌体。温和的噬菌体侵染有鞭毛的沙门氏菌进行自我复制时，阴差阳错地误把菌体细胞中决定鞭毛性状的 DNA 片段也裹进了自己的蛋白质外壳内，而当它们再去感染无鞭毛的沙门氏菌时，就把这种决定鞭毛性状的 DNA 片段带进了无鞭毛的沙门氏菌中，使得无鞭毛的菌长出鞭毛，这种现象叫"转导现象"。这一实验不仅再次证明，生物细胞中的 DNA 可以从一个细胞转移到另一个细胞，而且表明，在实现这种转移的过程中，噬菌体是一种理想的运载工具。

基因枪

把外源基因射入动物细胞

普通鱼

基因枪
基因枪可以把外源基因射入鱼的细胞内，进而改变鱼的基因，从而达到使鱼长得更快的目的。

动物细胞

带有外源基因后，鱼长得很快。

二代个体的眼色出现分化，按照孟德尔法则揭示的规律，红、白眼果蝇数量比为3∶1，而且白眼果蝇均为雄性。

在实验的基础上，摩尔根整理出版了《基因论》一书，总结自己在基因领域的研究成果，并且归纳了 20 世纪以来 20 多年的遗传学研究成就，标志着孟德尔—摩尔根学派的成熟。托马斯·亨特·摩尔根本人也因创立基因学说，被誉为经典遗传学的泰斗。

宇宙大爆炸

Yu Zhou Da Bao Zha

晴朗的夜空，仰望苍穹，浩瀚的宇宙从何而来，曾是古往今来无数人的感慨。到了 20 世纪 20 年代，人们对于这一问题的研究总算有了些眉目。

20 世纪早期，美国天文学家斯拉弗发现旋涡星云光谱的红移现象。1929 年，伟大的星云专家艾德温·哈勃提出了著名的哈勃定律，将星云的红移与其到地球的距离锁定：星云的退行速度与距离成正比。这项重大发现暗示了宇宙处于膨胀状态之中。由此向前推想，宇宙在某一时点之前是不存在的。那么，偌大的宇宙是如何从无到有的呢？

1932 年，勒梅特首次提出宇宙大爆炸理论构想：整个宇宙最初仅仅是一个"原始原子核"，后来发生了大爆炸，该原子核迅速膨胀，爆炸生成物向周围飞溅、扩散，久而久之形成今天的宇宙。他的惊人设想使许多人眼前一亮，顿感豁然开朗，但其本身还不太成熟，因此不具里程碑式意义。

同一时期，美籍俄国天体物理学家伽莫夫也投入到这个领域的研究中。他在前人的基础上将广义相对论宇宙学和化学元素生成理论联系起来，去研究宇宙的起源。最终于 1948 年，伽莫夫提出热核大爆炸宇宙学模型。迄今为止，该模型是解释宇宙起源的最有说服力的理论。

伽莫夫提出宇宙大爆炸理论的标志是他 1948 年在美国《物理评论》杂志上发表的一篇论文。该论文大体思路为：宇宙是由最初温度无限高、密度无限大、体积无限小的"原始原子核"迅速膨胀形成。这个由密到稀、由热变冷的膨胀过程极为迅速，几乎在一瞬，犹如一次规模空前的超级大爆炸。

创世大爆炸

约 150 亿年前，宇宙很小，很热。一次爆炸，即"创世大爆炸"，使它开始了膨胀和变化的过程，而这种膨胀和变化至今仍在继续进行着。在爆炸发生的几分钟内，原子微粒结合成氦和氢，经过亿万年之久这些氦和氢逐渐形成了星系、恒星以及我们今天所知道的宇宙。

◆ 《时间简史》 ◆

史蒂芬·霍金著的《时间简史》是有关宇宙理论的集大成之作。它不但涉及了有关宇宙的所有重要理论，而且包括相关的疑问、反论以及悬而未决的问题。全书分为 12 章，从前至后依次讲述伽利略和牛顿的重大突破、爱因斯坦的广义相对论、微观领域的量子力学、宇宙学、物理学的进展等。该书在最后部分还向读者分析了科学家将理论结合在一起从而构成统一理论的过程。通读全书，会发现作者对有关宇宙学的理论理解极为深刻，而且叙述明晰，论证严密。该书一经出版，广受赞誉，被称为"里程碑式的科普佳作"。

具体而言，在爆炸的前一刻，约在距今 150 亿年前，今天的宇宙只集中于一个极小的质点，温度无限高，密度无限大，大爆炸发生后的 0.01 秒内宇宙的温度约为 1000 亿度。如此高温下，宇宙的主要成分是轻粒子，如光子、中微子、电子，另外还有微忽其微的质子和中子。

随着原始宇宙的继续膨胀，0.1 秒后温度下降至约为 300 亿度。中子相对于质子而言所占比例减小。1 秒钟后，温度进一步降至 100 亿度，

彭齐亚斯、威尔逊和他们用以测量宇宙温度的接收天线。

这个温度仍为现在太阳中心温度的 1 千倍。在温度降低的同时密度也在减小，使得中微子不再处于平衡状态，开始外逸，中子与质子的比例又下降到 0.3。

此时的粒子有着极高的能量，它们相互碰撞产生大量正反粒子对，而这些正反粒子对撞到一起又会同归于尽，但产生了许多光子。

大爆炸后的 13.8 秒，原始宇宙的温度下降至 30 亿度，从而为质子、中子形成氧、氦等稳定原子核创造了条件，它们是最原始的化学元素。35 分钟后，温度已不足 3 亿度，这时原子核的形成已告终止，而质子还不能与电子结合而成为中性原子。

从此在很长一段时间里，原始宇宙只是静静地膨胀，膨胀，其他什么也没有发生。30 万年以后，温度陡然降到 3000 度，化学结合大量存在，把绝大部分自由电子固定在中性原子中。此时的宇宙主要以气体形式存在，随着温度的再降低，气体云开始形成。约在 109 年后，星系形成，1010 年后恒星系统形成。恒星系统又经过极其漫长的历程，逐步形成今天的宇宙。

这就是著名的宇宙大爆炸理论模型，它较为合乎逻辑和完整地解释了

科学家推测的宇宙诞生理论示意图

科学家能够探测到太空中的背景辐射，它们可能是宇宙大爆炸时遗留下来的。20世纪20年代末，天文学家埃德温·哈勃发现，除了银河系之外还有别的星系。地球和每一个星系之间的距离都以不可思议的速度在增大。

宇宙的产生、发展过程。但它提到的数以千亿、百亿计的温度，现在的实验室条件根本达不到，人们只能以其他角度寻求支持这一理论的证据。

目前，较为流行、合理的有力证据大致有：（1）宇宙的年龄测定。近些年，科学家通过各种先进手段测得恒星、星系的年龄，都在几十亿年左右。这与大爆炸宇宙模式约为150亿年是吻合的。

（2）大爆炸的核形成。多年来，科学家们对可及天体范围内氢元素的丰度观测结果与该模型的预言是一致的（氦的丰度为25%，氢为75%）。

（3）微波背景辐射。1964年，彭齐亚斯、威尔逊发现了天空中不同方位却存在不变的，相当于3.5k的黑体辐射背景。这一发现恰好印证了16年前伽莫夫的预言。

宇宙大爆炸理论自诞生到今天，尽管一直存在着诸多的问题和不足，但总体正一步步走向成熟。

哈勃定律

Ha Bo Ding Lü

天体物理学是 20 世纪天文学发展的大潮流，而艾德温·哈勃在 1929 年发现的哈勃定律为这门学科的进一步深入发展奠定了雄厚的理论基础。

哈勃定律又称红移定律，旨在阐明星系移动的规律，而相关探索很早就开始了。1912 年，专注于恒星光谱研究的美国天文学家斯里弗发现，河外星云的光谱线广泛存在着向红端移动的现象。两年后，他又在其他人测得数据的基础上，确认 13 个星系的视向速度，为当时研究太阳活动规律的科学家提供了大量的依据。1916 年，特鲁曼发现扣除太阳运动速度后的星系移动速度值仍为很大的正数。同年，为了更好地表述星系的退行，维尔茨引入了 K 项。接下来的两年中，德西特在前人的基础上建立一种较新的宇宙学，他认为星系的光谱可能被错误地认为向红端退行，原因是

艾德温·哈勃

哈勃是当代世界著名天文学家，星系天文学的奠基人和现代观测宇宙学的主要创始人。1917 年，哈勃获得博士学位，以后在天文学领域建树颇多：1924 年发现 3M33、M31、NGC6822 中的造父变星，从而解决了"旋涡星云"的本质问题，认识到它们就是日后称为"河外星系"的遥远恒星系统。1922～1926 年，提出星云的分类体系，进而建立了星系形态的哈勃序列。1929 年，他发现"哈勃定律"，该定律的发现导致宇宙膨胀观念的形成。由于在天文学研究领域的巨大成就，哈勃受到后人的缅怀和尊敬。

哈勃定律与爱因斯坦相对论共同奠定了现代宇宙学理论。

地球与月球的轨道　　地球
太阳系
银河系（岛宇宙）
星云图

✦ 哈勃望远镜 ✦

哈勃望远镜是以美国已故著名天文学家艾德温·哈勃的名字命名的，是人类迄今为止送往太空的最大的望远镜。

哈勃望远镜总长 12.8 米，镜筒直径为 4.28 米，主镜直径为 2.4 米，连外壳孔径则为 3 米，全重 11.5 吨。它是一个完整的性能卓越的空间天文台，借助它可以观测到宇宙深处 140 亿光年远处发出的光；它能够单个地观测到星群中的任何一颗星；它能够研究和确定宇宙的大小和起源，以及宇宙的年龄、距离标度；它还能分析河外星系，确定行星部、星系间的距离，它能对行星、黑洞、类星体和太阳系进行研究，并画出宇宙图和太阳系内各行星的气象图。

哈勃望远镜包括全部自动化仪器设备：主镜、副镜、成像系统、计算机处理系统、中心消光圈、主副镜消光圈、控制操作系统和图像发送系统，以及两个长 11.8 米、宽 2.3 米，能提供 2.4 千瓦功率的太阳电池板，两部与地面通信的抛物面天线等。它所携带的最先进的设备有 6 种：宽视场行星照相机、暗弱天体摄谱仪、高分辨率摄谱仪、高速光度计、精密制导遥感器。

随着距离的增加原子振动在变缓。这一理论在爱丁顿 1923 年发表的《相对论的数学理论》一书中有较为详尽的介绍。

这一领域经过一系列的量变之后，终于在 1929 年发生了质的变化。这一年，哈勃根据 24 个已知距离和视向速度的星系，正式提出：星系红移的快慢不是杂乱无章的，而是与星系离开地球的距离成正比。之后，他又用正比于距离的 K 项去解条件方程，确立了退行速度与距离间的线性关系。

艾德温·哈勃提出红移定律很大程度上得益于他在威尔逊山天文台的观察。他根据在那里观察得到的大量资料，给出了红移定律的公式：$V=H_c \times D$，其中 V 表示视向速度，D 则为星云距离，H_c 是哈勃常数。整个公式表明了星系视向速度与其距离的正比线性关系。

公式的逻辑关系很简单，但其中的常

哈勃太空望远镜

1990 年，它由美国航空航天局发射升空。它是迄今为止人类拥有的最为先进的望远镜。它在太空中可以避开大气的阻挡，对整个宇宙进行系统的观测。

数确定极为关键。该常数在1929年被哈勃本人确定为500千米/（秒·百万秒差距）。以后，他又反复测量该值以期提高精确度。事实上，每一次测量结果都使哈勃常数逐渐变小。现在，哈勃常数值是 67.80±0.77 千米/（秒·百万秒差距）。

哈勃发现的这一重要规律，表明宇宙中的星系正在不断远离我们，即宇宙处于不停膨胀状态，这一规律反映了整个宇宙的基本特征。

哈勃定律的重要价值，首先在于它有力地支持了星系"红移"理论。以前，许多科学家试图把红移现象敷衍过去。如曾有人认为红移

红移现象
科学家通过红移现象来确定其他星球与地球的距离，以及它们远离还是接近地球。红移速度越快，说明星体离地球越远。

并不意味着较大的速度（如哈勃曾根据多普勒效应推算出处女座星云的速度达到每秒1000千米），而是意味着光经过很大一段距离后丧失了部分能量，该理论就是著名的"疲劳光"论。虽然该理论有一定的道理，却从根本上违反公认的物理规律。人们仍然对此抱怀疑态度。他们认为，如果其他的星系都在逐渐远离我们，那必然意味着地球处于膨胀的中心，哈勃是不是犯了常识性错误——要知道认为地球是宇宙中心的观点已被否定几百年了。如果如其所说，最基本的宇宙原则将被推翻。

后来，人们发现所有的星系都远离我们并不一定意味着地球就是宇宙的中心，举个例子：当你把一个上面画着米老鼠的气球逐渐吹大时，米老鼠脸上各个器官会渐渐散开。这时，另一个人把左眼贴定气球一点，会发现其他部位都会距离左眼愈来愈远，换一个点仍然是这个样子，而且离左眼越远的部位，看起来离开速度越快。根据哈勃定律，宇宙就如同那个被吹起的气球一样，地球就是上面一点。当它膨胀时，我们就会发现离我们越远的星系退移的速度越快。

哈勃定律将观测和理论结合在一起，为宇宙学研究提供了新方法，从而形成一门新的学科——观测宇宙学，这在天文学史上具有重大意义。

改变世界的电视

Gai Bian Shi Jie De Dian Shi

早期成型的电视机
早期的电视像计算机一样体积庞大，它的收视效果很差，只能接收和播放黑白电视节目。

电视机的出现，改变了人们的生活乃至工作方式。由于它本身较为复杂，所以电视机的发明也不能一蹴而就。

电视的工作机理就是以有线或无线的方式即时传送活动的图像。在发送的一端需要对景物或场面摄像，并转换为电讯符号传输出去，在接收端再将这些符号还原为图像。这一过程看起来很简单，但完成它人类花了半个世纪的时间。

1884年，德国的尼普科夫根据视觉暂留原理，发明了尼普科夫圆盘，使最原始的电视传输和显示成为可能。1925年左右，英国的约翰·洛吉·贝尔德和金肯斯等利用尼普科夫圆盘，设计出影像粗糙的机械扫描电视系统，并进行了初步实验。同时，美国著名的贝尔实验室也在进行电视系统的研究。

1930年，P.J.范斯沃恩发明的电子扫描系统和RCA公司电子束显像管的改进，使得电视的主要构件已基本齐备。同年，英国人率先试播有声电视。1933年，美国科学家兹沃雷金发明光电摄像管，它可以使影像保留在感光镶嵌幕上，然后再以电子扫描发射信号。这一发明使得传送电视影像的光电管进入实用阶段。1936

贝尔德发明电视

1923年，贝尔德意识到，既然马可尼能够远距离发射和接收无线电波，那么发射图像也应该是可能的，他决心完成用电传送图像的任务。他将自己仅有的一点财产卖掉，收集了大量资料，并把所有时间都投入到研制电视机上，最后完成了电视机的设计工作。但要把设计图纸变成实物样机，可不是容易的事。一间小小的屋子既是卧室又是工作室，疾病一直在折磨着他，但他仍然夜以继日地工作，饿了吃面包，困了和衣睡一会儿。没有钱买试验器材，就以旧茶叶箱、旧帽子盒盖、编织针等代替。经过长时间的艰苦奋斗和无数次失败之后，贝尔德终于用电信号将人的形象搬上了屏幕。1929年，英国广播公司允许贝尔德公司开展公共电视广播业务。这一年的1月26日，当英国人第一次看到电视图像时，无不兴高采烈，奔走相告，人群之中的电视发明者贝尔德激动地流下了热泪。30年代以后，贝尔德又转向了彩色电视的研究，并有所成就。

年的 11 月，英国广播公司成立世界上第一个电视台。虽然这时期的电视台播放的电视节目数量少、质量差，画面也只是黑白的，却引起人们的极大兴趣，短短 6 年时间，仅纽约电视机数量就增加到 1000 台。

新事物总是蕴含强大的生命力。电视机在美、英等国问世后，很快向其他国家扩散，如德国、苏联、法国、日本很快也在 20 世纪 30 年代实现了电视实验和播出。我国在这一领域内起步较晚，1958 年才出现黑白可视电视。

尽管 30 年代许多国家就能播放电视节目，但仍有许多问题亟待解决。第二次世界大战爆发后，电视机的改进工作一度受到冲击，甚至中断。但战争期间及稍后的一段时间里，各式各样的新技术、新发明层出不穷。当中有些技术为电视机的改进起到很大推动作用。1946 年，美国人罗斯·威玛研制出高灵敏度直线型光电摄像管，使电视节目的制作能力大为提高。战后，日本在某些领域取得技术上的突破。如八木秀次发明了家用电视专用天线，提高了电视画面的清晰度。

贝尔德和他的电视发射机
电视从其理论成熟到实用的电视机出现，经历了大约 50 年的时间。

20 世纪 50 年代以后，人们不再满足于黑白电视。1953 年，美国联邦电视委员会率先推出彩色制式，翌年正式播出。几年后，安培公司又制成一种更为先进的四磁头磁带录像机，从根本上转变了电视节目的制作方式。到 60 年代，世界形成了 PAL、SECAM、NTSC 三种主要彩色电视制式。此后，卫星和电子计算机也成为人们制作和转播电视节目的有力工具，人们待在家里便可以轻松自在地观看卫星直播节目。

电视机诞生后没过多少年，就由广播领域扩展到其他生

20世纪50年代，电视在美国家庭开始普及

电视诞生后，以其方便、廉价等特点很快便取代了电影，成为主要的家庭娱乐工具。到20世纪50年代，美国家庭基本普及了电视。

产领域。最初的工业电视主要由摄像头、传输线路和监视器等几部分构成，用来对生产过程实行有效监控。20世纪70年代以后，工业电视与其他多种现代技术相结合，成为不可或缺的测量、分析、处理系统。后来又出现了观察监视电视、教育电视和特殊环境电视等。

电视机从诞生到现在，经历了不到一个世纪的时间，就已经成为人们生活、工作不可缺少的一部分，不但使我们做到了"秀才不出门，便知天下事"，还让我们的许多工作做起来更加得心应手。

◆ 有线电视 ◆

有线电视是一种运用光缆或电缆来传输和分配声音、图像及相关数据信息的电视系统。这种电视的优点在于信号稳定、抗干扰能力强，而且画面清晰，但架设光缆、电缆需要耗费大量的人力、物力，且受到地理条件的限制，较为不便。

这种电视系统出现较早，美国在20世纪40年代末便出现有线电视，中国则在70年代中期才掌握这项技术。经过几十年的发展，有线电视的发展方向逐渐趋于明朗。一方面体现在频带上，为了传输更多的电视节目和提高传输节目的质量，频带逐渐被加宽；另一方面则表现在传输分配方面，干线采用光纤和数字技术可以提高传输的质量和效率。目前，有线电视正呈现出蓬勃发展的势头。

瘟病的克星青霉素和链霉素

Wen Bing De Ke Xing Qing Mei Su He Lian Mei Su

青霉素和链霉素在今天看来是最普通不过的药物。而20世纪前半叶，发明这两种药物的科学家在当时却被顶礼膜拜。

青霉素和链霉素虽然性质类似，其被发现的方式却迥然不同，先说青霉素。青霉素是由一个叫作亚历山大·弗莱明的英国人发现的。他是一位细菌学家，致力于抗菌物质的研究。

这位苏格兰细菌专家很富于个性，他不像其他自然科学家那样把实验室打扫得一尘不染，实验器具摆列得整整齐齐，上面干干净净，而是把整个实验室搞得乱七八糟，到处是灰尘。弗莱明本人在做实验时，各种器皿随意摆放，用完后洗也不洗，随意丢在哪个角落。别人有时规劝他，要他养成良好的习惯，他却说那些没洗的器皿还有用呢。万万没想到，弗莱明那脏兮兮的用具真派上了用场。1928年9月的一天，他同往常一样信步走进实验室，开始一天的工作。他想用一下培养皿，向四周找了一圈，发现上次做葡萄球菌实验都占上了，也没洗，于是，随手拿起一个培养皿去洗。可他突然发现葡萄球菌培养液周围生了青色的霉菌，而凡是与霉菌接触的葡萄球菌全被消灭了，他意识到这种青色霉菌是一种神秘物。接下来的几天，弗莱明进一步实验，发现青霉菌的培养液也极具杀菌能力。他终于明白真正的杀菌物质是青霉菌的代谢物，他将其称为青霉素。

药用青霉素

青霉素是用途最广的抗生素，它能有效治疗梅毒、淋病、猩红热、白喉以及某些类型的关节炎、支气管炎、脑膜炎、血液中毒、骨骼感染、肺炎等许多疾病。青霉素的另一个优点是使用的安全范围大，虽然有少数人对青霉素过敏，但是对大多数人来说，它是既有效又安全的理想药物。

弗莱明在实验中

这位出身于平民家庭的医学家凭借自身的努力发现并提取出了青霉素，拯救了无数人的生命。至今，青霉素仍发挥着重要的作用。

电子显微镜下的青霉素　　　　　　正在进行中的用青霉素对抗细菌的实验

其后的几年，弗莱明进入局部实验，证明青霉素对许多导致严重疾病的细菌具有抑制和杀灭作用，而对人体或动物的危害却很小，这为成千上万的传染病患者带来福音。但美中不足的是，弗莱明不懂生化技术，无法提纯青霉素，使之被大范围、大规模地使用。到了20世纪中后期，弗洛里和钱恩等人组成专门研究小组，最终分离出像玉米淀粉似的黄色青霉素粉末，并把它提纯为药剂。这种药剂药性极强，比弗莱明的青霉素粉末强1000倍，且几乎无毒副作用。1942年起，青霉素开始大量投入实用领域，从此人类抗传染病的历史进入了一个新阶段。而为发现、发展青霉素做出突出贡献的弗莱明、弗洛里和钱恩也被授予1945年的诺贝尔生理或医学奖。

如果说青霉素的发现是靠了偶然机遇的话，那么链霉素的发现则是有目的、有组织、有步骤地进行的。

链霉素的发现是与结核病分不开的。19世纪中叶结核病肆虐，当时欧洲有1/4

青霉素第一次投入使用

1941年2月，一名警官由于面部受伤感染而患上了败血症。病情很快恶化，病人全身浮肿，体温达到41℃，生命垂危。但关键时刻磺胺类药物一律无效。这时弗洛里和钱恩向院方推荐他们的新药——青霉素。院方一开始怀疑其药效和安全性，后来因实在找不到更好的办法，就死马当活马医，给病人注射了青霉素。奇迹发生了，病人有所好转，随着该药剂接连不断地注入，患者的病情稳定下来。不料钱恩等人先前培养的青霉素很快用完了，制备新的时间上来不及。结果病人眼看就要康复了，却因为供药停止而病情恶化，最终被死神夺去了生命。这件事深深地刺痛了弗洛里、钱恩等人的心。之后，他们夜以继日地工作，终于在最短的时间内改进了青霉素的提取方法，使之实现大规模的生产。

的人口死于该病，人们视之为洪水猛兽。但这种病菌有一个显著特点，即只要被埋入土壤就消失得无影无踪。鉴于这一点，1924 年美国结核病防治协会委托美籍俄裔生物学家瓦克斯曼一项庄严而神圣的任务：研究土壤中的结核菌是如何被消灭的。瓦克斯曼经过大量试验，认定进入土壤的结核菌被土壤中的微生物给"吃掉"了。而土壤中含有至少 10 万种微生物，要找出谁是这个大功臣犹如大海捞针一般。但顽强的瓦克斯曼从 1939 年到 1943 年实验过了 10000 多种微生物，终于找到了灰色放线菌（即后来的灰色链霉菌），发现其对结核菌的强烈抑制作用。几个月后，瓦克斯曼

弗莱明和他的学生在一起
青霉素的发明为弗莱明赢得了世人的尊敬和无上的荣誉。

就与其学生一道提炼出专克结核菌的抗生素——链霉素，并在 1944 年 1 月将之公布于众。

　　1952 年，瓦克斯曼因为发现链霉素而荣获诺贝尔生理学或医学奖。至此，链霉素和先前发现的青霉素成为人类对抗瘟病的有力武器，被誉为瘟病的克星。

雷达的发明和应用

Lei Da De Fa Ming He Ying Yong

　　汉语中的"雷达"一词是由英语中"radar"音译过来的，原意为无线电检测和定位。雷达的发明是 20 世纪 30 年代无线电技术领域的重大突破。

　　雷达的工作原理很容易理解：雷达发射机向空中发射一束电磁波，如果有物体在空中飞过或滞留，那么它就会把一部分电磁波回射回去，被雷达接收器侦测到，进而经过分析确定目标物体的准确方位和运行速度。简而言之，就是发射、反射。然而人们从发现电磁波的反射现象到发明雷达，却经历了几十年的时间。

雷达应用原理

雷达的原理极为简单，就是发射、反射和探测无线电波的踪迹，进而确定目标的方位。

　　19世纪末，物理学家在做电磁波的实验时，经常会发现发射出去的电磁波会被一些物体反射回来。当时他们认为这是理所当然的事，谁也没有想到这个简单的反射现象会派上什么大用场。不过，有心人还是有的。到了1897年，俄国科学家波波夫在游弋于波罗的海的"非洲"号军舰和"欧洲"号练习船之间做无线电通信实验时，发现当有舰船在二者之间通过时，通信会立即中断，稍后又很快恢复正常。他在实验总结报告中详细记录了这一现象，并预言将来电磁波的这一特征会被用于舰船的导航。这是最早关于雷达的假想。

　　时光流过了20世纪的门槛。20世纪对于人类而言，既是一个多灾多难的世纪，又是一个取得长足进步、飞跃发展的世纪。1934年，英国的 R．W．瓦特正在主持一项对地球大气层的研究，正当他和助手们忙得焦头烂额、感到疲惫不堪的时候，忽然间瞥见了测控器的荧光屏上出现一系列闪动的光点。这一新的发现勾起了他极大的兴趣，就连疲劳感也顿时消失得无影无踪了。瓦特抑制住内心莫名的激动，定了定神，对光点的亮度距离进行细致入微的分析。他惊奇地发现，它们竟然不是被大气电离层反射回来的无线电波信号，这更触动了他那敏感的神经。实验又反复做了多次，他终于发现这些光点是发射出去的无线电波信号被实验室附近的一栋大楼反射回来的信号。瓦特由此意识到，这种无线电波既然可以被建筑物反射回来，那么空中的飞行物不也可以同样反射电磁波，在测控器的屏幕上有所反映吗？

　　说干就干，瓦特很快着手研制用于侦测飞行物的雷达系统。由于当时战争的阴云逐渐笼罩欧洲和世界，早期研究雷达的目的仅仅在于军事。1935年，瓦特取得成功，其他各国也出于自身利益的考虑，竞相研制雷达，不过都是秘密进行的。

　　从某种意义上讲，战争真是科技进步的推动器，雷达的发明和发展就是极好

✦ 我国的雷达 ✦

　　鉴于雷达的重要作用，建国后党和政府高度重视此事，组织专门力量研制雷达。经过努力我国不仅研发成功了对空雷达，而且发明了探地雷达，目前已被广泛用于城市建设、水利事业、考古和国防等领域。

　　中国科学院电子所的专家成功研制出星载合成孔径雷达，在1998年长江流域特大洪涝灾害的抗灾抢险中，及时获取受灾地区的清晰图像和准确数据，为挽救受灾群众的生命财产做出贡献。随着雷达技术的不断完善，它必将给人类带来更多福祉。

的证明。1935~1939年，在短短4年时间内，西方主要国家的雷达探测技术就已发展到非常实用的程度，因为大家都认为这玩意儿会在战场上发挥重要作用。

　　1939年9月1日，纳粹德国悍然发动入侵波兰的战争，第二次世界大战爆发。英国人出于自身防卫的考虑，沿英吉利海峡的海岸线布设雷达防御网，这在英德开战初期起到一定作用。但随着战争的深入，双方都在雷达方面花了很大心思。由于英国布下的地面雷达网频率很低，测角和跟踪精度不够，防空高炮在它的指挥下打飞机屡屡失误。德国的飞机在英伦三岛频频得手，伦敦也遭受惨重损失。血的教训逼迫专家夜以

阵控雷达

阵控雷达可以监测空中的人造飞行物或来自外太空的信息。

天线指向

波束宽

半高点

主波瓣

旁波带

雷达天线剖面图

继日地研究如何提高雷达的性能，终于研制出多腔磁控管。这使得新式雷达机可以发出更高频率的电磁波，功率也提高很多，现代雷达由此产生。

旷日持久的战争使得英国在 20 世纪 40 年代研制出机载 3 兆赫轰炸微波雷达。稍后美英又联合研发了 10 兆赫的轰炸雷达。同盟国的雷达技术很快超越了德国，这对加速战争的结束起到了一定作用。

"二战"结束后，像其他许多技术一样，雷达从军用转向民用，开始主要用于航空、航天领域，如星载雷达使卫星更准确地观测地面的目标，进而又应用于国民经济和科学研究的众多领域，造福了人类。

从核裂变到反应堆

Cong He Lie Bian Dao Fan Ying Dui

20 世纪早期放射性元素的发现，以及量子物理、相对论的进展，最终导致了 30 年代末 40 年代初"裂变"理论的出现。

1925 ~ 1926 年，美籍意大利人科学家费米根据鲍利不相容原理与他人合作导出"费米—狄拉克统计"。在此基础上，费米又开始有关原子核反应的研究，逐步形成热中子扩散理论模型。实验中，他用中子轰击铀原子核，结果生成一种新元素，他称之为"超铀"元素（其实不是真正的超铀元素），从而创立了 β 衰变定量理论。这一理论成为原子能研究的关键基础，在当时轰动整个物理界。德国科学家哈恩与斯特拉曼得到消息后，立即动手检验费米的实验。他们用慢中子轰击铀核，发现一种放射性物质，其性质与钡类似，后又经过多次实验和化学分析确认有镧和钡同时生成。他们二人把这一结论发表在《自然科学》杂志上，引起了奥地利女物理学家迈特纳的注意。她在对整个过程进行仔细研究后，提出铀原子核在俘获一个中子后分裂为 2 个大致相等的原子核，即所谓的核裂变。迈特纳还根据 $E=mc^2$ 计算出每次裂变要释放 200MeV 的能量，后经弗里希实验证实，裂变理论逐步形成。

核裂变理论的不断成熟催生了人们的另一设想：链式反应。其一般原理为，先是让中子轰击铀核，使之发生裂变，释放大量能量，同时又产生新的中子，这些新产生的中子又被用于轰击别的铀核，如此环环相扣，持续不断就会在短期内释放出超乎想象的巨大能量。那么，怎样实现整个过程，获此能量呢？于是建立核反应装置（俗称反应堆）便成为势所必然。

反应堆依据核裂变的链式反应原理设计建造，它的主要功能有：一是促成核裂变的链式反应，即防止高速中子大量飞散，使之减速增加与原子核碰撞的机会；二是及时输散链式反应释放的热能，以防止系统过热烧毁，这主要采用循环水（或其他物质）带走剩余热量。所以说，反应堆的一般结构设计为：核燃料（经过精选、碾碎、酸浸、浓缩的铀棒）+慢化剂+热载体+控制设施和防护设备。

液金属快速反应器

压水式反应器

1942 年 10 月，在费米的指导下，美国的芝加哥大学秘密建起了世界上第一座反应堆。它高达 6 米，主体结构由石墨层和铀层相间堆砌构成。其中的石墨层就是用来减缓铀原子核释放的中子的速度，以保证其有效地引发下一级的核反应。而控制核反应强度的任务由插入其间的镉棒来完成，当镉棒被抽出时，核反应装置

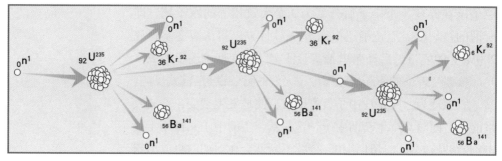

链式反应图

原子裂变的发现，使人们看到了质能方程式在实际中应用的可能性。

就启动了。同年的 12 月 2 日，该反应堆试运行，它在 10 天内运行功率从 0.5 瓦上升至 200 瓦。它的运行成功使人类进入了利用核能的历史。

核反应堆建成后，首先是用于军事，如美国在 1945 年造成原子弹，并用它轰炸了日本的广岛和长崎。战后的 20 世纪 50 ~ 60 年代，世界其他主要国家也制造出了原子弹以及威力更大的核武器。

待两极格局形成后，世界局势趋于缓和，反应堆的用途才扩展到军事以外的其他领域，如作为热源。反应堆可以持久地低温供热，这在缓解供应和动力紧张、减少环境污染等方面都具有积极的意义。具体地讲，反应堆既可用于居民采暖，又可以用于煤的气化、钢铁冶炼等耗热较高工业部门供热。另外，核反应堆还是良好的动力能源。首先，它无须空气助燃便可以工作；其次，可以在各种复杂的环境下运行，如地下、水中甚至是太空；最后，它能量密集，具有耗料少、能量高的优点，装填一次燃料可以维持很长时间。反应堆还有一大功绩就是可以大量生产各种放射性同位素，可广泛用于工业、农业、医学等领域。

总之，反应堆是一个巨大的能量库。随着科学、技术的不断进步，它在各个领域的潜力将被进一步挖掘。

❖ 反应堆的主要类型 ❖

按照用途的不同，我们可以把反应堆分为如下几类：①用于推进船舰、火箭、飞机的推进堆。②生产核裂变物质的生产堆。③为发电提供热能的发电堆。④提供取暖、海水淡化、化工等领域所需热量的目的堆。⑤生产放射性同位素的核反应堆。⑥生产用于实验中子束的研究堆。

人造地球卫星升空

Ren Zao Di Qiu Wei Xing Sheng Kong

　　嫦娥奔月，敦煌壁画中的"飞天"，天外来客，无不寄托了人类飞向太空的美好愿望。这一梦想从 20 世纪 50 年代起逐步变为现实。1957 年 10 月 4 日，苏联成功地发射了世界上第一颗人造地球卫星，太空时代由此开始。

　　人造地球卫星升空需要两个重要条件：第一，成熟、稳定、可靠的火箭技术；第二，人造卫星自身功能的完备。作为人造卫星升空的推动器——火箭，其实早在第二次世界大战中就已出现，这可以说是先进科学技术军转民用的典型。纳粹德国 1936 年就秘密建起了火箭试验基地，并于 1942 年 10 月 3 日成功发射了由酒精和液态氧作为推进剂的 V−2 型火箭。它长达 14 米，重为 13 吨，直径为 1.65 米，飞行高度可达 96 千米，航速为 7.5 千米 / 秒，有效射程为 300 千米。这种火箭在"二战"中投入使用，纳粹曾用它袭击英伦三岛。

　　先进的火箭技术并没能挽救德意志第三帝国灭亡，倒是在战后"肥"了美国和苏联。在盟军完成了对德国的占领后，美军俘获了包括核心火箭专家冯·布劳恩在内的 100 多位专家，苏联则将德国火箭基地的设备和剩余专家一股脑运往苏联，这使得两国战后航天事业蓬勃发展起来。

　　"二战"刚刚结束，美苏两国出于各自政治和军事利益的考虑，争相以掠夺的德国火箭技术和专家为基础，极力发展射程更远、动载能力更强、性能更为优良的火箭。二者进展都很迅速，但最终还是苏联走在前面，这

1958 年，美国第一颗卫星升天
这颗卫星是由大推力火箭"德尔塔"发射升空的。

第一颗人造卫星
1957 年 10 月，苏联的第一颗卫星"旅行者Ⅰ号"。

与苏联政府的高度重视是分不开的。

1947年，斯大林在听取了有关专家的建议后，就在苏联党政军高级干部参加的联席会议上多次强调要让苏联的军事航空科技走在世界的前列。之后，苏联政府加大了空间技术研究的投入，使得其空气动力学、波动力学水平很快提高，其他学科，如地球物理学、计算机科学也取得相当成就，并于20世纪50年代中期先后成立国家科学院天文研究所空间科技组和国家宇宙探测委员会，直接负责远程火箭和人造卫星事宜。

经过长期筹备，1957年，苏联宣布用于发射卫星的火箭和卫星系统的研制工作已完成。这一年的10月4日，苏联在拜科努尔航天发射场成功发射了世界上第一颗人造地球卫星"旅行者Ⅰ号"。这颗卫星自重83.6千克，直径为58厘米，外部有4根折叠式天线，由一枚USSR-1型三级火箭送入预定空间轨道，每96.2分钟绕地球一周，其功能主要有测量温度和压力、发射无线电信号等。人类第一颗人造地球卫星仅在太空游弋92天，便坠入大气层烧毁，却开辟了一个新的时代。

苏联人造地球卫星升空，极大地刺激了美国。1958年1月，美国的"探险者Ⅰ号"也被送上太空。之后，美国又将两颗人造卫星分别于该年的3月17日和第二年的2月17日送入轨道。其他国家，如法、日、中、英也纷纷发射自己研究的卫星。

中国的第一颗人造地球卫星"东方红Ⅰ号"在1970年4月24日发射升空。此后，中国的航天事业一发而不可收拾，陆续发射了用于科学考察、气象观测、

◆ 什么是人造卫星 ◆

人造卫星是环绕地球在空间轨道上运行（至少一圈）的无人航天器，是发射数量最多、用途最广、发展最快的航天器。人造卫星发射数量约占航天器发射总数的90%以上。完整的卫星工程系统通常由人造卫星、运载器、航天器发射场、航天控制和数据采集网以及用户台（站、网）组成。人造卫星和用户台（站、网）组成卫星应用系统，如卫星通信系统、卫星导航系统和卫星空间探测系统等。

人造卫星主要由两种仪器设备系统组成，即专用系统和保障系统两类。专用系统是指卫星执行任务的系统，大致可分为探测仪器、遥感仪器和转发器三类。科学卫星使用各种探测仪器（如红外天文望远镜、宇宙线探测器和磁强计等）探测空间环境和观测天体；通信卫星经过通信转发器和通信天线传递各种无线电信号；对地观测卫星使用各种遥感器（如可见光照相机、侧视雷达、多光谱相机等）获取地球的各种信息。保障系统有结构系统、热控制系统、电源系统、无线电测控系统、姿态控制系统和轨道控制系统。

未来航天站构想图
未来的航天站是宇航员、科学家从事科研活动和生活的主要场所，它具有安全、舒适等特点。

通讯广播等的许多卫星，并逐步掌握了卫星回收技术。进入 20 世纪 80 年代以后，我国接连向太空发射了 4 颗静止轨道通信卫星，成为世界上少数几个航天工业先进国家之一。1999 年 11 月 20 日，我国自行研究的第一艘无人宇宙飞船"神舟一号"试飞成功；2001 年 1 月 10 日，我国自行研究设计的"神舟二号"成功发射；2002 年 3 月 25 日，"神舟三号"发射成功；2003 年 10 月 15 日，"神舟五号"载人飞船在酒泉卫星发射中心发射升空。中国宇航员杨利伟搭乘该飞船在绕地 104 周、飞行 21 小时后安全返回地面，中华儿女终于圆了自己的飞天梦，中国成为世界上第三个掌握载人宇宙飞船技术的国家。

世界各主要国家争先恐后地把自己的人造卫星送入太空。那么，这些卫星的作用在哪里呢？第一，用于观测气象，卫星"登"高望远，可以随时观察到地球的每一个角落；第二，用于通信领域，比如卫星电话、电视转播。第三，也是后来发展起来的，即用于军事侦察。随着技术的进步，卫星的用途也越来越广泛，现在卫星几乎应用于国民经济的各个领域。

总之，人造地球卫星的诞生，是人类向外空间迈出的第一步，有着划时代的意义。如果人们合理利用它，必将为人类带来深远的福利。

激光诞生记

Ji Guang Dan Sheng Ji

激光，是 20 世纪 60 年代人类引以为豪的重大发明之一。

激光也是一种光波。人们对光波、光线并不陌生，对光的研究也有一定的历史。我国古代春秋战国时期《墨子》一书中就记载了"小孔成像"的实验，以后历代不乏对光的认识和研究。到了近代，在自然科学领域我们才逐渐落后于西方。在光学研究领域，西方开始了系统的实验科学研究。牛顿就在这一时期提出了光波流动的微粒说，时隔不久，惠更斯发表了他的波动说。进入 20 世纪后，爱因斯坦等人科学论证了光的波粒二象性。

20 世纪许多重大物理学的突破都离不开一个人，他就是阿尔伯特·爱因斯坦。激光的发明同样如此。1917 年，爱因斯坦在研究黑体辐射的过程中提出受激发射的理论。他认为受激发射和自动发射是自然界客观存在的两种基本发光方式。在此，爱因斯坦的主要功绩是诠释了受激发射的概念和理论：微观粒子（包括原子、分子、离子等）处于不同的分立能级。处于高能级的粒子在一定频率的辐射量子作用下会跃迁到低能级，同时释放出与射入量子相当的辐射量子。射出的量子与射入的量子拥有相同的位相、偏振、频率和传播方向。爱因斯坦同时指出，粒子的受激发射总是与受激吸收同时发生。这就是说，粒子不仅可以从高能级跃迁到低能级，也可以从低能级跃迁到高能级，这时发生的便是受激吸收。根据该原理，就可以做出如下设计思路：一个粒子受激发射出一枚光子，经过谐振腔的加强作用，形成光振荡，从而实现光的放大，继而发射出激光。这便构成激光发明的理论基础。

激光束物理结构示意图
某些物质原子中的粒子在光或电的激发下，从低能级原子升级为高能级原子，当升级后的数目大于原来的数目，并由高能级跃迁回低能级时，就放射出相同的相位、频率、方向的光，这种光叫激光，它的亮度极高。

几十年以后，美国的珀塞尔等人才在实验中实现了粒子反转，观测到约为50千赫的受激辐射信号，印证了爱因斯坦的受激发射理论。之后，量子力学的建立使得研究激光的科学家更是如虎添翼。

在珀塞尔实验设计的基础上，科学家们制成了微波激射器，用以实验受激发射的微波放大，继而

激光
激光是一种方向性极强而且不易散射的特殊人造光。

演变为更加完善的激光器，激光的研究已进入实质阶段。1954年，美国科学家汤斯及其学生戈登提出要实现分子或原子的受激辐射和微波放大，并制成一台用氨分子作为工作物质的微波激射器。这台机器的设计输出功率为9 ~ 10瓦，波长为12.5毫米。3年之后，他们又对其进行了改制，制造出世界上第一台较为完备的微波激射器。同一时期的苏联科学家也不甘落后，巴索夫和普罗霍络夫很快也造出了微波激射器。

微波激射器研制成功了，但它不等于激光器，因为前者发射的是微波，而后者发射的可见光波要比它长得多。如何实现从微波激射器到激光器的跨越呢？问题的关键在于，谐振腔的尺寸与光波的波长处于同一数量级，这样才能保证腔内激光反馈时产生单一模式振荡。这一时期，许多国家都投入这一研究。最终在1960年，美国加利福尼亚研究所的梅曼率先研制出世界上第一台红宝石激光器。

红宝石激光器出现后，氦氖激光器、PN结载流子注入式激光器等相继被研制出来，激光器研究领域呈现全面开花的态势。

激光器的产生和发展历程与其他几项发明相比，它从发明到投入使用的周期大为缩短，仅为几个月。而电话、飞机、晶体管等多则数十年，少则也须几年。

激光诞生后，由于其能量集中、单色性、方向性、相关性等优点，很快在测距、制导、全息照相、视盘、武器等军事和经济领域迅速推广，进一步加快了人类科学的脚步。

加加林的首次宇宙之旅

Jia Jia Lin De Shou Ci Yu Zhou Zhi Lü

　　人类在实现人造地球卫星升空的愿望之后，立即开始了载人航天飞行的研究和实验，并且在 20 世纪 60 年代初获得成功。苏联的尤里·加加林作为全人类的使者首飞太空，被永远地载入史册。

　　从 1957 年 10 月 4 日第一颗人造地球卫星升空开始，被用于各种用途、形形色色的卫星被送入太空，为人们提供大量经济、军事等方面的有效信息。于是，人们进一步畅想：如果能把宇航员送入太空，让他亲自在外空间进行实验和观测，那该多好啊。

　　为了实现这一目的，载人航天被提上日程。而要想实现载人航天，必须有过硬的航天器回收技术。1960 年 8 月 11 日，美国第一次成功回收了从一颗卫星弹射出的回收舱。这一技术为制造载人宇宙飞船奠定了基础。同时，载人宇宙飞船重达几吨，需要大推力火箭系统，并且必须具备极高的稳定性和安全系数。此外，搭乘飞船的宇航员要经过特殊的训练，具备丰富的相关知识和技能，以及强壮的

科罗廖夫

　　科罗廖夫是苏联运载火箭和宇宙飞船的总设计师，航天计划的主要制订者之一，也是"东方 1 号"的主要策划者和组织者。他于 1907 年 1 月 12 日生于乌克兰，幼年以半工半读的形式读完中学和高专。22 岁时，科罗廖夫毕业于莫斯科高等技术学校空气动力学系，投身于航空航天事业，1933 年成为喷气推力研究所的主要成员。1938 年，他在肃反运动中受到迫害，一度被关押在西伯利亚的古拉格监狱。两年后，他被转入图波利夫领导的监狱工厂 KB-29。1944 年，科罗廖夫获释，旋即被派往东德研究 V-2 导弹，随后着手研究本国的弹道导弹，并于 1947 年 10 月试射成功。接下来的几年，他一直致力于开发运载火箭、卫星、行星探测器和宇宙飞船，为苏联航天事业做出了巨大贡献。1966 年 1 月 14 日，科罗廖夫在一起医疗事故中不幸逝世。

◆ "先驱者号" 行星探测器 ◆

1973年4月6日，"先驱者11号"发射，并于1979年9月接近土星，第一次完成了对土星的考察。1973年12月4日，"先驱者10号"飞临木星，对其进行考察。这个木星探测器携带有11件仪器，用以测量木星周围的辐射带和分析木星的稠密大气层。它于21个月后飞越了木星，然后飞向太阳系的边缘，最后脱离了太阳系。在这个探测器上系有一块镀金的铝板，其上画有象征性的信息（地球相对于14个脉冲星的位置以及人类男女的形象），以便向旅途中可能遇到的具有智力的生命形式传达人类存在的信息。1973年11月3日，发射"水手10号"，并于1974年3月29日第一次访问了水星。1977年8月20日，发射了"旅行者2号"。"旅行者"还带上了115种照片、35种自然界的声音、近60种语言的问候、27种著名的乐曲等资料，向太阳系以外可能存在的高级智慧生物送去人类存在的信息。1986年1月30日，"旅行者2号"到达天王星，并于1989年又访问了海王星。旅行者飞船作为地球上第一次派出的使者，不断地在茫茫的宇宙中寻求着知音。

身体。

综合以上几方面，20世纪60年代初苏联的宇航事业略优于美国。1961年4月，苏联完成了载人航天飞行的各项工作，在该月的12日上午9时7分（莫斯科时间）将载有宇航员加加林的宇宙飞船"东方1号"发射升空。

整座飞船船体采用了高密度、耐烧蚀材料，以防止发射过程中和飞行时与空气摩擦所产生的大量热量损坏飞船。该飞船的形状也较为特殊：它是一个圆锥和圆台的结合体。这个造型有点儿像科幻片中外星人乘坐的飞行物。飞船的舱内装有许多高压氮气和氧气瓶，以便为航天员提供与地球大气层类似的气体环境。气瓶下方是仪器舱，再下边则是反推发

首次进入太空
苏联宇航员加加林是世界上第一个乘坐宇宙飞船进入太空的人，他乘坐的飞船环绕地球一周后返回到地球。

加加林返回地球后受到苏联领导人赫鲁晓夫的接见

苏联的第一个太空人加加林成了苏联的民族英雄，在当时是人们崇拜的偶像。

动机和推进剂储箱。舱中的宇航员便是尤里·加加林，他于 1934 年 3 月 9 日出生在莫斯科近郊的格扎茨克镇。青年时期的加加林当过冶金工人，业余时间学习飞机驾驶。1955 年他加入空军，1960 年被选为首位航天员。

尤里·加加林所搭乘的"东方 1 号"在当日莫斯科时间 9 时 7 分正式升空。两分钟以后运载火箭助推级和第一级脱落，经过一分钟火箭头部整流罩被抛掉。9 时 12 分，第二级火箭分离，同时第三级火箭点火，经过大约 9 分钟的加速飞行，三级火箭连同飞船同步进入距地 180 ～ 230 千米的轨道。9 时 49 分，"东方 1 号"飞船进入地球阴影区，20 分钟后脱离阴影区。此间，加加林有幸在太空鸟瞰地球的身影："我第一次亲眼见到了地球表面形状。地平线呈现出一片异常美丽的景色，淡蓝色的晕圈环抱着地球，与黑色的天空交融在一起。天空中群星灿烂，轮廓分明。但是，当我离开地球的黑夜时，地平线变成一条鲜橙色的窄带；这条窄带接着变成蓝色，继而又变成深黑色……"

正当加加林陶醉于太空美景时，他的飞船缓缓降低轨道准备进入大气层。10 时 35 分下降舱分离后进入大气层，此时航天飞行进入回收阶段。在设计回收方案的过程中，总设计师科罗廖夫考虑到航天员的安全，提议采用海上回收的方式。但是，为了加强保密，时任苏共第一书记的赫鲁晓夫坚持要陆地回收。尽管陆地回收技术还不成熟，专家们还是想出了一个变通的方法，那就是只回收航天员而放弃返回舱，具体过程是：在返回舱降至离地 7000 米的高度时，航天员和座椅将被一道弹出舱外，再用降落伞回收。10 时 55 分，尤里·加加林安全降落在萨拉托夫地区恩格尔城西南 26 千米处。

加加林的首次飞天之旅共持续 108 分钟，绕地一周，实现了人类飞向太空的夙愿，轰动了全世界，同时也使美苏太空争霸进一步升温。

夸克模型的提出

Kua Ke Mo Xing De Ti Chu

科学的征程漫长而坎坷，而真正的科学家从来不畏艰险，勇往直前，把科学事业进一步推向前进。

20 世纪，物理学已在微观粒子领域开辟了广阔的天地。1928 年，狄拉克根据自己的电子运动方程预言了正电子的存在。每个电子带 1 个负电子，这是人尽皆知的事实常理，怎么会有正电子呢？正当人们匪夷所思之际，美国物理学家安德逊还真的在宇宙射线的云室照片中发现了正电子。继而又有人预言了反质子、反中子。1933 年，泡利和费米提出中微子假说，后在 50 年代得到证实。随着大型高能加速器的出现，Λ 超子、Σ 超子等质量比质子和中子大的超子，以及共振粒子相继被发现。

由于对粒子认识的进一步深入，科学家开始把目光转向了基本粒子的内部结构。1955 年，日本的理论物理学家坂田昌一提出所谓强相互作用粒子（即为重子、介子）复合模型。根据这一模型，这些粒子均由"基础粒子"——质子、中子和超子组成，同时他还

盖尔曼

默里·盖尔曼，1929 年出生于美国纽约的一个奥地利移民家庭。其父兄都很博学，他从小喜欢自然和语言学。15 岁时，盖尔曼考入耶鲁大学，四年后获得物理学学士学位，随之进入麻省理工学院研究生院，师从著名物理学家韦斯柯夫。1951 年 1 月，他获得博士学位，两年后成为助理教授，提出"奇异量子数概念"，名震粒子物理学界。1964 年，他提出著名的"夸克"模型，并由此获得 1969 年的诺贝尔物理学奖。此外，他还被授予其他许多奖项，如劳伦斯物理学奖、海涅曼奖等。但盖尔曼本人不为所动，仍默默地从事粒子物理研究。

粒子的基本组成

到目前为止，粒子被认为是组成物质的最小单位。对粒子的认识有利于提高对物质的认识，对高能物理的发展有重大意义。

轻子（单色）				夸克（蓝色）			
粒子名称	符号	静止质量 (Mev/C^2)	电荷量	粒子名称	符号	静止质量 (Mev/C^2)	电荷量
电子微中子	ν_e	～0	0	u 夸克	u	310	$\frac{2}{3}$
电子	e 或 e$^-$	0.511	−1	d 夸克	d	310	$-\frac{1}{3}$
μ 微中子	ν_μ	～0	0	c 夸克	c	1500	$\frac{2}{3}$
μ 子	μ 或 μ$^-$	106.0	−1	s 夸克	s	500	$-\frac{1}{3}$
τ 微中子	ν_τ	小于 250	0	t 夸克	t	假定的；超过 5000 ～18000	$\frac{2}{3}$
τ 子	τ 或 τ$^-$	1782	−1	b 夸克	b		$-\frac{1}{3}$

◆ 纳米技术 ◆

所谓纳米技术，是指在 0.1 ～ 100 纳米的尺度里，研究电子、原子和分子内的运动规律和特性的一项新技术。科学家们在研究物质构成的过程中，发现在纳米尺度下隔离出来的几个、几十个可数原子或分子，显著地表现出许多新的特性，而利用这些特性制造具有特定功能设备的技术，就称为纳米技术。纳米技术是一门交叉性很强的综合学科，研究的内容涉及现代科技的广阔领域。1993 年，国际纳米科技指导委员会将纳米技术划分为纳米电子学、纳米物理学、纳米化学、纳米生物学、纳米加工学和纳米计量学等 6 个分支学科。其中，纳米物理学和纳米化学是纳米技术的理论基础，而纳米电子学是纳米技术最重要的内容。

认为 η° 介子是存在的。坂田模型为粒子物理开辟了一个新的领域，但也遇到了前所未有的困难，如计量重子的质量。

1964 年，美国的盖尔曼在坂田模型的基础上更进一步提出：所有强子（强相互作用粒子的简称）都是由更基本的粒子组成。盖尔曼称该粒子为夸克。这一称谓据说来源于乔埃斯的小说《芬尼根彻夜祭》中的词句"为马克检阅者王，三声夸克"。小说中"夸克"只是模仿一种海鸟的叫声。盖尔曼用它为粒子命名。

盖尔曼提出夸克模型后，还对其进行了分类，上夸克（u）、下夸克（d）和奇异夸克（s）。他主张允许电荷为非整数值，以便构建更为简洁、完美的理论模型。具体一点就是上夸克带 2/3 个电荷，而下夸克和奇夸克所带电荷数分别为 –1/3、–1/3。质子由两个上夸克加一个下夸克组成，中子的构成则为一个上夸克和两个下夸克。他的说法后来为科学实验所证实。至于坂田模型的难题，他得出介子由一正一反两夸克组成、

维德罗线型加速器
这个加速器由两组漂移管组成，在半个振荡周期中粒子在两间隙运行，粒子每次越过一个间隙，其速度和能量就提高一次。

重子由 3 个夸克组成的结论，夸克的重子数为 1/3。如此一来，坂田的问题迎刃而解。

按照物质无限可分的思想，粒子的分割似乎永远也没有尽头。1965 年，中国的著名物理学家朱洪元等人提出强子的层子模型，认为强子由更为基本的粒子——层子构成。但其对层子的种类界定不是很清楚，认为既可能是 3 种，也可能是 9 种。

过去的几十年，科学家一直为此事耗费心神。1974 年 11 月，华人物理学家丁肇中和美国物理学家里克特的联合研究小组宣布了他们的新成果——发现 J/ψ 介子。随后，新粒子 ψ 又被他们捕捉到。1977 年，新介子 γ 被莱德曼发现，他测定该粒子质量为 J/ψ 的 3 倍，并将其命名为底夸克（b）。找到了底夸克，找寻顶夸克又被提上日程。

种种夸克，就属顶夸克难找。全世界顶尖的实验室，如费米实验室，顶尖的科学家，包括来自美国、日本、意大利等国的最优秀科学家以及华人科学家，各种超大型高能加速器等全部派上用场，就这样，一直到了 1994 年 4 月 26 日顶夸克才与世人见面。尽管如此，费米实验室的科学家出于谨慎考虑，认为仍需进一步证实。

说到这里，有人可能会问："耗费如此之多的人力、物力、财力研究夸克，到底有什么好处呢？"历史事实已经充分证明，人类对物质结构的认识深入一步，就一定会有巨大的效益回报人类。

发现脉冲星

Fa Xian Mai Chong Xing

脉冲星、蟹状星云示意图

1967 年底，剑桥大学的天文学家接收到了来自宇宙空间的微弱电波。当时这则消息被炒得沸沸扬扬，都说是外星球的智慧生命向地球发射的无线电波，但最终被证实是遥远的天体发出的射电波。

为了弄清这些电波的来龙去脉，剑桥大学的安东尼·休伊什教授专门打造了一台新型望远镜。它占地 12000 平方米，由 2048 个镜面组成。这台庞大的机器从 1967 年 7 月开始工作，密切注视天区的各个角落，以随时捕获从任何方位发来的射电波，观测结果由休伊什的研究生乔斯林·贝尔负

美、苏太空人大扫描

　　自从 1957 年苏联的第一颗人造卫星升上天后，美苏两国就争相发展太空事业。在美国的"阿波罗"宇宙飞船登月前，美苏两国已有数十人实现了"飞天"梦。这些人是经过严格的选拔和训练才成为宇航员的。一般来说，宇航员主要以科学家为主体，其次才是飞行员和其他方面的精英。这些人都是在工程、物理和生物学上具有相当经验的专业人才，并且他们还必须有不得少于 1500 小时的飞行经验。因此，这些人被称为科学太空人，他们进行的一系列太空飞行为日后登月等实践活动积累了许多经验。第一位进入太空的苏联宇航员是尤里·加加林，第一位进入太空的美国宇航员是艾伦·谢泼德。当然，在太空人的选拔上不一定局限在男性，特别是在苏联，他们率先启用了女性宇航员。

科林斯（Michael Collins）
美国空军中校，生于罗马。1952 年西点军校毕业后加入美国空军，在加州爱德华空军基地担任试飞员，测试实验飞机的控制性能。1963 年被选为太空人，曾参与"双子座 10 号"绕行地球，"阿波罗 11 号"登陆月球。

库柏（Leroy G. Cooper）
美国空军上校，1945～1946 年服役于海军陆战队，后进入夏威夷大学学习。1956 年进入试飞学院，测试实验飞机的控制性能，1959 年被选为太空人，曾参与"信心 7 号"和"双子座 5 号"的绕地飞行。

坎宁安（W. Cunningham）
美国科学家，海军预备役军官，加州洛杉矶分校物理学硕士。1951 年加入海军接受飞行训练。他曾在兰德公司任研究员。1963 年成为太空人，曾参与"阿波罗 7 号"的绕地飞行。

康斯坦丁·费奥科季斯托夫（Konstantin Feoktistov）
苏联工程师，莫斯科包曼高等工技学院工程硕士，曾参与人造卫星的首次发射工作，1963 年被选为太空人，曾参与"上升 1 号"绕地飞行。

加加林（Yuri A. Gagarin）
苏联空军上校，1951 年后在萨拉多夫学习技术和航空学。1957 年被选为试飞员。1958 年被选为太空人，参与了"东方 1 号"的绕地飞行。加加林是世界上第一位太空人。后来，在莫斯科附近坠机身亡。

格伦（John H. Glenn）
美国海军陆战队上校，生于俄亥俄州的剑桥。曾在马斯金格姆学院接受飞行训练。1959 年被选为太空人。1974 年当选为俄亥俄州民主党参议员。曾参与"友谊 7 号"的绕地飞行。

艾西尔（Donn F. Eisele）
美国空军上校，1952 年美国海军学院毕业，获太空学硕士，在新墨西哥州任实验飞行员，1963 年被选为太空人，曾参与"阿波罗 7 号"的绕地飞行。

斯塔福德（T. P. Stafford）
美国空军上校，1952 年美国海军学院毕业后转入空军成为试飞员。1962 年被选为太空人，曾参与"双子座 6 号"和"双子座 9 号"的绕地飞行。

捷列什科娃（Nikolayeva）
苏联空军上校。在学校求学 7 年后加入苏联空军，成为跳伞专家，并接受太空人训练。曾参与"东方 6 号"的绕地飞行。

怀特（Edward H. White）
美国空军中校，1952 年毕业于西点军校后转入空军。他是第一位漫步太空的美国人。因"阿波罗号"太空船失火与两名太空人一起丧生。曾参与"双子座 4 号"的绕地飞行。

扬格（John Watts Young）
美国海军上校，1959 年成为试飞员。1962 年被选为太空人。曾参与"双子座 3 号"和"双子座 10 号"的绕地飞行以及"阿波罗 16 号"登陆月球、"哥伦比亚号"太空梭第一和第六次飞行。

科马罗夫（V. M. Komarov）
苏联空军上校，曾就读于莫斯科空军学院。1959 年毕业于茹科夫斯基空军工程军事学院。曾参与"上升 1 号"和"联盟 1 号"的绕地飞行。

艾德林（Edwin Aldrin Jr.）
美国科学家、空军上校，1951 年毕业于西点军校，他是麻省理工学院博士。1963 年被选为太空人，曾参与"双子座 12 号"的绕地飞行和"阿波罗 11 号"登陆月球。

阿姆斯特朗（N. Armstrong）
美国空军飞行员。1955 年取得航空工程学位。1962 年因试飞 X-15 火箭飞机而获得夏尼特奖。同年被选为太空人。曾参与"双子座 8 号"的绕地飞行和"阿波罗 11 号"登陆月球。

柏瑞戈乌（G. Beregovoy）
苏联空军少将。"二战"后任空军试飞员，1956 年从莫斯科苏维埃空军学院毕业。1964 年被选为太空人。曾参与"联盟 3 号"的绕地飞行。

彼科夫斯基（V. Bykovsky）
苏联空军中校。1952 年入伍。飞行学院毕业后成为喷气式战斗机飞行员及跳伞专家，并任空军教练之职。曾参与"东方 5 号"的绕地飞行。

美国历次登月

登上月球一直是人类的美好愿望。在这方面美国人走在了世界的前列。1961年，美国总统肯尼迪宣布美国要在10年内实现登月。随后，美国政府启动了"阿波罗"计划，整个工程从1962年5月到1972年12月，历时近11年，耗资255亿美元，参加工程的美国企业有2万家、大学200多所和80个科研机构，参加这一工程的总人数超过了30万。先后将6批12名宇航员送上了月球。

4 指挥舱与登月舱的会合 在完成登月任务的过程中，登月舱载着宇航员登上月球，而指挥舱则留在空中，完成考察任务后，宇航员再乘坐登月舱离开月球，并在空中与指挥舱会合，指挥舱就带着宇航员返回地球。

5 "阿波罗17号"宇宙飞船在月球表面共活动22小时5分，采集了55千克多的月岩标本。这是地质学家斯密特在塔尔斯山的利特罗地区装置实验仪器。这些仪器可以对月球上的岩石、光照、温度和太阳辐射等进行测量，同时还可以对地球的某些情况进行有效的监测，并把监测结果发回地球。

2

1972 年 7 月 16～24 日，美国宇航员塞尔南、伊文思和地质学家斯密特乘坐"阿波罗 17 号"宇宙飞船经过 110 小时的飞行，安全降落在月球表面的利特罗山脉，塞尔南和伊文思在月球表面共活动 22 小时 5 分。他们采集了 55 多千克的月岩标本。整个登月过程飞行了 301 小时 52 分，飞行 236.8 万千米。

1969 年 7 月 16 日，美国宇航员尼尔·阿姆斯特朗和巴兹·奥尔德林和朗斯科林乘坐"阿波罗 11 号"宇宙飞船经过 102 小时的飞行，于 7 月 20 日安全降落在月球表面静海西南角，这是人类第一次登上除地球外的另一个星球。阿姆斯特朗第一个走出登月舱，踏上了月球。正如他所说，这是他个人的一小步，却是整个人类的一大步。阿姆斯特朗在月球表面活动 2 小时 14 分，奥尔德林在月球表面活动 1 小时 33 分，他们采集了 30 多千克的月岩标本。整个登月过程飞行了 195 小时 19 分，飞行 153.2 万千米。

"阿波罗 11 号"宇宙飞船上的宇航员尼尔·阿姆斯特朗和巴兹·奥尔德林在月球表面安置测量月球震动的月仪。通过这些装置可以测量月球对地球的影响，进而加深对月球的研究。

进行太空作业是经常进行的太空科研活动之一。图为一名太空人正在利用太空船内一名同事所操作的遥控手臂向货舱运动。自己单干或与同事合作在现代太空航行中十分普遍，例如，在修复哈勃太空望远镜时就是在几名宇航员的合作下完成的。

◆ 关于中子星 ◆

　　中子星全部由致密的中子结合形成，体积很小，一般为恒星。许多中子星直径只有几十千米，却具有普通恒星的质量，所以其密度极大。如若太阳变成一颗中子星，其直径不会超过 30 千米。中子星密度之大可见一斑。形象一点说，一汤匙的中子星物质，质量就相当于一座大山。假使一小块该物质从空中坠落到地表，地球会被轻而易举地穿透，中间留下一个小洞。到时我们人类就可以用一根钢柱穿过地球，地球便有了一个名副其实的地轴了。不过从地球诞生之日起到现在，以至将来，这种情况出现的概率几乎为零。其实，真有这么一颗中子星给地球义务打眼，也未必是件好事。

责记录。

　　一个多月的时间过去了，贝尔从未间断过，在记录、描绘这种射电波曲线时，贝尔有时会发现某些异常现象。其特征既不像一个稳定的射电源发出，又不像人为无线电干扰。她初步分析后认为这来自于宇宙空间。又过了一段时间，她发现，这些电波由一系列脉冲组成，而相邻脉冲的时间间隔竟然都是 1.337 秒。

　　贝尔兴冲冲地把这个结果告知导师休伊什，他也大为惊讶。师徒经过一番考虑，弄不清这到底是怎样一回事，只是感性地认为这是外星人发来的信号。他们的一个小小猜测，被外界媒体得知后，马上被炒得热火朝天。"外星人"这个词汇在当时绝对是人们街谈巷议、各大报纸上出现频率最高的，这使得休伊什为自己的鲁莽有几分后悔。他一面组织专门研究小组，一面让贝尔继续观察、记录，并让她把结果打印在纸带上，以便分析比较。没过几天，贝尔又发现类似的信号从不同的天区传来，脉冲间隔为 1.2 秒。他们想：怎么会在茫茫宇宙中有两批外星人同时向微不足道的地球发射信号呢？这种信号一定是某些天体自身产生的。根据当时发现的信息，休伊什分析认为，发出这种电波的天体应该是一种脉动着的恒星，它不断变形，时而膨胀时而收缩，每变幻一次就伴随着一次能量爆发。于是他形象地称之为脉冲星。

　　根据这些射电波，天文学家们很快就测定了脉冲星的确切位置，然后又通过光学望远镜加以搜索。出人意料的是，在被认为是脉冲星的位置却明白无误地存在着一颗完全正常的恒星，根本就没什么脉动、膨胀和收缩。

　　其实这些所谓的脉冲星对人类来说也许并不陌生。比如关于金牛座旁边的所谓脉冲星，我国古代天文学家于 1054 年在此区域发现了"客星"，现在称之为超新星。超新星爆发后产生蟹状星云余迹。1968 年，天文学家探测到了蟹状星云方向的脉冲星信号。千年前的"客星"与脉冲星是怎样一种关系，这片星云中是否就有一颗脉冲星呢?

尽管这些问题目前还没有搞清楚,但天文学家还是确认脉冲星与超新星爆发的联系:超新星爆发后,其残余部分就会发出脉冲信号。此后不久,人们又探测到了从船帆星座传来的脉冲星信号,并测出其周期为 0.09 秒。如此短暂的周期又引发了科学家们新的思考。进一步研究发现,在极短的周期中,脉冲信号结构仍很复杂,万分之几秒内就可能发生较大变化。根据脉冲强度的细微变化,科学家们可以推断出该天体的大小。结果测得脉冲星的直径不超过几百千米,甚至几百米。如此小的体积却能产生极其强烈、快速的辐射,且脉动周期非常稳定。按照天文规律,它的密度必须相当之大,才能保证振荡周期短且稳定。然而,即使是密度极大的白矮星也做不到这一点。

既然人们循着常规思路找不到答案,大胆的猜想就会破壳而出。德国人 W. 巴德和瑞士人 F. 兹威基提出,白矮星的亚原子粒子在一定条件下,可以全部变为中子,紧密地结合在一起。这时的恒星密度极大,可以达到每立方厘米数十亿

自转轴
磁场
中子星
射电波束
磁极

脉冲星的结构

可见脉冲

少数几颗脉冲星在发出射电脉冲的同时也发出闪光。蟹状星云每秒闪 30 次。另一颗脉冲星——船帆座超新星遗骸每秒闪 11 次。

脉冲消失　　　　　　　　　脉冲存在　　　　　　　　脉冲消失

脉冲星示意图
这是脉冲星从出现到消失的一个全过程。

吨。美国的汤米·哥达德在此基础上提出，脉冲星是自转的中子星。他的这个解释不但解决了关于脉冲星体积小、质量大的问题，而且诠释了它高速自转的疑惑，被认为是较为合理的说法。

哥达德的这一理论澄清了脉冲星的构成问题，成为 20 世纪天体物理学的最伟大成就之一。

阿波罗登月

A Bo Luo Deng Yue

20 世纪 60 年代，美苏两国在太空领域的争霸赛愈演愈烈，苏联 1961 年完成了首次载人航天飞行，美国便提出一定要第一个登上月球。

著名的"阿波罗"登月计划就在这样的背景下诞生了。1961 年 5 月，美国总统肯尼迪正式签发总统令批准这一计划，并于 6 月 2 日向外界公布：美国要在 10 年内，把一个美国人送上月球，并使他返回地球。

"阿波罗"登月其实是一组计划，它包括"水星"计划、"双子座"计划和"土星"计划。前两个计划只是为登月做准备，做一些试探性工作，第三个计划才是真正的登月，但若是没有前两个计划的铺垫，第三个计划也就失去了意义。"水星"计划要求把宇宙航天员送入太空，以测试人在太空中生存、活动的能力，美国于 1963 年 5 月 15 日成功发射"水星 1 号"载人飞船，取得人在太空生存的基本经验和数据，标志着"水星"计划的圆满完成。"双子座"计划相对复杂一些，它首指令舱进入地球上空120千米处的大气层。

靠近地球时，指令舱与服务舱分离。

指令舱、服务舱和登月舱继续飞往月球时，火箭的其余部分脱落。

登月舱降落在月球表面。

从卡纳维拉尔角发射。

宇宙飞船曳降落坠入大海。

"土星5号"的引擎点燃，准备将"阿波罗"宇宙飞船送往月球。

宇航员对接进入太空舱，登月舱被丢弃。

指令舱和服务舱绕月球运行，等待登月舱的返回。

登月示意图

这是"阿波罗"宇宙飞船登月到返回的全过程示意图。科学家在20世纪50年代就掌握了这个理论，但把它变为现实则是1969年7月的事。

先要进行两个航天器太空对接实验，其次要及时发现和解决人在太空中长时间滞留可能引起的生理、心理问题。经过近两年的筹备，美国在1965年成功发射"双子座3号""双子座6号"和"双子座7号"宇宙飞船。其中"双子座6号"和"双子座7号"在太空完成对接，从而奠定登月的技术基础。"双子座"系列飞船在太空滞留两周，宇航员没有出现异常反应。由此"双子座"计划成功结束。最终就只剩下担当完成登月这一神圣任务的"土星"计划。

完成"土星"计划的任务由1965年4月发射的"土星5号"火箭担任，它是在冯·布朗主持下设计完成的。这绝对是一个庞然大物，它的总长度超过85米，立起来相当于30层楼高，其推动力分为三级，总推力达3400吨。"土星5号"承载的阿波罗飞船分为指令舱、服务舱、登月舱三个主要部分。

历经9年数百万人艰苦卓绝的努力，耗资250亿美元，美国终于在1969年7月16日将"阿波罗11号"宇宙飞船发

"阿波罗15号"宇航员吉姆·埃尔

在月球上，登月舱就是宇航员的家。

月球车是一个类似吉普车的电动车

何为"阿波罗"

1967年7月，美国首次完成登月之旅"阿波罗"计划，那么阿波罗为何物？

原来，阿波罗是古希腊神话中诸神之一，他神通广大。他掌管许多事情，但主要角色还是太阳神，也称为光明之神。神话中的阿波罗还英勇善战，杀死巨蟒和巨人提提俄斯，曾获得赫耳墨斯发明的七弦琴，所以又被奉为战神和音乐之神。他曾为行路人、航海者提供庇护，广受人们爱戴。阿波罗在人们心中的形象是手执七弦琴、方箭、神盾，极为英俊、勇武。罗马帝国的皇帝奥古斯都宣称自己为阿波罗的儿子，还下令建造了供奉阿波罗的庙宇。

现代流传下来的还有古希腊雕刻家以阿波罗作为男性美象征创造的艺术品，其中许多都是极具珍藏价值的极品。

射升空，开始了人类历史上第一次登月之旅。这次飞行涉及地球、月球间的轨道切换，因而比一般人造卫星的绕地飞行复杂得多。

"土星5号"发射后，第一级火箭以强大助推力很快使箭体升到62千米的高度。此时，它的燃料也耗尽，与箭体脱离，旋即二级火箭点火。几分钟后，二级火箭在距地174千米高度耗尽并自动脱落。然后由第三级火箭把飞船送上近地轨道，完成从近地轨道向月球轨道的切换。尽管这时三级火箭的燃料业已耗尽但还不能立即脱落，而是指令—服务舱先与火箭分离，继而翻转与登月舱完成对接。这一对接确认成功后，宇航员才能抛掉第三级火箭。

这时飞船已进入月球区，但要在

月球基地

在未来的50年内，月球上或许就会出现永久性的基地，配有研究恒星的望远镜，还能提炼月球上丰富的矿产资源。这些基地同时也是探测者们进入太阳系更深处的中转站。

通讯天线，转接来自地球和发往地球的信息

月球车装载月球上的居民

太阳能电池板为生活区提供能量

生活区埋在土下，以防月球居民受到极端温度和太阳辐射爆发的影响

月球轨道上运行，还要完成一次机动减速，否则就会
越过月球进入外空间失去控制，再也无法返回地球。
但事实上这次机动减速很成功。飞船平稳进入月球
轨道。然后登月舱与指令—服务舱分离，单独滑入
下降轨道，最后在月球表面降落，时间是 1969 年
7 月 21 日 4 时 17 分 43 秒（休斯敦时间）。航天员
阿姆斯特朗走出登月舱，踏上月球表面，激动万分，
他说："这一步，对我个人而言只是一小步，而对
于整个人类而言却是一个飞跃。"

宇航员依次踏上月球表面，他们把一枚具有特
殊纪念意义的金属牌和以前几位殉难航天员的像章
放在月球地面上，接着安放好几种科学实验仪器，
采集了 60 磅月球的石块和土壤标本，然后向地球传
回了在月球上所拍摄的照片。

在完成既定任务后，航天员驾驶登月舱离开月
球，与空中的指令—服务舱会合对接，返回地球。

至此，"阿波罗"登月计划大功告成。之后，
从 1970~1972 年，美国又先后发射了"阿波罗 12 号"
到"阿波罗 15 号"4 艘登月宇宙飞船，除"阿波罗
13 号"登月失败外，其余的几次都获得了成功。

"长征"系列火箭

1970 年，中国用"长征"火箭成功
发射了第一颗人造卫星，到现在为止，
"长征"系列火箭已经发射 60 多次，
成功率保持在 95% 以上，它是世界上
最为安全可靠的火箭之一。

"阿波罗"系列登月飞船先后将 12 名宇航员送上了月球。他们在月球做了许
多非常有意义的科学实验，最终实现了人类"奔月"的梦想。

◆ 空间站 ◆

空间站是环绕地球运行的半永久性的空间实验室，用来进行长时间的科学
和应用研究，世界上第一个空间站是"礼炮 1 号"，它是 1971 年 4 月 19 日苏
联发射的小型实验性空间站。4 月 23 日，由"东方"号火箭把载有三名宇航员
的"联盟 10 号"飞船送入太空。24 日，飞船和空间站对接成功，5 个半小时后
飞船与空间站分离，然后飞船载着宇航员安全返回地球。6 月 7 日，空间站又
与"联盟 11 号"飞船对接，飞船中的两名宇宙员顺利地进入到空间站工作，经
过 24 天后宇航员又回到飞船并与空间站分离，但在返回地球的途中，三名宇航
员因飞船爆裂而牺牲。1977 年 9 月 29 日，苏联又成功发射了"礼炮 6 号"，
这是最早的正式空间站。

探索生命的奥秘

Tan Suo Sheng Ming De Ao Mi

桑福德基因枪

这种由桑福德发明的基因枪能将遗传因子直接高速射入细胞中，从而改变其结构。

从古至今，最玄妙的莫过于两个领域：一个是宇宙，另一个就是生命。20 世纪人类对宇宙的研究已取得丰硕成果，而对于生命的研究才刚刚起步。探索生命的奥秘，基因是重要的突破口。

基因，是英文 "gene" 一词的音译，即为遗传因子，实际就是在染色体上呈线性排列的 DNA 分子片段。它一方面通过复制把遗传信息传给子代，另一方面使遗传信息在子代个体发育成长过程中得以表达，从而使后代表现出与亲代相似的性状。基因完成这一功能主要靠 DNA 片段的性质。1953 年，詹姆斯·沃森和克里克发现 DNA 的双螺旋结构，确定了其化学本质。20 世纪 60 年代本茨又提出，基因的内部具有一定的结构，即突变子、互换子、顺反子三种不同的单位。DNA 分子上的一个碱基变化就可导致基因突变，可以视为突变子；若两个碱基之间发生互换，就是一个互换子；而具有特定功能的某段核苷酸序列作为单独的功能单位则为顺反子。

基于基因的这些特征，科学家们萌发了破译遗传密码的想法，事情还得从 1953 年说起。这年夏天，沃森和克里克在美国冷泉港学术讨论会上发表了他们关于 DNA 结构及其遗

◆ 基因疗法 ◆

随着对基因研究的深入，人类科学家发现许多病变源自于基因结构和功能的改变。于是诞生了所谓基因疗法，即运用基因工程的技术方法，将健康的基因转入患者的细胞，以取代病变基因，以表达原来缺乏的性状，或关闭、降低病变基因已表达的异常性状，最终达到治病的目的。第一例基因治疗出现在美国。1990 年，两名小女孩由于腺苷脱氨酶缺乏而患联合免疫缺陷症，科学家运用基因疗法为其治愈了该病。1991 年，中国首例 B 型血友病的基因治疗也获得成功。

传含义的研究成果，一石击起千层浪。与会者围绕这一问题展开热烈的讨论，后来会议的中心议题就转到怎样对四种不同的碱基进行排列组合才能形成 20 种不同的氨基酸。令人意想不到的是，第一个提出遗传密码设想的竟是物理学家伽莫夫。1956 年，他还专门为此发表文章论证碱基的个数和密码组合。但真正取得实质性进展的是莫诺和雅各布。他们发现一个有趣的现象，即信使 RNA 把从 DNA 接收到的遗传信息带到细胞内合成蛋白质的部位，使蛋白质合成有章可循。那么信使 RNA 与蛋白质又是怎样联系的呢？研究证明，二者之间唯一的纽带就是遗传密码。

1961 年，德国科学家马太和美籍德国人 M.W. 尼伦贝格确认了苯丙氨酸的密码就是

基因排列顺序图表
基因技术对于遗传、医学、生物等科学领域均有重要的价值。

DNA 遗传物种信息
用酶从某一生物体上切下 DNA 片段，然后嫁接到另一生物体的 DNA 中，这样就实现了不同物种之间遗传信息与特性的转接。

人类 DNA 排序
科研人员在研究人类基因重组的排列顺序。

DNA 双螺旋结构模型

RNA 上的尿嘧啶。接着他们又发现，向大肠杆菌的无细胞提取液中加进由单一尿嘧啶组成的核酸时，就会产生由单一苯丙氨酸构成的多肽长链。这样第一个密码破译宣告成功：苯丙氨酸的密码子是尿嘧啶。稍后，脯氨酸和赖氨酸等的密码子相继被破译。根据同样的思想，尼伦贝格又设计了更为精确、严密的实验，他与克里克一道破译了更多遗传密码，编成生物学史上具有里程碑意义的遗传密码表。

既然人们已经可以成功破译遗传密码，那么基因重组也就不再是遥不可及的事了。20 世纪 50 ~ 60 年代，DNA 重组技术（又称为基因工程）几乎与破译遗传密码同时兴起。所谓的 DNA 重组就是把不同来源的生物基因进行必要的切割拼接、重组，之后转入生物体内进行复制、表达，以培育出符合人们需要的生物个体。

1968 年，瑞士科学家阿尔伯分离出限制性内切酶，两年后美国微生物学家史密斯分离出专一性更强的限制性内切酶，专门用来识别 DNA 序列。1971~1972 年，美国生物化学家伯格就用一种内切酶切开 SV40 病毒的环状 DNA，再与被切开的外源 DNA 片段黏合在一起，最终人为地制造出一种杂交分子，重组 DNA 技术从此产生。该技术诞生后发展得很快，到 1977 年，美国科学家就运用这项技术合成了人的生长激素释放抑制因子。第二年，又有科学家用同样的方法研制出胰岛素。

从基因重组技术诞生之日起，基因工程技术一直在如火如荼地向前发展。进入 20 世纪 80 年代后，人类基因组计划也被提上日程。

从 DNA 到遗传密码的破译，再到基因工程，人类对于生命奥秘的探索一步步深入。相信不远的将来，其神秘面纱会被彻底揭开。

海洋探索——海洋学的兴起

Hai Yang Tan Suo Hai Yang Xue De Xing Qi

我们居住的地球大部分被水覆盖，是名副其实的水球。而人类将自己定格为陆地动物，对海洋知之甚少，利用的就更少。但这一情况到了20世纪中后期才逐渐有所改观。

人类在陆地上繁衍生息了近300万年，目前世界人口数量已超过70亿。狭小的陆地已被这么多人压得喘不上气来，于是人口爆炸、粮食不足、资源枯竭、能源危机等一系列问题接踵而至。面对这些问题，许多国家把战略目光投向了广阔的海洋，开始了对海洋探索的历程，随之而来的是海洋学的方兴未艾。

提到海洋探索，人们就会想到海洋石油、天然气的开发和利用。不错，海底蕴藏着极为丰富的石油和天然气资源。但由于海上油气勘探与开采要比陆地上复杂得多，很长时期内人们只能望洋兴叹。不过，随着科技进步人们发明了栈桥式井场和海上固定平台，1933年，美国在墨西哥湾建成第一座木质固定平台。战后的1947年，美国又建成第一座钢质固定平台，该平台安装水深6米。为了更好地预防水腐蚀、降低成本，人们又发明了钢筋混凝土重力平台。大多数国家已注意到了海上油气开发的重要作用，目前在这一领域走在前列的国家主要有美国、英国、沙特阿拉伯和委内瑞拉等。

英国在北海的钻井平台——石油勘探设备
人们开发和利用海洋的根本目的是利用海洋资源为人类造福。海洋石油勘探就是其中的一种。

海洋能源不仅包括石油、天然气，还有潮汐、波浪、海流、海水温差等洁净能源。

有关资料显示，海洋中仅潮汐能一项就达到 $1.0 \times 10^9 \sim 3.0 \times 10^9$ 千瓦。法国

西亚等国的海水淡化装置
这是科威特沿海的海水淡化装置，它每天可以淡化 50 万加仑的海水，大大缓解了科威特城居民缺水的困难。

在这方面走在前面，于 1966 年建成专门利用潮汐发电的朗斯电站。这座电站目前仍为世界上最大的潮汐电站。另外，以前被人们忽视的波浪也蕴含着丰富的能量，预计 1 千平方米 / 秒的波浪即可产生 2.0×10^5 千瓦的能量。世界的海洋如此辽阔，其波浪所蕴含的巨大能量可想而知。1964 年，日本有人开发了一种波浪发电装置，主要用于解决航标灯的电源问题，后经改良，在世界各地尤其是濒海国家和地区大量销售。目前，许多著名港口的航标灯即采用这种装置供电。估计这仅仅是人们利用波浪能的开端。

除了直接利用海洋蕴含的内能、机械能外，人类还要通过海洋解决一个关乎生死存亡的大问题——淡水问题。

尽管地球的 71% 为水所覆盖，但 97.2% 的是苦涩的海水，淡水多集中在两极冰川。实际上可供人类直接利用的淡水仅占全球淡水的 0.34%，约为 3.5×10^8 立方米。水是生命之源，70 亿人口只有这么一点点淡水，显然太少了，怎么办？人类再次向海洋伸出了求

世界洋流分布图
广阔海洋中的洋流也蕴藏着巨大的能量。合理开发利用洋流不失为一种解决能源危机的好办法。

◆ 海洋资源概览 ◆

据科学测定，海洋蕴藏着巨大的能源和矿物资源。海洋的波浪、潮汐能等再生能源理论储量不低于 1.5×10^{11} 千瓦，其中可直接开发利用的也可达到 7×10^9 千瓦，比世界当前发电总量的 10 倍还要多。除此之外，海洋蕴藏的矿物也多得令人咋舌，其中镍为 1.64×10^{10} 吨，钴有 5.8×10^4 吨，锰超过 2×10^{11} 吨，铜也有 8×10^9 吨。这些储量相当于陆地上的 40～1000 倍。

援之手。

目前，一些国家采用蒸馏法、电渗析法淡化海水已初显成效。截至 1980 年 6 月，世界上运行的淡水装置已达 956 套，日造淡水 5.52×10^6 吨。意大利已建成日产淡水 36000 吨的单机设备。电渗析法主要依靠膜分离技术，也已经比较成熟，但造水能力有待进一步提高，目前电渗析法造水仅占总造水能力的 3.7%。其中美国在利比亚班加西地区的苦咸水淡化厂日产淡水 19200 吨，是现在世界上规模最大的电渗析淡化水厂。

总之，无论是开发海底的石油、天然气资源，还是充分利用海洋的潮汐、波浪、海水温差等能量，以及淡化海水都离不开海洋科学技术的发展和进步。加之海洋能源密度相对较低，实施条件极为复杂多变，这就对海洋学的研究者提出了更高的要求。

海洋能源储量大、污染小，又是再生能源，因而其前景十分光明。科学家预计，21 世纪注定是海洋的世纪，蔚蓝色的世纪。

福建沿海海洋利用示意图
我国有漫长的海岸线，对海洋能源的利用还处于研发阶段。在我国福建沿海已建立了许多研究利用海洋能的装置。

神通广大的计算机

Shen Tong Guang Da De Ji Suan Ji

电子计算机是 20 世纪人类最伟大的发明之一，它的出现改变了整个世界的面貌。

在真正的计算机诞生以前，人们很早就制造出一些计算工具，并不断地加以改进。我国早在春秋时期就出现"算筹"，到唐代又有了算盘，使计算的效率大为提高。近代西方则出现了较为系统的计算机械。如 1642 年法国人帕斯卡发明机械式 8 位加法器。莱布尼茨最早提出二进制法则，并于 1671 年研制出可做四则运算的运算器。1822 年，英国人巴贝吉制成"差分机"，可以用来计算多项式。1888 年，美国人赫曼·霍列瑞研发出更为先进的数据处理机，该机械 1890 年被用于美国人口普查，第一次显示了计算机的高效率。从此，计算机的发展进入快车道，每隔几年就有一种新的计算机器问世。

进入 20 世纪 40 年代以来，人们已探索使用电器元件制造计算机。同时，英国人弗莱明发明的电子管和美国人德福雷斯特发明的真空三极管也为电子计算机的发明准备了必要的物质条件。

在电子计算机出现的基础技术、物质条件都已具备的时候，第二次世界大战又对计算提出了更高的准确度和速度的要求，这使得电子计算机的发明成为必然。

帕斯卡计算器复原模型

法国人帕斯卡在 17 世纪设计的计算机是世界上最早的可用于计算的
一种机器，但它还不是真正意义上的计算机，只能说是一种计算器。

◆ 光计算机 ◆

从真正的计算机诞生之日起，"电子计算机"（或电脑）的称谓一直沿用至今，是因为过去和现在的计算机无论落后还是先进，都是以电子来传递信息。鉴于光子的传播速度（30万千米/秒）是电子速度的300倍，科学家近年来着手研制光计算机。这种计算机以光子代替电子，利用光信号进行计算、传输、存储以及信息处理。与电子计算机相比，光子计算机有许多优势；如光子传播速度快、精度高、抗干扰力强，成千上万条光线可同时穿越同一光子元件，各行其道，互不干扰。

这一领域的研究，欧盟和美国走在前列，现在光计算机的关键技术已颇为成熟，相信光计算机投入使用为期不会很远。

1942年8月，专门负责为美国陆军提供准确数据的阿伯丁弹道实验室会同宾夕法尼亚大学莫尔学院电工系，提出了电子计算机的设计方案——《高速电子管计算装置的使用》，简称ENIAC。这项伟大的工程由年轻的埃克主持领导，经过多次挫折与失败，历时数年，耗资50万美元，终于在1945年底宣告竣工。1946年2月14日，人类第一台真正的电子计算机（ENIAC）举行正式揭幕典礼。ENIAC是一个庞然大物，它居然占据6个厂房，体重超过30吨，但脑子反应并不算快（每秒运算5000次），稳定性也不济。但相对于过去的计算机，ENIAC取得了很大的进步，可以说开创了一个新的时代。

巴贝吉设计的差分机

这是英国人巴贝吉在19世纪设计的"差分机"，它实际上也是一种相对复杂一些的计算器而已。与真正意义上的计算机还有很大差距。

第一台电子计算机诞生后，以强大的生命力迅速发展。依据计算机硬件的逻辑单元的不同，在短短的几十年里，经历了电子管，晶体管，中小规模集成电路，大规模、超大规模集成电路等发展阶段。

第一代计算机（1946～1957年），基本线路采用电子管结构，程序主要用机器代

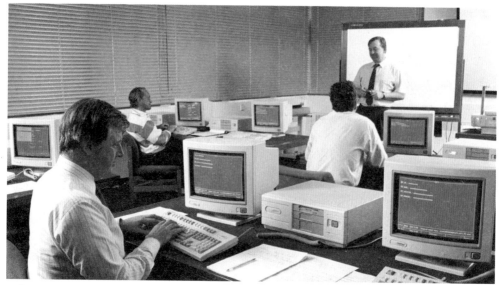

现在计算机已成为人类工作生活中最有效的助手

随着科技的进步和计算机的普及，它已经成为人们工作和学习的重要助手，尤其是航空航天、天气预报、可控核聚变、可控核裂变等领域，更离不开计算机。

码和汇编语言。它主要用于科学计算。第二代计算机（1958 ~ 1964 年），采用分立元件晶体管，减小了机器的体积和能耗，使在飞机上安装计算机成为可能。很快，计算机发展到了第三代，即集成电路、大规模集成电路计算机。这时的计算机已开始使用半导体存储器，性能更为优良，在 20 世纪 60 年代的美、苏争霸赛中派上用场。新式武器、航空航天技术等都需要先进的计算机控制。与此同时，IBM公司意识到计算机在商业领域的巨大潜力，投巨资设厂生产出 IBM360 集成电路系列机。从 1970 年开始，计算机进入第四代，在器件方面，使用大规模、超大规模集成电路。它同时向两个方面迈进：其一，规模进一步扩大，形成阵列式计算机；其二，发展超小型计算机，计算机技术充分发展，大大减轻了人脑的劳动强度。从此，电子计算机广泛应用于生产、生活的各个领域。

1976 年，美国科学家用计算机证明了困扰数学界百余年的四色定理。随后，人们又开发出下棋系统、自然语言理解和翻译系统、机器人控制系统等针对各种问题的专家系统。进入 20 世纪 80 年代以后，精确制导导弹、飞机、舰船等复杂系统，如果离开计算机简直寸步难行。在农业、工业、商业和社会管理等领域，电子计算机也发挥着越来越重要的作用。之后，计算机又进入人们的办公室和家庭生活，给人们的工作和生活带来了很多方便。

20 世纪 90 年代后，随着多媒体技术、互联网的出现和发展，计算机把整个世界缩小成了"地球村"，一场新的信息科技革命正在蓬勃展开。毋庸置疑，电子计算机必将更加深刻地影响人类的历史进程。

多莉羊和克隆技术

Duo Li Yang He Ke Long Ji Shu

"克隆"是英文 clone 一词的音译，原意为通过体细胞进行无性生殖，从而使后代个体的基因型与母体完全相同。

这一技术名称先是出现在科幻小说中，如《侏罗纪公园》就叙述了一些思想单纯的科学家被不法商人所利用，克隆出7000万年前恐龙的故事。不过，这种科学幻想在1997年真的变成了现实。

1997年2月27日，英国相当权威的科学杂志《自然》刊登了一篇震惊世界的论文。该文称人类首次使用"克隆"技术，于1996年7月5日成功地培育出了一只绵羊，并取名为多莉。原来该项目是由伊恩·威尔莫特和基思·坎贝尔领导下的爱丁堡罗斯林研究所完成的。伊恩·威尔莫特等人先利用化学

第一只用"克隆"技术繁育出的羊——多莉

制剂促使一只成年母羊排卵，之后将该卵子小心取出放入一个极细的与羊体同温的试管，再用特制的注射器刺破卵膜，吸出其中的染色体物质。这时原来的卵原细胞仅剩一个空壳。接下来他们又从另外一只6岁母羊的乳腺中取出一个细胞，并抽去细胞核，然后将其与先前的空壳卵原细胞融合，生成新的卵细胞。最后，工作人员对这一新细胞进行间断的电击。奇妙的事情发生了，这一细胞竟以来自乳腺细胞的遗传物质作为基础，开始分裂、繁殖，形成胚胎。威尔莫特和坎贝尔在对胚胎培育一段时间后，将其移植到第三只成年母羊的子宫内。5个月之后，这头绵羊生下了一只由体细胞合成胚胎发育成的小母羊羔。

小家伙生下来时白白胖胖，一身卷毛，煞是可人。它在

B羊　提供未受精卵细胞　　　　　　　A羊　提供体细胞核

卵细胞

体细胞

取出 B 羊的卵细胞

取出 A 羊的体细胞

将未受精卵的
细胞核去掉

从体细胞中分
离出细胞核

把分离出的体细胞核移入
去核卵细胞中

将分裂到一定阶段的胚胎
植入代理母亲体内发育

多莉是世界上第一只由成年动
物体细胞培育出的哺乳动物。
它的出生，标志着人类的生物
技术又迈进了一个新的里程。

C羊　代理母亲

多莉诞生了

多莉的遗传特征应与体细
胞核提供者 A 羊一致。

◆ 转基因技术 ◆

　　转基因技术又称为重组 DNA 技术，即将不同种生物携带的遗传物质进行重新组合，进而培育出新的生物种类。目前，人们已经能够用微生物将固氮基因转移到谷物等非豆科植物中去，以期产生更为优良的作物品种。这尚且还可以理解。但有人妄图通过转基因技术打破人和动物之间的界限，制造出生理上的"狼人""猪人"等，就显得离经叛道。另外，科学家在实验室中把高等生物的遗传物质同细菌的遗传物质结合，造出自然界原本不存在的"杂种生物"，是否会具有某种致病性也值得考虑。21 世纪，生物科技有着更为广阔的发展空间，但任何人都不应只凭个人兴趣或猎奇心理来进行科学探索，而要以全人类的幸福与进步为底线。

出生后 7 个月体重就超过 40 千克，而且活泼好动，威尔莫特以乡村歌手多莉·帕顿的名字为之命名。

　　多莉的诞生，一时间成了世界关注的焦点。关于克隆技术的争论也随之而来。从生物学的角度来讲，绵羊和人同属于哺乳动物。克隆羊成功了，那么克隆人也就不远了。但我们是不是要克隆人呢？答案出现分歧。

　　多数人认为不要。这些人的论据是克隆人的出现违背了自然常理，会形成对旧有社会道德、伦理关系的冲击，甚至使之崩溃。他们举例说，父亲的体细胞核可以与女儿的去核卵组合形成新的卵细胞并在女儿的子宫着床发育，最终生出翻版的"父亲"。这显然有悖人伦。而反对者则强调，即便没有克隆技术，乱伦事件也没有杜绝。该技术出现以后，这类事情完全可以由道德和法律去约束。

　　伦理问题还没有解决，生育模式的问题又出来了。克隆技术完全可以打破传统的生育模式（即精子和卵子相配形

碱基序列
从 20 世纪 80 年代，人们开始用机器解读 DNA 上的碱基序列。

DNA 的作用

1953 年，人们发现了 DNA 的结构模型，揭开基因的物质基础，这一发现是 20 世纪最伟大的发现之一。在此以前，人们只知道 DNA 含有核糖、磷酸和 4 种碱基。但是，科学家不知道这些物质是如何组成在一个 DNA 分子中的。DNA 分子的结构一定能代表某种遗传信息，因此它的结构一定是能够复制的，沃森和克拉克提出的双螺旋结构就符合这两个标准。

成受精卵），它只需要体细胞和卵细胞浆。照此推理，单身女子或女同性恋者也可实现名正言顺的生育。有人认为这会带来一系列社会问题，而有人则说这是人权的进步。孰是孰非，至今也未见分晓。

除了以上谈到的两个问题，还有一个更棘手的难题：即人权罪恶、历史罪恶问题。身体安全不受侵犯是最基本的人权。而一些人在克隆人还没有出现就开始计划把他们作为人体器官的供应者应用于医疗领域。克隆人也是人类的一员，这样做显然是对人权最严重的亵渎和践踏。至于历史罪恶，则指别有用心的人恶意克隆历史上的罪人，如希特勒、东条英机等，以使他们再度为恶人间。但这种想法变成现实的概率很小，因为一个人的思想、能力、所作所为是要受到历史条件制约的，单纯生物个体的复制不会达到复制历史的目的。

也有人十分憧憬克隆人的出现。比如不能结婚生育的人要求克隆自己，一对不能再生的夫妇要求克隆他们夭折的孩子，还有人要求克隆被突发性事故或灾难夺去生命的亲人。这些要求看起来都是合理的。某些科学家也表示，坚决要克隆人。

克隆技术究竟给人类带来灾难抑或幸福，不是该技术所决定的。科学技术本身是中性的，关键在于人类如何去利用它。

中国卷

神农尝百草——农业的起源

Shen Nong Chang Bai Cao Nong Ye De Qi Yuan

神农，是传说中远古时代的"三皇"之一。他勇尝百草，教民农耕，是我国医药业和农业的始祖。

远古时期，五谷和杂草长在一起，药材与百花开在一处，哪些植物可以做粮食、哪些药草可以治病，谁也分不清。随着人口的不断增长，人们越来越需要更多的食物。

当时，科学发展水平十分落后，人们对满山遍野的植物不是十分了解，经常因为饥饿而误食有毒的植物，又因没有药来治疗而死掉。

神农尝百草图
相传神农在尝百草的过程中发现可以食用、药用的植物。

伟大的神农看到了黎民百姓的疾苦，他下定决心要亲口尝一尝各种野生植物的滋味，以确定哪些植物可以吃、哪些植物不能吃、哪些植物好吃、哪些植物不好吃。虽然他心里非常清楚，他很有可能会吃到有毒的植物而死掉，但是为了百姓从此不再忍饥挨饿，为了人民以后不再吃到有毒的植物，他挺身而出。

关于神农尝百草，民间流传下来许多美丽的传说。据说有一次，他把一棵草放在嘴里一尝，不一会儿就感觉到天旋地转，栽倒在地上。随从慌忙把他扶起来，他心里知道自己中了毒，可是嘴巴却不能说话，于是他就用最后的一点儿力气，指了指身边一棵红亮亮的灵芝草，又指了指自己的嘴。随从就摘了灵芝放在嘴里嚼了之后，喂到他嘴里。神农吃了灵芝草，毒就解了。从此，人们都说灵芝草能够起死回生。

神农每天不停地尝百草，不可避免要中毒，他一天之内最多曾遇到 70 多次毒，所以他的身边也备有一种解毒的药草，叫作茶（"查"的谐音）。他一吃到有毒的植物，就马上服茶，让茶叶顺着肠胃一路检查下来，然后就可以把毒排出体外。神农最后一次尝到了一种叫断肠草的剧毒植物，中毒而亡。他死的时候120岁。

从这些动人的传说中，我们也可以体会到神农尝百草所经历的种种艰辛和危险。他翻山越岭，尝遍百草。功夫不负苦心人！他尝出了稻、麦、黍、稷、豆能够充饥，这就是后来的"五谷"；他尝出了各种能吃的蔬菜和水果，都一一做了记录；他也尝出了365种草药，写成了《神农本草》。

在尝百草的过程中，神农通过细心的观察发现，植物随季节变化、枯荣交替以及不同的植物喜欢不同的土壤。于是他利用天气的变化指导人们种植农作物，有计划地收集果实、种子作为食物，这就是我国农业的起源。

◆ 原始耕作技术 ◆

刀耕火种是原始农业的耕作技术。我国长江流域在唐宋以前还保留着这种原始的耕作方式，称之为"畲田"。刀耕火种的方法特别简单，一般是人们在初春时选择森林边缘隙地或是树木稀疏的林地，将林木砍倒，然后在春雨来临之前，纵火焚烧，灰烬用作农田肥料，第二天乘土热下种，以后就等着收获。种植两三年后，土肥就已枯竭，需要另觅新地重新砍烧种植，农史学家称之为"游耕"。

半坡遗址 新石器时代

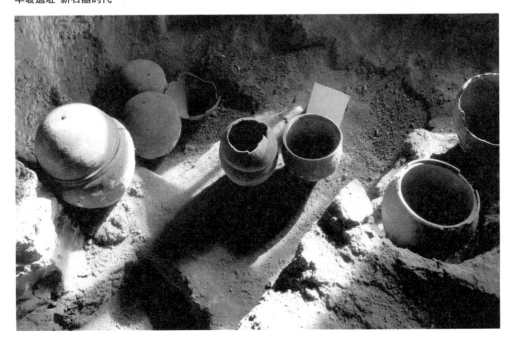

　　事实上，神农是生活在我国原始种植业和畜牧业发生初期的一个人物。所有有关神农的传说，都是中国农业从发生到确立的整个历史时代的反映。

　　除了有关神农的神话传说和史料记载以外，我们已有越来越多的考古学证据表明：中国是世界上从事农业生产最早的国家之一，是世界农业的起源中心之一，也是世界农作物的起源中心之一。早在七八千年前的新石器时代早期，我们的祖先就在长江流域种植水稻，在黄河流域种植耐干旱的粟。到了新石器时代晚期，在中国已有苎麻、大麻、蚕豆、花生、芝麻、葫芦、菱角和豆类等农作物种植。中国新石器时代的农业遗址更是星罗棋布，不胜枚举，分布在从岭南到漠北、从东海之滨到青藏高原的辽阔大地上，尤其以黄河流域和长江流域最为密集。

　　中国农业产生之初是以种植业为中心的，主要方式是对野生植物进行栽培。人们在长期的采集生活中，对各种野生植物的利用价值和栽培方法做过广泛试验，逐渐选育出了适合人类需要的栽培植物。中国农业早期的耕作方法是刀耕，后来进入以"锄耕"或"耜耕"为主的"熟荒耕作制"。为确立农业经济，需要相应的农业工具。原始农业的工具有石锛、石铲、石耜和骨耜等翻土工具，石锄、蚌锄和有两翼的石耘田器等中耕锄草工具，还有骨镰、石镰、蚌镰、穿孔半月形石刀等收割工具，以及石磨棒之类的谷物脱壳工具。

　　中国早期农业生产的出现，使人们找到了稳定可靠的衣食之源。人类几千年以农业为传统经济的时代序幕就此拉开。

黄帝与中医的起源

Huang Di Yu Zhong Yi De Qi Yuan

　　《黄帝内经》是我国现存最早的一部中医理论专著，相传是黄帝与岐伯、雷官等六臣讨论医学的论述，故后世也以"岐黄"称呼中医。

　　《黄帝内经》这部著作，并不是出自一人之手，也不单是一个时代、一个地方的医学成就，而是在相当长的历史时期内，中国各医家的经验总结汇编。加上"黄帝"的名字，不过是后人伪托而已。学者一般认为该书写成于战国时期，编成书后，两汉或更晚一些时期的学者又

黄帝
我国古代部落联盟首领。

作了补充和修订。

传世的《黄帝内经》实由《素问》和《灵枢》两部独立著作组成，各有9卷81篇。以此两书当作《黄帝内经》，肇始于晋人皇甫谧，他撰《针灸甲乙经》时称："按《七略》《艺文志》，《黄帝内经》十八卷，今有《针经》九卷、《素问》九卷，二九十八卷，即《内经》也。"（《针经》即《灵枢》）后人信而从之。宋之后，《素问》《灵枢》成为《黄帝内经》的两大组成部分。

《黄帝内经》将阴阳五行等哲学思想用于解释人体之生理、病理，形成了人与自然紧密关联的基本认识。在解释具体问题时，以脏腑、经脉为主要依据；在治疗方面，针灸多于方药。

首先，我们谈一谈《黄帝内经》的基本理论，即阴阳五行说。阴阳五行说是我国古代的哲学思想，认为宇宙间万事万物都存在着对立统一的两个方面，可以用"阴阳"二字概括。例如日为阳、月为阴，男为阳、女为阴，气为阳、血为阴，热的为阳、寒的为阴，等等。阴阳代表着一切事物或现象中相互对立而又相互统一的矛盾着的两个方面，从这种意义上讲，阴阳学说是符合辩证法的。五行就是金、木、水、火、土，它渗透在医学领域之后，就和人体的五脏相配合，肝属木，心属火，脾属土，肺属金，肾属水。五行学说认为，五行之间既有相互推动的作用，即"五行相生"；又有相互制约的作用，即"五行相克"。运用五行说说明人体内部脏器的联系时，处于正常的生理状况下，便是有规律性的；处于生病的状况下，规律性便会遭到破坏。阴阳五行说表现了我国古代医学中的朴素唯物主义哲学思想。

然后，我们再从以下三个重要方面谈谈《黄帝内经》的科学成就。

一、反对鬼神说。在商周时期，我国医学中鬼神观念占据统治地位，人生病之后，求神问鬼，治病也用巫术驱除。直到春秋战国时期，这种错误认识才被医者抛弃；

他们在实践中渐渐明白，人体病因与鬼神无关。名医扁鹊和《黄帝内经》的著作者鲜明地反对鬼神说。《史记·扁鹊仓公列传》记载扁鹊行医"六不治"，其中之一就是"信巫不信医不治"。《黄帝内经》里《素问·五脏别论》中也强调："拘于鬼神者，不可与言至德；恶于针石者，不可与言至巧。"这种朴素唯物的立场和观点，保证了后世医学的健康发展。

二、高明的医疗技术。《黄帝内经》虽然是一部理论著述，但也涉及医疗技术方面的知识。如书中介绍了灌肠技术、

《黄帝内经》认为最高明的医生能够在疾病未发之前帮助人调理脏腑，扶正祛邪，强肾固本。

明拓《黄帝阴符经》

水浴疗法和截肢术等，而且还记载了用筒针（中空的针）进行穿刺放腹水的医疗技术。筒针穿刺放腹水技术虽然不能从根本上治疗腹水，但是它作为一种医疗技术在后世继续得到发展和应用。

三、生理研究以及人体解剖的成就。《黄帝内经》中对于消化系统功能、血液环流周身功能、泌尿生殖系统功能的记述，也不乏科学论断。例如血与脉的关系，不但将血管分为经脉（大血管）、络脉（大血管之分支血管）和孙脉（细小血管），并且指出血脉是运行人体饮食消化产生的营养精气等物质的，强调血液运行的周而复始。从《黄帝内经》的记述中，我们发现其著作者很可能直接参与了对人体的解剖研究，并且实地进行了对人体体表与内脏的解剖。如对消化道的解剖，《灵枢》中描述的大小、长度、容量、形态和相互关系，和现代人体解剖基本一致，符合解剖实际。

从以上的论述我们不难发现，《黄帝内经》作为中医学基础理论与针灸疗法的奠基之作，当仁不让地成为我国中医发展的理论源头，历代医学家论述疾病与健康理论，莫不以《黄帝内经》作为立论的准绳。

中医在我国有着悠久的历史，远古时代，人们在与大自然做斗争的过程中创造了原始医学；在不断实践与总结中，积累了丰富的中医理论知识。《黄帝内经》在我国中医史上，以其不可替代的四个"最早"（最早建立医学理论体系，最早研究和描述人体的解剖结构，对人体血液循环有最早认识，最早总结针灸、经络的理论和实践），为我国的中医发展做出了杰出的贡献。

嫘祖养蚕抽丝

Lei Zu Yang Can Chou Si

嫘祖，又称雷祖、累祖，民间谓之蚕母娘娘。传说是她最早发明养蚕抽丝。

《史记·五帝本纪》记载："黄帝居轩辕之丘，而娶于西陵之女，是为嫘祖。"从史料文字看，嫘祖是传说中"五帝"之首的轩辕黄帝的正妃，她出生在西陵，也就是今天的湖北宜昌。嫘祖是与炎黄二帝并列的"人文始祖"，是中华民族伟大的母亲。

关于嫘祖发明养蚕抽丝有这样一个奇异的故事。传说有一天，嫘祖偶然间发现了蚕在桑树上吃桑叶，而且蚕结成了茧，这个蚕茧不知怎么就掉到了嫘祖手中端着的热水里，然后蚕茧在热水中慢慢变软，她就很好奇地把蚕丝抽了出来，织成了柔软的丝绸。这个无意间的发现让她欣喜若狂，很快她就掌握了一整套的方法。她无私地向人们传授养蚕抽丝的方法，从而解决了人们的穿衣问题，为促进人类社会的文明发展做出了杰出的贡献，故被后人供为"蚕神"或"先蚕"。

嫘祖的传说从一个侧面说明了，中国是世界上最早养蚕抽丝和发明丝绸的国家。1926年，在山西西阴村新石器时代的遗址中，发现了半个切割过的蚕茧，表明早在5000多年前，我们的祖先已经开始养蚕；1958年，在浙江吴兴钱山漾新石器时代遗址中出土有绢片、丝带和丝线等丝织品，所用的丝均为家蚕丝。

世界上所有养蚕的国家最初的蚕种和养蚕方法，都是直接或间接地从我国传过去的。早在3000年前，我国的蚕种和养蚕方法就传到了朝鲜半岛；2000多年前传到越南和日本；1600年前传到中亚诸国；1400年前传到欧洲；400年前又传到了美洲。所有这些都充分证明了我国养蚕抽丝技术在世界历史上曾长期处于遥遥领先的地

✦ 纺织考古 ✦

（1）河南荥阳青台村出土的罗织物距今5630年，是黄河流域发现最早的丝织品；（2）浙江湖州钱山漾出土的绢片距今4750年，为长江流域出土最早、最完整的丝织品；（3）浙江余姚河姆渡出土的原始织机的使用，是我国新石器时代纺织技术上的重要成就之一；（4）南方丝绸之路：长安—成都—保山—缅甸—印度—欧洲；（5）海上丝绸之路：扬州、泉州、珠海—经马六甲（今新加坡）—欧洲。

丝绸之路示意图

丝绸之路的起点为中国汉朝的都城长安，向西经过中国的北部和中亚到达位于亚洲西南部底格里斯河沿岸的城市——泰西封，继续向西延伸至地中海。它不是单单的一条路线，而是由一系列的路线组成。通过这些路线，商人们可以避免遭劫。

位。这一切都毫无例外地要归功于我国历史上这位养蚕抽丝行业的始祖——嫘祖。

从科学史上客观地分析，我们知道嫘祖只是我国古代千千万万勤劳的劳动人民的一个代表，真正发明养蚕抽丝的是普通的劳动群众。我们的祖先在日常的劳动生产中，运用自己的聪明才智，不断发明创造。养蚕缫丝是我国古代人民在利用纤维方面最重要的成就之一。

为了使大家对我国古老的纺织业有个大体的了解，这里首先介绍我国的养蚕业。在我国广阔的土地上，生长着许多桑树，有一种吐丝作茧的昆虫，喜食桑叶，人们叫它"桑蚕"。在桑蚕还没被饲养驯化之前，我们的祖先就懂得利用野生的蚕茧来抽丝了。关于人工养蚕的确切时间已经无从考证了，但是可以肯定的是，最迟在殷周时期，我国养蚕业已颇具规模。

要发展养蚕业，首先必须种植桑树，扩大桑园。蚕以桑叶为食，桑叶的品质与蚕的健康和蚕丝的质量息息相关。我国古代劳动人民在栽植桑树方面有丰富的经验。他们很早就懂得了修剪桑树的技术，通过修剪促生新枝条来提高叶质。通过压条法来繁殖桑树，比播种要节省时间。到了周代，我国已经大面积地种植桑树了。在《诗经》里有这样的记载"十亩之间兮，桑者闲闲兮"，可见桑树已成片种植，而且一块桑田有 10 亩之大。

要发展养蚕的第二个关键是制备蚕种，早在 2000 多年前，人们就知道用清水洗卵面来保护蚕种，并通过选蚕、选茧、选蛾、选卵四道工序来提高第二代蚕的品质。在长期的养蚕过程中，我国古代人民还积累了丰富的防治蚕病的经验，他们通过

中国古代记载栽桑养蚕的书

《蚕法》《蚕书》《种树藏果相蚕》（汉以前已佚）

《氾胜之书》《齐民要术》《秦观蚕书》

《豳风广义》《广蚕桑说》《蚕桑辑要》

《野蚕录》《樗茧谱》《天工开物》

药物舔食、烟熏和隔离病蚕的方法来防治蚕病。他们还认识到蚕的生长发育和周围环境有着密切的关系：适当的高温和饱食不仅有利于蚕的生长和发育，而且可以缩短蚕龄。

我们再讲讲抽丝。大家都知道，蚕丝的主要成分是由纤维组成的丝素和包裹于丝素之外的黏性丝胶，其中的丝素就是丝织品的原料。丝素是不溶于水的，丝胶却能溶于热水，不过遇冷又会凝固。要从蚕茧中制取蚕丝，最简单的方法就是抽丝。人们最早发现蚕茧可以抽丝有这么几种可能：一是人们吃蚕蛹的时候，必须撕掉茧衣，并用唾液湿润茧层，这两个过程当中，都可能抽出茧丝来；二是利用野蚕的蛾口茧。缫丝是在抽丝的基础之上发展起来的。我们的祖先早在新石器时代就已经掌握了初步的缫丝技术。我们试想一下，野蚕的茧壳在经过雨淋、风吹、日晒和微生物的作用之后，丝胶会溶解掉，人们就很自然地把丝素牵引出来。人们也由此了解到水温与蚕茧舒解密切相关，用热水溶解丝胶得到丝素的缫丝技术就被人们掌握了。

最后，我们给大家介绍的是我国原始的纺织技术。它是根据旧石器时代就有的编结工艺发展起来的。人们养蚕抽丝之后，纺的纱线要织成织物，就需要编织；早期的人们直接用手编织或用骨针在经线间穿梭编结，然后用骨匕把纱线打紧。在新石器时代早期，我国就出现了最原始的织具——腰机。另外，考古发现表明，在新石器时代我国某些地区还使用了综版式织机。这种早期简单的纺织机械的出现，标志着我国纺织技术已经发展到一个相当高的水平。

骨针编织法
这是最原始的手工编织布的方法，经线垂吊在一个横杠上，用骨针带动纬线在经线中左右穿梭，经纬线交替，编织出布帛。

多姿多彩的中国古陶

Duo Zi Duo Cai De Zhong Guo Gu Tao

　　早期的人们经常和泥土打交道，逐渐发现黏土遇水之后具有黏性和可塑性，于是就把它塑造成各式各样的器物，干燥之后经火焙烧，产生了质的变化，就形成了陶器。

　　陶器是早期人类一项了不起的发明，它是人类第一次利用天然物并按照自己的意志创造出来的一种崭新的东西。陶器的发明，是人类文明发展的重要标志之一；陶器的出现，标志着新石器时代的开端。

　　陶器的产生是和农业经济的发展紧密地联系在一起的，一般是先有农业，然后才出现陶器。比较普遍的观点认为，陶器是农业社会的需要和人类技术积累到一定时期的必然结果。

红陶彩绘旋纹瓶　马家窑文化

　　进入新石器时代，由于农业和畜牧业的出现，人们开始过着定居、半定居的生活。特别是农业的产生和发展，为人类提供了比较可靠而稳定的供食用的谷物。谷物都是颗粒状的淀粉物质，不像野兽的肉可以直接烧烤食用，与此同时，剩余

烧制陶器的工序
① 洗料：淘洗需用的陶泥
② 做坯：用泥条盘筑陶器粗坯
③ 拉坯：在陶轮上加工
④ 装窑：将晒干的泥坯放进陶
　　窑中焙烧

的食物也需要用器皿储藏起来。正因为如此，随着农业的发展和定居生活的需要，人们对于烹调、盛放和储存食物以及汲水之类器皿的需求变得越来越迫切，陶器

中国新石器时代古陶概况

文化类型	时间	考古地点	主要陶器	烧成温度	纹饰
裴李岗—磁山文化	距今8000~7000年	河南省新郑市裴李岗、河北省武安县磁山	红陶、夹砂红褐陶	900~960℃	器表多为素面或略加磨光，少数有划纹、篦点纹、指甲纹、乳钉纹等
仰韶文化	距今7000~5000年	河南省渑池县仰韶村	细泥质红陶、夹砂红陶	900~1000℃	花卉图案、几何图案、少数动物图案
马家窑文化	距今约5000年	甘肃省临洮县马家窑	泥质红陶	760~1020℃（红陶）800~1050℃（彩陶）	绳纹（夹砂陶） 彩绘（泥质陶）
龙山文化	距今约4000年	山东省章丘龙山镇城子崖	灰陶（早期）晚期以灰陶为主，红陶占一定比例。黑陶有所增加	840℃（早期）1000℃（晚期）	篮纹（早期）绳纹、篮纹（晚期）少量方格纹
大汶口文化	距今6000~4000年	山东省泰安市大汶口遗址 山东省宁阳县堡头村墓地	红陶（早期）夹砂红陶 泥质红陶（晚期）	1000℃（红陶）900℃（白陶）	圆点纹、圆圈纹、窄条纹、三角纹、水波纹、菱形纹、漩涡纹、弧线纹、连弧纹、花瓣纹、八角星纹、平行折线纹、回旋勾连纹
大溪文化	距今6000~4000年	四川省巫山县大溪镇	红陶（少量灰陶、黑陶、白陶）	1000℃	戳印纹、弧线纹、宽带纹、绳索纹、平行线纹、横人字纹、瓦纹、浅篮纹、镂孔
屈家岭文化	距今5000~4000年	湖北省京山县屈家岭	泥质黑陶 泥质灰陶	900℃	素面，少量印有弦纹、浅篮纹、刻划纹，附加堆纹、镂孔
河姆渡文化	距今7000~5000年	浙江省余姚市河姆渡村	夹碳黑陶	800~930℃（夹碳黑陶）800~850℃	繁密的绳纹、刻划纹、动物纹、彩绘
马家浜文化	距今7000~5000年	浙江省嘉兴县马家浜	夹砂红陶	760~950℃（红陶）810~1000℃（灰陶）	多为素面，少量有弦纹、绳纹、划纹、附加堆纹、镂孔
良渚文化	距今5000~4000年	浙江省余杭县良渚	泥质黑陶	940℃	素面，少量有弦纹、绳纹、划纹、镂孔

窑口
火台
火门
火道
火膛

陶窑复原图

陶窑

裴李岗文化舞阳贾湖遗址发现的陶窑，椭圆形窑口，火台则为架坯之处。

也就应运而生了。陶器的产生，不仅大大改善了人类的生活条件，而且在人类发展史上开辟了新纪元。

陶器的制作过程大体分为三步，即选土、成形和烧结。

制陶首先是选择陶土。一般具有较好黏性的土即可做陶。黏土广泛分布于各地，黄土地区河漫滩上冲积来的黄土黏度适中，直接可以制陶，在黄河流域的考古发掘中发现的许多陶器用的就是这种陶土。如果黏土的颗粒大小不均，通常要先进行淘洗，除去太大的颗粒。对于质地太细的黏土，为了防止在烧制过程中裂开，需加入羼和料（通常是砂粒、植物茎叶、稻壳等）；其次是制陶成形，最早的方法是手捏，然后发展为泥条盘筑法，即把泥土先搓成条，然后自下而上一层层盘筑起来，再将里外抹平。有时也将坯泥做成一个个圆圈，再把圆圈叠起来，称之为圈筑法。用这两种方法制成的器形不可能规整，器壁上常留有指纹。后来人们又发明了陶轮来修整陶坯。把泥料放在陶轮之上，凭借着转动的力量，以捻拉的方式使它成形。从出土的陶器来分析，我国新石器时代的轮制又分为快轮和慢轮两种。轮制法的使用，标志着我国古代制陶技术的发展和成熟。

制陶的最关键一步也是最后一步：烧结。烧结的温度对陶器质量影响很大。我国新石器时代最常见的烧结方法是陶窑烧制。陶窑分为横穴和竖穴两种，其中横穴陶窑的火膛在窑室前面，火经火道直接到达放置陶坯的窑室；竖穴陶窑的火膛在窑室下面，有几条火道通往窑室，要烧制的陶坯放在窑算上。

随着制陶技术的不断发展，工艺随之不断改进，人们开始对陶器加以装饰美化。为了追求美观与实用，人们用赭、红、黑、白等色绘制陶器，诞生了纹饰美观、色泽鲜艳的彩陶。

在新石器时代的古陶大家族中，有红陶、彩陶、黑陶、灰陶、白陶和硬陶，每一种器物都古朴美观，充满着艺术的审美和生活的情趣。多姿多彩的中国古陶所带给人的不仅仅是视觉上的震撼，更多的是对我国古代劳动人民智慧的无限惊叹！

《夏小正》与历法的创立

Xia Xiao Zheng Yu Li Fa De Chuang Li

《夏小正》是我国现存最早的物候学专著，也是现存最早的汉族农事历书。

隋代以前，《夏小正》只是西汉戴德汇编的《大戴礼记》中的一篇，而且还加了注（经传在一起）。《礼记·礼运》中记载说："孔子曰'我欲观夏道，是故之杞，而不足征也，吾得《夏时》焉'。"郑玄注云："得夏四时之书也，其书存者有小正。"后人根据内容判断，孔子所说《夏时》就是《夏小正》，也就是夏代的历法。以后在《隋书·经籍志》中首次被单独著录。

关于《夏小正》成书的确切年代，学界还有争议，但可以肯定不是夏人所写。《夏小正》包含了夏代已经积累起来的天象和物候等方面的科学知识。

《夏小正》由"经"和"传"两部分组成，全文有 463 字，逐月记载物候变化，其内容涉及天象、气象、植物和动物变化、农事等方面。天象的内容为每个月的昏旦星象变化。气象包括各个时节的风、降雨、气温等；植物的内容涉及常见的草本和木本植物；动物的内容涉及昆虫、鱼类、鸟类和哺乳类动物；农事活动包括各个季节从事的各种农业生产活动，特别是农业生产方面，如谷物、纤维植物、园艺作物的种植等。畜牧、蚕桑、采集、渔猎均首次见于记载。

《夏小正》文句简奥不下甲骨文，大多数都是二字、三字或四字为一完整句子。其指时标志以动植物变化为主，星象则是肉眼容易看到的亮星，四季和节气的概念还没有出现。而且，《夏小正》所记载的生产事项无一字提到"百工之事"，这反映当时社会分工还不发达。所有这些都体现了《夏小正》历法的原始和时代的古老。

记十三月的甲骨卜辞

商朝卜辞常见"十三月"，西周金文中也有"十三月"。"十三月"是在十二月的基础上重复一个月，这是把闰月放在岁末的置闰方法，称为"年终置闰法"。以后改行"岁中置闰法"，"十三月"之名就消失了。

《夏小正》中的历法就是我们现在仍在使用的农历（阴历）。阴历就是在夏历的基础上发展而来的。孔子告诉颜回，国家要管理得好，就必须"行夏之时"，这里的"夏之时"就是阴历；中国人几千年来一直过的阴历年也是"夏之时"；过正月拜年也是夏朝的遗风。

众所周知，人类根据太阳、月亮及地球运转的周期，制定年、月、日等顺应大自然时序及四季寒暑的法则，称为历法。所谓阴历，就是以月亮的运动规律为依据而设制的历法。阴历一个月29日或30日。每19年须置7闰月。每月以合朔之日为首，每年以接近立春之朔日为首。

下面谈谈有关《夏小正》阴历与天文历法创立的关系。我们知道，历法是我国古代天文学的主要部分，它的历史非常久远。《周髀算经》记载："伏羲作历度。"历度即是历法。史载，伏羲创上元太初历，即八卦八月太阳历。紧接着神农继承伏羲上元太初历，创连山大火历。然后黄帝使羲和、常羲占日月，作归藏太阴历。颛顼承伏羲作十月颛顼历。最后夏禹承颛顼作《夏小正》十月太阳历。我们知道夏禹之前的人物都是远古传说中的氏族首领，他们只是劳动人民的代表。我国远古时期的人类，有了农业就开始关注天文时令，他们逐渐积累星象和季节变化的经验。到了夏朝，中国进入奴隶社会。社会经济快速发展，国家重视兴修水利，发展农业。农业与物候时令关系愈加密切，加上人们早期积累的相关知识的不断丰富和综合，《夏小正》就诞生了。作为我国现存最早的历法书，《夏小正》不仅在夏时使用，而且留存于典籍之中。因此，《夏小正》算得上是有稽可查的最早的历法。它开创了我国农事历（或物候历）的体例，对后来的月令和农家历起了启示性作用，对后世影响非常之大。

← 刘尧汉和陈久金关于《夏小正》是否为"十月历"问题的探讨 →

有学者将《夏小正》和彝族的太阳历对比研究，认为原本《夏小正》是一年分为10个月的太阳历，今本的《夏小正》一年分12个月是后人添加的。以下几点可以论证这一说法。

（1）《夏小正》有星象记载的月份只有1~10月，11、12月没有星象记载；（2）从参星出现的情况看，从"正月初昏参中"日在危到三月"参则伏"日在胃，再到五月"参则见"日在井，每月日行35度。若以一年12月计，每月日行26度，不合理；（3）从北斗斗柄指向看，《夏小正》记载北斗从下指到上指5个月，从上指回到下指也应是5个月，刚好10个月；（4）《夏小正》记载从夏至到冬至只有5个月，那从冬至到夏至也是5个月，刚好10个月。

青铜器中的科学

Qing Tong Qi Zhong De Ke Xue

大家想必对青铜器并不陌生，因为在历史博物馆里便可见它们的身影，像河南安阳出土的后母戊大方鼎就闻名于世。就在我们的语言中，也不乏相关术语，如问鼎、晋爵、炉火纯青等，这些都与青铜器有关。

我们知道，青铜是人类历史上一项伟大的发明，它是铜与锡、铅等化学元素的合金，因其颜色呈青灰色而得名。青铜器是我国金属冶铸史上最早出现的合金。

青铜器文化在中国历史久远，我们一般将其分为三个阶段，即形成期、鼎盛期和转变期。形成期是距今 4500 ~ 4000 年的龙山时代，相当于尧舜禹所处的时代；鼎盛期包括夏、商、西周、春秋及战国早期，延续 1600 余年，即中国的青铜器文化时代；转变期是指战国末期到秦汉时期，这时青铜器正逐步被铁器所取代，数量骤减，形式上也由在礼仪祭祀和战争活动等重要场合使用的礼乐兵器变为日常用品，随之而来的是器制种类、构造特征和装饰艺术的转变。

三角夔纹和兽面纹　　蜿蜒的高浮雕蛇身有爪龙

扉棱

鲹纹

卷角羊头

长冠凤纹

附于高圈足的羊腿

四羊方尊
四羊方尊花纹分为三层，有地纹、主纹，还有一层高浮雕的装饰，其制模、浇铸工艺都十分复杂，而且造型生动逼真，是商朝铸造工艺的杰出代表。

在青铜器文化的鼎盛期，特别是夏、商、周时代，青铜器被赋予丰富的文化内涵，可以用来制造各种变化多端、优美典雅的器物。"国之大事，在祀在戎"，代表当时冶铸技术最高水平的青铜器，也被广泛用在战争和祭祀礼仪上，其功能为武器和礼仪用器以及围绕二者的附属用具。此时的青铜器遍及各个领域，包括青铜兵器、青铜礼器、青铜乐器以及青铜工具、青铜饮食器具等。

青铜器纹饰是青铜文化的一朵奇葩。商代的青铜器上以饕餮纹、云雷纹和夔龙纹为主，到了商后期和西周时期，各种各样的动物纹饰也出现了。青铜器文化的另一个价

| 青铜礼器合金比例
铜锡比例6:1 | 青铜工具合金比例
铜锡比例5:1 | 青铜兵器合金比例
铜锡比例4:1 | 兵器刃部合金比例
铜锡比例3:1 | 青铜箭镞合金比例
铜锡比例5:2 | 青铜镜燧合金比例
铜锡比例2:1 |

青铜中锡的成分占17%~20%最为坚韧，这正是工具所需的。
青铜中锡的成分占20%~30%，硬度最高，适用于武器。
青铜中锡的成分占30%~40%，青铜就会变成灰白色，这适合需要白色光泽的铜镜和铜燧。

值体现在铭文上。为了颂扬先人和自己的功业，或是为了纪念某一重要事件，就在青铜器上铸造铭文，以求流传不朽。这些铭文对于历史学者而言，起着证史、补史的作用。

千姿百态、精美绝伦的古青铜器，全面反映了我国青铜冶炼铸造技术的杰出成就。在商周时代，我国的青铜冶炼铸造技术更是达到了前所未有的高度，令当时其他世界各国望尘莫及。

青铜器的制作工艺大体分为冶炼和铸造两大部分。

我们先说说青铜器的冶炼。冶炼是制造青铜器的一道重要程序。我们知道，合金里面要加的主要是锡和铅。加锡的作用是降低合金的熔点，提高青铜的强度和硬度，减少金属线收缩量；加铅则是为了减少枝晶间显微缩孔的体积和改善金属的切削加工性能。首先要选取原料，孔雀石是用来冶铜的矿物原料，锡矿石和方铅矿分别用来冶炼纯锡和纯铅。紧接着就是熔炼。先分别炼出铜、锡、铅，然后再将三者按照一定的比例混合，进行第二次熔炼。

然后就是青铜器的铸造。铸造是最后成型的关键一步。夏商周时代，铸造器型复杂的铜器都是采用多范铸

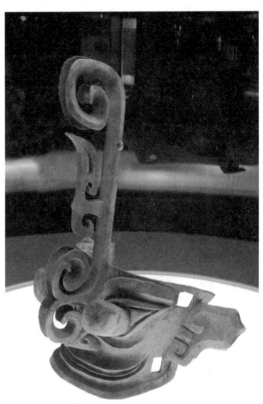

三星堆青铜面具

高82.5厘米，宽78厘米，四川省广汉市三星堆出土。这件硕大的青铜面具面部呈长方形，两耳向两侧展开，倒"八"字形长刀眉，"臣"字形眼，鹰钩鼻，阔口露舌，方头，额饰成勾云状，可能用于古蜀王国举行盛大的祭祀活动，象征蜀王或群巫之长。

中国夏商青铜器概况

文物	制作年代	出土地点	出土时间	特征	用处	现藏地点
铜爵	夏	河南省偃师县二里头	1980年	通高22.5厘米	贵族宴饮酒具	中国社会科学院考古研究所
后母戊鼎	商	河南省安阳市殷墟	1939年	通高133厘米重875千克	祭祀用礼器	中国国家博物馆
四羊方尊	商	湖南省宁乡县	1938年	通高58.3厘米	酒器	中国国家博物馆
凸目面具	商	四川省广汉市三星堆	1986年	通高60厘米宽134厘米	供奉祭祀	四川省文物管理委员会

铜爵　二里头　夏

造的方法。最早的范是石范，大约商中期以后，陶范迅速取代了石范。陶范的基本铸造法就是先用泥制出模型，再在泥模上筑一层泥，作为外范。在外范之上刻出花纹来，然后将泥模刮去一层，刮出的厚度就是铜器的壁厚，将刮过的泥模作为内范，最后在内、外范之间空隙中浇铸铜液，冷却后拆除范，铜器就铸成了。对于复杂的器型，主要采用分铸法。分铸法分为三种：一是分别铸出主、附件，然后用钎焊连接；二是先铸主件，在主、附件连接部分留出榫卯结构，然后将附件范与主体结合，浇铸附件；三是先铸附件，再将附件与主件范连接，再浇铸主件，这是一种非常巧妙的方法。

杜康造酒与酿酒技术

Du Kang Zao Jiu Yu Niang Jiu Ji Shu

　　酒在我们生活中随处可见，它已经深深根植于中华民族的血脉之中。逢年过节、婚丧嫁娶等重要的场合都少不了它的身影。

我国酿酒起源很早。《说文解字》中说："古者仪狄作酒醪……杜康作秫酒。"最普遍的说法就是杜康造酒。

杜康，传说是黄帝手下的一位大臣，主要负责保管粮食。那个时候还没有仓库，所以杜康就把丰收的粮食堆在山洞里。尽管杜康很负责任，但是由于没有科学的保管方法，山洞过于潮湿，粮食全霉坏了。黄帝知道这件事情后，十分震怒，降了杜康的职，还警告他说，如果再让粮食霉坏，他就会被处死。

杜康非常伤心，但是他还是想把这件事情做好。有一天，他看见森林里有几棵枯死的大树，就想，如果把树掏空，用来储存粮食该多好。他这样一想，马上就付诸实施了。可是没想到，两年以后，装在树洞里的粮食经过风吹雨淋，慢慢发酵了。时间一长，就从里面渗出一种闻起来特别清香的水，喝上一口，味道辛辣而醇美。但喝多了就会头晕目眩，昏昏沉沉。

杜康没有保管好粮食，却意外发现了粮食发酵而来的"水"，他不知是福是祸，可还是如实报告了黄帝。黄帝召集群臣商议，大臣认为这是粮食的精华，无毒。就命仓颉取名曰"酒"。后人为了纪念杜康，就尊他为酿酒始祖。

杜康造酒的故事，从一个侧面表明了酿酒技术在我国起源极早。

在农业产生以前，人们在采集野果时，发现成熟落地的果实，在微生物的作用下，经过一段时间，会产生酒的醇香，口感很好。人们自此开始接触到天然的果酒。

工人推着装满酒瓮的车，准备运酒出售　　工人在准备酿酒原料　　酿酒槽　　工人用酒瓮承接从酒槽滤出的酒

酿酒画像石

①将酿酒原料蒸煮，加上酒曲（人工培植的酵母）。

②将煮好的酒料放在大口罐中，待其发酵。

③酿成酒，用漏斗装进储酒器内。

中国古代酿酒工序图

在农业产生后不久，人们才开始酿酒，我国人工酿造最早的酒是谷物酒。我们从前面的内容知道，新石器时代就有了农业，储藏在陶器中的谷物，因受潮发芽，再经过发酵，就会变成天然的谷物酒。在这个过程里，人们通过观察实践，模仿自然酒的产生过程，有意识地制造谷物酒。酿酒技术的时代到来了。

从化学的观点来看，从谷物生产出酒来，实际上需要两个过程：第一个过程就是淀粉转化为糖类的糖化过程，第二个过程就是糖类变成酒的酒化过程。我们也知道，第一个过程需要催化剂作用才能发生，后一个过程有微生物参与很容易发酵成酒。所以制造酒的关键就在第一个过程。这个过程所需的催化剂也就是酶，有两种方法可以获得酶：其一，利用人口中的唾液淀粉酶，咀嚼过的谷物在天然状态下非常容易发酵，日本就有少女嚼谷粒造酒的方法；其二，利用植物体中的糖化酶，谷物受潮发芽后含有这种酶，古巴比伦人就用此法酿造啤酒。

我国在商代就已经掌握了用麦芽做反应酶酿酒的方法。《尚书·说命》中记载说："若作酒醴，尔维曲糵。"糵就是谷物的芽。商代人们还使用了"曲"。曲也是利用微生物发酵，将稻米、大小麦和豆类分解而成的有益霉菌。酿酒过程使用酒曲，糖化和酒化可以同时进行，不仅大大节省了工序，而且能酿造出更醇美的酒来。商代酿酒所用的"曲糵"，实质就是由谷物芽和生霉谷物所组成的"散曲"。曲与糵在酿酒中的区别是：曲是酿酒中的发酵剂，

★ **"五齐"之法** ★

《周礼·天官·冢宰》记载："酒正，掌酒之令……辨五齐之名。一曰泛齐，二曰醴齐，三曰盎齐，四曰醍齐，五曰沉齐。"五齐可能指酿酒的五个阶段，表明在西周时代，酿酒技术有了很大提高。

酿出的酒里酒精成分多而糖的成分少；而蘖本身就是原料，酿出的酒里酒精成分少而糖分多。我国最初酿酒以蘖为原料，到了商代既用曲也用蘖，到西周时就基本只用曲了。

中国科学第一书——《考工记》

Zhong Guo Ke Xue Di Yi Shu Kao Gong Ji

　　《考工记》是先秦的一部重要科学技术著作，是一部手工业技术规范的总汇。

　　西汉刘歆在校理典籍的时候，发现《周礼》中"冬官司空"篇已亡佚，便把《考工记》补入，所以《考工记》得以载入儒家经典《周礼》。

　　一般认为，《考工记》是春秋末年齐国人记录官府手工业技术的官书，主要反映的是春秋时期官府手工业工艺技术的总体水平。

《考工记》书影

　　《考工记》主要记载了有关百工之事，分为攻木之工、攻金之工、攻皮之工、设色之工、刮摩之工、搏埴之工六种，共有 30 项专门的生产部门。轮、舆、弓、庐、匠、车、梓，被称为"攻木之工七"；筑、冶、凫、栗、段、桃，被称为"攻金之工六"；函、鲍、韗、韦、裘，被称为"攻皮之工五"；画、缋、钟、筐、㡛，被称为"设色之工五"；玉、榔、雕、矢、磬，被称为"刮摩之工五"；陶、瓬，被称为"搏埴之工二"。《考工记》内容涉及车辆、兵器、冶金、乐器、酒器、玉器、量器、陶器、染色、皮革、建筑、水利、农具等门类，是研究中国古代科学技术的重要文献。

　　下面，简单介绍《考工记》的内容。

　　一、在车辆的制造方面，《考工记》记述了

蔡侯申方铜壶　春秋

《考工记》对圭长的记述

一套比较完整的官府制车技术和规范。它针对车辆的关键部件车轮提出了 10 项准则，是商周以来长期制车和用车经验的总结。其技术要求之高，检验方法之合理，考虑之周全，实在是令后人叹服。如第一项，"欲其微至也，无所取之，取诸圜也"，"不微至，无以为戚速也"，即校准轮子为正圆，若不是，则轮与地的接触面不可能最小，也就转不快。简短的语言包含了科学的合理性，即轮子与地面相切时，可使滚动摩擦阻力降到最低限度。除此以外，《考工记》还专门论及车舆材料的选择及连接方法，车架、车辕的制作，不同用途的车辆的不同技术要求等方面。

二、在弓箭的制作方面，《考工记》对"弓人""矢人"和"冶氏"进行专门分工，对其制造程序有详细规范的技术规定。在弓方面，《考工记·弓人》分别对弓的各个部件弓干、弓角、弓筋和起连接或保护作用的胶、丝、漆等材料进行了深入的考察研究，尤其注重材料的选择。在箭矢方面，《考工记·矢人》分述了 5 种不同用途的箭矢的差别和杀伤力，还探索了箭矢在飞行中的重心平衡和定向等问题。

三、在钟、鼓、磬等乐器的制作及发音机理的探索方面，《考工记》也作了详细的记述。《考工记》不但记载有钟、鼓、磬等乐器的制作技术规范（内容包括尺寸、形制和结构等），而且对发音机理进行了可贵的探索，得出了理论性结论：钟声源自钟体的振动，其频率的高低、音品与合金成分相关，也与钟体的厚薄、大小、形状相关。

四、在练丝、染色和皮革加工技术方面，《考工记》分别作了记述，内容涉及处理工序及应注意的事项，反映出了当时的技术水平。

五、在城市和宫室的规划设计与建筑方面，《考工记》作了初步的总结。内容涉及都城建设的制度、城市建设的规范以及南北定向等诸方面。

六、《考工记》还涉及分数、角度和标准量器以及容积的计算等数学方面的知识。

综上所述，不难看出，《考工记》作为中国科学第一书，全面反映了春秋以前以及春秋时期我国手工业生产的发展和技术成果，它内容广泛、科学规范，是研究我国古代科技的珍贵文献。

春秋战国时期的天文学

Chun Qiu Zhan Guo Shi Qi De Tian Wen Xue

　　春秋战国时期，各个诸侯国为了自身生存、发展以至争霸的需要，都十分重视天文学的观测和研究，尤其是其中的星占术和关于节令的安排。由于政治的需要，一批世代以天文历算为业的星占家，在各自的诸侯国里大显身手。《晋书·天文志》记载说："鲁有梓慎（活动时间在公元前 570~ 前 540 年）、晋有卜偃（活动时间在公元前 676~ 前 650 年）、郑有裨灶（约与孔丘同时）、宋有子韦曾（公元前 480 年左右）、齐有甘德、楚有唐昧、赵有尹皋、魏有石申（后 4 人活动年代均在公元前 4~ 前 3 世纪），皆掌著天文，各论图验。"

　　在这些天文星占家之中，最著名的当推甘德和石申。甘德著有《天文星占》、石申著有《天文》，均为 8 卷，这是我国最早的天文学专著。这里需要提一下的是，《甘石星经》非甘德和石申所著，是后人托名而已。

　　早期的人们一直努力想把天空恒星背景划分为若干特定的部分，建立一个统一的坐标系统，以此作为确定、描述日月五星和诸多天象发生位置的依据。春秋时，人们的努力已经有了成果，沿黄、赤道地带将邻近天区划分成 28 个区域的二十八宿体系，分别为：角、亢、氐、房、心、尾、箕、斗、牛、女、虚、危、室、壁、奎、娄、胃、昴、毕、觜、参、井、鬼、柳、星、张、翼、轸。每一宿中取一颗星来作为这个宿的量度标志，人们称之为该星的距星。这样一来就建立起了一个便于描述某一天象发生位置的较准确的参考系统。

　　前面提到的甘德和石申在这项工作上做出了卓有成效的努力。他们都对全天恒星做了各不相同的命名与星官分划工作。分别取一颗或多颗恒星构成一座星官，并描述星官之间的相对位置，构建成各自的星官系统。他们的工作不仅为一系列天象发生的位置提供了更广泛的参照系，而且为后世统一的星官系统的建立奠定了基础。值得一提的是石申，他对二十八宿距度和其他一些恒星入宿度的测量，是我国早期恒星观测的重大成果；他还给出了

◆ 关于哈雷彗星的最早记载 ◆

　　《春秋·文公十四年》中记载，鲁文公十四年（公元前 613 年）"秋七月，有星孛入于北斗"。此后，自秦王嬴政七年（公元前 240 年）起，到清宣统二年（1910 年），哈雷彗星总共回归 29 次，每次回归在我国古籍中都有详细记录。

最早关于
流星雨的记载

《春秋·庄公七年》中记载，鲁庄公七年（公元前 687 年）"夏四月辛卯夜，恒星不见，夜中星陨如雨"，是世界上最早关于天琴座流星雨的记录。英仙座流星雨最早记录于 36 年，狮子座流星雨最早记录于 307 年。

12 颗恒星的赤道坐标值和黄道内外度，这就是世界上最早的星表之一——"石氏星表"。

除了恒星研究之外，甘德和石申在行星的观测和研究上也颇有建树。他们两人率先发现了火星、金星的逆行现象。《开元占经》中载，甘德曰："去而复还为勾……再勾为巳。"石申曰："东西为勾……南北为巳。""勾"和"巳"是用来描述行星从顺行到逆行再到顺行这段运行弧线的状况。并且，他们都发现火星和金星在顺、逆行转换之间经历了停止不动的现象。石申曰："不东不西为留。"石申和甘德通过观测，对于行星晨见东方、夕伏西方所经的时间，每天运行的度数等，都有定量的描述。例如，甘德明确给出了木、金、水星的会合周期，石申给出了火星的恒星周期为 1.9 年（实应为 1.88 年）。

春秋战国时期星占家们的工作不仅为我们留下了十分珍贵的天文学遗产，而且也为后世天文学的发展奠定了基础。

建筑大师公输班

Jian Zhu Da Shi Gong Shu Ban

公输班，名般，字若，春秋末期鲁国（今山东曲阜）人。因其为鲁人，且古时般与班同音通假，所以后人常称他为鲁班。

鲁班出生在一个工匠世家。传说他父亲以木匠为业，在鲁班很小的时候就带着他参加许多工程的营建。鲁班12岁的时候，父亲让他求师学艺。由于机缘巧合，他碰上了一位隐居终南山的木工师傅，得到了他的倾囊相授。

因为鲁班从小就参加工匠劳动，耳濡目染，积累了丰富的经验；再加上他自己后天的刻苦努力，勤于思考，不断创新，他一生的发明非常多，不胜枚举。

根据《物原》《事物绀珠》《世本》《古史考》以及《墨子》等古籍的记载，鲁班的发明主要有曲尺、墨斗、凿子、钻子、铲子、石磨、锁、机动木马车、木马、云梯、钩强等，这些器具发明又大体可以分为三类，即手工工具、简单机器和兵器。

木工常用工具曲尺（也称矩），就是鲁班发明的，至今还有人习惯将其称作"班尺"或"鲁班尺"。至于凿子、铲子、锯、钻等，传说也是鲁班的发明，至少是经过他的改造。

关于锯的发明，民间流传着一个生动的故事：为了营建一座大型宫殿，需要大量木材，可是工具太原始，伐木进度缓慢，鲁班亲自去察看，上山时不小心被野草划破了手，他观察发现了草蔓上的细齿，深受启发，于是就发明了伐木的锯。

从历史记载到民间传说，都一致承认鲁班发明了刨子。我们知道刨子是由刨床和刨刀等几个构件组成，结构比较复杂。人们早先用刀和斧头把木头削平，劳动强度大，效率低下，加工质量也比较差。为了省力，于是就将刀刃捆上一定坡度的木件，刀

鲁班发明的攻城工具——云梯模型

鲁班发明的攻城工具模型

雄伟的城楼、华美的宫殿……古往今来，许多能工巧匠的血汗结晶令多少人为之惊叹叫绝，心向往之。从人类诞生的时刻起，即第一件工具从人类手中制造出来的时候，手工业就开始了创建的历程。古代的手工业虽然在整个社会所占的比重并不大，但产生的效益极大。特别重要的是，手工业是一门需要生产者特别心灵手巧的产业，对科学技术含量的要求特别高。

就成了刨刀。这项发明是建筑工具发展到一定阶段的标志之一。

鲁班的发明不但种类多，而且涉及面也很广，这和他勤于观察研究是分不开的。他把所有精力都放在发明创造之上。在他的带动之下，他周围的亲人朋友也都成了发明家。

传说鲁班发明墨斗之后，使用时总要让母亲拉住墨线头，后来母亲建议线端用一个小钩钩住，这样就不需要两个人了。这个小钩就叫作"班母"。鲁班的妻子云氏也是一个巧匠。鲁班发明刨子后，加工木料需要一个人顶着，他妻子就建议加个橛子，这个橛子习惯被称作"班妻"。据《玉屑》记载，云氏还是雨伞的发明者呢！

在兵器方面，鲁班也有不少发明。他曾为楚国造攻城的"云梯"和水战使用的钩强（又叫钩拒）。这里还有一个很有趣的故事，根据《墨子·公输篇》记载，鲁班为楚国造了攻城器械，使得墨子千里迢迢赶去与他斗法，终于制止了一场战争。后来鲁班就不再造兵器了，而是潜心于造福人类的发明。

无论是在典籍记载还是在民间传说中，鲁班都是一个勤奋多产的发明家。他

雕刻艺术家鲁班

《述异记》上记载，鲁班刻造过立体的九州地图。《列子·新论·知人篇》载鲁班雕刻凤凰。这些都说明，鲁班很重视建筑与雕刻绘画艺术的结合。

不停地发明新的工具，改进旧的工具。因为他的努力和发明创造，大大改善了人民的居住条件，减轻了工匠们的劳动强度，也提高了劳动效率，为我国早期的土木建筑发展做出了杰出的贡献。他对人类贡献非常之大，连欧美一些建筑家们也认为，在世界古代建筑史上，鲁班是一位罕见的大师。

扁鹊的四诊合参法

Bian Que De Si Zhen He Can Fa

扁鹊像

扁鹊，姓秦，名越人，渤海郑郡（今河北任丘）人，是春秋战国时期著名的医学家。

扁鹊年轻的时候，是一家馆舍的主管人，后来他认识了一个叫长桑君的人。通过长时间的交往和了解，长桑君觉得扁鹊人不错，就把自己多年积累的医疗经验和珍藏多年的药方都传授给他。扁鹊经过钻研学习，成了一名杰出的医生。

扁鹊此后就在今陕西、山西、河北一带行医，为人民解除疾病痛苦。

扁鹊经过虢国的时候，听说虢国公子因血液运行不畅而忽然倒地身亡。他认真询问了公子的病情和症状，认为公子并没有真正死亡，他可以把公子救活。于是他求见虢国国君，用针石药剂很快就救活了公子。大家都认为扁鹊能够使死了的人复生。扁鹊谦虚地说，不是我能起死回生，是他本来就没有死，我只不过是让他恢复过来而已。

扁鹊经过蔡国的时候，看见蔡桓公气色不好，就很直率地告诉他："您生病了，病在皮肉之间，现在还比较容易治。"可是蔡桓公自我感觉很好，坚称自己没病。又过了5天，扁鹊见到蔡桓公说，你的病已在血脉里，不治就要恶化。蔡桓公又没有听扁鹊的劝告。又过了5天，扁鹊见到蔡桓公，见他面色灰暗，又说："您的病已在肠胃之间，再不治的话，就有生命危险了。"这次蔡桓公还是没理会。又过了5天，扁鹊最后一次见蔡桓公，见他面色已全无光采，知道已是无药可救，就走了。没过多久，蔡桓公就发病而亡。

阴阳十一脉灸经帛书

这是西汉初年的帛书，论述人体内11条脉络的循环、主病和灸法，是中国迄今为止发现较早的医学理论著作之一。

此后，扁鹊开始周游列国，随俗为变，处处为病人考虑。经过邯郸时，那里重视妇女，他就当妇科医生；经过洛阳时，那里尊重老人，他就当起了耳目科医生；在咸阳时，那里人疼爱小孩子，他就做儿科医生。总之，他各种科目都很擅长，努力为天下百姓解除疾病。

诊脉

扁鹊是一代神医，因为名声太大，遭到小人的嫉妒，最后被秦太医令李醯派刺客杀死。

扁鹊在医学上的成就，有以下几个方面：

一、在诊断方面，扁鹊采用了望色、闻声、问病、切脉的四诊合参法，尤其擅长的是望诊和切诊。在给蔡桓公看病的过程中，通过察看蔡桓公的气色，就知道其疾病的症结，就是望诊的体现。因此《史记》中称赞道："至今天下言脉者，由扁鹊也。"

二、在经络藏象方面，扁鹊提出病邪沿经络循行与脏腑的深浅，以及病由表及里的传变理论。在诊治虢国公子时，他就深入分析了经络循行与脏腑的关系，并给出了救治的方案。

三、在治疗方法方面，扁鹊提出辨证论治与综合治疗结合。从史籍记载中，我们看出扁鹊已经熟练掌握了砭石、针灸、汤液、按摩、熨贴、手术、吹耳、导引等方法，将其灵活兼用于具体病案之中，综合治疗。

四、在科学预防方面，扁鹊提出了6种病不能治。即"骄恣不论于理，一不治也；轻身重财，二不治也；衣食不能适，三不治也；阴阳并藏、气不足，四不治也；形羸不能服药，五不治也；信巫不信医，六不治也。"其中不治"信巫不信医"，反映出扁鹊朴素的唯物主义思想。

综上所述，扁鹊是中国医学史上第一位继往开来的大医学家，他奠定了我国传统医学诊断法的基础。他对我国传统医学的贡献将永载史册。

诸子的宇宙观、自然观

Zhu Zi De Yu Zhou Guan Zi Ran Guan

上天是运动着的吗？

大地是静止的吗？

日月为什么不断地轮回？

是谁在推动着宇宙的运行？

是谁在维系着宇宙的秩序？

是谁在无意间推动了宇宙的运转？

宇宙的运转是不能自己停下来的吗？

是否有一种机关在推动宇宙，使它无法停止？

在 2000 多年前，春秋战国时期的庄子面对着无穷无尽、玄奥深邃的宇宙，经过哲理性思考后，发出深刻的追问。它历经千载，仍然以其深远的气魄，叩击着每个宇宙探秘者的心扉。

那是一个思想繁荣的年代，那是一个学术自由的年代，那是一个人才辈出的年代。春秋战国是我国历史上少有的几个繁荣期。随着分封制度的土崩瓦解，庶族地位有所上升。私学的兴起造就了一大批士人。思想的开放、学术的自由，就形成了"百家争鸣"的盛况。这一时期也顺理成章地成为我国科学技术体系奠基的年代。

春秋战国时期的诸子百家，虽然在治国方略、哲学思想以及社会伦理等方面主张各不相同，但是在利用科学论证自家学说的正确合理性上却是一致的。他们不拘形式，不一而足，阐述了他们对于自然界——从宇宙、天地、万物乃至人本身的思考，都是科学合理的，颇具前瞻性和深刻性，加深了人们对周围世界的了解，促进了自然科学的发展。

诸子百家在这场论争中批判和摒弃（或是避而不谈）了早期的天命观和有神论，更加关注于自然界的客观存在及其发展变化的内在规律性问题，保证了科学的健康

《五星占》帛书残片

这是西汉初年写成的有关天文星象的占卜书，记载了大量的天文现象，具有很高的科学价值，是中国现存最早的天文书。书中记载了金星、木星、土星的位置和它们的活动规律。其中包括庞杂的"天人感应"说，是当时流行的占卜书，故称"五星占"。

◆ 屈原《楚辞·天问》里对宇宙生成与演化的考问 ◆

> 遂古之初，谁传道之？上下未形，何由考之？冥昭瞢暗，谁能极之？冯翼惟象，何以识之？明明暗暗，惟时何为？阴阳三合，何本何化？

发展。在先秦诸子里面，荀况对天命观批判最具代表性。在《荀子·天论》中，他提出了自然界没有意志且按一定规律运动的思想，肯定了"天行有常，不为尧存，不为桀亡"，即自然法则是不以人的意志为转移的客观规律。从这些观念出发，荀况进一步提出了"制天命而用之"的人定胜天思想。这种坚决反对鬼神迷信、坚持朴素唯物主义的思想，有力推动了科学的发展。

二十四节气的划分

当时，诸子百家就以下几个重要的自然科学方面的问题展开了讨论：

一、宇宙的无限性。尸佼（约公元前4世纪）曾给宇宙下了一个定义："四方上下曰宇，往古来今曰宙。""宇"就是指东西南北上下各个方向延伸的空间；"宙"就是指过去、现在和将来的时间。关于宇宙空间无限性的问题，《庄子·天下》篇记载惠施说："至大无外，谓之大一；至小无内，谓之小一。"惠施认为，

老子

宇宙之大是没有边际的，就是无限大，谓之"大一"；宇宙之小，向内也是没有边缘的，就是无限小，谓之"小一"。而且他还指出万物都是由"小一"组成，之间差异只是量不同而已，即"万物毕同毕异"。另外值得一提的是，墨家提出物体分割到不能再分的时候，叫"端"，与古希腊德谟克利特提出的原子说有些相像。

二、宇宙的本原与演化。老子在《道德经》中认为宇宙万物的本原是无，从无中生有，然后才生出天下万物。他指出，这种"先天地生"的东西叫"道"，是一种绝对精神的东西。道生天地，天地分别生阳、阴，阴阳交合生万物。庄周继承并发展了老子的观点，指出"太初有无，无有无名，一之所起，有一而

《天文气象杂占》帛书

这是西汉初年写成的有关天文星象的占卜书，以根据气象变化进行占卜为主要内容，也穿插天文范围的彗星和其他星象，共有350条占卜，每条都配有示意图。

未形，物得以生，谓之德。"他也认为本原是无，只是在演化过程从无到气出现间，加进无形和无气两种形态。当然，也有不同的看法。《管子·内业》中就记载着另外一种主张，认为精神和物质世界的本原是精气，把道作为生成万物的原质。荀况则认为气是万物之本。综上可知，春秋战国时期，宇宙本原的论争主要是老庄学派认为万物生于无和著作《管子》的齐国学者主张万物生于有的论争；两者都有一定的道理和影响。

三、天与地的关系。春秋晚期，邓析认为天地不存在截然的尊卑差异。惠施进一步认为天是可以"与地卑"的。春秋战国时期，人们对天圆地方产生了怀疑，其中慎到明确提出了天浑圆说。

诸子百家关于自然观、宇宙观的看法、主张虽各有异同，但是在争鸣中，他们相互取长补短，将科学问题逐渐引向深入。其哲理性思辨和推测为后来的科学进步提供了思想养分。

◆ 儒家经典里的"天地起源" ◆

《易·系辞上》："易有太极，是生两仪，两仪生四象，四象生八卦，八卦定吉凶，吉凶生大业。"两仪，指天地。四象指金、木、水、火。

墨子的小孔成像

Mo Zi De Xiao Kong Cheng Xiang

墨子，姓墨，名翟，春秋战国时期鲁国（今山东西南部）人。墨子是杰出的思想家、哲学家、社会活动家，同时也是杰出的科学家和发明家。

墨子可能出生于一个以木工为谋生手段的手工业家庭里，从小耳濡目染，加之聪明巧思，他很快就成为技艺高超的木工匠师和机械制造家。墨子非常好学，一方面不断汲取前人各方面的知识，另一方面通过亲身实践不断创新。这样，他很快就成长为一代学术大师。

墨子一生的活动主要有两个方面：一是广收弟子，宣扬自己的学说；二是不遗余力地反对兼并战争。由于墨子的教学方法灵活独特，深受弟子欢迎，从者很多，使墨家成为当时与儒家并称的显学。墨子的政治主张是舍己利人，建立一个平等、安定、人人安居乐业的"尚同"社会。史载墨子与公输般斗法来阻止楚攻宋一事足见他为实践自己理想所做的努力。

《墨经》是先秦诸子百家著作里最具科学价值的一部。它原来是《墨子》一书中的4篇，即《经上》《经下》《经说上》《经说下》。

在清以前，人们都认为《墨经》是墨子所著。后来孙诒让、胡适等提出"别墨"或"后期墨家"之作的言论。其怀疑精神可嘉，但是考证分析实难成立。因此，综论各方，一般认为《经上》《经下》二篇应是墨子自著，《经说上》《经说下》二篇亦可能是墨子自著，即便不是，亦为墨子弟子记录师说而成。《墨经》的内容集中反映了墨子的科学成就。

《墨子》书影

墨子对于科学技术的贡献是多方面的，涉及数学领域里的几何学和算学，物理学领域的声学、力学和几何光学以及机械制造等。

首先，在数学领域方面。墨子给出了一系列算学和几何学概

小孔成像实验

光线在直线行进的过程中穿过小孔，穿过小孔上的为下，穿过小孔下的为上，在屏幕上形成一个与原物大小相同的影像。它明确地表达了光直线传播这一原理。

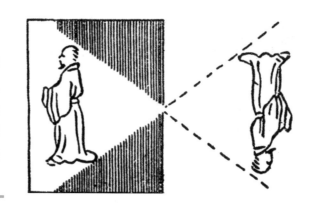

念的命题和定义，计有10余条之多，都载于《墨经》之中。他具体给出了"倍""平""同长""中""直线""正方形"等定义，其中关于"圆"的定义："圜，一中同长也"，"圜，规写交也"。也就是说，与中心同长的线构成圆，如用圆规绕中心一周即画成圆。这与欧氏几何中圆的定义完全相同。几何学里的点、线、面、体被墨子称作"端""尺""区""体"。其中"端"是不占有空间的，是物体不可再分的最小单位。墨子所给的定义都是具体而准确的。虽然墨子的数学理论尚未形成一个完整的体系，但是数学概念定义的严密性和抽象性集中反映了墨子的理性思维深度，开拓了理论数学的发展之路。仔细比较墨子的概念与欧氏几何，我们不难发现，其命题和定义基本一致，且比欧几里得要早100多年。

其次，在物理学领域。墨子在声学、力学和几何光学方面都有重要贡献。在声学方面，墨子对声音共振现象展开研究，发现井或罂具备放大声音的作用，并加以利用，将之作为监听敌人动向、预防攻城的工具。在力学方面，墨子给出了一些重要的定理和概念。例如他给出了力的定义："力，形之所以奋也。"意即力是使物体运动的原因，尽管是错误的，但在当时的条件下还是先进的。他也说明了反作用力和阻力的存在。墨子还对杠杆原理作了精辟表述，比阿基米德的要早200年。在光学方面，墨子的成就最为杰出。他是世界上第一位对几何光学进行系统研究的科学家，他研究的广度和深度也是同时代的其他科学家所不及的。其记述集中于《墨经下》和《墨经说下》，各有8条，内容涉及了几何光学的各个方面。通过对小孔成像的实验，对平面镜、凹面镜、凸面镜成像的研究，他得出的几何光学的一系列基本原理，都堪称经典。

在春秋战国时期，就科学技术成就来说，以墨子和墨家成就为最；就其广度和深度来说，与同时代的古希腊任何一个学派和任何一位科学家相比，墨家和墨子都有过之而无不及。可以这样说，在对于自然界的理性认识方面，墨子登上了当时科学的最高峰。

春秋晚期的生铁冶炼技术

Chun Qiu Wan Qi De Sheng Tie Ye Lian Ji Shu

干将和莫邪，传说是春秋时期一对铸剑的夫妇。

有一天，吴王把干将请去，让他为自己铸两把绝世宝剑。吴王给干将一块生铁和一些铁胆肾。生铁据说是王妃夏日纳凉，抱了铁柱，心有所感，怀孕而生。铁胆肾则是两只吃钢铁的小兽被杀后取出来的。

干将回到家中，便与妻子莫邪架起炉子，装好风箱，另外还采了五方名山铁的精华，混合在生铁和铁胆肾里。他们观天时，察地利，等到阴阳交会的时辰便开始铸剑。刚到3个月的时候，天气骤冷，铁柱不熔化了。于是莫邪就剪下自己的头发和指甲，投入到熊熊的炉火里；干将也割破手指，滴血入炉，铁水就开始沸腾了。

夫妻二人辛苦锤炼，历时3年，才将剑铸成。剑铸成的时候，两朵五彩祥云坠入炉中。二人开炉一看，只见"哗啦啦"喷出白气，震得地动山摇，白气直冲上天，久久不散。再看炉子，已冷如冰窟，炉底一对宝剑青光闪烁。剑成之后，为了纪念自己的辛勤劳动，他们用自己的名字命名宝剑。雄剑叫干将，雌剑叫莫邪。

干将和莫邪铸剑的故事，反映了春秋战国时期我国冶铁技术已经达到相当高的水平。

我国古代用铁的历史可追溯到商代。但冶铁术出现较晚，到西周晚期才见端倪。虽然我国古代大约在公元前1000年才出现人工冶铁，显然要晚于西亚诸国，但是在随后的400年左右的时间里，接连出现的一系列冶铁技术的重大进步，使我国冶铁术跃居世界先进地位。

春秋时期大量铁制品的

刻有"石勆"

斧范
这是用来制造铁斧的铁范。

铁范的使用
中国是世界上最早使用铁范的国家。铁范的使用是冶铁业发展的重要标志。铸造时将铁范固定，再将熔化的铁水浇铸到铁范里，待其冷却即可成为生铁铸件。铁范既能够反复使用，又能生产器形复杂的铁器，而且使铸件更加规范。大量战国时期铁范的出土证实当时各国的冶铁业已经普遍使用铁范，并掌握了生铁铸造技术。

◆ 春秋铸造技术的进展——失蜡法 ◆

先用蜡制成与所要铸件相同的模型，然后再在模型外敷以造型材料，形成整体铸型，接着加热使蜡熔化倒出，形成空腔铸范，最后注入金属熔液，冷却后即可得到所要的铸件。

出土，表明大约在公元前 8 ~ 前 7 世纪，我国冶铁业已有了块炼铁冶炼术和块炼铁渗碳钢技术。这两项技术对于农具、手工工具，尤其是兵器质量的提高起了很关键的作用。在河北易县燕下都战国墓葬出土的钢剑和钢戟，就是运用块炼铁渗碳钢技术冶炼而成的，还经过了淬火热处理。淬火热处理技术的使用，也是我国冶铁技术进步的一个表现。

最迟在春秋晚期，生铁冶铸技术出现了，它是我国冶金史上一个划时代的进步。生铁，亦称铸铁，需要在较高温度（1100 ~ 1200℃）下，使铁矿石液化还原而炼得的铁。生铁优点很多，如含碳量高（2% ~ 4%），质地硬，熔点低，适于和便于铸造成型。这就使得较大量和较省力地提炼铁矿石、铸造复杂器形的铁器成为可能。而西方直到 14 世纪才真正开始用生铁铸造物品。

在战国早期，人们已经熟练掌握了生铁热处理脱碳技术，这又是一项意义重大的技术进步。运用这项技术对生铁进行柔化处理，不仅增长了铁器的使用寿命，而且加快了铁器替代铜器的步伐，从而使生铁广泛用于铸造生产工具成为可能。这项技术比欧美早了 2000 多年。

炉身

炉缸

炉基

鼓风竖炉的结构

冶铜竖炉由炉基、炉缸、炉身三部分组成，均用红色黏土、石英砂、铁矿粉、高岭土等耐火材料夯筑而成。炉高 1.5 米，炉内容积约 0.32 立方米。

锡 18.24%

铜 73.79%

剑刃的成分

锡 10.28%

铝 10.44%

铜 78.16%

剑脊的成分

楚剑的合金成分
吴、越、楚等地区有一种
分铸复合的技术，把剑脊
和剑刃分开铸造，越王勾
践剑就是一个典型例子。
这可能就是这些南方大
国的宝剑锋利冠绝天下
的主要原因。

值得一提的是，在战国早期，我国就已经出现了生铁制
钢工艺，在世界冶炼史上处于遥遥领先的地位。它是生铁铸
件通过有控制的退火处理，在保温的状态下脱碳，从而成钢。
伴随着冶铁技术的进步，冶铁业也蓬勃兴起，生产规模不断
扩大，成为当时手工业生产最重要的部门之一。在战国早期，
冶铁业相对集中于秦、楚等地区，到战国中后期已遍及广大
地区。钢铁制品从兵器到各种手工工具，再到各种生活用具，
种类繁多，质量也越来越好，社会各行各业的生产效率得到
了大幅度提高。

综上不难看出，冶铁技术在我国虽然起步较晚，但是发展极
其迅速，伴随着一系列重大的冶铁技术进步，在春秋战国时期（尤
其是战国中后期），我国冶铁业得到了空前的发展，迅速跃居世
界冶铁业的前列。

越王勾践剑
越王勾践剑用青铜铸成，它采用氧化膜、硫化技术和精密
陶范铸造而成，代表了战国时期铸剑的最高水平。

《山海经》中的古代地理

Shan Hai Jing Zhong De Gu Dai Di Li

　　《山海经》是一部内容丰富、风格独特的古典著作，全书共计3.1万多字，记录了我国古代地理、历史、民族、神话、生物、水利、矿产、医学和宗教等诸多方面的内容。

　　《山海经》由三部分组成，包括《五藏山经》（以下简称《山经》），共计5卷26篇，约2.1万字；《海经》，计8卷8篇，约4200字；《大荒经》，并《海内经》1卷，计5卷5篇，约5300字。

　　有关《山海经》的作者和成书年代，众说纷纭，东汉刘向著的《上山海经表》中，认为该书出于唐虞之初，系禹、益所作，后来《尔雅》《论衡》《吴越春秋》等都认同这个说法。目前学界的看法是，《山海经》成书非一时，作者亦非一人。其中《山经》成书最早，大约在春秋战国时期；《海经》稍晚，成于西汉；《大荒经》及《大荒海内经》大约成于东汉至魏晋时期。

　　《山海经》里有关山川和河流湖泊的描述，具有很高的地理学价值，为研究中国古代地理提供了丰富的资料。东汉时期，明帝送给治水专家王景的参考书中就有《山海经》。北魏郦道元写《水经注》时，引用《山海经》达80余处。到了近代，顾颉刚作《五藏山经试探》，发表了精辟的见解。其后谭其骧写作《"山经"河水下游及其支流考》，利用《山海经》里丰富的河道资料，将《北山经》中注入河水下游的支流一一梳理，考证出一条最古的黄河故道。

　　《山海经》里所描述的地域范围非常之广，几乎覆盖全国。其中《南山经》描述的地域东起浙江舟山群岛，西达湖南西部，南至广东南海，包括今浙、赣、闽、粤、湘五省；《西山经》描述的地域东起山、陕间黄河，南抵陕、甘秦岭山脉，北达宁夏盐池，

《山海经》书影

◆ 《山海经》中矿物描述 ◆

《山海经》是我国第一部矿物岩石著作。所记矿物岩石达89种，产地400余处。在矿物命名上，《山经》把矿物分为金、玉、石、土四类，是世界上最早的矿物分类法。

西北至新疆阿尔金山；《北山经》西起今内蒙、宁夏腾格里沙漠贺兰山，东达河北太行山东麓，北至内蒙阴山以北；《东山经》包括今山东和苏皖北境；《中山经》则指中部山脉。

《山海经》里还记载了许多原始的地理知识，例如南方的岩溶洞穴，北方河水的季节性变化，以及不同气候带的景物与动植物分布等特点。

《山海经》作为中国最早的地理著作，在世界地理学史上也占有一定的位置。《山海经》以中部的"中山"为中心，四周为"南山""西山""北山"和"东山"所构成的大陆。《山海经》认为大陆被海包围着，在海之外还有陆地和国家。这种认识虽有其局限性，但在当时无疑还是很先进的。

后羿射日图
《山海经》中记载了不少古代的神话，但更多的是地理学方面的事实。在中国的历史上，有不少地理学家不仅在国内作地理考察，有的甚至前往南亚、东南亚各地，为扩大中国人的地理视野，加强中外科学文化的交流，做出了不可磨灭的贡献。

《尔雅》与生物分类

Er Ya Yu Sheng Wu Fen Lei

《尔雅》是我国古代的一部百科词典。在汉代，儿童识字之后，就要读《尔雅》，来认识鸟、兽、草、木、虫、鱼，增长知识。

从字面上看，"尔"就是近正的意思；"雅"是"雅言"，即某一时代官方规定的规范语言。"尔雅"就是接近、符合雅言，即以雅正之言解释古语词、方言词等，使之近于规范。

《尔雅》是我国最早的一部解释词义的专著，也是第一部按照词义系统和事物分类来编著的词典。

关于《尔雅》的作者和成书年代，历来说法不一。《尔雅》最早著录于《汉书·艺文志》，但是没有记载作者姓名。有人认为是西周初年周公旦所作，也有人认为是孔子及

《尔雅》书影

其门人编写；后人大都认为是秦汉时成书，经过不断增益，到了西汉才被整理加工成今日规模。

《尔雅》的成书上限不会早于战国，因书中引用资料均来自战国时的《楚辞》《庄子》《吕氏春秋》等书；下限亦不会晚于西汉初年，因为汉文帝已设置了《尔雅》博士。

《尔雅》全书共收词语 4300 多个，分为 2091 个条目。这些条目按照类别又分释诂、释言、释训、释亲、释官、释器、释乐、释天、释地、释丘、释山、释水、释草、释木、释虫、释鱼、释鸟、释兽、释畜 19 篇。前 3 篇所解释的是一般语词，相当于语文词典，较抽象；后 16 篇根据事物分类来解释事物名称，相当于百科名词词典，比较具体；尤其是后 6 篇，完全是讲生物的，包含了我国古代早期丰富

◆ 《尔雅》与群雅 ◆

《尔雅》首创按意义分类编排体例和释词方法，后人仿之著作了一系列以"雅"为书名的词书，如《尔雅注》《骈雅》《广雅》等，称为"群雅"。研究"群雅"的学问被称为"雅学"。

生物分类

　　分类系统是阶元系统，分为 7 个主要级别：种、属、科、目、纲、门、界。种是基本单元，近缘的种都归合为属，近缘的属合为科，依次而上。各单元上下可附次生单元，如总目、亚目、次目等；还可增设新的单元，如族（介于亚科和属之间）。

的生物学知识。

　　《尔雅》把生物分为动物和植物两大类，又把植物分为草、木两类，动物分为虫、鱼、鸟、兽四类。其中动物分类里面：虫包括大部分无脊椎动物，鱼包括鱼类、两栖类、爬行类等低级脊椎动物及鲸、虾、蟹、贝类等，鸟是鸟类，兽是哺乳动物。这种分类比起 18 世纪近代分类学奠基人瑞典植物学家林奈的天纲系统，只少了两栖和蠕虫两个纲，却比他早了 1800 多年。在世界生物分类学史上，《尔雅》是最早的生物分类学方面的著作。

　　《尔雅》所记载的生物分类和动、植物的解释，成为人们研究我国古代动植物的重要书籍。晋代郭璞对《尔雅》的研究，在生物学史上占有很重要的地位，他将《尔雅》视作研究动、植物的入门书。他在《尔雅注》序言中讲道："若乃可以博物不惑，多识于鸟兽草木之名，莫近于《尔雅》也。"他研究和注释《尔雅》达 18 年之久，书中引经据典，解释各种动、植物在当时的正名和别名，并对许多动、植物的形态以及生态特征作了具体的描述。因为郭璞的研究和注释，《尔雅》所包含的分类思想不仅得以保存和继续，而且更加彰显出来。

　　在郭璞的带动影响之下，宋元以至明清，研究《尔雅》者层出不穷，仅清代研究《尔雅》的著作就不下 20 种。其中与生物学关系密切的有罗愿的《尔雅翼》和陆佃的《埤雅》。《尔雅翼》共 30 卷，全部讲生物，分为释草、释木、释鸟、释兽、释虫、释鱼等部分。

　　《尔雅》对生物分类以及动植物的研究，成为中国传统生物学的重要组成部分，也成为研究我国古生物的重要参考文献。

李冰父子与都江堰

Li Bing Fu Zi Yu Du Jiang Yan

美丽富饶的成都平原，被人们称为"天府"乐土，从根本上说，这是李冰父子修建都江堰的功劳。

这个距今 2200 多年的水利工程，使"蜀人旱则借以为溉，雨则不遏其流，水旱从人，不知饥馑"。

都江堰位于成都平原西部灌县的岷江上。大家都知道，岷江是长江的一条支流，发源于四川西北部。岷江的上游是高山峡谷，水流湍急，挟带大量沙石，一到成都平原，地势平缓，流速也随之减缓，沙石就沉积下来，日积月累，淤塞河道。每逢夏季雨水季节，由于河床抬高，

李冰父子塑像

水就会泛滥成灾，暴发洪水。雨季一过，枯水季节又会造成干旱。在这种不是洪水就是干旱的情况之下，早期的人们很难发展农业生产。

为了彻底治理岷江的水患，治理开发好西蜀，公元前 256 年，秦昭襄王任命很有才干的李冰为蜀郡守。有关李冰的生平，因为秦始皇焚书坑儒和秦汉战争的毁坏，很难找到相关记载，我们只能从民间传闻中了解，他是战国时期秦人，"能知天文地理"，是一位杰出的科技专家，同时也是一个勤政爱民的地方官。

李冰到达蜀地之后，在其子二郎的协助之下，广泛招集有治水经验的人，然后对岷江的地形和水形进行了实地勘察。经过充分的论证和研究，李冰决定开建都江堰水利工程。

在战国时期，科技还不发达，营建都江堰这么浩大的水利工程，李冰凭借他的聪明才智，克服了许多困难。例如要凿穿玉垒山，因为当时还没有炸药，难度非常大，李冰就让人们把木柴堆积在岩石上，放火点燃，岩石被烧得滚烫，然后再浇上冷水，岩石就在急骤的温度变化中炸裂了。

再例如，在水流湍急的岷江中，修筑堤堰十分困难，石块很容易被水冲走，李冰就让人从山上砍来竹子，并编成竹笼，里面装满鹅卵石，层层叠放在一起，这样就不容易被冲走了，分水堤也就修筑起来了。

　　李冰依靠当地人民群众，克服了各种困难，终于筑成了一座集防洪、灌溉、航运功能于一体的综合性水利工程——都江堰。

　　都江堰由鱼嘴、"人"字堤、飞沙堰、宝瓶口、内外金刚堤和百丈堤等构成，是一个有机的整体。其中鱼嘴、飞沙堰和宝瓶口作为都江堰渠首的三大主体工程，是整个工程的核心。

　　鱼嘴，又叫"都江鱼嘴"或"分水鱼嘴"，因其形如鱼嘴而得名。它昂首于岷江江心，将岷江一分为二。西边叫外江，俗称"金马河"，是岷江的正流，主要功能是排洪；东边沿山腰的叫内江，是人工引水渠，主要功能是灌溉。鱼嘴的设置非常巧妙，不仅能够分流引水，而且能在洪、枯水季节起调节水量的作用，这既保证了灌溉又防止了洪涝灾害。

　　飞沙堰，又叫"金堤"或"减水河"，因其具有泄洪排沙的功能而得名。它长约180米，主要功能是把多余的洪水和流沙排入外江。飞沙堰的设计高度能使内江多余的水和泥沙从堰上自行溢出；若遇特大洪水，则自行溃堤，洪水沙石也可直排外江。"深淘滩，低作堰"是都江堰的治水名言。内河在岁修时深淘是为了避免河道淤塞，保证灌溉。低作堰则为了恰到好处地分洪排沙。

都江堰灌溉工程示意图

江心分坝，称"鱼嘴"，将岷江分为内江和外江（外江是岷江的原河道）。玉垒山开凿后，将内江导入川西平原。玉垒山的内江入口称"宝瓶口"，岩石坚硬，不怕洪水和沙石冲刷。在宝瓶口上游建"飞沙堰"，可将水中沙石排出，并起到分洪的作用。

◀ 春秋战国时期的主要灌溉工程 ▶

（1）期思陂、芍陂　（孙叔敖主持修建）

（2）引漳十二渠　（西门豹主持修建）

（3）白起渠　　　（白起主持修建）

（4）都江堰　　　（李冰主持修建）

（5）郑国渠　　　（水工郑国主持修建）

　　宝瓶口，宽 20 米，高 40 米，长 80 米，是前山伸向岷江的长脊上人工开凿而成的控制内江进水的咽喉，因其形似瓶口且功能奇特得名。它是自流灌溉渠系的总开关。内江水流经宝瓶口后通过干渠。

　　这三大主体工程虽看似简单，却包含着系统工程学和流体力学等处于当今科学前沿的科学原理，它所蕴藏的科学价值备受人们推崇，连外国水利专家看了整个工程设计之后，都惊叹不已。

　　都江堰，作为全世界迄今为止年代最久、唯一留存的以无坝引水为特征的水利工程，以其千载传承的科学性和实用性，当之无愧成为一座丰碑！

都江堰（鸟瞰图）

都江堰是世界上现存最悠久的无坝引水工程。它使成都平原南部免除洪涝之苦，北部旱地得以灌溉，并获舟楫之利。历经 2000 多年，至今仍发挥着作用。

独步世界的中国漆器

Du Bu Shi Jie De Zhong Guo Qi Qi

美丽的纹饰、亮丽的色彩、别致的造型，它那风情万种而又变化多端的风格，总能让人为之着迷。它是生活中的日用品，也是理想的装饰物，更是颇具收藏价值的艺术品。它的名字叫作漆器。

漆器在中国可谓历史悠久，工艺先进。

漆器的使用，可追溯到新石器时代。到了尧、舜、禹时代，漆器工艺有了长足发展，已经有了特定的着色规定，如在漆里加进黑或红色颜料。《韩非子·十过》中记载有："尧禅天下，虞舜受之，作为食器……流漆墨其上……舜禅天下而传入禹。禹作为祭器，墨染其外而朱画其内。"到了商代，漆器工艺更是日趋成熟，制作的漆器相当精美。考古出土的漆器残片上绘有精美的花纹，有的还镶着绿松石。

春秋战国时期，漆器工艺已达到很高水平，艺术性也大大提高了。这时的漆器大都胎质坚挺，形象精美，加上细腻的花纹，鲜艳调和的色彩，简直就是美轮美奂的艺术精品，到了战国时候，人们已经认识到荏油的性能，并且把这种特殊的干性油作为稀释剂掺加到漆里面。通过两者结合，既改善了绘饰的性能，又降低了成本，真可谓一举两得。从大量出土的文物中，我们看到战国的漆器彩绘中，遍布红、黄、蓝、白、黑五色以及各种复色。而且人们所用颜料的来源也极其复杂，包括蓝靛等植物性染料以及丹砂、雄黄、雌黄、石黄、红土等矿物性染料。将漆器上好油漆之后，人们通常会把它放置在专门的较为阴湿密闭的荫室里，以使油漆在器物表面聚合成膜，达到干后不出现裂纹的目的。春秋战国时期的漆器精品，以 1984 年在湖北省随县出土的大型编钟架和 1957 年、1958 年在河南省信阳市长台关楚墓出土的漆木鼓架最具有代表性。

可以转动的头部
浮雕夔龙的盒盖
撞钟图

鸳鸯形漆盒

据考证，早在 7000 多年以前，在中国江南地区就有漆器。漆器是以木、竹、金属、织物等材料做胎骨，在表里涂以漆料层的器物。漆器具有坚实轻便、耐热耐酸、抗潮防腐等特点，因此，漆器在古代是人们日常生活的重要用品。漆器美观大方、经济实用，是我国古代的一项重大发明。

①挖木头　②打磨　③上漆　④镶嵌

漆器的制作工序

西周漆器制作要经过制胎、施漆灰、髹漆、装饰等工艺流程。木胎制作多结合斫制与挖制的方法，有些器物的木胎，例如缶、壶等，要用雕、凿等方法制作。木胎制成后，经过打磨，先在表面施一层漆灰（这种工艺一直沿用至今），然后再在漆器表面髹上褐、黑、朱三种颜色的油漆，最后以彩绘、镶嵌、贴金箔、雕镂等手法装饰。

秦汉时期，漆器工艺发展到了高峰，无论是其制作工艺，还是生产规模，都更上了一层楼。由于漆器业的兴盛，无论是官方还是私人都加入到了这个行当，漆园的规模与财富等同而论。司马迁说，"陈、夏千亩漆"，业者"富与千户侯等"。在汉代，朝廷在 10 个郡县设立漆器工官来专门从事漆器的制作，其兴盛可见一斑。汉代漆器的制作工序如下：素工（做内胎）、髹工和上工（上油漆）、黄涂工（在铜质附饰件上鎏金）、画工（描绘油彩纹饰）、汨工（雕刻铭文等）、清工（最后修整）。分工精细，井然有序，形成一条漆器制作的生产线。另外，除了制作的工人之外，还有供工（负责供给材料的人）、造工（负责全面管理的工师）以及各种监造的工官，各尽其能，保证了生产过程的有序进行，真可谓"一杯桊用百人之力，一屏风就万人之功"。秦汉时期的漆器精品，以湖南省长沙市马王堆汉墓出土的精美漆器为代表。

木胎漆器的制作方法

工艺	流程	主要制品
斫制法	根据器物形状，用材料直接斫制而成	几、案、耳杯
旋制法	把材料不断旋转，以工具加工，多用于圆鼓腹的器物	鼎、盒、壶、盂奁、卮类直筒形器物
卷制法	用薄片卷成筒状器身，下接平板为底	屏风、镇墓兽
雕刻	以整木雕刻而成	

◆ 漆器制作中的"物勒工名" ◆

"物勒工名",即在漆器不显眼处标明有关工种匠人和工官的姓名,以此来保证产品的质量,并便于事后检验。这种做法也与一定的奖惩制度相挂钩。产品出了问题,追查责任,自然要惩罚署名者;如果产品上乘,自然也会表彰署名者。这一举措大大提高了工匠、工师和工官的责任感,同时也督促其在技术上更加精益求精。

秦汉以后,作为实用物品的漆器逐渐被随后发展起来的廉价耐用的瓷器所取代,但是作为工艺品其技术仍然向前发展。如魏晋南北朝时期完善的脱胎工艺、唐代的剔红技术、唐宋时用桐油替代荏油做稀释剂的工艺,都是漆器工艺上的发展和进步。

秦始皇筑万里长城

Qin Shi Huang ZhuWan Li Chang Cheng

万里长城是世界七大奇迹之一。

长城的修筑是从战国时期开始的,各诸侯国为了相互防御,在各自管辖的境内修筑起高大的城墙。秦始皇于公元前 221 年兼并其他六国,建立起第一个统一的中央集权制封建国家。当时我国北方的游牧民族匈奴和东胡,常常侵犯中原地区,危害甚大。为了防范起见,秦始皇便派大将蒙恬和太子扶苏统率 30 万大军击退匈奴,然后将原有的各诸侯国长城连接起来,并加筑新城,历时 10 余年,西起甘肃临洮,沿黄河到内蒙古临河,北达阴山,

秦始皇像
秦始皇统一六国后,将原来秦、赵、燕三国的长城连接起来,形成了"万里长城"。

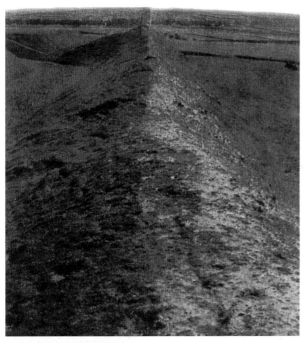

宁夏固原北境的秦代长城遗址

南到山西雁门关、代县、河北蔚县，经张家口东达燕山、玉田、辽宁锦州并延至辽东，长达12000华里（6000千米），至此，我国就有了闻名于世的万里长城。

秦朝万里长城的修筑耗费了大量的人力、物力，动用民工达30万之多；这些人力的来源，主要有以下三类：一是戍边的官兵，二是被充军的罪犯，三是被征来的民夫。这是一项浩大又艰苦的工程。建筑所用的大量土方、石方等，都是就地取材。在崇山之间，开山取石垒墙；在平原黄土地带，取夫土筑城；在沙漠地带，用芦苇或柳枝层层铺沙。建筑材料的运输主要也靠人力解决，抬、挑、扛；当然附带用一些简单机械或畜力。当时科技不发达，生活条件也十分恶劣，修长城的艰辛可想而知。

秦万里长城的修筑虽然对国家安全起了重要作用，有力抵御了匈奴的侵犯，但是由于秦始皇急于求成，造成因苦役而死于长城脚下的民夫不计其数。孟姜女哭长城的传说就是这一现象的反映。相传，孟姜女是范喜良的妻子，秦始皇修筑长城时，把范喜良征去当民夫。结果范喜良在工地之上因不堪劳累而死。孟姜女

✦ 万里长城四大特点 ✦

（1）历史悠久。战国长城已有2700多年历史，秦长城有2300年历史，明长城也有600多年历史。

（2）长度惊人。长城贯穿黄河、长江流域16个省、市、自治区，总长10800华里（5400千米）。超过1万华里的有秦长城、汉长城、明长城。

（3）工程浩大。如果把明长城的土、砖、石方用来修筑一条1米宽、5米高的城墙，可以环绕地球一周。

（4）建筑技术高超。长城所经之地，地形复杂。修筑时，要运用数学、力学、几何学、测量学、地质学、建筑学以及运输组织等诸方面的科学知识和技术。

箭扣长城

送寒衣到长城，得知丈夫死讯后，悲痛难忍，放声大哭，一下就哭倒了800里长城。

　　秦始皇修筑万里长城之后，其后历代统治者出于安全方面的考虑，都对长城进行过一定程度的维修或扩建。其中最为著名的就是汉长城和明长城。汉武帝时，为了防范匈奴对西域地区的侵扰，同时也为了保证丝绸之路，特别是河西走廊的畅通，修筑了凉州西段长城。汉长城包括北自今内蒙古自治区额济纳旗的居延河起始，大体沿额济纳河向西南方延伸，经今甘肃省境内的大方盘城到金塔的北长城；从金塔经破城子、桥弯城到安西的中长城；由安西经敦煌城北达大方盘城、玉门关，进入今新疆维吾尔自治区境内的南长城。朱元璋推翻元朝在中原的统治之后，为防范残元势力，于建明之初开始大力修筑长城，历时200多年，修成后的明长城西至甘肃嘉峪关，东至辽宁鸭绿江口，全长6000多千米。

　　万里长城作为我国古代一项防御性军事建筑，凝聚了无数劳动人民的血汗和智慧，它已经远远超出了统治阶级所赋予的安全防范的内涵，它更体现了中华民族的坚强意志和磅礴气魄。

阿房宫——秦代的宫殿建筑

E Pang Gong Qin Dai De Gong Dian Jian Zhu

阿房宫是秦朝著名的宫殿建筑，闻名古今。

秦始皇统一六国之后，决定在渭水南岸建宫殿以显示帝王的显赫与尊严，其前殿就是阿房宫。相传，阿房宫的建筑极尽奢华之能事，朝廷动用大量财力与物力。阿房宫的恢宏壮观让人想望其风采，杜牧在《阿房宫赋》里这样描写道："覆压三百余里，隔离天日"，"一日之内，一宫之间，而气候不齐"。这种建筑恐怕真是后世所有宫殿无法比拟的。

阿房宫建筑的宏大豪华，直接反映了秦始皇的穷奢极欲，也加速了秦朝的覆灭。当时民谣就说："阿房，阿房，亡始皇！"最终，阿房宫被项羽一把火焚毁，据说大火烧了 3 个多月。

最新的考古证据表明，阿房宫其实并未建成，因此项羽也就无从焚烧。考古发现前殿现场只有一堵墙，南墙还没起来，勘探也没发现被火烧的证据。

尽管阿房宫还没有建成，但是从这些遗址的夯土来看，我们也可以确定阿房宫的确是一项宏大的工程，其布局规划亦确是大手笔。从发掘上看，阿房宫前殿遗址夯土台基东西长 1270 米，南北宽 426 米，现存最高高度在 12 米之上，仅夯

咸阳帝都宫殿布局图

秦朝一统后，定都咸阳。为了体现秦帝国吞并六国的气势和秦始皇至高无上的威严，秦始皇倾尽全国财力，汲取六国建筑之精华，营造规模宏大的都城和宫殿。咸阳帝都的规划独具匠心，它完全摒弃了以前各朝代规划布局的陈规陋习。最为引人注意的是，帝都的四周没有设计具有防御功能的城墙，显示了秦朝强盛的国力以及超常的自信心。宫殿的设计意图以想象中的天宫作为楷模，表现出秦朝当权者的"法天"思想。

秦朝阿房宫夯土基址

经历几千年的风雨洗礼，今天的阿房宫仅保存一处建筑夯土遗址，这些夯土就是阿房宫的地基。

土面积就达 541020 平方米，是迄今为止中国乃至世界历史上规模最为宏大的夯土基址。

"法天则地"是秦代规划城市的一条重要原则。秦一统天下，那种千载霸气表现在建筑方面就是宏大的气势。阿房宫的规划从一个层面上反映出了秦代宫殿建筑的特色，其建筑气魄也深深影响了后世的宫殿建筑。

秦朝以及秦以后的西汉，宫殿建筑的主要形式都是高台建筑。这是一种夯土台与木结构相互结合的建筑形式。运用这种建筑形式，能够把若干个单体木构建筑聚合在一个阶梯形的夯土台之上。《三辅黄图》中记载了秦朝新宫、朝宫等庞大宫殿建筑群的状况。在关中地区，"离宫别馆，弥山跨谷，辇道相属，木衣绨绣，土被朱紫"。高台建筑已遍及山野。

西汉建都长安，其宫殿建筑承继了秦朝宏伟规划的气势并有所发挥。作为宫殿的主体建筑未央宫，居于都城西南部，宫城周长 8560 米。其前殿台基南北长 200 多米，东西宽 100 多米，北端最高处竟达到 20 余米，真是恢宏壮观。未央宫加上长乐宫、桂宫、北宫等，构成了一个庞大的宫殿建筑群。这种以大宫殿群为中心，依朝宫主次而定位的布局，对后世建筑规划颇具启发性。

东汉定都洛阳，位于邙山与洛水之间，其宫殿建筑风格与西汉雷同，只是在布局之上更趋于规整。宫城位于都城的北半部，宫城之间有贯穿东西南北的主干道相连。主干道相互平行，宽度均在 40 米以上。主干道交叉相错，形成宽阔的宫

砖结构技术

战国时期出现的空心砖和小条砖，到秦汉时期被大量用做建筑材料。特别是小条砖，其长、宽、厚的比例约为 4 : 2 : 1。

秦汉时期有许多垒砌的方法，如半砖顺砌、平砖丁砌、顺砖顺砌、侧砖丁砌等，采用这些方法不仅使墙体坚固美观，而且可以达到节省工料、降低造价的效果。砖顶垒砌法在汉代有了重大发展。

前广场。

在建筑结构方面，西汉时期出现了木结构的多层建筑，拓展了建筑的室内空间，这种结构方式在东汉时期发展极快。

秦汉时期的宫殿建筑，其规模气势宏伟，让人折服；其规划布局科学，给人启发。这些都深刻影响到后世的宫殿建筑，并在我国建筑史上占据着举足轻重的地位。

秦始皇陵中的秘密

Qin Shi Huang Ling Zhong De Mi Mi

出古都西安东行几十公里，可见一座像山一样突兀而立的巨大陵墓，这就是举世闻名的秦始皇陵。

秦始皇陵外观上看去有些类似金字塔，但它却非石质，而是用黄土夯成的。古埃及的金字塔是世界上最大的地上王陵，而中国的秦始皇陵则是世界上最大的地下皇陵。

秦始皇陵的修建伴随着秦始皇一生的政治生涯。从他 13 岁即位时起就开工建设，直到他死时还未竣工。二世继位后，又修建了一年才基本完工，历时 38 年，比胡夫金字塔的建筑时间还长 8 年；建陵动用人工近 80 万，几乎相当于修筑胡夫金字塔所动用人数的 8 倍。

整个陵园工程的修建，大体上可分为三个阶段：第一阶段为陵园的初期阶段，从秦始皇即位到其统一中国，在这 26 年里，先后展开了总体设计和主体工程的施工，初步奠定了陵园的规模和基本格局。第二阶段为大规模修建阶段，从统一到秦始皇三十五年，在这 9 年时间里，经过数十万人大规模的修建，基本完成了陵园的主体工程。第三阶段为最后收尾阶段，从秦始皇三十五年到二世二年冬，在

◆ 秦始皇陵中"依山环水"的风水思想 ◆

秦始皇陵背靠骊山，面向渭水，形成南面背山、东西两侧和北面三面环水的风水格局。这种"依山环水"的风水思想对后代建陵产生了深远的影响，如西汉高祖长陵、文帝霸陵以及武帝茂陵都体现了这种思想。

武士俑的发型特写 秦
陕西省临潼县秦始皇帝陵兵马俑坑（公元前210年）出土，灰陶加彩，陕西省秦始皇兵马俑博物馆藏。

这3年时间里，主要进行陵园的收尾和覆土工作。

整个陵园仿照秦都咸阳布局，呈"回"字形，陵墓周围筑有内外两重城垣，其外城周长6210米，内城周长3870米。秦始皇陵用黄土夯筑而成，形成三级阶梯，状若覆斗，底部四方形，底面积约25万平方米，高115米。由于风雨侵蚀、人为破坏，现在封土面积约为12万平方米，高度为87米。

秦始皇陵地下宫殿是整个建筑的核心部分，位于封土堆下面。人们相传秦始皇将其生前荣华全部带入地下。由于其入葬之后，墓穴始终无人打开，人们对之格外好奇。在目前的考古发掘中，发现陵园以封土堆为中心，四周陪葬分布众多，内涵丰富，规模空前，数十年来出土的文物多达10万余件。考古发现地宫面积约18万平方米，中心点深约30米，发现有大型的石质铠甲坑、百戏俑坑、文官俑坑以及陪葬墓等600余处，还有被称为"世界奇迹"的兵马俑陪葬坑。

从陵墓封冢上勘测水银分布情况
史书记载，秦始皇陵墓中放进大量的水银，用以象征江河。近年科学探测发现，骊山陵园的强汞范围达12000平方米。更令人难以置信的是，如果按汞的厚度10厘米计算，陵墓内就储藏有100吨汞。

举世闻名的兵马俑就是在陪葬区发现的。1974年3月，骊山北麓农民打井时无意间发现了兵马俑。兵马俑坑在秦始皇陵东侧1.5千米处，规模极其庞大，3个坑共2万多平方米，坑内共计有陶俑马近8000件，木制战车100余乘以及青铜兵器4万余件。这3个坑以发现早晚为序，一号坑最大，东西长230米，南北宽62米，总面积14260平方米，有俑马6000余件；二号坑紧随其后，面积6000平方米，有俑马1000余件；三号坑最小，只有500余平方米，内有武士俑68个。3个坑皆

秦始皇兵马俑

按兵阵布置，三号坑是总指挥。这3个坑所展示的就是秦始皇的宿卫军。

兵马俑井然有序，气势磅礴，置身其中，能让人感受到一种强烈的震撼，使人不禁想起秦始皇金戈铁马、横扫六国、威震四海的英姿和挥师百万、战马千乘的勃勃虎威。秦始皇兵马俑的发掘，让我们亲身感受到了大秦帝国的强盛。

这些兵马俑如真人、真马一般高大，一个个造型生动、神情逼真，在军事、服装、生活、建筑等诸方面为我们近距离对秦朝做全面的考量提供了丰富的资源。我们相信，随着发掘的不断深入，越来越多的秘密将彻底展现在世人眼前。

秦始皇陵的工程主持者

秦始皇陵工程浩大，这项工程的最高督造者为丞相。丞相对整个工程管理负责，下有中央一些官署直接参与组织施工。工程开始之初，第一位主持者是吕不韦，后来李斯升任丞相，正式主持这项工作。李斯所起的作用无疑是最重要的。

提花机的发明与汉代的纺织技术

Ti Hua Ji De Fa Ming Yu Han Dai De Fang Zhi Ji Shu

美丽的绮罗，柔软的绡纱，丰富多彩的花纹，这些古老美观的纺织品都是由纺织机织出来的。

我国早期简单的纺织机械有纺车和布机。纺车用来纺纱，布机用来织造一般布帛。我国汉代的纺车是由一个大绳轮和一根插置纺锭的锭子组成。轻轻摇动绳轮，锭子就被迅速转动起来，既可加捻或合绞纱料，又能随即把加捻或合绞的纱料绕在纺锭上。这种纺车跟后世纺车已基本相同。布机是由经轴、卷布轴、马头（提综杆）、蹑（脚踏木）和综框等主要部件加上一个适于操作的机台组成。脚踏蹑来提沉马头和综框，经纱上下交换梭口，进而投梭引纬、再打纬。布机的作用，提高了织布的速度和质量。

这些简单机械只能织平纹的织物，要想织造有复杂花纹图案的织物，就需要在织机上加一个提花装置，提花机因此就被发明出来。

我国是世界上最早发明提花机的国家。在数千年浩瀚的历史长河中，我国发明的各式提花机一直遥遥领先，早在3000多年前的商代就有了提花设备。到了汉代，提花机形趋于成熟，性能更加完备，应用也更为广泛。在《西京杂记》中有这样的记载，西汉宣帝时，巨鹿（今河北省巨鹿县）陈宝光之妻发明了一种新提花机，用120蹑，60天就能够织成一匹散花绫，"匹值万钱"。这种提花机用多蹑多综来提沉经纱，能织造出花纹各异的织品。

汉代的提花机已经是具有机身和织造系统的联合装置，各种主要部件已具备，完全可以织造出任何复杂变化的纹样来。汉代王逸在《机妇赋》中这样描绘提花机："狡兔耳伏，若安若危。猛犬相守，窜身匿蹄。高楼双峙，下临清池"，形象而生动地描绘了提花机织造的全过程。

朱红罗锦袍 西汉

湖南省长沙市马王堆1号汉墓出土。马王堆汉墓出土如此精美华丽的丝织品，与长沙国附近的蜀郡有关。蜀郡素以先进的纺织技术闻名全国，可称"覆衣天下"。

卷经轴

縠丝木

综线

卷布帛轴

织成的布帛

梭口

踏板

脚踏纺织机复原图

　　上述所提及的纺织机械，在当时是世界上最先进的机具。欧洲直到7世纪才从中亚、西亚辗转得到中国提花机，到了13世纪才在织机上安装蹑。中国的提花机对欧洲的提花技术发展产生了极其深远的影响。

　　汉代提花机的使用和改进，反映了我国汉代纺织技术已经达到了很高的水平。在汉代，我国的纺织业非常繁荣。仅汉武帝元封元年（公元前110年）一年，朝廷从民间征集而来的帛就达到500万匹。在这种大环境下，妇女积极投入纺织业的生产之中，她们的聪明才智得到极大的发挥，纺织技术也不断得到提高。

　　在湖南省长沙市马王堆汉墓出土的大量纺织品，从一个侧面反映了汉代的纺织技术水平。在马王堆一号汉墓中，出土了高级成衣50余件，单幅丝织品46卷，还有各种绣枕、巾、袜、香囊等等，种类繁多，精美绝伦。其中有一种平常织物——绢，其经线密度在80～100根，最密的情况下达到164根，纬线的密度是经线的1/2~2/3。这组数据表明当时已有了很先进的织机。

　　马王堆汉墓中也出土了不少素色提花的绮和罗，以及各色的锦。花纹图案相当丰富，有菱纹、矩纹、对鸟纹、杯形纹、孔雀纹、茱萸纹、花卉纹等，配色自然而得体，可见当时的纺织技术是非常高超的。

《周髀算经》与《九章算术》

Zhou Bi Suan Jing Yu Jiu Zhang Suan Shu

　　人们在谈论汉代数学的时候，不能不谈到《周髀算经》。"髀者表也"，"髀"就是"表"，周人用垂立地面 8 尺高的木杆（"表"）来观测日影，所以叫"周髀"，"算经"则是唐朝人后来加上去的。

　　《周髀算经》里除了数学知识，还包括一些天文学方面的知识，主要是汉代主张"盖天说"一派的代表理论。现传本的《周髀算经》大约成书于公元前 1 世纪。

　　《周髀算经》总体可分为两大部分。前一部分内容比较少，内容假托周公向臣子商高学习数学知识时与商高的对话。

《周髀算经》书影

这一部分主要讲解了著名的勾股定理和地面上的勾股测面。后一部分内容较多，主要假托为荣方向陈子请教，讲解了"盖天说"理论，表现在数学方面，则是利用勾股定理进行测量天体的计算，还有复杂的分数计算等。

　　其中勾股定理在西方叫作"毕达哥拉斯定理"，《周髀算经》比它早 500 多年。

　　尽管从严格意义上来讲，《周髀算经》还不能算一本数学方面的专业著作，但是它对勾股定理的描述和运用，以及复杂分数的计算，在数学史上具有划时代的意义。

　　经历了春秋战国的发展，数学到汉代结出了果实，出现了我国古代最早的一批数学方面的专著。《汉书·艺文志》中著录有两部：《许商算术》（26 卷）和《杜忠算术》（16 卷）。只是很可惜，这两部书已经失传了。《九章算术》可算得上是现传本古算书中保存最完整、最古老的数学著作。

　　《九章算术》非一人一时之作，而是经过很多人的修改和补充，逐渐完善起来的。它是人们对春秋战国到西汉中期数百年间社会实践中积累的数学成果的概括和总结，是广大人民集体智慧的结晶。现传本《九章算术》成书于东汉初年（1世纪）。

　　九章，就是九数，指早期科目中将数学分为 9 个细目。《九章算术》从各类问题中，有代表性地选取了 246 个，按照解题方法和运用范围分成 9 个大类，有时举出一个或几个问题，然后叙述解决问题的方法；有时开始先叙述一种解法，然后再列举例题。其方式多样，注重理论联系实际，易于被人们接受。

《九章算术》内容

第一章 方田。关于田亩面积的计算，共有 38 个问题。

第二章 粟米。讲比例问题，按比例互相交换各种谷物的问题，共有 46 个问题。

第三章 衰分。讲依等级分配物资或按等级摊派税收的比例分配问题，共有 20 个问题。

第四章 少广。讲开平方和开立方的方法，共有 24 个问题。

第五章 商功。关于各种体积的计算，共有 28 个问题

第六章 均输。讲正比例、反比例、复比例、连比例等比较复杂的比例配分问题。

第七章 盈不足。讲双设法，共有 20 个问题。

第八章 方程。讲一次联立方程问题，共有 18 个问题。

第九章 勾股。利用勾股定理测量计算"高、深、广、远"等问题，共有 24 个问题。

《九章算术》的内容丰富，成就辉煌，它几乎包括了现代小学算术的大部分内容以及中学数学的相当一部分内容。它涉及初等代数和几何中相当多的内容，形成了风格独特的完整数学体系。《九章算术》所凸显的十进位制解决问题方法以及在当时世界堪称先进的筹算算法对西方数学影响深远。

《九章算术》从出现开始一直就是人们学习数学的教科书。16 世纪以前的中国数学方面的著作，大都沿袭其体例。后世数学家从中汲取营养，不断发展创新，推动中国古代数学不断向前发展。

作为举世公认的古典数学名著，《九章算术》在世界数学史上也占有极其重要的地位，在隋唐之际就已流传到朝鲜半岛和日本，并成为其数学教科书。

《周髀算经》和《九章算术》代表了汉代中国数学的最高成就，凝集了中国古代人民的杰出智慧，对后世影响深远。

刻有数码的商代甲骨

赵过创代田法

Zhao Guo Chuang Dai Tian Fa

赵过，西汉中期的农学家。史书上记载，大约在汉武帝征和四年（公元前89年），他被任命为搜粟都尉，主管当时的农业生产。

赵过为了使农业适应保墒抗旱耕作的需要，发明了代田法，并逐步推广。而且他还发明了耦犁和耧车，为实现代田法服务。

代田法是由畎亩法发展起来的，它的优点在于能够很有效地起到抗旱保墒的作用。

代田法在技术上有以下三方面特点：其一，沟垄相间。种子是播种在沟中的，等到苗出以后，再结合中耕除草来垄土壅苗。这种做法的好处就是防风抗倒伏和保墒抗旱。其二，沟垄互换。沟垄位置逐年互换，实现了土地轮番利用与休闲。其三，耕耨结合。每年开沟起垄，耕耨结合。

随着代田法的逐步推广，农田的单位面积产量得到提高。史称"用力少而得谷多"。赵过对汉代的农业贡献颇大。

从赵过的代田法，我们可以看到秦汉时期农业的主攻方向是抗旱保墒。为了实现这个目的，汉代不仅推广使用代田法，而且也使用区田法，都取得了很不错的效果。

在北方的旱地耕作时，人们从以下四个方面来防旱保墒。一、适时耕作。春耕的适时期在春初解冻之后，夏耕的适时期则在夏至时，而秋耕的适时期是在秋分时候。二、及时耱压。耕起的大土块要及时耱碎，不然就会跑墒，引起干旱。三、因时耕作和因土耕作。根据不同的封土壤性质，确定适宜的耕作时期和方法，才能达到除草、肥田以及保墒抗旱的目的。四、积雪保墒。在冬麦田多积雪来保墒，

◆ 汉代铁农具的发展和牛耕的普及 ◆

在出土的西汉中期以后的铁农具中，犁铧比例明显增加。陕西关中是汉代犁铧出土的集中地区，而且几乎全是铁铧。西汉中期以后，铁犁数量增多，式样也丰富起来。既有向一边翻土的菱形、瓦形以及方形缺甬壁，也有向两侧翻土的马鞍形壁。随着代田法的推广使用，耦犁的使用提高了生产效率，牛耕开始在黄河流域普及，铁犁牛耕在农业生产中的主导地位真正确立起来。

不仅可以抗旱，而且可以防虫害。

南方在水稻栽培方面，采用了水稻移栽技术和稻田水温调节技术。稻田水温调节技术主要是针对水稻不同生长期通过调节水温来促进其生长发育。

秦汉时期，人们在农作物的栽培管理方面也总结出了丰富的经验，越来越认识到适时播种的重要性。《氾胜之书》中记载"种麦得时，无不善"，"早种则虫而有节，晚种则穗小而少实"，并且能够根据历法和物候，参照各种因素来确定播种期，非常科学。在农作物的播种密度方面，主要是参考其种类和地力高下。对禾，"美田欲稠，薄田欲稀"；对于大、小麦和水稻，则"美田欲稀，薄田欲稠"，非常合理。在田间管理上，中耕引起相当重视，既达除草之效，又能间苗和保墒。

综上，我们不难看出，秦汉时期的农业伴随着一系列的技术进步得到了快速的发展，并且人们在生产实践中积累了丰富的经验。尤其是汉中期以后，随着铁犁牛耕的普及，我国古代农业取得了阶段性的突破，农业生产力获得长足发展。

① 开沟作垄

② 逐次培壅

③ 土地轮番使用

赵过代田法

代田法是一种适合北方地区自然条件的轮耕技术。在一亩田中，纵向分为三道甽和三道垄，垄各宽 1 尺。将粮种在此中。苗长高时，不断垄土培固根部，使秧苗耐风旱，抗倒伏。第二年，甽、垄换位，以调节土质肥力。赵过推广代田法的同时，也推行二牛三人耕作法，使之配合耕种。亩产量达到 10 石，比采用一般耕作方法的收获增加 1 倍以上。

箭，用以调节犁地的深浅

辕，耕作时控制犁的转向

衡，是架于牛颈上的横木

铧，用来削土、碎土

铧冠，是铧前端最锋利的部分

二牛一人式耕作法使用的长辕犁示意图

汉代的宇宙观

Han Dai De Yu Zhou Guan

　　宇宙理论在汉代取得了巨大的发展，汉代的科技工作者在继承和发展前人理论成果方面有了很大的突破，形成了比较成熟的基本理论框架，对未来科学的发展产生了决定性的影响。

　　在天地起源与演化思想方面，汉代在吸收先秦诸子合理内核的基础上，有了更深入的专门论述。西汉早期，刘安在《淮南子》的"天文训"篇中认为天地产生于混沌的原始状态，然后经历大昭、虚郭、宇宙、元气等阶段，元气生天地，天地交合生万物。他的学说基本上继承了老庄的天地起源学说，但也有所发展。到了东汉中期，张衡在《灵宪》中论述了宇宙演化是分阶段的、有层次的。他所阐述的发生变化方式有渐变也有突变，变化原因缘自事物内部，具有科学性。张衡还提出了三阶段论，即首先是一个虚无幽静、无边无象的空旷空间；然后是从无到有的突变，并产生无形无象、混沌状态的元气；最后一个阶段是从无形到有形、无序到有序，由于某些作用，逐渐形成了天地和万物。

　　在天地大型结构学说方面，出现了比较成熟、系统的三大学说，即盖天说、浑天说和宣夜说。

　　第一套学说是盖天说。《周髀算经》是盖天说的代表作。汉代的盖天说对先秦时代周髀家盖天说作了重大改进，并赋予新盖天说以数学化的形式，有利于人们理解和接受。盖天说认为天像一个大锅，拱形的天罩着拱形的地，天在上，地在下。日月星辰每天都要绕着北极的一个叫"天中"的点自东向西旋转，"天中"对应到地面拱形上的一点叫作"极下"，"天中"与"极下"的距离，即天与地的距离为 8 万里，而人们住的地方离极下相距 3 ～ 10 万里。太阳每年都以 7 个不同的同心圆在天盖上运动，称为"七衡"。最内一道叫内衡，是夏至太阳所走的路径，最短。因为"七衡"有 6 个间隔，所以又叫作"七衡六间图"。太阳光所能照及的范围是 7 ～ 16 万里。用这一理论能解释白昼现象以及四季变化，即太阳进入可见范围之内，就是白天；反之，就是黑夜。在不同运行轨道，对应不同的季节。

　　第二套学说是浑天说。东汉的张衡是浑天说的集大成者，他撰《浑天仪注》，认为天地就像一只鸡蛋，其中天是蛋壳，地则是被包在里面的蛋黄。这里所说的地球形状仍然是平面向上的半球形，而不是一个完整的球体。天地绕地轴自转，两个天极间的圈就是天赤道，与之相交 24 度是黄道。太阳沿着黄道运行。北天际

◆ 汉代纬书中的地动思想 ◆

汉代天地结构学说中，地静学说一直占据着主导地位，但是在一些纬书中也出现了地动说。《尚书·考灵曜》就提到地在按顺时针运行，称之为四游。它指出："地恒动不止而人不知，譬如人在大舟中闭目而坐，舟行而人不觉也。"换言之，不能因为人感觉不到地在动，就否认地在动的事实。

附近有小圈叫恒显圈，圈内星辰永不沉于地下，全年可见；南天际附近有小圈叫恒隐圈，圈内星辰永沉地下，全年不见。为了阐述天地结构的稳定性，张衡构想了"天地表里有水"，让星辰晚上沉入水中，这是一大败笔。浑天说从总体来说，比盖天说前进了一步，能十分明显地解释一系列天文现象，有颇多可取之处。

第三套学说是宣夜说。郗萌作了很好的陈述，他说："天了无质，仰而瞻之，高远无极。"郗萌认为天是无边无际的，不是什么拱形或蛋壳之类的东西。他还认为日月星辰等天体是靠气而悬浮在宇宙间，这对于宇宙认识意义重大。比之浮于水中或是被托着之类，前进了一大步。宣夜说的最大不足就是没有对天体运动规则作具体论述，而是长久地停留在思想领域，以至于最后变成一种玄学，脱离了科学的轨道。

综上所述，汉代的宇宙观比之先秦有了很大的发展，形成了比较专门而又系统的理论框架，并对后世科学发展产生了深远的影响。

石日晷的测时原理
日晷的正中圆孔有一根垂直于日晷平面的柱形表，随着太阳的升落，表影在刻度间移动。在日出、日中、日落三点各立杆做标志，可测定不同季节昼夜的长度。

日中

日出

日落

王充著《论衡》

Wang Chong Zhu Lun Heng

西汉末年，谶纬之学盛行，不仅使今文经学走向恶性发展，而且也渗透进科学技术领域，危害甚大。

所谓谶，就是巫师和方士杜撰出的谜语式的预言或启示，用来作为凶吉的符验或是征兆；而纬则是解经家们在经的章句以外胡乱附会出的一套说法。谶纬之学是封建迷信与世俗庸化的合流，它在一定程度上阻碍了科学技术向正确方向的发展，因此遭到了一批正直学术思想家们的坚决反对。

在反对谶纬思想的过程中，东汉早期卓越的思想家王充所做贡献最为巨大，对后世影响也颇为深远。

王充继承并发展了司马迁、扬雄、桓谭等先行者的叛逆精神，在哲学问题上勇于跳出经学的圈子，用唯物主义的思想有力地抨击了谶纬的虚妄，大胆地批判了经学的唯心主义体系，其成就斐然。

王充，字仲任，浙江上虞人，是东汉前期杰出的唯物主义思想家和文学理论家。他原籍魏郡元城（今河北大名），因祖先立功被封官而迁居到会稽，后再迁上虞。

王充出生于农民家庭，但他自幼聪颖好学，品学兼优；15 岁的时候，他到京师洛阳的太学深造，并拜当时著名的儒学大师班彪为师。在求学的过程中，他饱读经书，并以怀疑、批判的态度对待已有的规则，在这方面，他站到了同时代读书人的前列。

王充离开洛阳后，做过州郡佐吏，但因为人刚直不阿，得罪权贵，被罢职回家。回到故乡，王充一边教书，一边著书立说。他一生共写过 4 部书：痛恨俗情而写《讥俗》《节义》；忧心朝政而写《政务》；反谶纬而写《论衡》；晚年写《养性》。除了《论衡》，其他 3 本均已失传。

《论衡》历时 30 年而成，今存 85 篇，其中《招致》一卷，有录无书，所以实存 84 篇，共计 20多万字。它是我国古代思想史上一部具有划时代意义的著作，也是我国古代科学史上极其重要的典籍。

王充像

《论衡》的主要观念

1.以自然元气说，否定神学、天命。

2.以自然元道观为基础，批判谶纬之学、天人感应等。

3.以命定说讨论人性和社会哲学。

《论衡》的主要内容

1.揭穿荒诞的迷信，批判鬼神和禁忌。

2.反对盲目的崇拜，批评夸张的记载。

3.开厚古薄今之风，宣汉朝之德。

王充的《论衡》书影

《论衡》的主要思想就是"疾虚妄"。王充曾说过，"伤伪书俗文，多不诚实，故为《论衡》之书"，"是故《论衡》之造也，起众书并失实，虚妄之言胜真美也"。他反对"虚妄"的东西，利用广博的科学知识和逻辑推理，大胆指出典籍中非科学的谬误。为此，他敢于向儒家权威和经典发难。他坚持科学的立场，对盛行的谶纬之学和天人感应说进行了猛烈的批判。

《论衡》主张元气自然说，强调了物是自然发生，而非天意，否定了天有意志的正统观点。他旗帜鲜明地反对神学，坚持唯物主义的科学立场。

《论衡》在具体分析客观现象时，运用科学的分析和逻辑论述，把无神论思想和朴素辩证法提升到了新的高度。王充对鬼神之说进行了有力的反驳。他指出："人之所以生，精气也，死而精气灭。能为精气者，血脉也，人死血脉竭，竭而精气灭"，"形体朽，朽而成灰，何用为鬼？"这简直就是对人们迷信鬼神的辛辣反问。这种唯物主义见解在当时是石破天惊的。

《论衡》对云雨的产生机制、雷电以及潮汐等自然界的客观现象都做了合乎科学的可贵见解，否定了自然现象与神力迷信的联系。王充以科学知识为重要武器，坚持唯物主义思想，矛头直指谶纬之学、天人感应等传统迷信，同当时盛行的正统思想进行了不屈不挠的较量，影响十分深远。

《论衡》是唯物主义思想同谶纬之学、天人感应等神学思想坚决斗争的产物，它的诞生反映出人们坚持科学、探索自然的强大呼声，顺应了历史潮流的发展，并为后世科技的健康发展提供了有力的思想武器。

文明的曙光——蔡伦的造纸术

Wen Ming De Shu Guang Cai Lun De Zao Zhi Shu

谈到中国的造纸术，就不能不说到蔡伦。他在造纸技术的发明和发展上的卓越贡献将彪炳史册，万古流芳。

蔡伦，字敬仲，桂阳人，是东汉时期杰出的科学家。

蔡伦从东汉明帝刘庄末年开始在宫禁做事。汉和帝刘肇登基之后，他很快成了和帝最宠信的太监之一，负责传达诏令，掌管文书，并参与军政机密大事。

蔡伦像

蔡伦，东汉桂阳郡耒阳（今湖南省耒阳市）人。他在改进造纸术上做出了巨大的贡献。

史载蔡伦非常有才学，为人敦厚正直，曾多次直谏皇帝。因其杰出才干，他被授尚方令之职，负责皇宫用刀、剑等器械的制造。在他的监督之下，这些器械都制造得十分精良，后世纷纷仿效。

在做尚方令期间，蔡伦系统总结了西汉以来造纸方面的经验，并进行了卓有成效的试验和革新。在原料的利用方面，他不仅变废为宝，大胆取用"麻头及敝布、渔网"等废品为原料，而且独辟蹊径，开创利用树皮的新途径。此举使造纸技术从偏狭之处挣脱出来，大大拓宽了原料来源，降低了造纸的成本，使纸的普及应用成为可能。更值得一提的是，他用草木灰或石灰水对原料进行浸沤和蒸煮的方法，既加快了麻纤维的离解速度，又使其离解得更细更散，大大提高了生产效率和纸

◆ 蔡伦造纸的方法 ◆

（1）把树皮、麻头、破布等原料用水浸，切碎。

（2）用草木灰水蒸煮，再经清水洗涤，去掉杂质。

（3）用石臼将原料舂碎，配成浆液，放在槽里。

（4）用抄纸器将纸浆捞起，漏去水分，晾干压平。

上述造纸方法已具备了原料处理、制浆、澄浆、抄纸、烘干等主要工序，为我国造纸业的发展奠定了基础。

浸湿原料　切碎　洗涤　浸灰水

①

架火

②

蒸煮　春捣

③

洗涤　打浆

④

抄纸　晒干　揭下压平

⑤

造纸流程示意图

张的质量，这也是造纸术的一项重大技术革新。

元兴元年（105年），蔡伦将自造的纸呈给汉和帝，受到大力赞赏，朝野震动。人们纷纷仿制，"天下咸称'蔡侯纸'"。

安帝年间（114年），和帝的皇后邓太后因蔡伦久侍宫中，做事勤恳且颇有成绩，封他为龙亭侯。

后来蔡伦被卷入一起宫廷事件。起因是窦后（汉章帝刘旭后）让他诬陷安帝的祖母宋贵人。等到安帝亲政，着手调查这件事情，让蔡伦自己到廷尉处接受惩罚。蔡伦觉得很屈辱，就自杀了。

蔡伦虽然死了，但是他对造纸技术的贡献将永存史册。蔡侯纸的出现，标志着纸张取代竹帛成为文字主要载体时代的到来。廉价高质量的纸张有力地促进了知识、思想的大范围传播，使古代大量文字信息得以保存，促

东汉时期旱滩坡带字纸

从公元前2世纪到18世纪初，中国造纸术一直居于世界先进水平。中国古代在造纸技术、设备、加工等方面为世界各国提供了一套完整的工艺体系。现代机器造纸工业的各个主要环节都能从中国古代造纸术中找到最初的发展形式。

进了人类文明的进步。

在造纸术发明以前，我国古代使用龟甲、兽骨、金石、竹简、木牍、缣帛作为书写材料。龟甲、兽骨、金石对书写工具要求很高，需要刻。简牍笨重不便，而且翻阅起来中间串的绳很容易断裂，造成顺序混乱。缣帛虽轻便，可是价格十分昂贵，一般人消费不起。纸的发明满足了人们对轻便廉价书写材料的迫切需求，引发了书写材料的一场空前的革命。

造纸术一经发明，就被人们广泛使用。在以后的朝代里，人们对造纸术进行不断的改良和提高，工艺越来越先进，纸的质量也越来越高，品种也越来越丰富。造纸的主要原料也从破布和树皮发展到麻、柯皮、桑皮、藤纤维、稻草、竹以及蔗渣，等等。

我国发明的造纸术对世界文明影响深远。造纸术大约在 7 世纪初传入朝鲜半岛，隋时传入日本。8 世纪，唐朝工匠将造纸术传入阿拉伯，在撒马尔罕办起造纸厂。此后又传入巴格达。10 世纪传入大马士革、开罗，11 世纪传入摩洛哥，13 世纪传入印度，14 世纪传入意大利，然后传到德国和英国，16 世纪传入俄国和荷兰，17 世纪传入美国，19 世纪传入加拿大。

潘吉星在《造纸术的发明和发展》一文中这样总结道："我国古代在造纸技术、设备、加工等方面为世界各国提供了一套完整的工艺体系。现代机器造纸工业的各个主要技术环节，都能从我国古代造纸术中找到最初的发展形式。世界各国沿用我国传统方法造纸有 1000 年以上的历史。"

从上述论述中，我们不难看出，我国的造纸术在公元前 2 世纪到 18 世纪的 2000 多年里，一直处于世界领先水平。

与哥白尼、伽利略齐名的张衡

Yu Ge Bai Ni Jia Li Lüe Qi Ming De Zhang Heng

在世界自然科学史上，中国有一位国际上公认的能与哥白尼和伽利略齐名的科学家，他的名字叫张衡。

张衡是世界十大文化名人之一。他多才多艺，是我国古代伟大的科学家、发明家、文学家、史学家和画家。他的才能世所公认。

张衡，字平子，南阳西鄂（河南省南阳市石桥镇）人，出生于一个官僚家庭。

他的祖父张堪曾做过多年的太守，但为官清廉，没有留下什么财产，再加上他父亲死得早，所以家境比较清贫。

张衡从小就天资聪敏，好学深思。他不仅熟读儒家经典，而且还花了很多时间去读司马相如和扬雄等人的赋，表现出对文学的强烈兴趣。

青年时代的张衡已经不再满足于闭门读书，他渴望游历，多接触实际，从而开阔眼界，增长见识。94 年，16 岁的张衡远游三辅。他在游览名山大川的时候，不忘考察古迹，采访民情，调查市井交通等。此行不仅大大增长了见识，而且为他后来创作《二京赋》积累了大量的素材。

离开三辅，张衡来到京都洛阳。在洛阳求学的五六年里，张衡结识了一批青年才俊，如经学大师马融、政论家王符以及科学家崔瑗等。在此期间，张衡写了《定情赋》《七辩》等文学作品，名噪一时。随后，他接受南阳太守鲍德的邀请，担任掌管文书的主簿官。

在工作之余，张衡创作了著名的《二京赋》，轰动一时。任职 9 年后，张衡回到家中，开始研读扬雄的《太玄经》。这是一部研究宇宙现象的哲学著作。通过研究《太玄经》，张衡的兴趣从文学创作转向宇宙哲学的探索，经过不懈努力，他最终在天文历算方面取得了巨大的成就。

111 年，张衡被征召做了郎中，后来又做过太史令。张衡为人耿直，升迁很慢。他曾两次出任太史令，先后长达 14 年之久。太史令的工作让张衡在天文历算方面做出了杰出的贡献。

后来，张衡因弹劾奸佞不成，被迫到河间任太守。在职期间，他打击豪强，颇有作为。138 年，张衡被调回京师，出任尚书。此时东汉政权已非常腐败，张衡感觉回天乏力，于 139 年在悲愤与绝望中死去。

张衡最杰出的成就主要在天文方面，他留下了两部天文名著《灵宪》和《浑天仪图注》，里面记载了他在历法、天文仪器和宇宙理论等诸多方面的研究发明。他还亲自创制了著名的浑天仪和地动仪。

张衡像

在距今 1700 多年前，中国杰出的天文学家张衡发明了测定地震方位的仪器，这无疑是一项伟大的创举。张衡在洛阳制造出的外形似酒樽的候风地动仪，是世界上第一台地震仪。"候风"据考应是测候之意，与地动相连，实指测震的功能。候风地动仪未能保存下来，据史学家推测遗失于战乱。候风地动仪的原理实质上是惯性运动定律。直到 17 世纪，在西方惯性运动定律才被牛顿发现。

候风地动仪工作原理示意图

候风地动仪中的八道结构平面示意图

都柱倒入八道的立体示意图

　　张衡对于地震的观测和研究，使他成为世界科技史上制作并利用仪器来观测和记录地震第一人。138 年，他制造的候风地动仪曾准确地测出远在甘肃临洮一带发生的一次地震，使朝野"皆服其妙"。

　　张衡在实际的天文观测中，还做了许多卓有成效的工作。如在恒星的观测方面，他区分和命名了 444 个星官、2500 颗恒星。

　　张衡还制造了许多奇巧的器物，如候风仪、指南车和能在空中飞的木鸟等，可惜都失传了。他还计算出圆周率是 3.1622，虽然现在看来不准确，但在当时还是十分精确的。

　　张衡以及他的天文学成就谱写了东汉科学史绚烂的华章，也构筑了我国古代天文学史上一座熠熠生辉的丰碑。

候风地动仪内部结构示意图（俯视）

地动仪模型

地动仪由青铜铸成，直径 8 尺，形状像一个酒樽。里面设计精巧，主要有竖立在仪体正中的"都柱"和"都柱"周围同仪体连接的"八道"，它们分别处于东、西、南、北、东南、东北、西南、西北等 8 个方向上。外面相应设置 8 条口含钢球的龙，下面对应 8 只张口向上的蟾蜍。一旦发生地震，触动机关，钢珠即落入蟾蜍口中发出声响。人们就可以知道地震的时间和方位了。

人工呼吸第一人——医圣张仲景

Ren Gong Hu Xi Di Yi Ren Yi Sheng Zhang Zhong Jing

张仲景，名机，约生于150年，卒于219年，东汉南阳郡涅阳（今河南南阳）人，是东汉末年著名的医学家，被后人尊称为"医圣"。

史载张仲景自幼聪颖好学，喜欢研究岐黄之学，对名医扁鹊很是推崇，并以其为榜样。他拜同乡著名中医张伯祖为师，因其刻苦，很快便得真传。

汉灵帝时，张仲景被举为孝廉，继而出任长沙太守。他虽居要职，却淡泊名利，不屑于追逐权势。他心里所关心的是百姓的疾苦。传说他为太守之时，每逢初一、十五停办公事，亲自到大堂之上为百姓诊病，号称为"坐堂"。至今药店仍称作"堂"，应诊医生被称为"坐堂医生"。

张仲景像

张仲景，东汉著名医学家。他在中医临床治疗和病理学方面成绩非常突出，为中医的发展做出了巨大贡献。

东汉末年，战乱频繁，瘟疫横行，民不聊生。张仲景虽然也在居官之暇行医，但是所救治之人毕竟有限。他在做官与行医的利弊权衡之间犹豫不决。这时，南阳病疫流行，他的家族在10年之内，竟死去2/3。面对这种打击，张仲景决定辞官行医，悬壶济世。

张仲景在行医过程中，不仅潜心学习汉代以前的医学精华，而且虚心向同时代的名医学习，博采众家之长。他向王神仙求医的传说在民间广为流传。

张仲景听说当时襄阳有个很有名的王姓外科医生，治疗疮痈很有一套，人称"王神仙"。于是就整装出发，为了学到本领，他隐姓化名，自愿给"王神仙"做药店伙计。他的勤奋聪明很快就取得了王神仙的欣赏和信任。有一次，"王神仙"给一个患急病的病人看病，所配的药方里有一味药剂量不够。张仲景觉得有问题，但还是照方抓药。结果，病人病情加重，"王神仙"束手无策。张仲景挺身而出，自告奋勇一展身手，果然药到病除。"王神仙"很吃惊地看着眼前这位年轻人，知道他大有来历，一问才知他是河南名医。"王神仙"深受感动，遂将其技艺倾囊相授。

青铜鎏金冷却盆

这是由三件器物组成的医疗冷却器。使用时将药液置于平底器皿内，放在三足器中。然后不停地用勺盛冷水由浇口注入三足器，而水由管状流入排泄盘内。如此循环，使药液冷却，达到适合饮用的温度。

张仲景"勤求古训，博采众方"，凝聚毕生心血，于 3 世纪初，著成《伤寒杂病论》16 卷。原本在民间流传中佚失，后人搜集和整理成《伤寒论》和《金匮要略》两部书。

《伤寒杂病论》是中医四大经典之一，它系统地总结了汉朝及其以前的医学理论和临床经验，是我国第一部临床治疗学的专著。

《伤寒论》是一部阐述多种外感疾病的著作，共有 12 卷，著论 22 篇，记述 397 条治法，载方 113 个，总计 5 万余字。《伤寒论》论述了人体感受风寒之邪而引起的一系列病理变化，并把病症分为太阳、阳明、少阳、太阴、厥阴、少阴等"六经"，进行辨证施治。

《金匮要略》是一部诊断和治疗各种疾病的书，共计 25 篇，载方 262 个。《金匮要略》以脏腑脉络为纲，对各类杂病进行辨证施治。全书包括了 40 多种疾病的诊治。

在《伤寒杂病论》中，张仲景还创造了世界医学史上的三个第一：首次记载了人工呼吸、药物灌肠和胆道蛔虫治疗方法。

黑漆描金云龙药罐柜

金医针

这是用于针灸疗法的医针。

《伤寒杂病论》成书之后，成为中国历代医家研究中医理论和临床治疗的重要典籍，隋唐以后，更是远播海外，在世界医学界享有盛誉。从晋朝开始到现在，中外学者整理研究该书的专著超过1700余家，可见其影响之深远。

《伤寒论》《金匮要略》书影
张仲景著《伤寒杂病论》，被后人整理成《伤寒论》和《金匮要略》两部书。

银漏斗
银制的医疗器皿属于高级用具。这种配套使用的漏斗是在急救危重病人时，向其鼻或喉部灌药时使用的。

◆ 《伤寒杂病论》失而复得的两个关键人物 ◆

一是晋朝太医令王叔和。当时世面上流传的都是断简残章。王叔和全力搜集各种抄本，并加以整理，命名为《伤寒论》。他不仅整理了医书，而且还留下了关于张仲景的文字记载。

二是宋仁宗时翰林学士王洙。他无意间在翰林院书库里发现了一本虫蛀的竹简，书名为《金匮玉函要略方论》，发现与《伤寒论》相似。后经名医林亿、孙奇等人校订，更名为《金匮要略》刊行于世。

神医华佗与颅脑手术

Shen Yi Hua Tuo Yu Lu Nao Shou Shu

华氏家族本是望族，但到华佗时已经衰微了。幼年的华佗在攻读经史的时候，就很留心医药。他从古代名医济世救人的事迹中获得启发，树立了解救苍生于苦难的理想。

在当时的社会里，读书人都以出仕做官为荣，可是华佗却选择了另一条道路，以医为业，替百姓看病，并且矢志不移。青年时期的华佗，看到外戚宦官专权、官场腐败。当时有很多人举荐华佗做官，都被他拒绝了。不为良相，便为良医，华佗决心终身为百姓行医。

华佗行医，并无师传。他主要是通过精研前代的医学典籍，在继承前人的基础之上，结合自己的实践总结，加以归纳，从而创立新的学说，自成一派。由于他天资聪颖，加上学习得法，理论联系实际，他的医术迅速提高，成为远近闻名的医学家。

华佗像

华佗，字元化，沛国谯（今安徽省亳州市）人。他与张仲景是同时代人，据考证，约生于汉永嘉元年（145年），卒于建安十三年（208年）。华佗是东汉末一位著名的医学家，被后世尊为"外科鼻祖"。

中年的华佗因中原动乱而"游学徐土"。他坚持深入民间，为百姓治病，足迹遍及当时的徐州、豫州、青州、兖州各地。根据他行医的地名查考，大抵是以彭城为中心，东起甘陵（今山东临清）、盐渎（今江苏盐城），西达朝歌（今河南淇县），南至广陵（今江苏扬州），西南则到谯县（今安徽亳州），也就是在今天的江苏、河南、山东、安徽等广大地区。华佗学识渊博，医术高超，创造了许多医学奇迹，其中最突出的就是用麻沸散进行外科手术。

华佗的医术仁心，受到了广大人民的热爱和尊崇。他高超的医术常为人们所津津乐道。民间关于他的传说故事不胜枚举。像《三国演义》里关公刮骨疗伤，就是华佗做的手术。传说有一位郡守患病，百医无效。郡守的儿子找到华佗，对他详述病情，恳求施治。华佗到后看过，问病的时候，语气很不好，说话也很狂傲，索要的诊费非常高。这还不算，华佗压根就没有治病，临走的时候还留信大骂郡守白痴。郡守大怒，口吐黑血，老毛病一下就好了。

经过数十年的医疗实践，华佗的医术已到了炉火纯青的地步。在临床诊治方面，他灵活运用养生、针灸、方药和手术等手段，辨证施治，疗效极好，被誉为"神医"。

| 虎戏图 | 鹿戏图 | 熊戏图 | 猿戏图 | 鸟戏图 |

五禽戏

一套使全身肌肉和关节都能够得到舒展的医疗保健体操，模仿虎、鹿、熊、猿、鸟的动作姿态创作而成。华佗的学生吴普循此锻炼，活到 90 余岁，还"耳目聪明，齿牙完整"。

他精通内科、外科、妇科、小儿科和针灸科等，尤擅外科。

华佗的医名远播，使得曹操闻而相召。原来曹操患有头风病，找了很多医生都不见效。华佗只给他扎了一针，曹操头痛立止。曹操为了自己看病，强把华佗留在自己府里。但是华佗立志为民看病，不肯专门侍奉权贵，于是就请假回家。曹操催了几次，华佗都以妻病为由不去。曹操大怒，专门派人将他抓到许昌，仍请他治自己的头风病。华佗直言要剖开头颅，实施手术。曹操以为华佗要谋害自己，就把他关进牢中准备杀掉。有谋士进谏相劝，曹操不听，还是处死了华佗。华佗临死，将所著医书交给狱吏，希望可以救济百姓。狱吏胆小，怕担责任，不敢要。华佗无奈之下，一把火烧了医书。后来曹操爱子曹冲患病，百医无效，曹操才后悔杀了华佗。

华佗晚年著有《青囊经》《枕中灸刺经》等多部著作，可惜都已失传。他发明了一套"五禽戏"来强身健体，还培养了许多弟子，其中广陵吴普、西安李当之和彭城樊阿都是有名的良医。

用麻沸散施行腹腔外科手术

《后汉书·华佗传》："若疾发结于内，针药所不能及者，乃令先以酒服麻沸散，既醉无所觉，因刳破腹背，抽割积聚。若在肠胃，则断截湔洗，除去疾秽，既而缝合，敷以神膏，四五日创愈，一月之间皆平复。"

日本外科专家考证，麻沸散的组成是曼陀罗花一升，生草乌、全当归、香白芷、川芎各四钱，炒南星一钱。

汉代的冶炼技术

Han Dai De Ye Lian Ji Shu

错金铁书刀

西汉时期，铁器迅速取代了铜、木、石等器具，占据了农业和手工业生产中的主导地位。铁器优良的性能和功用使它成为人们生活中不可或缺的工具。

伴随着社会对铁器需求的激增，汉代的冶铁业得到了空前发展。汉武帝时，朝廷采取了由国家统一经营冶铁业的政策，共在全国设立了49处铁官。冶铁业的官营对钢铁生产的发展起到了积极作用，它不仅推动了生产技术在较大范围内的交流和传播，而且集中了人力、物力和财力来从事钢铁生产。冶铁业的繁盛，直接带来了西汉中期以后铁器的迅速普及。

与冶铁业空前发展相应的是钢铁冶铸技术的巨大进步。在这一时期，有一系列的技术革新和进步。

首先，在采冶程序与工艺方面较之以前更趋完善。与之相关的，在炼炉、耐火材料、鼓风技术和熔剂方面都有很大的改进。汉代的冶炼工序已相当完备，包括选矿、配料、入炉、熔炼、出铁以及随后的热处理、锻造等步骤。整个过程从选矿到冶炼再到最终制出成品，环环相扣，协调合理。为满足不同工艺的要求，冶炼炉也呈多样化，有炼铁炉、低温炒钢炉、退火炉、锻铁炉、熔化炉和窑炉等。这些冶炼炉，上部用耐火砖垒砌，并抹拌草泥在炉壁之上，炉底垫耐火土。耐火砖种类多样，因炉而异。鼓风设备先进，鼓风动力有人力、畜力和水力。尤其是水力鼓风技术的发明，不仅提高了冶铁的效率，而且降低了生产成本。

其次，炒钢技术的发明，随之而来的百炼钢工艺的成熟，两者成为汉代冶炼技术发展的主要

冶铜竖井遗址

图中是湖北大冶铜绿山十一号矿体。图上方的是平巷，用来运输，图中的木架结构是矿井支架，图下部方形或圆形的是竖井的井口。

用木支撑的巷道

铜绿山古铜矿遗址结构复原图
楚人开采铜绿山是以竖井进行
挖掘，当竖井挖到含铜量高的
矿石时，就旁开平巷。

标志。炒钢技术，古代称作"炒铁"或"炒熟铁"。它以生铁作为原料，经过加热成为半熔状态之后，通过鼓风、搅拌（"炒"）的工序，利用空气中的氧和铁矿粉里已有的氧，把生铁中的碳氧化掉。通过"炒钢"既可以炒成熟铁，然后再经过锻打渗碳成钢；也可以有控制地把生铁含碳量炼到某一指数，直接成钢。欧洲 18 世纪才出现炒的技术，比中国晚了 1900 多年。百炼钢，顾名思义，就是以炒钢为原料，经过反复多次地加热、锻打，达到既去除杂质，又渗入碳质，从而得到百炼钢的目的。汉代百炼钢工艺的成熟，使铁兵器完全取代铜兵器，铁制农具也得到更广泛的普及和运用。

再次，铸铁热处理技术获得长足发展。铸铁通过热处理，可以改变或影响铸铁的组织及性质，从而获得更高的强度与硬度，达到改善其磨耗抵抗力的目的。铸铁通过脱碳热处理后可以获得黑、白心可锻铸铁或铸铁脱碳钢件。黑心可锻铸铁多用于要求耐磨的农具等，白心可锻铸铁多用于耐冲击性高的手工工具。考古出土的汉代铁器中带放射状球状石墨的铸铁件，代表着我国古代铸铁热处理技术的杰出成就。

最后，在金、银、铜、锡、铅、汞和锌 7 种有色金属的冶炼上，冶炼工艺有了较大的突破，生产规模也有所拓展。汉代已经能够很巧妙地制造出金粉和银粉来，湿法炼铜术也有所发展。汉代已大量生产铜，生产规模已趋扩大。

综上所述，在汉代我国的冶炼技术已经发展到比较成熟的阶段。钢铁冶炼的重大技术发明和突破，带来了铁器的大规模普及和推广。铁制农具被广泛应用于农业生产，铁兵器被应用于军事，不仅增强了综合国力，而且也促进了社会生产力的发展。

汉代农书《氾胜之书》

Han Dai Nong Shu Fan Sheng Zhi Shu

《氾胜之书》是我国现存最早的农书。《汉书·艺文志》著录农书9种，除《氾胜之书》外，大都失传。

《氾胜之书》原名叫《氾胜之十八篇》（见《汉书·艺文志》农家类），《氾胜之书》一名最早见于《隋书·经籍志》，后来逐渐成为该书的通称。

《氾胜之书》的作者是氾胜之，山东省曹县人，汉成帝时做过议郎。他曾被朝廷派到三辅地区管理农业生产，成绩卓著，关中地区农业获得丰收。因为劝农之功，他被提升为御史。他系统地总结了关中地区的种植技术和经验，发展了我国古代的农学，写成了《氾胜之书》。

《氾胜之书》在两宋之际亡佚，仅靠《齐民要术》《太平御览》等书的引文，得以保留一部分。后人辑录的《氾胜之书》，其材料的主要来源就是贾思勰的《齐民要术》。

《氾胜之书》原来共有 18 篇，辑录在《汉书·艺文志》中的 9 种农家著作里，它的篇数仅次于《神农》（20 篇）。现存的《氾胜之书》仅仅是原书的一部分，共计 3700 多字。

依据残存的这部分资料，我们可以知道《氾胜之书》总结了耕作栽培的总原则，介绍了 13 种作物的栽培技术，中间还夹杂有西汉时期的耕作技术，如区田法、溲种法、种瓜法等的介绍。

首先，关于耕作栽培的总原则，《氾胜之书》总结道："凡耕之本，在于趣时，和土，务粪泽，早锄早获"；"得时之和，适地之宜，田虽薄恶，收可亩 10 石"。其中"趣时"就是要掌握天时，综合考虑，选择适宜的时机，它不仅体现在耕作之初，也反映在播种、施肥、灌溉和收获等后续各个环节之中。"和土"，就是要为作物的生长创造一个温度、水土等条件优良的土壤环境，要保持土质优良，适宜作物生长。"务粪泽"就是灌溉和施肥。

农夫正为插秧后的稻田进行锄草蒱秧

农夫在已经收割的稻田中松土，准备再次插秧栽种

蒱秧图

东汉初年，黄河流域首先发明水稻育秧栽培技术——就是先培育水稻秧苗，再将秧苗栽到稻田中。这样可以缩短水稻在大田的生长期。这种技术东汉末年在长江以南的广大地区迅速推广，并实现了一年春秋两熟的稻田高产。这是一幅东汉时期的画像石，描绘了四川地区的夏季，农民在稻田耕作的情景。此图证实了长江流域一年两熟育秧技术的成熟。

◆ 著录《氾胜之书》的典籍 ◆

著录《氾胜之书》的典籍有《汉书·艺文志》《四民月令》《隋书·经籍志》《旧唐书·经籍志》《新唐书·艺文志》《齐民要术》《北堂书钞》《艺文类聚》《初学记》《太平御览》《事类赋》等。

《氾胜之书》把灌溉和施肥当作栽培的基本措施，尽力保证作物对水分的需要，防止水分流失。这也突出了《氾胜之书》的技术中心环节，即防旱保墒，也是汉代农业的主攻方向。"早锄"作为传统农业中耕的一种形式，既消灭了田间的杂草，又切断了土壤表层的毛细管，从而减少了土壤水分的蒸发。"早获"就是及时而快速地收获。"趣时""和土""务粪""务泽""早锄""早获"这6个环节丰富而深刻地囊括了我国传统农学的精华。

其次，在具体作物的栽培上，《氾胜之书》分别介绍了禾、黍、麦、稻、稗、大豆、小豆、麻、瓜、瓠、芋、桑等13种农作物的栽培方法。对于农作物的耕作、播种、中耕、施肥、灌溉以及植物保护和收获等各个生产环节都有具体的描述。

最后，《氾胜之书》记载了比较有特色的耕作技术。区田法是一种少种多收、抗旱高产的综合性技术。其技术特点就是把种播在沟状或者窝状的小区里面，在这些区内采取深翻作区、等距点播、合理密植、集中施肥、及时灌溉等管理措施，使作物丰产。

19 世纪前半期出现的《氾胜之书》佚本

（1）洪颐煊辑录《氾胜之书》2卷

（2）宋葆淳辑录《氾胜之遗书》

（3）马国翰辑录《氾胜之书》2卷

连通耧足的耧斗，盛载粮种

空心的耧足

耧车模型

耧车播种的时候，一牛前引，一人扶犁，一边开沟，一边下种。粮种自耧斗经耧足下播，同时完成开沟、下种和覆土三道工序。

木牛流马话机械——现代机器人的先声

Mu Niu Liu Ma Hua Ji Xie Xian Dai Ji Qi Ren De Xian Sheng

看过《三国演义》的人，大概都知道诸葛亮为了解决山道运粮困难的问题，发明了木牛流马。它们不喝水，不吃食物，只需扭动一下机关，便能在山道上行走如飞，比现代的机器人还好使。

木牛流马已经失传，虽然有尺寸设计，后世却不能组合复原成功，至少在功能上存在着差异。从木牛流马不难看出，我国古代机械发明的高超水平。

我国是世界上机械发展最早的国家之一。早在2.8万年前就发明了弓箭，这也是机械方面最早的一项发明。在公元前18000年到公元前2800年期间出现了陶轮；公元前6000年到公元前5000年，出现了农具。这些都是较早的机械。

什么叫机械呢？在我国古代典籍中没有一个确定的定义。"机械"这个词最早见于《庄子》："有机械者必有机事，有机事者必有机心。机心存于胸中，则纯白不备。"机械在这里含有一些贬义。随着人类社会的进步，人们逐渐认识到机械在我们的生活中所起的巨大作用，人们所使用的机械也越来越复杂，涉及的层面也越来越宽泛；想要给机械下一个简明精确的定义，确实有点费周折。我们只能简单笼统地说，利用力学原理来实现某些任务的装置，叫作机械。

机械始于最简单的工具，像人类早期制造的石器，如石刀、石斧和石锤等。后来，随着社会的发展和科技的进步，工具的范围逐步扩大，种类越来越丰富。

我国古代的机械发明，五花八门，不一而足，涉及社会生产的各个行业和部门。举例而言，有缫车、纺车、织布机、提花机等纺织机械，有浑天仪、水运仪、地动仪以及铜壶滴漏等天文观测和计时机械，有辘轳、翻车、筒车等提水机械，也有锄、犁、耧车等农业机械，还有指南车、计里鼓车以及各类车船等交通机械，

◆ 《三国演义》造木牛法 ◆

方腹曲胫，一股四足，头入领中，舌着于腹，载多而行少，独行者数十里，群行者二十里，曲者为牛头，双者为牛脚，横者为牛领，转者为牛足，覆者为牛背，方者为牛腹，垂者为牛舌，曲者为牛肋，刻者为牛齿，立者为牛角，细者为牛鞅，摄者为牛鞅轴。牛御双辕，人行六尺，牛行四步。每牛载十人所食一日之粮，人不大劳，牛不饮食也。

计里鼓车模型

计里鼓车是晋朝创制的机械车辆，由二马并驾而行。每行一里（500米），车上的木人就击鼓一槌，用以量度距离。

绳索

中平轮

足轮　立轮

连接车
内齿轮
的绳索

计里鼓车的结构

计里鼓车是运用齿轮的原理操作。足轮每行一百个圈，中平轮便转动一周，木人击鼓一槌。

古希腊学者的五种简单机械理论

古希腊学者希罗提出五种简单的机械理论，认为以下五种是最基本的简单机械，任何复杂机械都源于它们。这五种分别是：杠杆、斜面、滑轮、轮与轴、螺旋。

还有冶炼、锻造、加工等加工机械，更有弓、弩、发石机等军事机械。这些机械在社会生产中起着巨大的作用，反映了古代劳动人民的杰出智慧。

在三国两晋南北朝时期，由于战争的需要，机械发明在攻防器械、兵器以及造船等方面有了很大进步。

首先在攻防器械和兵器制造方面，有了很大程度的发展。这一时期，在攻守器具方面，有火车、发石车、虾蟆车、钩车等，还有飞楼、撞车、登城车、钩堞车、阶道车和火车等。攻防器械的制造在战争中发挥了巨大的作用。在兵器方面，各种兵器的质量和数量都大大提高。在三国两晋时期，弩机趋向大型化。三国时期，诸葛亮改进了连弩，"以铁为矢"，"一弩十矢俱发"，威力陡增。晋《舆服志》记载："中朝大弩卤簿，以神弩二十张夹道……刘裕击卢循，军中多万钧神弩，所至莫不摧折。"

在造船方面，这一时期技术也有了巨大的发展。晋在攻吴时，发明"连舫"，就是把许多小船组装成一艘大船。这一时期水上重要的运输工具是由两只单船构成的舫船。在必要时，舫船可以拆开。南北朝时，祖冲之造"千里船"。梁朝时，侯景军中还出现160桨的高速快艇，是历史上桨数最多的快艇。

机械的发明创造大大促进了文明的进步，推动了社会向前发展，已经深深地融入到我们的生活之中。

马钧发明龙骨水车

Ma Jun Fa Ming Long Gu Shui Che

三国时期，曹魏有一个叫马钧的人发明了龙骨水车，这是我国古代最先进的排灌工具，也是当时世界上最先进的生产工具之一。

龙骨水车，在当时叫翻车。东汉时期，有个叫毕岚的人做过"翻车"，但是它的用途只是用作道路洒水，跟后来的龙骨水车不同。马钧制造的"翻车"，就是专门用于农业排灌的龙骨水车。它的结构很精巧，可连续不断提水，效率大大提高，而且运转轻快省力，连儿童都可以操作。

由于马钧发明的龙骨水车具有很多优点，故而一问世就受到欢迎，并迅速推广普及，成为农业生产的主要工具之一，并沿用了1000多年。

通过龙骨水车的发明，我们知道马钧是一个多么了不起的人！他是这一时期伟大的机械发明家，他的发明革新对后世产生了深远的影响，后人称颂他"巧思绝世"。

灌溉农田的翻车图

马钧，字德衡，三国曹魏时扶风（今陕西兴平东南）人，曾任魏国博士。他非常喜欢研究机械，刻苦钻研，在机械制造方面取得了杰出成就。但是因为当时的统治集团对机械发明非常不重视，所以他一生都受到权势们的歧视，郁郁不得志。推崇马钧的傅玄这样感慨地说道，马钧，"天下之名巧也"，可与公输般、墨子以及张衡相比。

马钧在手工业、农业、军事等诸多方面都有革新和创造。

马钧改进了古代旧式织绫机，重新设计了新绫机。三国时期的织绫机虽经简化，仍然是"五十综者五十蹑，六十综者六十蹑"，用脚踏动，非常笨拙，生产效率极其低下。马钧设计的新织绫机简化了踏具（蹑），改造了桄运动机件。将"五十蹑""六十

◆ 翻车 ◆

翻车，也叫龙骨水车、踏车，是一种木制的提水灌溉器械。它的基本结构包括木槽、一条带有龙骨板叶的木链、大轮轴、小轮轴以及木架等。它的工作原理是：人扶在木架上，通过双脚踏踩来驱动轮轴旋转，从而带动木链板叶上移，将水提升起来。

踲"都改成十二踲，这样使新绫机操作简易方便，大大提高了生产效率。新织绫机的诞生是马钧最早的贡献，它大大促进了纺织业的发展。

在军事方面，马钧改进了连弩和发石车。当时，诸葛亮改进的连弩一次可发数十箭，威力已很大。马钧在此基础上进行了再改进，威力又增加了 5 倍以上。马钧还在原来发石车的基础上，设计出了新式的攻城器械——轮转式发石车。它利用一个木轮，把石头挂

指南车模型

指南车

指南车通过传动机构或连或断的设计，使车上木人手臂始终指向南方。当车辆偏离正南方向时，如向左转弯，车辕的前端向左移动，而后端就向右移动，即会将右侧传动齿轮放落，从而使车轮的转动带动木人下大齿轮向右转动，恰好抵消车辆向左转的影响。木人手臂始终指向南方。

立轮　车辕

中心大平轮

小平轮

指南车的结构
简单来说，木人能保持指向南方，是因为当车改变方向时，车辕的摆动使小平轮、立轮和大平轮的齿轮组合变换，带动木人与车向相反方向转动。

翻车模型

翻车又称龙骨车，是一种农业灌溉用具。东汉灵帝时毕岚发明，三国时马钧予以完善、推广。它由手柄、曲轴、齿轮链板等部件组成，初以人力为动力，后进而利用畜力、水力和风力。由于制作简便，提水效率高，很多地方一直沿用至今。

在上面，通过轮子转动，连续不断地将石头发射出去，威力相当大。

马钧还制成了失传已久的指南车。指南车是一种辨别方向的工具。远古传说中，黄帝大战蚩尤之时，在雾气中迷失方向，于是制造指南车，辨明方向，打败了蚩尤。东汉时张衡制造过指南车，可惜失传了。马钧想把指南车重造出来，遭到了许多人的嘲笑。马钧苦心钻研，反复试验，终于运用差动齿轮的构造原理，制造出了指南车，"天下皆服其巧"。

马钧研究传动机械，发明了变化多端的"水转百戏"。他用木头制成原动轮，用水力来推动，使上层陈设的木人都动起来，而且木人能做各种动作，十分巧妙。

贾思勰与《齐民要术》

Jia Si Xie Yu Qi Min Yao Shu

贾思勰是我国南北朝时期杰出的农学家，他所编撰的《齐民要术》是一部内容丰富、篇幅较长的有关农业生产技术的著作，是我国古代著名的"四大农书"之一。

贾思勰，齐郡益都（今山东寿光南）人，生卒年不详，北魏末曾任高阳（今河北高阳）太守。

贾思勰出生在一个世代务农的家庭，祖辈们对农业生产技术知识的热衷让他饱受熏陶。此外，家里拥有大量藏书，让他能够广泛汲取各方面的知识，从而为

《齐民要术》中的育骡方法

　　《齐民要术》第一次记载了马驴杂交培育骡的方法和技术原则："常以马覆驴，所生骡者，形容壮大，弥复胜马。然必先七八岁草驴（母驴），骨目（骨盆）正大者：母长则受驹，父大则子壮。草骡不产，产无不死。养草骡，常须防勿令杂群也。"

贾思勰像

他以后编撰《齐民要术》打下了坚实的基础。

　　成年后的贾思勰走上仕途，做过很多地方官，足迹遍及山东、河北、河南等地。他非常重视农业生产，到达地方之后，都会认真考察当地的农业生产技术，并向老农咨询经验，做好记录。中年之后，贾思勰回到家乡，自己经营农牧业，这种对农业生产的亲身体验，让他获益匪浅，积累了大量的生产经验。在东魏初期，贾思勰"采捃经传，爰及歌谣，询之老成，验之行事"，写成《齐民要术》。

　　可以说，在《齐民要术》里，贾思勰全面吸收了前人的精典和农书的精华，也大量搜罗了有关农业生产的农谚歌谣，并且很注重考察和征询同时代有经验人的生产经验，有的甚至亲自在生产中实践检验。其准确程度自是相当高，历经1500多年，仍被人们奉为古农书的经典著作。

　　《齐民要术》分为10卷，92篇，算上卷前的"序"和"杂说"，共计11.5万余字。其中正文7万多字，注释4万多字。如此宏大的篇幅在中国古代农书中也属罕见。

　　《齐民要术》内容涉猎广泛，从耕种到制造醋酱，凡是有关农业生产和农民生活的，都有详细的记录。用贾思勰的话来说是："起自耕农，终于醯醢，资生之业，靡不毕书。"具体涉及农艺、林木、园艺、畜牧、养鱼、农副产品加工以及其他手工业等。

　　《齐民要术》的序是全书总纲，交代了写作的缘由和意图。正文10卷的前3卷讲大田作物和蔬菜的种植；第4、5卷讲果树和林木；第6卷讲动物的饲养；第7、8、9卷讲副业，包括酿造、食品加工、荤素菜谱以及文化用品等；第10卷主要记述南方的植物资源。

❧ 《齐民要术》中的嫁树法 ❧

　　一种是用斧背敲打枣或沙果树的树干，另一种用瓠石放在李树的树杈中，目的是控制营养物质的分配，来提高产量和质量。

古代耙耱图

在农业中，必须面对如何减少土壤水分散失，以及如何解决翻耕后平整地面和破碎土块等问题。早在汉代，人们就采用了耕耱结合的方法，即在翻耕后用"耱"来磨平地面和磨碎土块，以减少土壤水分的散失。魏晋时期则在耕耱之间又加上了"耙"，形成了耕、耙、耱三位一体的旱地耕作技术体系。

《齐民要术》对我国农业科学技术的贡献表现在以下几个方面：

一是建立了比较完整的农业科学体系，内容涉及农业生产各个方面，并且对以实用为特点的农学类目以及该类目在农业生产中所占比重作出了合理的划分。二是精辟地揭示了黄河中下游地区农业技术的关键，详尽探讨了抗旱保墒问题，并对农作物耕培、农田管理进行了规范。三是记载了许多植物生长发育以及有关农业技术的观察资料。四是保存了许多古代的农书，像《氾胜之书》等，也保存了许多佚失的古籍，为后人研究提供了重要的史料。五是大大推进了动物养殖技术。书中涉及了家禽牲畜的饲养。六是叙述了农产品的加工、酿造、贮藏和烹调的技术，内容很全面。

综上所述，《齐民要术》是一部总结我国古代农业生产经验的杰出著作，内容完整而系统，是一本具有高度科学价值的"农业百科全书"。

虞喜、何承天发现岁差

Yu Xi He Cheng Tian Fa Xian Sui Cha

东晋时期，虞喜发现岁差现象，并提出赤道岁差的概念，这是我国天文学史上一件极其重要的事情。

大家知道，地球是一个非匀质的圆球，赤道周围有多余物质的环，由于日、月、行星的引力影响，造成了地球的自转轴绕黄道缓慢移动，相应的春分点也沿黄道向西移动，60～70年西移1度。春分点的移动分量，就被称为"岁差"。

❖ 虞喜的安天说 ❖

虞喜发展了汉代三大宇宙结构理论之一的宣夜说，提出了安天说："天高高于无穷，地深深于不测。天确乎在上，有常安之形，地魄焉在下，有静居之作……其光耀布列，各自运行。"他主张宇宙是无限的。

限于当时的科技条件，虞喜并不知道个中的道理。他只是从古代冬至点位置的实测数据中，发现冬至点逐年西移。他分析得出，冬至一周岁要比太阳一周天差一小段，虞喜将它命名为"岁差"。虞喜提出"岁差"的概念之后，又由《尚书·尧典》中记录的"日短星昴，以正仲冬"，知道尧帝的时候测得昴星在冬至日黄昏正好位于南中天。而此时昴星在冬至日黄昏处于南中天之西若干度，用这个度数除以尧帝距今的年代，就得到每50年退1度的结论。

南朝宋天文学家何承天肯定和拥护岁差说，他结合自己的观测数据，运用与虞喜类似的思路，得出了赤道岁差每100年差1度的新观测值。何承天测得的值略优于虞喜的观测值，相对比较准确。

岁差的发现和肯定，反映了我国的天文历法在三国两晋南北朝时期的不断进步和发展。在这一时期，一系列的天文历法上的成就和突破，都来源于古代天文工作者长年累月不懈的观测和记录。

在三国时期，曹魏立国之初，韩翊便献上黄初历。黄初历采用的朔望月长度为29.53059日，误差为0～4秒，差不多达到了历史上的最高水平。

东晋时期，与东晋对峙的北方16国中后秦和北凉政权也有新历法颁行。姜岌于384年制成三纪甲子元历，在后秦颁用。赵厞于412年制成元始历，在北凉使用。其中姜岌所提出的月食冲法，成为冬至点位置测定的经典方法，为历代名家广泛采用。赵厞则打破了已采用约800年的19年7闰的旧闰法，提出了600年间置入221个闰月的新闰法，开辟了提高回归年长度值准确度探索的新方向。

到了南北朝时期，天文历法取得长足的发展。在南方，443年何承天制成元嘉历，463年祖冲之制成大明历。北方历法前期并无起色，直到北齐张子信等出现，才后来居上。

其中元嘉历所取五星会合周期值的平均误差为69分钟，比前代历法有明显提高；大明历所取五星会合周期的平均误差为43

陈卓星官

孙吴、西晋的太史令陈卓汇总、整理了甘氏、石氏和巫咸氏三家星官，并同存异，共归纳出包括283星官、1465颗恒星的全天星官系统，成为当时通用完整的全天星官系统，对后世影响深远。

分钟，较元嘉历又有较大进步。大明历是这一时期成就最大的一部历法。大明历首次把岁差引入历法之中，是一个重大的成就。另外祖冲之还发明了由晷影观测、计算冬至时刻的新方法，成为冬至时刻的经典算法。

北方以北齐张子信在历法上的贡献最为突出。他在一个海岛上，坚持30余年认真观测和研究，终于在570年取得三项重大的天文发现，即太阳、五星运动的不均匀性和月亮视差对日食的影响。

在太阳运动不均匀性上，张子信指出："日行在春分后则迟，秋分后则速。"即太阳在春分到秋分间每日运动的速度小于1度，而在秋分到春分间每日运动速度大于1度。对于五星运动的不均匀性，他指出，五星晨见东方的时间超前或滞后，其多少与二十四节气有密切而稳定的关联。张子信观察发现，当合朔发生在黄白交点附近的食限以内的时候，如果月亮位于黄道之北，则必定发生日食现象；如果月亮位于黄道以南，就可能没有日食现象的发生。

综上可知，天文历法在三国两晋南北朝时期就取得了一系列的成就，这些科技的进步为后来天文历法的进一步发展铺平了道路。

圆周率的计算

Yuan Zhou Lü De Ji Suan

祖冲之像

在三国两晋南北朝时期，有两位杰出的数学家在计算圆周率上做出了非常杰出的贡献，他们是曹魏、西晋时期的刘徽和南朝宋时期的祖冲之。

人们最初计算圆面积的时候，大都采用"周三径一"，即圆周率 $\pi=3$ 来计算，这样一来，误差还是挺大的，不够精确。刘徽经过研究发现，"周三径一"实际上是圆内接正六边形的周长和直径的比值，而不是实际的圆周长与直径的比值。因此，用这个数据所计算的结果是圆内接正十二边形的面积，而不是圆的面积。

刘徽不满足这一发现，他继续深入研究，得出结论：圆内接正多边形边数越多，其面积越趋近于圆面积，即"割之弥细，所失弥小。割之又割，以至于不可割，则与圆合体而无所失矣"。当圆内接正多边形边数无限多时，其周长的极限也就是圆周长，其面积的极限也就是圆的面积，这就是著名的"割圆术"。割圆术是

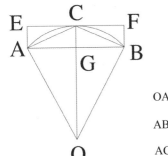

$$OA = OB = OC = r$$

$$AB = L2n \quad OG = \sqrt{r^2 - (L2n/2)^2} \quad CG = r - OG$$

$$AC = BC = L4n \quad L4n = \left\{ \left[r - \sqrt{r^2 - (L2n/2)^2} \right]^2 + (L2n/2)^2 \right\}^{1/2}$$

我国古代最早用极限思想解决数学问题的有力证明。

刘徽计算时，从圆内接正六边形算起，然后边数逐倍增加。假设圆内接正2n边形边长为L2n，内接正4n边形边长为L4n，那么选择一个直角三角形，利用勾股定理，r、L2n、L4n三者存在这样的运算关系：

三个未知数，已知两个数值，便可求得第三个。刘徽算得 π ≈ 3.14 或 π ≈ 3927/1250。这个数据是当时世界上 π 的最佳数据。

割圆术示意图

刘徽首创"割圆术"，开创了圆周率研究的新纪元。祖冲之则是将其发扬光大者。在刘徽研究和计算的基础之上，祖冲之将圆周率的计算推进了一大步，他求出了精确到小数点后第7位有效数字的圆周率：3.1415926 < π < 3.1415927。

这一结果需要付出巨大的努力和辛勤的劳动。可以试想一下，在当时算筹运算的条件下，需要对9位数字的大数目进行各种运算至少130次以上，还包括乘方、开方的计算，这是一项非常艰巨而又极需耐心的工作。

为了计算方便，祖冲之还求出两个分数来表示圆周率：密率是355/113，约率是22/7。其中密率是分子、分母都在1000以内表示圆周率最佳的数值。

祖冲之对圆周率计算的贡献，足以使他名垂不朽。他走在了全世界的前列，直到1000年以后，才有人求出更精确的值。

刘徽在数学方面的贡献还有很多。他对求派田面积、球体积、圆锥体积、解

⬧ 三国、两晋、南北朝时数学著作 ⬧

（1）《勾股圆方图》 （2）《孙子算经》 （3）《夏侯阳算经》
（4）《张邱建算书》 （5）《五曹算经》 （6）《五经算术》

方程等，都有深入的研究。他撰写《九章算术注》和《重差》（后改为《海岛算经》）等数学著作。其中《重差》被列为唐初"十部算经"之一，内容是测量目的物的高和远的计算方法，代表了古代测量数学的杰出水平。

祖冲之研究涉及到三次方程求解问题，他注释《九章算术》，撰写《缀术》10篇。《缀术》唐初被列入"十部算经"之一，内容精妙，可惜已佚失。

《脉经》与《针灸甲乙经》

Mai Jing Yu Zhen Jiu Jia Yi Jing

在西晋时期，有两部很出名的医学著作问世。它们分别是我国现存最早的脉学专著《脉经》和第一部针灸学专著《针灸甲乙经》。

《脉经》共10卷，98篇，将脉象归纳为浮、芤、洪、滑、数等24种，并对各种脉象加以简明扼要的解释，阐明其所主病症，结合望、闻、问三诊详加研究。

《脉经》收集了魏晋以前的脉诊旧论，集古代脉学之大成，许多佚而不传的古医书因之得以存录。其《自序》中所说："今撰集岐伯以来，逮于华佗，经论要诀，合为十卷。百病根原，各以类例相从，声色证候，靡不该备，其王、阮、傅、戴、吴、葛、吕、张，所传异同，咸悉载录。"

王叔和《脉经》中二十四脉象

名称	脉象	名称	脉象
浮	举之有余，按之不足	微	极细而软，或欲绝，若有若无
芤	浮大而软，按之中央空，两边实	涩	细而迟，往来难，且散，或一止复来
洪	极大在指下	细	小大于微，常有，但细耳
滑	往来前却流利，展转替替然，与数相似	软	极软而浮细
数	去来促急	弱	极软而沉细，按之欲绝指下
促	来数，时一止复来	虚	迟大而散，按之不足，隐指，豁豁然空
弦	举之无有，按之如弓弦状	散	大而散，散者气实血虚，有表无里
紧	数如切绳状	缓	去来迹迹，小驶于迟
沉	举之不足，按之有余	迟	呼吸三至，去来极迟
伏	极重指按之，着骨乃得	结	往来缓，时一止，复来
革	有似沉伏，实大而长微弦	代	来数中止，不能自还，因而复动，脉结者生，代者死
实	大而长微强，按之隐指，愊愊然	动	见于关上，无头尾，大如豆，厥厥然动摇

《脉经》第 1 卷论三部九候、寸口脉及二十四脉象；第 2、3 卷以脉合脏腑经络，举阴阳之虚实、形证之异同，作为治疗的依据；第 4 卷决四时百病死生之分，论脉法；第 5 卷述张仲景、扁鹊脉法；第 6 卷列述诸病症；第 7、8、9 卷讨论脉证治疗各种病症；第 10 卷论述奇经八脉以及右侧上下肢诸脉。

《脉经》的作者是西晋的王叔和，名熙，高平（今山西高平）人。他出生官宦之家，为避战乱，移居荆州。受张仲景医学熏陶，立志钻研医道。他潜心学习，博采众家之长，医术日精。后来，他投效曹魏政权，做过曹操的随军医生，之后担任过王府侍医、皇室御医等职。在西晋时官做到太医令。王叔和在中医学发展史上做出了两大贡献，一是编著了《脉经》，另一个就是收集整理了散佚的《伤寒杂病论》。没有王叔和的收集整理，今人恐怕难以知道张仲景的杰出成就。

《针灸甲乙经》原名《黄帝三部针灸甲乙经》，简称《甲乙经》。全书起初共 10 卷，南北朝时改为 12 卷、128 篇，系将《素问》《灵枢》和《明堂孔穴针灸治要》3 本书分类合编而成。

《针灸甲乙经》根据天干编次，内容主要是论述医学理论和针灸技术，故而得名。《甲乙经》的主要内容包括脏腑生理、经脉循行、腧穴走位、病机变化、诊断要点、治疗方法以及针灸禁忌等。该书对古代针灸疗法进行了系统的归纳和整理，推动了针灸学的发展。

针灸铜人体模型

北宋医官王惟一在 1026 年铸造了两个空心铜人体模型，其全身标注 559 个穴位，其中 107 个是一名二穴，故全身共有 666 个针灸点。铜人既是针灸医疗的范本，又是医官院教学与考试的工具。

《针灸甲乙经》共记载了全身穴位 649 个，其中考订出的人身孔穴名称 350 个，单穴 51 个，双穴 299 个，对各个穴位都有明确定位，凡是前人记载有误的都予以纠正。

《脉经》与《针灸甲乙经》的成书，标志着我国传统医学在三国两晋南北朝时期的发展和进步，为医学的专门化研究提供了重要的参考文献。

在这一时期，医学主流不注重阴阳五行、四时之序等哲理性作用，而是偏向务实，大力研究方剂、药物和针灸技法，具体体现在《脉经》和《针灸甲乙经》的编撰上。另外在本草、药物的研究上，也保持了这一原则。

药物学在两汉之后，得到迅速发展，典籍数量和种类非常之多，其中最有影响的是陶弘景所撰的《本草经集注》。《本草经集注》是继《神农本草经》之后对药物知识的大总结，其数量在《神农本草经》的基础上增加了 1 倍，对药物的解说内容也大大增加。

魏晋炼丹家与化学

Wei Jin Lian Dan Jia Yu Hua Xue

魏晋南北朝时期，炼丹活动盛行，炼丹术得到了极大发展。

这一时期，战乱频繁，社会动荡，统治者感觉地位不稳固，为了寻求精神的慰藉，纷纷求取丹药，妄图成仙。另外，由于自身的堕落，为了强身纵欲，也需借助丹药。一大批士人隐居山林，闲来无事，也纵酒谈禅，采药炼丹。炼丹已成为当时的一种社会风尚。

葛洪和陶弘景是这一时期两大著名的炼丹家，他们对炼丹术的发展起着举足轻重的作用。

葛洪，字稚川，自号抱朴子，丹阳句容（今江苏句容）人，是早期道教的代表人物。由于家庭环境的关系，葛洪从小就受到正统儒家思想和神仙方术的熏陶。13岁的时候，家道中落，但葛洪自强不息，努力学习，终"以儒学知名"。后来拜从祖葛玄的弟子郑隐（字思远）为师，开始学习炼丹术。青年时期遭逢"八王之乱"，葛洪产生了出世思想，专注于道学。晚年入罗浮山炼丹修行，并且著书立说，直到去世。葛洪著述颇丰，有《抱朴子内篇》20卷，《抱朴子外篇》50卷，《神仙传》10卷以及医书《玉函方》《肘后备急方》，等等。

老君传铅汞仙丹之道图
图中所绘为老君坐于崖下石台之上，面前有一炼丹用的三足鼎，鼎中开一圆孔，孔内放出一道黄色光柱，黄光中浮着一粒金丹。弟子立于炉前，倾听炼丹之道。

陶弘景，字通明，号华阳真逸，谥贞白先生，丹阳秣陵（今江苏南京）人，是继葛洪之后的又一大炼丹家。他出身名门望族，自幼聪明好学，10岁读葛洪的《神仙传》，颇受启发，开始专注于道教。19岁时，齐高帝萧道成聘他为诸王侍读。在这期间，他谒僧访道，学习炼丹术和医药学。37

葛洪《抱朴子内篇》记述的魏晋炼丹盛况

（1）炼丹人数已不少

葛洪说，"周旋徐、豫、荆、襄、江、广数州之间，阅见流移道士数百人矣"。

（2）炼丹场所遍及各地（各山、海岛）

"有华山、泰山、霍山、恒山、嵩山、少室山、长山、太白山、终南山、女儿山、地肺山、王屋山、抱犊山、安丘山、潜山、青城山、峨眉山、艺山、云台山、罗浮山、阳架山、黄金山、鳖祖山、大小天台山、四望山、盖竹山、括苍山，甚至远至海岛，若会稽之东翁洲、潮洲，及徐州之莘莒洲、泰光洲、郁洲。"

岁时，他厌倦官场，辞官隐居茅山（即句曲山，在今江苏句容、金坛之间）。在茅山，他一边修道炼丹，一边为人治病、著书，直到逝世。陶弘景著述多达 60 多种，现存仅有《神农本草经集注》以及收入《道藏》的《真诰》和《养性延命录》。

葛洪的《抱朴子内篇》是著名的炼丹著作，陶弘景的《神农本草经集注》虽为医药著作，实际上包含了很多炼丹术的内容。他们两人都对炼丹化学做出了杰出的贡献。

炼丹活动的盛行和炼丹术的发展，带来了炼丹化学的巨大进步。在炼丹家长期烧炼的药物中，有一种叫作九转还丹的，就是利用了丹砂的分解和化合作用。丹砂，化学名称叫硫化汞（HgS），经过煅烧，其中的硫会被氧化成二氧化硫（SO_2），分离出来金属汞。然后，再使汞与硫化合，生成黑色的硫化汞，黑色的硫化汞经过加热升化，再经过冷却结晶，还原为比烧制之前的丹砂更纯净的红色的硫化汞。炼丹家称之为还丹，每经过一次这样的过程，就叫作一转。葛洪在《抱朴子内篇·金丹》里这样总结道："丹砂烧之成水银，积变又还成丹砂。"

炼丹家对铅化学的认识有所提高。葛洪指出，胡粉（碱性碳酸铅）和黄丹都是"化铅所作"，其冶炼过程为"铅性白也，而赤之以为丹；丹性赤也，而白之以为铅"。陶弘景在《神农本草经集注》中也说，黄丹是"熬铅所作"，胡粉是"化铅所作"。

炼丹家已经能够制取单质砷。葛洪在《抱朴子内篇·仙药》中共记载了 6 种处理雄黄的方法，最后一种方法是在雄黄中添加硝石、玄胴肠（猪大肠）和松脂"三物炼之"，就能还原得到纯净的单质砷。这是世界上最早制取单质砷的方法。

对于铁与铜盐的置换反应，炼丹家也深刻认识到了。葛洪在铁的表面涂抹硫酸铜溶液，表面会析出铜来，"铁赤色如铜"，"外变而内不化也"。陶弘景扩大了铜盐的范围，用碱性硫酸铜或者是碱性碳酸铜参与反应。

中国古代道士内丹修炼图

内丹修炼是道教修炼方法之一，与外丹相对，以人体比作炉鼎，循行一定的经络，通过炼养，使精、气、神在体内凝聚为"圣胎"，即是"内丹"。

在炼丹活动中，炼丹家对化学物质的特性和化学反应有了深入的认识。他们用汞溶解金属制作汞齐，用水银或氢氰酸溶解黄金，用火焰法来鉴别钾盐等。他们的发现有许多都是首次记录，处于世界化学的领先地位。魏晋炼丹家为我国古代化学的发展做出了杰出的贡献！

郦道元和《水经注》

Li Dao Yuan He Shui Jing Zhu

《水经注》书影

在北魏时期，有一本地理学巨著叫《水经注》，它的著者郦道元是我国古代最卓越的地理学家之一。

郦道元，字善长，北魏范阳郡涿县（今河北涿州市）人。

郦道元出生在官僚世家，青少年时代随父亲在山东生活。对当地的风土人情深入了解后，逐渐对地理考察产生兴趣。父亲去世后，道元袭爵永宁侯，在孝文帝身边做官。后来外调，任颍川太守、鲁阳太守和东荆州刺史等职。在辗转各地做官的过程中，他博览群书，并进行实地考察，对当地的地理和历史有了深入的了解和研究。

神龟元年（518 年），郦道元被免职回到洛阳。在这期间，他感觉以往的地理著作如《山海经》《禹贡》《汉书·地理志》都太过简略，《水经》只有纲领而不详尽。于是，他花费大量心血，广泛参考各类书籍，结合多年的实地考察经验，历时七八年，终于完成地理学名著《水经注》。

郦道元做官时得罪了小人，被他们设下陷阱，派去视察已露反状的雍州刺史萧宝夤的辖区。孝昌三年（527年）十月，郦道元在阴盘驿序（今陕西临潼东）时，遭到萧宝夤部队袭击，被残忍杀害。

《水经注》共40卷，约30万字，是原书《水经》文字的20倍，共记有1252条河流。《水经注》这部在当时世界地理文献中无与伦比的著作，成就巨大，主要表现在以下四个方面。

其一，在水文地理方面。《水经注》共记载了1252条大小河流，按一定次序对水文进行了详细的描述。如河流的发源、流程、流向、分布、水量的季节变化以及河水的含沙量和河流的冰期等。在河源的描述上，有陂池、泉水、小溪以及瀑布急流。全书共记载峡谷近300个，瀑布64处，类型名称15个；记载了伏流22处，其中有石灰岩地区的地下河和松散沉积孔隙水；记载的湖泊总数超过500个，类型名称13个，其中有淡水湖，也有咸水湖；记载了泉水几百处，其中温泉31处。这些为后世研究古今水文变迁提供了重要的参考文献。《水经注》还记载了无水旧河道24条，为寻找地下水提供了线索；记载了井泉的深度，为该地区地下水位的变化规律提供了依据和参照。

其二，在生物地理方面。《水经注》记载了大约50种动物种类，不仅明确记

❖ 三国两晋南北朝时期的方志 ❖

（1）三国

《巴蜀异物志》（谯周）　　《临海水土异物志》（沈莹）

《南州异物志》（万震）　　《娄地记》（顾启期）

（2）两晋

《荆州记》（范汪）　　《十四州记》（黄恭）

《十三州记》（黄义促）　　《风土记》（周处）

《雒阳记》（陆机）　　《襄阳记》（习凿齿）

《庐山记》（慧远）　　《宜都山川记》（袁山松）

《四海百川水源记》（道安）　《华阳国志》（常璩）

（3）南北朝

《荆州记》（盛弘之）　　《南越志》（沈怀远）

《吴地记》（陆道瞻）　　《洛阳伽蓝记》（杨衒之）

载了动物的分布区域，而且记载了各地所特有的动物资料。特别是黄河淡水鱼类的洄游，是世界上该方面现存最早的文献记载。《水经注》还记载了约 140 种植物种类，描述了各地不同类型的植物群落，尤其注重植被状况。

其三，在地质地貌方面。《水经注》记载了 31 种地貌类型名称，山近 800 座；记载了洞穴 46 个，按不同性状结构取不同名称。《水经注》还记载了许多化石，包括古生物残骸化石和遗迹化石；记载了矿物 20 余种，岩石 19 种；记载了山崩地震 10 余处，其中关于流水侵蚀、搬运和沉积作用的解释，成为古代最早的流水地貌成因理论。

其四，在人文地理方面。《水经注》中记载的农业地理，包括农田水利、种植业、林业、渔业、畜牧业和狩猎业等；工业地理，包括造纸、纺织、采矿、冶金和食品等；运输地理，包括水上运输和陆上运输以及水陆相连的桥梁、津渡等。《水经注》还记载了地名 17000 多个，有全面阐释的 2134 个。

综上所述，《水经注》是一部杰出的地理学巨著，它是对北魏以前的地理学的一次全面总结，为后世地理研究提供了非常详尽的参考资料。

綦毋怀文发明灌钢法

Qi Wu Huai Wen Fa Ming Guan Gang Fa

在汉代炒钢和百炼钢技术的基础之上，南北朝时期炼钢技术出现了新的突破，发明了灌钢法。

鎏金莲花烛台　南北朝　北齐

灌钢法就是把含碳量高的熔融状态的生铁和含碳量低的熟铁合炼，让碳分散均匀，成为含碳量较低的优质钢。灌钢法是我国冶金史上的一项伟大创造，在世界冶金史上也占据着突出的地位。文献上有关灌钢法的记载，在汉代和晋代都语焉不详，使后人难以知道其具体的方法。到了南北朝时期，綦毋怀文对灌钢法做出了无与伦比的贡献！

綦毋怀文虽然可能不是灌钢法的最早发明者，却是灌钢法最早的革新者。他对这一

宋沈括《梦溪笔谈》中灌钢法

"世间锻铁所谓钢铁者，用柔铁屈盘之，乃以生铁陷其间，封泥炼之，煅令相入，谓之团钢，亦谓之灌钢。"

明宋应星《天工开物》中灌钢

"凡钢铁炼法，用熟铁打成薄片如指头阔，长寸半许，以铁片束包尖紧，生铁安置其上（广南生铁名堕子生钢者，妙甚），又用破草履盖其上（粘带泥土者，故不速化），泥涂其底下。洪炉鼓鞴，火力到时，生钢先化，渗淋熟铁之中，两情投合。取出加锤，再炼再锤，不一而足，俗名团钢，亦曰灌钢者是也。"

炼钢工艺进行了重大的改进和完善，从而使这种新的炼钢方法趋于稳定，使操作更加简便和实用。綦毋怀文，复姓綦毋，名怀文，是我国南北朝时期著名的冶金家。具体的生卒年代历史上没有记载，只知道他生活在 6 世纪北朝的东魏、北齐年间。他喜欢"道术"，曾经做过北齐的信州（今四川奉节）刺史。

綦毋怀文在我国冶金史上的划时代贡献，在于他对灌钢法突破性的发展和完善以及他在制刀和热处理方面的独特创造。

綦毋怀文在信州做刺史期间，制造了一种"宿铁刀"，采用的技术就是灌钢法。《北史·艺术列传》中记载："怀文造宿铁刀，其法烧生铁精，以重柔铤，数宿则成钢。以柔铁为刀脊，浴以五牲之溺，淬以五牲之脂，斩甲过三十札。"这里"生"是指"生铁"，"柔"是指熟铁，把含碳量高的生铁熔化，然后浇灌到熟铁上，降低熟铁的含碳量，这是明确的灌钢法记载。

这种灌钢法较之以前的百炼法和炒钢法有着明显的优点。运用灌钢法，在高温下，液态生铁中的碳及硅、锰等与熟铁中的氧化物发生氧化反应，这样就能达到去除杂质、纯化金属组织的目的，从而提高金属的质量。灌钢法明显减少了锻打的次数，提高了劳动生产率。这种方法操作简便，特别容易推广。

綦毋怀文制作"宿铁刀"时，在热处理方面，使用动物的尿和动物油脂作为冷却介质。动物的尿中含有盐分，作为淬火冷却介质，冷却速度比水快，得到的钢较坚硬；动物油脂冷却速度比水慢，得到的钢有韧性。在此之前，人们一直用水作为淬火的冷却介质，甚至三国制刀能手蒲元等人也没能突破水的范

三国时期冶炼中的鼓风技术

三国时，魏国的韩暨在官营的冶铁工场中推广运用水排，大大提高了生产效率。这种鼓风技术节省了人力、畜力，收益也大为增加。

以官府为主导的手工业分布地区示意图

围。綦毌怀文对钢铁淬火工艺的重大改进，不仅扩大了淬火介质的范围，而且也能通过不同冷却速度获得不同性能的钢。

綦毌怀文还可能使用了双液淬火法，即先用动物的尿淬火，然后再用动物油脂淬火，这样就能得到性能较好的钢。在工件温度比较高的时候，选用冷却速度比较快的淬火介质，主要是为了保证工件的硬度；在温度比较低的时候，选用冷却速度比较慢的淬水介质，是为了防止工件开裂和变形，保证工件的韧性。双液淬火法是一项比较复杂的淬火工艺，要求操作者有很高的技术水平和丰富经验，而綦毌怀文早在 1400 多年前就掌握了这种技术，这是热处理技术史上一项了不起的成就。

綦毌怀文对灌钢法突破性的发展和完善，标志着这一时期我国冶金技术的重大进步，使我国冶金技术遥遥领先于世界。

越青、邢白、唐三彩

Yue Qing Xing Bai Tang San Cai

千姿百态的造型，变化多端的装饰，融合着山水、人物、大自然的灵气，交织着宗教、哲学、艺术的理念，这就是唐代的瓷器。它的制作已经发展到非常成熟的阶段。

瓷器是我国古代独创的一项重大发明。原始瓷器在商周时期已经出现，经历了 1500 多年，制瓷技术到东汉后期已基本成熟，后经三国两晋南北朝进一步成熟和完善，唐代烧制瓷器的技术已达到炉火纯青的地步。

唐代最著名的烧制瓷器的窑为越窑和邢窑。越窑在南方浙江绍兴，主要烧制青瓷；邢窑在北方河北邢台，主要烧制白瓷。

❖ 唐三彩的由来 ❖

　　"唐三彩"一词,最早见于记载是在民国时期。在1905～1909年,陇海铁路修筑期间,洛阳北邙山一带因工程修建,损毁了一批唐代的墓葬,发现了很多的唐三彩作品。这批唐三彩被运到北京,迅速引起重视。

　　越窑的青瓷,胎质坚实,通体施釉,明彻如冰,晶莹温润如玉,色泽是青中带绿。瓷器的颜色主要由釉中所含的金属元素决定,尤其是铁元素的含量。铁的氧化物一般有氧化亚铁和三氧化二铁等,只有氧化亚铁呈绿色。青瓷就是利用还原焰产生氧化亚铁烧制而成。掌握氧化亚铁的含量是烧制青瓷的关键。唐代,氧化亚铁的含量一般都控制在1%～3%之间,标志着青瓷的生产技术已经达到了一个新的高度。越瓷始于汉,盛于唐,尤其是唐中后期,瓷器烧制技艺非常纯熟。唐代的越窑瓷器,外形美观,品种繁多,工艺一流,堪称精品。其中尤以"秘色窑瓷器"(青瓷)最为著称。晚唐著名诗人陆龟蒙在《秘色越器》中盛赞越瓷道:"九秋风露越窑开,夺得千峰翠色来。如向中宵承沆瀣,共嵇中散斗遗杯",并赞美越瓷"类冰似玉"。越瓷从唐代开始就出口到日本、巴基斯坦、伊朗、埃及等国家。

　　邢窑的白瓷,胎质细润,器壁坚而薄,釉色洁白,光润晶莹。白瓷的呈色剂主要是氧化钙,它要求铁的含量越少越好。邢窑还在实践之中不断创新,首创匣钵烧法,即将坯体盛于匣钵之中与火分离的操作法,从而使器形端正,坯胎减薄,对精美瓷器的烧制成功起着关键性的作用。精细白瓷的出现,是邢窑发展阶段的必然产物,说明了当时制瓷工艺已经达到了纯熟的地步。邢窑始烧于北朝,盛于唐朝,衰于五代,终于元朝,烧造的时间有900多年。邢窑白瓷的出现,结束了自魏晋以来青瓷一统天下的局面,到了唐代迅速崛起,与越窑平分秋色,形成南青北白、相互争妍的两大体系。中唐是邢窑的鼎盛时期,具有高透影性能的细白瓷,堪称精品,有"类银""类雪"的

青瓷水注　三国　吴

唐三彩

美誉。唐代著名诗人皮日休写诗赞道："圆似月魂堕，轻如云魄起。"邢窑细白瓷也是进献皇室的贡品，在唐代就远销海外。

唐三彩是继青瓷之后出现的一种彩陶。它烧制于唐代，主要是用黄、绿、白三色釉彩涂胎，故称唐三彩。唐三彩实际上是唐代彩色釉陶的总称。它有二彩的，也有四彩的，其他的色彩还包括蓝、赭、紫、黑等。它是在继承汉代低温铅釉陶工艺的基础之上，对含有有色金属元素的各种原料有了新的认识之后，经过实践创新烧制而成的。它的制作工艺是用白色黏土做胎，然后用含有铜、铁、锰、钴等有色金属元素的矿物做釉料着色剂，再在釉料中加入铅作为助熔剂，最后经低温（800℃左右）烧制成功。唐三彩从开始烧制到工艺成熟，经历了一个由粗到精、由少到多的发展过程。大约在盛唐时代，经济的发展和兴起的厚葬之风，使得唐三彩达到了鼎盛时期。唐三彩主要用于明器和俑，样式多样，内容丰富，被誉为唐代社会的"百科全书"。

越窑青瓷、邢窑白瓷以及唐三彩，代表了唐代陶瓷技术的杰出水平，标志着唐代陶瓷工艺的纯熟。

唐三彩发展概况

	时间	特点
初创时期	7世纪～8世纪初 （武德年间至武则天执政前）	单一色釉、品种单一、工艺粗浅
鼎盛时期	8世纪初～8世纪中叶 （武则天执政到唐玄宗统治时期）	多色彩釉、种类繁多、工艺先进
衰退时期	8世纪中叶～10世纪初 （安史之乱后到唐政权灭亡）	数量明显减少、工艺上已无进步和突破

雕版印刷术

Diao Ban Yin Shua Shu

印刷术是我国古代四大发明之一。它的发明和推广，推动了社会的进步和人类文明的发展，被称为"文明之母"。

雕版印刷术是印刷术最早的印刷模式，它的出现标志着印刷术的产生，不愧是人类历史上一项划时代的发明。

关于雕版印刷技术发明的年代，学界有好几种说法，有东汉说、东晋说、魏晋南北朝说、隋朝说、唐朝说、五代说、北宋说。但是根据考古研究，有一点是可以肯定的，那就是雕版印刷技术发明在隋末唐初。在发现的唐代雕版印刷品中，最具代表性的是868年雕印的《金刚经》和韩国发现的武则天时代的《无垢净光大陀罗尼经》。

雕版印刷术的发明有着深刻的历史背景。伴随着物质基础的充裕和技术条件的成熟，雕版印刷术的产生已成为历史发展的必然。隋唐以前，造字、镂金、制笔、研墨、造纸等奠定了物质基础，制陶、印章、刻石、捶拓、模像、凸版印花等提供了技术条件，这是一个不断积累、由量变到质变逐渐完善的成长过程。

在物质基础方面，主要是指对雕版印刷术发明起决定作用的纸、笔、墨。造纸术发明后，经过蔡伦、左伯和张永等造纸专家的改进和推广，迅速取代了竹帛。到魏晋南北朝时期，发明了帘床抄纸器，造出了匀细的薄纸；采用涂布技术，提高了纸张的吸墨性能；广泛采用染潢技术，使纸的质量不断提高。造笔和制墨技术均发明于先秦，经过近1000年的改进，魏晋时期已经十分成熟。造纸、造笔和制墨技术的成熟，为雕版印刷术的发明奠定了坚实的物质基础。

在技术条件方面，主要是捶拓与石碑拓本技术和镂花模板、刺孔漏印、凸版印花技术，以及印章与佛像模印技术这三种

雕版印刷工艺流程

金刚经

迄今为止发现的最早印刷品是868年的《金刚经》，长5米，宽2.7米。本图是卷首的图画，画上是佛陀与其弟子须菩提交谈的情景。

技术方法的成熟。其一，捶拓与石碑拓本这种方法在印刷术发明以前，是一种较简便的复制文字的方法，具体操作方法是将洇湿的纸平铺于石上，用软刷将纸刷匀，经过捶打使纸紧贴在石面上，然后再用细布包裹棉花做成拓包，蘸上墨汁，在纸面上轻轻拓刷，因为石上的字是凹进石面的，所以有文字的部分受不着墨，把纸揭下来，便成为一件黑底白字的复制品，这就是拓本，

也称拓片。其二，镂花模板、刺孔漏印及凸版印花这些方法，这是古代纺织业的印染技术。镂版印花是用两块雕镂成同样花纹的木板或油纸版等，将织物置于两块花版之间，将其夹紧，然后在雕空处注以色浆，印上花纹；刺孔漏印，是在硬纸板上刺孔成像，然后再进行描画或直接从孔透墨印刷；凸版印花，又称木版印花，其花版不镂空，花纹图案呈阳纹凸起状，印花时将色浆或染料涂在花版的凸纹线条上，然后铺上丝织物加压，织物上便显出花纹。其三，印章与佛像模印。印章是对镌刻甲骨、金石这一传统的继承。印章有阳文和阴文两种，阳文刻的字是凸出来的，阴文刻的字是凹进去的。

时期	时间	标志特征	考古实物
奠基时期	6世纪	捶拓与石碑拓本 镂花模板、刺孔漏印 及凸版印花 印章与佛像模印	敦煌石室遗书中三件珍贵的佛教文献拓本：欧阳询写刻于631年的《化度寺故僧邕禅师舍利塔铭》，唐太宗李世民撰写的《温泉铭》，824年刻的柳公权书《金刚经》
形成时期	7世纪	佛像雕印	1906年，在新疆吐鲁番发现刻印的《妙法莲花经》卷五、《如来佛寿品第十六》残卷及《分别功德品第十七》全卷。1966年，在韩国发现的《无垢净光大陀罗尼经》
成长时期	8世纪	密宗咒语一	1944年，成都市东门外望江楼附近的唐墓中出土《陀罗尼经咒》印本；1967年，陕西西安西郊张家坡西安造纸厂工地唐墓中出土梵文《陀罗尼经咒》
成熟时期	9世纪	图文并茂的佛经	咸通九年（868年）的《金刚经》印本，敦煌木刻佛经印本《佛说观世音经》

雕版印刷术的发展概况

　　雕版印刷是我国古代应用最早的印刷术，其工作原理是：首先把木材锯成一块块的平木板，把要印的字写在薄纸上，反贴到木板上，然后根据每个字的笔画，用刀一笔一笔雕刻成阳文，使每个字的笔画都凸起在木板上。木板雕好以后，就可以印书了。

　　印书的时候，先用一把刷子蘸了墨，在雕好的板上刷一下，接着，用白纸覆在板上，另外拿一把干净的刷子在纸背上轻轻刷一下，把纸拿下来，一页书就印好了。一页一页印好以后，装订成册，一本书就做成了。对于雕版印刷的版材，古人最初一般选用梓木，因此后人所以称刻版为"刻梓"或"付梓"。以后也广泛使用梨木和枣木，故刻版亦被称为"付之梨枣"。

　　雕版印刷术具有工艺简单、费用低廉、印刷快捷的显著优点，比早先的手写传抄要优越百倍，所以一经发明，便受到人们的普遍欢迎，迅速得到推广和传播。

　　雕版印刷在唐代民间广泛应用于以下三个方面：一是宗教活动。大量佛教、道教经典典籍被印刷出版。二是刻印诗集、音韵书和教学书籍。白居易和元稹的诗集被"模勒"出版，受到百姓喜爱。三是历法、医药等科学书籍的印刷。

　　雕版印刷术是中国的一项独特的发明，它是无数劳动人民集体智慧和经验的结晶。

李春建赵州桥

Li Chun Jian Zhao Zhou Qiao

　　古老的赵州桥像一条美丽的彩虹横卧在赵州（今河北赵县）城南洨河之上。唐朝文人赞美它如同"初云出月，长虹饮涧"。它结构坚固、雄伟壮观，历经1400多年的风霜，依然屹立不倒，可以称得上是我国桥梁建筑史上的奇迹。

　　赵州桥，又名安济桥，也叫大石拱桥，是我国现存最早的大型石拱桥，也是世界上现存最古老的跨度最长的敞肩圆弧拱桥。它全长50.83米，宽9米，主孔净跨度为37.02米。赵州桥全部用石块建成，共用石块1000多块，每块的重量达1吨，整个桥梁自重约为2800吨。大桥自建成到现在，其间经历了10次水灾、8次战乱和多次地震，承受了无数次人畜车辆的重压，都没有被破坏，让人不能不佩服其施工的精巧和科学。

　　赵州桥建于隋代开皇中期（605～618年），是由隋代著名的桥梁工匠李春设

赵州桥桥石雕刻

计和主持建造的。隋时的赵县是南北交通的必经之路，由此北上可到重镇涿郡（今河北涿州市），南下可抵东都洛阳，交通十分繁忙。可是这一要道却被洨河所阻断，严重影响了南北交通。到了洪水季节，甚至不能通行。在洨河上建造一座大型石桥成为人们的迫切需要，朝廷授命李春负责大桥的设计和施工。

　　李春是隋代的无数普通工匠中一位杰出代表，身份的普通使他在史书中没有记载，有关他的文字记载仅见于唐代中书令张嘉贞为赵州桥所写的"铭文"中："赵郡洨河石桥，隋匠李春之迹也，制造奇特，人不知其所为。"

　　李春率领工匠来到赵县，对洨河及两岸地质等情况进行了实地的综合考察，在认真总结了前人建桥经验的基础上，提出了独具匠心的设计方案。然后再按照设计方案组织施工，出色地完成了赵州桥的建造。

◆ 赵州桥的桥基调查 ◆

　　1979 年 5 月，中国科学院自然史组等 4 个单位组成了联合调查组，展开了对赵州桥桥基的调查，发现其根基只是有 5 层石条砌成高 1.55 米的桥台。桥基之浅令人叹为观止。梁思成在 1933 年对赵州桥进行考察时，认为那并不是承纳桥券全部荷载的基础。他在考察报告中写道："为要实测券基，我们在北面券脚下发掘，但在现在河床下 70 ~ 80 厘米，即发现承在券下平置的石壁。石共五层，共高 1.58 米，每层较上一层稍出台，下面并无坚实的基础，分明只是防水流冲刷而用的金刚墙，而非承纳桥券全部荷载的基础。因再下30 ~ 40 厘米便即见水，所以除非大规模的发掘，实无法进达我们据学理推测的大座桥基的位置。"

隋唐灞桥考古

　　隋唐灞桥是多孔石拱桥，桥长400余米，它始建于隋文帝开皇二年（582年）七月，建造时间应该比赵州桥还要早20多年。《旧唐书》等史料记载当时"巨梁十有一"，而"天下石柱梁四，洛三灞一。洛则天津、永济、中桥，灞则灞桥"。石柱桥三座建在洛水上，一座建在灞水上，就是现在的灞桥遗址。大桥由国家部门主持修建，并设置专门的机构进行管理。不仅有水部郎中官员，专管造桥、修渠等设施的建造和管理，而且还有津令、典正、录事等专门负责。现存的桥墩是用大石条逐层砌筑，船形造型，南北两端均凿刻成尖角状，用来分水劈波、缓冲水势。每两个桥墩之间形成5米多的跨度，上面用石砌拱券相接，从桥墩底部到拱券顶部高度约为6米。

　　赵州桥不仅设计独特，而且建造技术也非常出色，在我国桥梁技术史上有许多创新和贡献，表现在以下几个方面：

　　（1）采用坦拱式结构，改变了我国早期拱桥半圆形拱的传统。赵州桥的主孔净跨度为37.02米，而拱高只有7.23米，矢跨比（拱高和跨度之比）为1:5左右，这样就实现了低桥面和大跨度的双重目的。这种结构不仅使桥面平坦，易于车马通行，而且还有节省用料和施工方便的优点。

　　（2）开敞肩之先河。李春把以往桥梁建筑中采用的实肩拱改为敞肩拱，即在大拱两端各设两个小拱。其中一小拱净跨为3.8米，另一拱净跨为2.8米。这种设计的好处有三个：一是可节省材料，二是减少桥身自重，三是能增加桥下河水的

赵州桥

泄流量。这种大拱加小拱的敞肩拱设计不仅增加了造型的优美，而且符合结构力学理论，提高了桥梁的承载力和稳定性。

（3）单孔设计。建造比较长的桥梁，我国古代一般采用多孔形式。李春采取了单孔长跨的形式，河心不设立桥墩，石拱跨径长达 37 米之多。这在我国桥梁史上是一项空前的创举。

（4）合理选择桥基址，设计了独具特色的桥台。李春选择洨河两岸较为平直的地方建桥，地层都是由河水冲积而成，表面是粗砂层，以下是细石、粗石、细砂和黏土层。

（5）基址特别牢固。赵州桥桥台的特点是低拱脚、短桥台、浅桥基。李春在桥台边打入许多木桩，目的是减少桥台的垂直位移（即由大桥主体的垂直压力造成的下沉）；采用延伸桥台后座的办法，目的是减少桥台的水平移动（即由大桥主体的水平推力造成的桥台后移）。另外，为了保护桥台和桥基，李春还在沿河一侧设置了一道金刚墙。这种设计不仅可以防止水流的冲蚀作用，而且使金刚墙和桥基以及桥台连成一体，增加了桥台的稳定性。

赵州桥的敞肩圆弧拱形式是我国劳动人民的一个伟大的创造，西方直到 14 世纪才出现敞肩圆弧石拱桥，比我国晚了 600 多年。赵州桥建筑结构奇特，融科学性和民族特色为一体，是我国古代建筑的精品。1991 年，赵州桥被美国土木工程师学会选定为世界第 12 处"国际土木工程历史古迹"。

开凿大运河

Kai Zao Da Yun He

举世闻名的京杭大运河与万里长城并称为中国古代最伟大的工程，是世界上开凿最早、最长的一条人工河道。它始凿于春秋末期（公元前 5 世纪），后经隋朝（7 世纪）和元朝（13 世纪）两次大规模扩展，成为北起北京、南至杭州的南北交通大动脉。它跨北京、天津以及河北、山东、江苏、浙江四省，沟通海河、黄河、淮河、长江、钱塘江五大

隋炀帝像

水系。

经隋朝数次开凿形成的南北大运河，是世界上最长的运河。它全长 1794 公里，水面宽 50 多米，最窄的地方也有 30 ～ 40 米。运河修通后，隋炀帝杨广率领数达几千艘、长达 200 里的船队，从洛阳出发，一路浩浩荡荡前往扬州游玩。杨广乘坐的龙舟，高 4.5 丈，宽 5 丈，长达 20 丈。由此不难看出大运河的规模和通航能力。

南北大运河是由广通渠、通济渠、山阳渎和永济渠以及江南运河连接而成。其开凿的时间前后不一，共有 20 多年之久。

隋朝大运河示意图

开皇四年（584 年），隋文帝杨坚为了改善漕运，命宇文恺率水工凿渠，"引水自大兴城（即长安）东至潼关三百余里，名曰广通渠"，历时 3 个月。

开皇七年（587 年），杨坚出于军事上的需要，下令调集民工，开挖江淮河段，"于扬州开山阳渎"。山阳渎长约 300 里，疏导了春秋时吴王夫差所开的邗沟，引淮河水入长江。

大业元年（605 年），隋炀帝杨广调集河南诸郡民工百余万人，开挖通济渠。

◆ 京杭大运河的兴修 ◆

京杭大运河始凿于公元前 486 年，是世界上里程最长的运河，主要经历了 3 次较大的兴修过程。

第一次是在公元前 5 世纪的春秋末期。吴王夫差为了北上伐齐，调集民夫开挖自今扬州到淮安入淮的运河。因为途经邗城，所以得名"邗沟"。邗沟全长 170 公里，是大运河最早修建的一段。

第二次是在 7 世纪初的隋朝，即本文中的南北大运河。

第三次是在 13 世纪末的元朝。元定都北京后，为了使南北相连，不再绕道洛阳，前后花了 10 年时间，先后开挖了"洛州河"和"会通河"，又在北京与天津之间新修"通惠河"。新的京杭大运河比绕道洛阳的大运河缩短了900 多公里。

自洛阳西苑引毂、洛水入黄河，又从洛阳东面的板渚引黄河
水与汴水合流，然后又分流，折入淮水，直达淮河南岸的山阳。
通济渠、山阳渎连接后，淮河南北漕运畅通。

大业四年（608年）春，杨广又调集河北诸郡民工百余万人
开挖永济渠。这个工程先引沁水入黄河，又自沁水东北开渠，到
达临清合屯氏河。主要用途是通舟北巡，所以称之为御河。

大业六年（610年）冬，杨广下令修江南运河。工程从京口（今
江苏镇江）开始到余杭入钱塘江，全长800余里，河宽10余丈。

隋朝修筑的南北大运河以洛阳为中心，北通涿郡，南达余杭，西
至长安，把钱塘江、长江、淮河、黄河、海河5条大水系联系起来，形
成了一个四通八达的水运网络。这是一项举世闻名的水利工程。

南北大运河开凿的原因，演义小说中都归结为杨广醉心于游乐。事实上，主
要是当时社会经济发展和政治方面的客观需要。从经济方面来说，当时政治中心
长安和洛阳人口激增，粮食供应严重不足；而江浙一带"有海陆之饶，珍异所聚，
故商贾并凑"，资源丰富，十分繁华。南北的经济需要交流，水运方面的状况尤
其需要改善，漕运南方的粟米丝帛到中原地区来，促进了南北之间的贸易往来。
从政治军事方面来说，南方广大地区大小起义始终不断，隋王朝鞭长莫及。为了
进一步控制南方，隋王朝也需要修建一条运河来及时运兵，以镇压当地的反隋活动。
因此，开凿南北大运河是经济、政治和军事的需要，也是时代的需要和历史发展
的必然；当朝统治者的个人好恶并不是最主要的原因。

隋朝南北大运河的开凿，功在当代，利在千秋。大运河自从凿通以后，就成
为我国南北交通的大动脉，运河中"商旅往返，船乘不绝"。唐代诗人皮日休在《汴
河铭》说："今自九河外，复有淇汴（即运河），北通涿郡之渔商，南运江都之转输，
其为利也博哉！"在运河两岸，商业都市日益繁荣。自隋唐以后，沿运河两岸如杭州、

镇江、扬州、淮安、淮阴、开封等地，都逐渐成为新兴商业都会，这些城市历经宋、元、明、清而不衰，成为繁盛一方的大都市。

开挖大运河，要穿越复杂的地理环境，从设计施工到管理都需要解决一系列科学技术上的难题。工程涉及测量、计算、机械、流体力学等多方面的科技知识。这一工程的完成反映了我国古代劳动人民的聪明才智和创造精神。

中世纪最大的城市——长安城

Zhong Shi Ji Zui Da De Cheng Shi Chang An Cheng

唐代都城长安城是当时全国的政治、经济和文化中心，也是亚洲各国经济、文化交流的中心，人口超过 100 万，称得上是当时世界上规模最大的国际性都市。

长安城始建于隋朝建立的第二年（582 年）六月丙申（7 月 29 日），于 583 年基本完成，三月迁入使用，初名"大兴城"。唐代在隋大兴城的基础上，经过修建和扩充，建造成规模宏伟的长安城。

长安城周长 36.7 千米，面积 83 平方千米，是明代西安城面积的 8 倍。比 50 多平方千米的北宋开封、元大都和 70 多平方千米的明清北京城都大，是 6 ~ 9 世纪东亚乃至世界第一大城。在古代世界著名的大城市中，罗马的面积为 13.68 平方千米，巴格达的面积为 30.44 平方千米，拜占廷的面积为 11.99 平方千米，它们都比长安城要小得多。

◆ 大明宫 ◆

大明宫始建于唐代贞观八年（634 年），初名叫永安宫，次年改名大明宫。李治一度加以扩建，并改名蓬莱宫，后成为唐代帝王在长安居住和听政的主要场所，毁于唐末战乱。

据载大明宫分为外朝、内廷两部分。外朝沿着南北向轴线纵列了大朝含元殿、日朝宣政殿、常朝紫宸殿。内廷部分以太液池为中心。

大明宫遗址在陕西省西安市东北龙首原上。宫城平面呈不规则的长方形，南宽北窄。北墙长 1135 米；南墙（即长安城北垣的一段）长 1674 米；西墙与南北墙垂直，长 2256 米；东墙倾斜曲折。

唐长安城大明宫复原图

长安城分为宫城、皇城和外郭城三部分。宫城就是宫殿区，是帝王后妃居住的地方。宫城中部为大明宫，是皇帝起居、听政的地方；东部为东宫，是专供太子居住和处理政务的地方；西部为掖庭宫，是安置宫女学习技艺的地方。皇城又称子城，为中央衙署区，是军政机构和宗庙所在，是长安城的核心。外郭城中分布着108坊（住宅区），由11条南北大街和14条东西大街分割而成。还有东、西两市，对称地坐落在皇城外的东南和西南部，是商业场所。整个城市依照中轴对称的原则设计修建，布局严谨，街衢修直，殿堂宏大，楼阁栉比，四通八达，交通便利，是我国古代都城规划和建设中的创举。

唐长安城为人类建筑文化提供了一种特殊的见证，堪称同时代世界建筑中的杰作。

从城市规划来看，长安城气势恢宏，多重格局，博大开阔。唐长安沿用隋代大兴城的"创制"规划，把皇室、官署和居住区严格分开，将宫城和皇城建在居中偏北，更突出了周天之内群星环拱紫微垣的思想。

从建筑类型来看，唐长安城造型多样，极富变化，建筑类型成熟完备。其垣门宫阙、离宫行馆、宫殿楼阁、寺院道观、府邸住宅、园林造景、别墅亭池等均有自己的特色。尤其是道观，沾了道教祖师爷李耳与唐皇室同姓的光，不但数量

◆ 兴庆宫考古 ◆

兴庆宫建于开元二年（714年），在兴庆坊基础上建成，毁于唐天祐元年（904年）。

据载，兴庆宫以一道东西横墙隔为南北两部分。北部为宫殿区，正门兴庆门在西墙；南部为园林区。正殿为兴庆殿。园林区以龙池为中心，东北角有沉香亭。

兴庆宫遗址在陕西省西安市东郊，南北1250米，东西1080米。整座宫殿没有一条全局的中轴线，这在古代宫殿建筑中是罕见的。

剧增，建筑艺术也获得长足发展，逐渐形成了与佛教建筑迥然不同的风格与特色。

从建筑组群来看，唐长安城组群布局复杂。无论是庭院、宫殿，还是寺观和衙署的廊院，院落重叠并纵横双向扩展，构成了参差错落、变幻莫测的群体建筑。这种大规模的建筑组群，既有层次、深度又富有变化，颇具艺术审美性。

从环境建设来看，唐长安城开掘有龙首、清明、永安三条水渠，引河水入城，既解决了

长安城重要道观分布图

• 唐道观

排水问题，又可运输物资。水渠两岸种植柳树，风景宜人。城东南辟有曲江风景区，"花卉周环，烟水明媚，都人游赏盛于中秋节。江侧孤蒲葱翠，柳荫四合，碧波红蕖，湛然可爱"。

梁思成在《中国古代建筑史》绪论第六稿中指出："作为政治、经济、文化的综合反映，唐代的建筑也出现了突出的高峰。在隋大兴城的基础上，当时世界上最大的、规模最完善的都城——长安，建造起来了。近年来对于城墙和宫殿遗址的发掘证明了文献中所记载的宏伟规模和富丽的建筑。"

唐长安城作为精心规划、气象宏伟的大都城，在隋唐以前的中国不曾有过。长安城既具有典型的东方建筑风格，也吸纳了许多中亚、西亚和南亚建筑的精华，特别是有些石构建筑甚至完全吸纳了外来建筑的优点。可以说唐代长安城兼具中西建筑的特色。这种有中国特色的古代东方伟大建筑的风采辐射世界，对朝鲜、日本的都城建设有重要影响。

唐长安城与意大利的罗马、希腊的雅典、埃及的开罗合称为世界四大古城，是屈指可数的最具有国际大都会特质的城市，其建筑特色和建筑风格代表了当时建筑的最高水平。

药王孙思邈

Yao Wang Sun Si Miao

孙思邈

孙思邈，京兆华原（今陕西耀州区孙家塬村）人，是我国隋唐时期伟大的医药学家，后世尊之为"药王"。

孙思邈的医学造诣很高，是隋唐时期医药界的佼佼者。宋代林亿称道："唐世孙思邈出，诚一代之良医也。"

孙思邈出生于一个普通的农民家庭。他自幼聪颖好学，敏慧强记，7岁时每天能背诵1000多字，人称神童。

孙思邈幼年多病，家中为他治病几乎倾家荡产。他经常见到老百姓生病没有钱医治而死去，加上自己的切身体会，孙思邈10岁时已决心要当一名医生。他花了整整10年的时间来刻苦攻读医书，钻研医学，20岁时已能给亲朋邻里治病，他本人所患的疾病最后也由自己治愈。

30岁时，孙思邈离开家乡，长途跋涉到太白山隐居，边行医采药，边研究炼丹术。这期间他成功地炼成了太一神精丹（即氧化砷）。孙思邈用它来治疗疟疾，疗效非常好。后来这种方法经阿拉伯传入欧洲，引起较大反响。40岁时，孙思邈在切脉诊候和采药制丹等方面已经卓然成家，医术也日臻成熟。

在民间治病救人的同时，晚年孙思邈主要从事著书立说。70岁时，孙思邈积50年医疗实践之经验，编写了《千金要方》，30年后，又写成《千金翼方》。《千金要方》和《千金翼方》相辅相成，成为中医学史上极有实用价值的医学手册。除此以外，孙思邈还著有《枕中素书》《福禄论》《会三教论》《老子注》《庄子注》《明堂图注》《孙真人丹经》《龟经》《玄女房中经》《摄生真录》《千金食治》《禁经》等。

孙思邈一生淡泊名利，隋文帝、唐太宗、唐高宗多次请他出来做官，他都托病辞而不受。他一生大部分时间生活在农村，为百姓治病。病人来向他求医，不论其贫富贵贱，亲近生疏，他都能做到一视同仁。遇到患传染病的危险病人，他也不顾个人的安危，及时为病人诊治。他高尚的医德颇受世人敬重，当时的大学士宋令文、名士孟诜和初唐四杰之一的卢照邻等均以"师资之礼"待他。擅长针

◆ 孙思邈是世界上第一个记录脚气病的人 ◆

在600年左右，孙思邈就总结出了治疗脚气病的方法，直到1642年欧洲才开始有人研究如何治疗脚气病。孙思邈的发明比欧洲早了1000多年。

灸的太医令谢季卿，以医方针灸著名的甄权、甄立言兄弟，长于药性的韦慈藏，唐初名臣魏征，都是他的好友。

《千金方》是孙思邈的代表著作。书名取自"人命至贵，有贵千金；一方济之，德逾于此"之义。《千金方》是《千金要方》和《千金翼方》的合称。《千金要方》又称《备急千金要方》，共30卷，分医学总论、妇人、小儿、七窍、诸风、脚气、伤寒、内脏、痈疽、痔漏、解毒、备急诸方、食治、养性、平脉、针灸等法，总计232门，收方5300个。《千金翼方》是对《千金要方》的补编，也是30卷，其中收录了唐代以前本草书中所未有的药物，补充了很多方剂和治疗方法。这两部书，收集了大量的医药资料，是唐代以前医药成就的系统总结，对学习和研究我国传统医学有重要的参考价值。后人称《千金方》为"方书之祖"。

《千金方》首创"复方"形式，是医学史上的重大革新。孙思邈在《千金要方》中发展为一病多方，灵活变通了张仲景《伤寒论》中一病一方的体例。有时两三个经方合成一个"复方"，以增强治疗效果；有时一个经方分成几个单方，以分别治疗某种疾病。

《千金方》把妇科列为临床各科之首，为中医妇科和儿科的发展做出了重要的贡献。

《千金方》在食疗、养生、养老方面也做出了巨大贡献。《千金方》还谈到了系统的养生问题，提出去"五难"（名利、喜怒、声色、滋味、神虑）和"十二少"（思、念、欲、事、语、笑、愁、荣、喜、怒、好、恶），以及按摩、调气、适时

孙思邈扎针图

针灸包括针法和灸法，起源于新石器时期的砭石疗法，后世不断地加以发展和完善。针法和灸法所依据的理论、施行的体位基本相同，并常常配合应用，故一般合称为针灸。灸法是将艾叶（或其他药物）揉碎，加工成艾绒，再制成艾条或艾柱，点燃后熏烤，烧灼体表的特定部位，如穴位、患处等来治疗疾病的方法。

孙思邈在各科的主要成就

妇科、儿科	主张妇科应单独设科
	深入研究妇女养胎禁食、产后护理、月经不调等妇科病的防治
	专门论述胎儿的发育过程及胎养胎教
针灸与药物	主张针灸与药物并用的综合治疗原则
	著《千金方》记载多种针灸方法，100 多种病症的 400 多条针灸处方
食疗学	论述果实类、菜蔬类、米谷类、鸟兽类常用食品的性味、药用功能、调配宜忌等
	提出无病要注意调节饮食，有病先用食疗，不愈才用药
	总结出夏秋少食肥腻，常吃乳酪酥可使筋骨强健等原则
药物学	提出新的有效药物，如荞麦、山韭等
	重视药物产地对药效的影响，强调地道药材的选用
	提出药物储藏和保管方法。药物要先在烈日下晒干，储藏于新瓦器中，瓦器盖缝用泥或蜡密封，放在离地面三四尺高的地方，以免受潮

孙思邈是火药的发明者

　　孙思邈是一个高超的炼丹家。在《丹经内伏硫黄》一书中，他记述了自己用硝石、硫黄和木炭混在一起制成火药的经过。

饮食等。《千金方》是我国现存最早的一部医学百科全书，在中药学上有很高的价值。

一行测量子午线

Yi Xing Ce Liang Zi Wu Xian

　　唐代高僧一行，俗名张遂，魏州昌乐（今河南南乐）人，是唐代著名的佛学家和数学家，也是我国古代杰出的天文学家之一。

　　一行的曾祖父张公谨是唐太宗李世民的开国功臣，他的父亲张檀曾做过县令，但是张氏家

一行像

❖ 什么叫本初子午线 ❖

　　本初子午线是通过伦敦格林尼治天文台原址的经线，亦即 0°经线。从 0°经线算起，向东向西各分 180°，以东的 180°属于东经，以西的 180°属于西经。

族在武则天时期已经衰微。一行出生在唐高宗永淳二年。

　　一行自幼聪颖过人，读书过目不忘；稍长，博读经史书籍，对于历象和阴阳五行尤其感兴趣。那时的京城长安玄都观藏书丰富，观中的主持道长尹崇，是远近闻名的玄学大师。一行前往拜谒，尹崇对于他的虚心求学极为嘉许，耐心地给予指导。

　　有一次，尹崇借给一行一部汉代扬雄所作的玄学名著《太玄经》。可是没过几天，一行就把这部书还给了尹崇。尹崇很不高兴，严肃地对他说："这本书道理深奥，我虽已读了几遍，论时间也有几年了，可还是没有完全弄通弄懂，年轻人，你还是拿回去再仔细读读吧！"一行十分郑重地回答说："这本书我的确已经读完了。"然后，取出自己读此书的心得体会《大衍玄图》和《义诀》等交给尹崇，尹崇看后赞叹不已，称赞他是博学多识的"神童"。从此一行就以学识渊博闻名于长安。

　　武则天执政时，梁王武三思图谋不轨，四处网罗人才。一行为逃避武三思的拉拢，跑到嵩山，拜高僧普寂为师，剃度出家，改名敬贤，法号一行。普寂为了造就他，让他四处游学。从此，他走遍了大江南北的名山古寺，到处求访名师，一边研究佛学经义，一边学习天文历法、阴阳五行以

僧一行测量子午线示意图

724 年，一行命人在河南地区测量日影长度和北极高度，并根据实测结果得知子午线 1°的长度为 351.27 唐里，即现在的 123.7 千米。这是世界上第一次地面实测子午线的记录。

黄道游仪

唐一行和梁令瓒合制。由三重环圈组成：最外面的是固定的，包括地平（水平方向）、卯酉（东西方向）和子午（南北方向）三个环圈；中间一重也有三个环圈，包括赤道、白道和黄道，均可绕极轴转动；最里面是夹有窥管的四游环，可绕机轴转动，通过窥管对准天体即可测得其坐标值。

及地理和数学等。唐代郑处诲的《明皇杂录》中记载了一则故事，说一行不远千里，访师求学，受到在天台山国清寺驻锡的一位精通数学的无名高僧的指导，为他以后编制《大衍历》打下了良好的数学基础。

唐玄宗李隆基即位后，多次征召一行，他均以身体欠佳为由婉辞。717年，唐玄宗特地派他族叔张洽去接，他才回到长安。

一行一到京城就被召见，唐玄宗问他特长，他说只是记忆力好些。唐玄宗当即让太监取宫人名册。一行看过一遍，就将宫里所有人的姓名、年龄、职务依次背出，唐玄宗大为叹服，恭称"圣人"，并让他做了自己的顾问。在长安期间，一行住在华严寺，有机会和许多精通天文和历法的印度僧侣交往，获得了许多印度天文学方面的知识。他与印度高僧一起研讨密宗佛法，翻译了很多佛教经典。

为了观测天象，一行在机械制造家梁令瓒的援助之下，创制出了黄道游仪和水运浑象等天文仪器。通过实际的观测，一行重新测定了150多颗恒星的位置，发现与古代典籍所载的位置有若干改变，现代天文学称之为"恒星本动"。

《旧唐书》对唐朝天文历法的记载节选

724年，一行主持了规模宏大的天文大地测量，测得了子午线1°的长，这是世界上首次实测子午线。

从725年起，一行历经两年时间编制成了《大衍历》（初稿）20卷，纠正了过去历法中把全年平均分为二十四节气的错误，是我国历法的一次重大改革。

开元十五年（727年）十一月二十五日，一行陪同唐玄宗前往新丰（今陕西临潼东北新丰镇）时病倒，当晚即与世长辞，时年44岁。玄宗敕令将他的遗体运回长安安葬，并为他建筑了一座纪念塔。

实测子午线时，一行基本上按照隋朝刘焯的设计方案，派太史监南宫说在黄河南北选定四个地点（今河南的滑县、开封、扶沟、上蔡）进行实地测量，推翻了过去一直沿用的"日影千里差一寸"的谬论。一行根据测量的结果，经过精确计算，得出了"大率五百二十六里二百七十步而北极差一度半，三百五十一里八十步，而差一度"的结果。就是说，子午线每1°为131.11公里（近代测得子午线1°长110.94千米）。这实际上是世界上第一次实测子午线长度的活动，英国著名的科学家李约瑟一再称："这是科学史上划时代的创举。"

浑仪、浑象、《大衍历》

Hun Yi Hun Xiang Da Yan Li

浑仪是我国古代的一种天文观测仪器，用来测定天体位置的坐标。在古代，"浑"字含有圆球的意思。因为古人认为天是圆的，形状像蛋壳，所以把观测天体位置的仪器就叫作"浑仪"。

为了观测日月星辰的变化，制订天文历法，我国大约在战国时代就制造出了浑仪。作为一种天文学家测定天体方位必需的仪器，浑仪自汉代以来历朝都有制造和改进。

最初，浑仪的结构非常简单，由三个圆环和一根金属轴组成：最外面的那个圆环固定在正南北方向上，叫作"子午环"；中间固定着

—— 地平环　　　　—— 赤道环
—— 窥管　　　　　—— 四游环
—— 子午环

浑仪示意图

的圆环平行于地球赤道面，叫作"赤道环"；最里面的圆环可以绕金属轴旋转，叫作"赤经环"；在赤经环面上安装一根望筒，可以绕着赤经环中心转动。观测时用望筒对准某一天体，然后，根据赤道环和赤经环上的刻度来确定该天体的位置。

后来，人们为了便于观测太阳、行星和月球等天体，不断改进浑仪的结构和性能。方法是在浑仪内再添置几个圆环，也就是"环内再套环"，通过改进，使浑仪成为用途更多、更为精确的天文观测仪器。

在对浑仪进行重大技术改进的过程中，东汉科学家张衡和唐朝天文学家李淳风贡献巨大。改进后的浑仪由三重圆环构成：最外面一重圆环叫作六合仪，包括地平圈、子午圈和赤道圈三个圈，表示东西、南北、上下六个方向；中间的一重叫作三辰仪，包括黄道环、白道环和赤道环三个相交的圆环，分别表示日、月、星辰的位置；最里面的一重叫作四游仪，由四游环和窥管组成。三辰仪可以绕着极轴在六合仪里旋转，四游仪又可以在三辰仪里旋转。改进后的浑仪已经很完善，是当时世界上最先进的天文仪器之一。但是浑仪也有个缺陷，就是它的环圈重复，相互交错，遮掩了大片天区，缩小了观测范围。后来，元代杰出的天文学家郭守敬创造了简仪，即将浑仪拆分为赤道装置和地平装置两个独立的装置，弥补了这一不足。

浑象，又称天体仪，是我国古代一种用于演示天象的仪器。用它可以直观形象地了解日月星辰的相互位置和运动规律。

最早的浑象是西汉耿寿昌制造的，而有明确记载的浑象当属东汉张衡制造的

浑仪

《大衍历》对五星位置推算法的进展

《大衍历》明确给出了五星近日点的概念，并给出了具体数值：金、木、水、火、土五星近日点的每年运动值分别为 36″、40″、160″、37″、27″。以五星近日点为起点，每隔 15″ 给出一个五星实际行度与平均行度之差的数值表格。

水运浑象。张衡还在水运浑象上安装了一套传动装置，利用相当稳定的漏刻的水推动铜球均匀地绕金属轴转动。

浑象的主要组成部分是一个空心大铜球。球面上刻有纵横交错的网格，用于度量天体的位置；球面上凸出的小圆点代表天上的亮星，严格地按照亮星之间的相互位置标刻。整个铜球可以绕一根金属轴转动，转动一周代表一个昼夜。球面与金属轴相交于两点，即南天极和北天极。两个极点的指尖，固定在一个南北正立着的大圆环上。大圆环垂直地嵌入水平大圈的两个缺口内，下面四根雕有龙头的立柱支撑着水平大圈，托着整个天体仪。

唐朝中晚期实用算术的书籍

唐朝中晚期，人们对于简化筹算计算过程要求迫切，出现了很多实用算术的书籍，如《算法》（龙受益）、《一位算法》（江本）、《得一算经》（陈从运）等。其中《韩延算书》是唯一的存世之作。该书大约成于 770 年，共 3 卷，83 个例题，引证了不少算书和当时的法令，具有史料价值。

浑仪和浑象这两种天文仪器的制造和改进，标志着天文历法的不断进步。而天文仪器是历法改进的技术条件，为了制订《大衍历》，实测到精确数据，一行和梁令瓒在经过历代改进的浑仪和浑象的基础上，进行了更进一步的创新，合制出了黄道游仪和水运浑天仪等大型天文观测仪。

721 年，唐玄宗下令改历。一行耗费了 6 年，编订成《大衍历》初稿。经大臣张说与历官陈玄景整理，于 728 年颁行。依据天文台的实测校验，在 10 次测验中，《大衍历》有七八次准确，《麟德历》有三四次准确，而《九执历》只有一两次准确。这表明，《大衍历》比唐代已有的其他历法都更为精确。

《大衍历》最突出的贡献是比较正确地掌握了太阳在黄道上视运行速度变化的规律，按不等的时间间隔安排二十四节气，创造了不等间距的二次内插法。《大衍历》把我国历法归纳成七部分：第一，计算节气和朔望的平均时间（步中朔术）；第二，计算七十二候（步发敛术）；第三，日食和月食的计算（步交会术）；第四，计算太阳的运行（步日躔术）；第五，计算月亮的运行（步月离术）；第六，计算五大行星的运行（步五星术）；第七，计算时刻（步轨漏术）。

唐朝的"十部算经"

Tang Chao De Shi Bu Suan Jing

唐朝建立后，大力发展数学教育，设立算学馆，把数学作为与科举考试中明经、明法、明书、明字、进士等并列的六科之一，称作明算科。唐高宗时，李淳风等人受命整理数学典籍，注释《十部算经》。此工作于唐高宗显庆元年（656年）完成，十部算经成为国子监学习和考试的"专用"教材。

十部算经是指以下10部数学典籍：《周髀算经》《九章算术》《海岛算经》《孙子算经》《张邱建算经》《五曹算经》《五经算术》《夏侯阳算经》《缀术》和《辑古算经》。十部算经集中反映了从汉至唐1000余年数学发展的成果，成为后世数学教学和研究的重要依据。

在这10部算经里，《周髀算经》和《九章算术》两书都成书于汉代，是春秋战国到秦汉数百年数学成就的总结；《海岛算经》是西晋时期刘徽的著作，又名《重差》；《缀术》为祖冲之父子所撰，宋代已经失传；《孙子算经》大约成书于三四世纪；《夏侯阳算经》和《张邱建算经》约成书于5世纪，是两晋南北朝时期的作品；《五曹算经》和《五经算术》都是北周的甄鸾所著，其中《五曹》为官吏手册，内容没有超出《九章算术》，而《五经》倾向玄学，内容有限；《辑古算经》是唯一一部唐人的作品，作者是初唐时期的王孝通。

因为祖冲之父子所著的《缀术》在宋代已经失传，所以南宋宁宗嘉定六年（1213年）鲍澣之翻刻十部算经时，以《数学记遗》代之。清代戴震整理校订了这10部著作，1773年孔继涵刻印时，题名为《算经十书》，这是《算经十书》之名首次出现。

王孝通的《辑古算经》是唯一一部唐人作品。王孝通出身平民，少年时期开始潜心钻研数学，隋朝时以历算入仕，入唐后被留用。唐朝初年做过算学博士（亦称算历博士），后升任通直郎、太史丞。武德六年（623年）批评《戊寅元历》的缺点，武德九年（626年）又同大理卿崔善为一起，对该历做了许多校正工作。他的《辑古算经》成书于626年前后，被用为国子监算学馆数学教材。

《辑古算经》全书1卷，共20题。第1题为推求月球赤纬度数，属于天文历法方面的计算问题；第2题至14题讲土木工程和水利工程相关的计算问题；第15至20题讲勾股问题。王孝通对自己的著作很自信，进呈皇帝时写了一篇《上辑古算经表》，说："如有排其一字，臣欲谢以千金。"这种态度当然不够谦虚，但是此书的实用价值和数学价值的确很高，是唐朝最好的算书。《辑古算经》的主

要成就是介绍开带从立方法（即求三次方程的正根），它集中体现了中国数学家 7
世纪在建立和求解三次方程等方面所取得的重要成就。

李淳风等对于十部算经的注释，不仅修正了其中错漏的地方，而且使得这些
古算书得以流传，其贡献非常巨大。在对《周髀算经》的注释中，李淳风等修正
了经文和赵爽、甄鸾注中的缺陷，逐条校正了甄鸾对赵爽的"勾股圆方图"的误解。
结合实际的观测，李淳风等还指出《周髀算经》中南北相去 1000 里，日影长度
相差 1 寸不准确和赵爽用等级计算二十四节气日影长不正确；在对《九章算术》
的注释中，他们引用了祖暅对于球体积的研究成果，为后世保存了资料；在对《海
岛算经》的注释中，详细给出了解题的演算步骤。当然，因为认识的不足，他们
的注释中难免存在不少的缺点和错误，譬如对刘徽工作的意义认识不足、指责不
当等。

王孝通和李淳风无疑都是唐朝杰出的数学家，对数学的发展做出了自己的贡
献。而且无可否认的是，盛唐设立算学馆、明算科，整理十部算经等举措，为宋
元数学鼎盛时期的到来创造了条件。

震天雷与突火枪

Zhen Tian Lei Yu Tu Huo Qiang

史载，北宋末年，中国的火器专家们制造出了陶制和铁制的"震天雷"和竹
质管形"突火枪"。这两种火器在战争中主要用于攻坚或守城。其爆炸威力较大，
声音巨大，不仅能杀伤敌人，而且能在声势上起到威吓敌人的目的。

北宋喷火兵器猛火油柜模型

北宋竹火器模型

◆ 蒙古西征中的火器运用 ◆

蒙古军队在西征中大量采用震天雷、轰天雷等新式火器。所到之处，势如破竹，先后攻克了布拉格和莫斯科，席卷东欧，一直打到多瑙河流域。当时蒙古人所用的大炮在欧洲人眼里就像今天的原子弹、氢弹那么厉害。

1126 年，宋朝大将李纲守开封时，就曾用震天雷等火器击退金兵的围攻；1132 年，陈规守德安，抵御李横时就使用了以"火药炮"制造的"长竹竿火枪"20 余条，长竹竿火枪稍加改进就是突火枪。据记载，在 1259 年，今安徽寿春地区就有人制成突火枪。在《宋史·兵志·器甲之制》中说，突火枪"以巨竹为筒，内安子窠，如烧放，焰绝石子窠发出，如炮声，远闻百五十余步"。攻金的蒙古军队唯畏惧震天雷和突火枪二物。

震天雷是一种火炮，是陶或铁壳类的爆炸性兵器。点燃火药后，蓄积在炮内的气体压力增大，爆炸时威力巨大，能穿甲铁。《金史》这样描述道："火药发作，声如雷震，热力达半亩之上。人与牛皮皆碎迸无迹，甲铁皆透。"震天雷就是今天炸弹的前身。

突火枪又名突火筒，一般由竹筒制成，内置子窠。火药点燃后产生强大的气体压力，把"子窠"射出去。"子窠"就是原始的子弹。突火枪开创了管状火器发射弹丸的先例，是现代枪炮的前身。

突火枪等管状火器的发明是武器史上的一大飞跃。震天雷和突火枪这些火器都离不开火药，火药的出现促成了这些火器的诞生。

火药是中国四大发明之一，它的起源

水底龙王炮模型

将装有火药的铁雷密封在牛尿泡中，绑缚在竹木排上，下坠石块使其悬浮在水中，水面有雁翎做的浮，浮与雷之间有羊肠相连通气。雷用信香引火起爆。

群豹横奔箭模型

这种火箭一次可以发 40 支，射程达 400 多步，如野战遇敌，可用多匣陈列于前，以杀伤敌人。

神火飞鸦模型

长 56 厘米，是以扎制风筝的形式，结合火箭推动的原理发明的燃烧弹。用竹篾扎成乌鸦形状，内装火药，由 4 支火箭推动，可飞行 300 多米，多用于火战。

与炼丹术有着非常密切的关系，是古代炼丹家在炼丹时无意中配制出来的。唐代药王孙思邈在他的著作中明确给出了用硫磺、硝石和木炭混合的火药配方，也是最早的火药配方。

硫磺、硝石原来是用于治病的药（《神农本草经》里列为重要药材），这两种药和木炭混合在一起就能着火，因而将其称为"火药"。硫磺的化学性质很活泼，很容易起化学反应。硝石的主要成分是硝酸钾，受热产生氧气，有很强的助燃作用。

黑火药，又叫褐色火药，是由硝酸钾、硫磺和木炭粉末混合而成。这种混合物很容易燃烧，而且烧起来相当激烈。大家都知道火药燃烧时能产生大量的气体，主要是氮气和二氧化碳。假如是在密闭的容器内燃烧，体积突然猛增至几千倍，这时容器就会爆炸。火器就是利用火药燃烧产生爆炸的性能制造出来的。

唐代的火药配方中硫和硝的含量是 1:1；宋代为 1:2，甚至接近 1:3。已经和后世黑火药中硝占 3/4 的配方相近。在制造和使用时，火药中还可加入少量的辅助性配料，以达到易燃、易爆、放毒和制造烟幕等效果。

两宋时期，社会矛盾十分尖锐，战争连绵不断。火药和火药武器在这一时期得到了很大的发展。政府设置军器监，专门生产火药和火器，制成了作战用的烟球、蒺藜火球和火炮等火器。宋代的农民起义军也自行制造火药武器，并有很多创造。如前文中的突火枪，就是在战争中发明的。

南宋毒药烟球模型
这是一种能产生毒气的"手榴弹"，在火药的基本成分中，加入巴豆、砒霜等 10 多种毒药的混合物，装填于球内；爆炸后吸入毒气的人会鼻口流血而死。

突火枪
突火枪已具备后世枪支的雏形。开庆元年（1259 年），南宋寿春府（今安徽寿县）的军民发明了突火枪。这种武器利用巨竹造枪筒，内装火药和子弹；燃烧火药后，子弹便会高速推出，射程可达 230 米。

元代铜火铳
火器发展到元代，火铳成为主流，它不仅是元军常用兵器，还是现代枪炮的鼻祖。

　　火器被用于战争之中，具有划时代的意义。火药兵器在战场上的出现，带动了战场从冷兵器阶段向使用火器阶段的过渡，预示着军事史上将发生一系列的变革。

　　火药和火器随着成吉思汗的西征首先传入中东。阿拉伯人仿照中国的突火枪，造出了木质管形射击火器，称为"马达发"。1260 年，阿拉伯人掌握了火药的制造和使用方法，用火药推动的弩箭被称作"中国箭"。而英、法等欧洲国家则直至 14 世纪中期才有应用火药和火器的记载。

　　恩格斯明确指出："火药和火器的使用，绝不是一种暴力行动，而是一种工业的，也就是经济的进步。"此言非虚。

毕昇发明活字印刷术

Bi Sheng Fa Ming Huo Zi Yin Shua Shu

　　众所周知，印刷术是我国古代的四大发明之一。隋唐时期出现的雕版印刷术是最初的印刷模式。雕版印刷虽然比手抄书写要快很多倍，质量也提高很多，但还存在着不少的缺陷。

　　雕版印刷要花费大量的木材，而且用版量很大，不仅存放不便，不好管理，出现错字也不易更正；而且雕版用过之后就变成废物，造成资源的浪费。

　　北宋庆历年间（1041 ~ 1048 年），印刷术取得了重大突破。布衣发明家毕昇发明了活字印刷术。活字印刷术弥补了雕版印刷术的不足，大大节省了人力、物力和财力，非常方便快捷。活字印刷术的发明是印刷术发展史上一项具有划时代意义的创造。

　　关于活字印刷术的发明者毕昇，历史缺少记载，仅能从沈括的《梦溪笔谈》中知道他是庆历年间的一介布衣，生平籍贯均付阙如。毕昇死后，他的活字印刷被沈括评为"群从所得"。

　　《梦溪笔谈》里记载，活字印刷的程序为：首先，选用质地细腻的胶泥，刻成一个个规格统一的

毕昇塑像

泥活字版模型
毕昇发明的泥活字印刷术，成为近代活字印刷术的滥觞。

单字，然后用火烧硬，即成胶泥活字；把活字分类放在相应的木格里，一般常用字，如"之""也"等字要备用几个至几十个，以备重复使用。其次，排版的时候，在一块带框的铁板上面敷上一层用松脂、蜡和纸灰之类混合制成的药剂，接着把需要的胶泥活字从备用的木格里拣出来，按文字顺序排进框内，排满就成为一版；排好后再用火烤，等药剂开始熔化的时候，用一块平板把字面压平，等到药剂冷却凝固后，就成为固定的版型，这样就可以涂墨印刷了；印完之后，再用火把药剂烤化，用手一抖，胶泥活字就可以从铁板上脱落下来，下次可以再用。

毕昇首创的泥活字版，使书籍的大量印刷更为方便。《梦溪笔谈》中写道："若印十百千本，则极为神速。"活字印刷，还可以一边印刷，一边排版，胶泥活字还可重复使用，实在是既节省了时间，又节省了材料。活字印刷术的方便快捷由此可见一斑。

毕昇之所以能够发明活字印刷术，来源于他对于生活的耐心观察、思考和体悟。有记载说，毕昇发明活字印刷是受了他两个儿子玩过家家的启发。他的师兄弟们不明白为什么毕昇那么幸运地发明活字印刷术，师父开口了："毕昇是个有心人啊！你们不知道他早就在琢磨改进工艺了。冰冻三尺，非一日之寒啊！"

毕昇在发明泥活字印刷的过程中，还研究过木活字排版。但是由于他选用的木材的木质比较疏松，刷上墨后，受湿膨胀不均，干了还会缩小变形，加上不能和松脂药剂粘连，因此没有采用。后来经过人们的反复试验和研究，木活字印刷最终获得了成功。元代的农学家王祯造木活字3万多个，排印自己编撰的书。可以说，毕昇的早期探索在某种程度上启发了木活字的发明者。

转轮排字盘模型

毕昇的创造和探索，开了后世一系列材料活字的先河。南宋时，出现了铜活字。南宋末或元初，有人使用铸锡活字。明代出现了铅活字。清代，山东徐志定使用瓷活字印刷。这些活字都是在毕昇的胶泥活字基础上进行的改进。

活字印刷术的发明和使用，不仅大大推动了中国印刷业的发展，而且对于世界文明的发展产生了巨大的影响。从 13 世纪开始，活字印刷术开始由中国传入朝鲜、日本等地，后来又经由丝绸之路传入波斯和阿拉伯，再传入埃及和欧洲。大约在 1450 年，德国人古登堡受活字印刷的影响，发明了铅、锡、锑的合金活字印刷。

活字印刷术的传入，为欧洲的文艺复兴和近代科学的兴起提供了重要的物质条件。活字印刷术的发明，促进了人类文化知识广泛的传播和交流，大大推动了世界文明的发展。

活字印刷工序

光照千古的苏颂

Guang Zhao Qian Gu De Su Song

　　苏颂，字子容，泉州（今福建一带）人，后迁居润州丹阳（今江苏镇江一带），是我国宋代著名的药学家和天文学家。

　　苏颂自幼聪颖过人，5岁就能背诵经书和诗文。10岁随父入京，学习勤奋刻苦。宋庆历二年（1042年），22岁的苏颂与王安石同榜中进士。

　　苏颂开始被授予汉阳军（今湖北武汉市汉阳）判官一职，没有去赴任，后来改补宿州（今安徽宿县）观察推官，之后又调江宁任知县。苏颂在任内为官清廉，合理征收赋税，积弊为之一清。

　　宋仁宗皇祐三年（1051年），苏颂出任南京留守推官等职。他办事谨慎周密，很受当时任南京留守的欧阳修赏识。

　　宋仁宗皇祐五年（1053年），苏颂调到京城开封，任职馆阁校勘和集贤校理，负责编定书籍。在这段大约9年多的时间里，苏颂不仅博览了各种藏书，而且还每天背诵二千言。他对诸子百家、阴阳五行、天文历法、山经本草和训诂文字，无所不通，成为一位学识渊博的学者。

　　宋神宗熙宁三年（1070年），苏颂主持礼部贡举。王安石要越级提拔秀州判官李定到朝中任太守中允，神宗让苏颂起草诏令，苏颂认为不合任官体制，断然拒绝，结果被罢免了知制诰的职务，外放婺州为官。元丰四年（1081年），苏颂受命搜集整理邦交资料，历时2年，写成《华戎鲁卫信录》250卷。

　　元丰八年（1085年），宋哲宗即位，十一月，诏命苏颂制作水运浑仪，费时6年制成。绍圣初年

假天仪（北宋）

苏颂根据古人"地在天中，天转而地静"的观点，造成大型天文演示仪器——假天仪。他在假天仪的黑暗球体内，按照星星位置穿凿小孔，当人进入假天仪球体内，自然光就会透过小孔，造成模拟的天空星象。

苏颂的水运仪象台

1092 年，苏颂建造了第一台机械时钟，目的是给皇家占星算命提供数据。 一台巨大的水车，上面装有每一刻钟就注满水的戽斗，由水车来带动 35.65 尺高的所谓 "水运仪象台"。机轮转动五层平台上的木人，从塔楼的正面清晰可见。木人每隔一刻钟击鼓报时，每个时辰鸣钟报时。时钟的齿轮也转动浑仪。浑仪的上面安有活动的顶棚，可以同步跟踪行星的运行。

水运仪象台是一座底为正方形、下宽上窄的木结构建筑，台高约 12 米，底宽约 7 米，共分为三隔。上隔是一个露天的平台，放置浑仪和圭表，用以观天。中隔是一间没有窗户的 "密室"，里面放置浑象。每一昼夜转动一圈，真实地显示了星辰的起落等天象的变化。下隔设有向南打开的大门，门里装置有五层木阁，木阁的后面是一套机械传动装置。第一层木阁负责全台的标准报时；第二层木阁负责报告 12 个时辰的时初、时正名称，相当于现代时钟的时针表盘；第三层木阁专刻报的时间，共有 96 个司辰木人，其中有 24 个木人报时初、时正，其余木人报刻；第四层木阁报告晚上的时刻；第五层木阁装置有 38 个木人，报告昏、晓、日出以及几更几筹等详细情况。五层木阁里的木人，靠着一套复杂的机械装置 "昼夜轮机" 带动，能够准确地报时。

（1094 ～ 1096 年），苏颂又与韩廉全撰写《新仪象法要》3 卷。在这十几年的时间里，苏颂被擢升为刑部尚书和尚书左丞，后来官至宰相。元祐八年（1093 年）苏颂辞去官职，绍圣四年（1097 年）又被启用，封太子少师。徽宗建中靖国元年（1101 年）五月夏至后一日，苏颂在丹阳家中病逝。次年葬于丹徒王洲山，赠司空，后追封魏国公。

苏颂一生政绩卓著，但是他的科学成就更为突出。他在药物学和天文学以及机械制造学方面取得了杰出的成就，被英国科技史家李约瑟称赞为 "中国古代和中世纪最伟大的博物学家和科学家之一"。

在药物学方面。苏颂与张禹锡、林亿等编辑、校正出版了《备急千金方》《神农本草》《灵枢》《素问》《针灸甲乙经》等 8 部医书，对于医药知识的整理和保存贡献巨大。嘉祐二年（1057 年），苏颂还独立编著了《本草图经》21 卷，集历代药物学著作和中国药物普查之大成。《本草图经》共记载了 300 多种药用植物和 70 多种药用动物及其副产品，分类细致，图文并茂。

在天文学和机械制造学方面，苏颂复制了水运浑仪，并创制了一座大型综合性的水运仪象台。

仪象台以水力为动力，集天象观察、演示和报时三种功能于一身。其活动屋顶、每昼夜自转一周的 "浑象" 和擒纵器分别成为现代天文台的圆顶、转仪钟和现代钟表的起源。

苏颂还写了《新仪象台法要》（3 卷），

以图文并茂的方式，详细地介绍了水运仪象台的设计及使用方法，并绘制了我国现存最早最完备的机械设计图。

　　苏颂撰写的《新仪象台法要》，反映了我国古代天文仪器制作的最高水平。苏颂创制的水运仪象台是 11 世纪末我国杰出的天文仪器，也是当时世界上最先进的天文钟。

沈括与《梦溪笔谈》

Shen Kuo Yu Meng Xi Bi Tan

　　沈括，字存中，钱塘（今浙江杭州）人，是北宋时期杰出的政治家和军事家，也是我国历史上一位卓越的科学家。

　　沈括自幼勤奋好学，14 岁就读完了家中所有的藏书。少年时代的沈括随其父沈周四处宦游，增长了许多见识。沈括 12 岁时，沈周在泉州为他延请老师，对他进行专门辅导。18 岁时，沈括在南京学习医药学，并产生浓厚的兴趣。1051 年，沈周在杭州去世。沈括守孝 3 年期满，以父荫做了海州沭阳县主簿，开始步入仕途，以后历任东海、宁国、宛丘等县县令。

　　治平元年（1064 年），沈括考中进士，被任命为扬州司理参军。治平三年（1066 年），沈括入京，任职昭文馆编校，致力于天文历算的研究。熙宁五年（1072 年），兼任提举司天监，职掌观测天象。这段时间，他修订新历，创制天文仪器。

　　沈括入仕后成为王安石变法的忠实支持者，是变法的骨干。他积极参与变法，做了大量重要具体的工作，深受王安石的器重。

　　元丰三年（1080 年），沈括出知延州（今

缕悬法指南针复原模型

缕悬法指南针复原模型高 38 厘米、底盘各边长 21.5 厘米。将磁针用蜡粘接在独根蚕丝上，悬挂于木架正中；架下放置方位盘，盘上用八天干、十二地支与四卦标示二十四方位。磁针垂直于方位盘正中上方，因地磁作用，静止时两端分指南北。这种指南针非常灵敏，缺点是只能在平静或无风处使用。

◆ 沈括的科学思想和治学方法 ◆

　　沈括很重视对事物的观察。他在早年宦游的地方，都进行了认真的考察和研究，并做了详细的记录。沈括还重视科学的实验和验证。关于凸、凹面镜成像和小孔成像以及声音共振的研究都是他经过亲自实验得来的。实事求是、谦虚谨慎是沈括的治学态度。如果研究之后，还不明白其中道理的话，他也会如实做记录，并注明不明白的原因。即使是自己的推测和猜想，他也会说明。

陕西延安），成为军事统帅。在次年的西夏军的侵袭中，沈括机智地挫败了西夏 7 万大军，稳定了边境局势。

　　元丰五年（1082 年），由于徐禧没有采纳沈括的建议，强行修筑永乐城。结果，九月永乐城被西夏军攻破，宋军损失 1 万多人。虽然沈括保住了绥德，阻止了西夏军的前进，但还是遭到保守派的构陷，于同年十月被罢官。

　　沈括被罢官后，做过均州团练副使，实际上等于被软禁，没有自由；直到元祐三年（1088 年）八月进投《天下州县图》，才重获自由。嗣后沈括退居润州，筑梦溪园，汇集平生见闻，撰写《梦溪笔谈》，约于 1095 年病卒，终年 64 岁。

地磁偏角示意图
沈括以缕悬法指南针做实验时，观察到磁针的指向并不是正南正北，而是南端微微偏东，从而在世界上首先发现了地磁偏角。

　　沈括所著的《梦溪笔谈》，是笔记体著作，共 26 卷，分为故事、辩证、乐律、象数、人事、官政、权智、艺文、书画、技艺、器用、神奇、异事、谬误、讥谑、杂志、药议 17 个门类，共 609 条，内容涉及天文学、数学、地理、地质、物理、生物、医学和药学、军事、文学、史学、考古及音乐等诸多学科。

　　《梦溪笔谈》是中国科学技术史上的重要文献、百科全书式的著作，其杰出成就表现在以下几个方面：

在天文历法方面：作者改造了浑仪、浮漏、圭表等天文仪器，并利用改进的仪器，连续观测 3 个月，绘制星图 200 余幅，得出了极星离天极三度有余的结论；利用改进后的浮漏，进行 10 余年的测量，第一次从理论上推导出冬至日长度"百刻而有余"、夏至日长度"不及百刻"的结论。另外，书中还记载了作者首创的"十二气历"。

在数学方面：记载了作者首创的隙积术和绘圆术，开辟了我国传统数学新的研究方向。

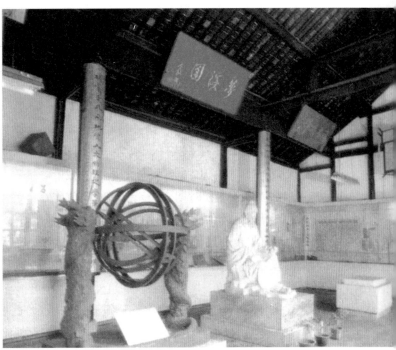

在地质地理方面：记有浙江雁荡山的地貌特征，并指出是流水侵蚀作用造成的；又记述了河北太行山的山崖间发现蚌壳之化石，从而推断出华北平原乃泥沙淤积而形成。

在物理学方面：记有指南针发明和应用以及地球磁偏角的发现等重要事件；关于球面镜成像的实验；还记述有演示月亮盈亏的模拟实验以及演示声音共振的实验等。

沈括梦溪园

在化学方面：记载有利用钢铁离子置换反应；记载有湿法冶铜方法"胆铜法"，以及灌钢法和冷锻铁甲法。

在医药学方面：记述有人体解剖生理学，还论述了人体新陈代谢的原理。也记述有大量植物、矿物药物的特征、性味和功效等。

沈括是一位学识渊博和成就卓越的自然科学家。日本数学家三上义夫称赞沈括说："沈括这样的人物，只有在中国才会出现。"英国著名科技史家李约瑟也认为沈括是"中国科学史上最奇特的人物"，而《梦溪笔谈》是"中国科学史上的坐标"。

《清明上河图》中的东京城

Qing Ming Shang He Tu Zhong De Dong Jing Cheng

传世名画《清明上河图》是真实反映北宋风俗的一件绘画作品。作为国家一级国宝，该画现藏于北京故宫博物院。作者张择端，字正道，东武（今山东诸城）人，是宋徽宗时著名的宫廷画家。

《清明上河图》形象地描绘了清明时节北宋京城汴梁以及汴河两岸的繁华景象和自然风光。其可贵之处在于真实记录了当时东京城的概况，使后人能历经千载，在历史的尘埃里，依稀窥见其风采与辉煌。

东京城也叫汴梁城、汴京城，是北宋经济、政治和文化的中心。从宋仁宗时开始，东京城取消夜禁，百业兴旺，成为"富丽天下无"的大都会。东京城人口最多时达130万，是10～12世纪世界上最大的城市。

东京创建于春秋时期（公元前770～前476年）。公元前362年，魏国迁都于此，称为大梁。到了唐代成为中原地区的一座州城，经过改筑扩大，周回达到20里150步（1步5尺），后来成为东京城的内城。五代时期（907～960年）曾成为地方政权的都城，称为汴京。后周显德三年（956年）对汴京又进行了较大规模的改建，开拓街坊，展宽道路，加筑外城。

北宋统一全国后，认为汴京建筑基础好，地理位置优越，于是定都在此，号称东京。嗣后建隆三年（962年），"广黄城东北隅，命有司画洛阳宫殿，按图修之"，再往后又经过数次扩建，周回达到50里165步。

北宋的东京城整体平面呈南北略长的方形，其中东墙长7660米，西墙长7590米，南墙长6990米，北墙长6940米。东京城的中心部分为皇城，又叫宫城，是皇宫大内。东南西北各有四道门。内城环卫在皇城四周，其南北各为三道门，东西为两道门。最外面的是外城，又称为罗城。外城城垣"坚如埏埴，直若引绳"，

◆ 《清明上河图》里东京城的桥梁 ◆

东京城的桥梁很多，在《清明上河图》里，城东门外数里之外的汴河上有一座有名的木桥，名叫"虹桥"。它横跨在汴河之上，结构精巧，形式优美，宛如飞虹，是一座规模宏大的木质拱桥。为了便于船只通行，设计为单孔，中间不立柱。这种设计反映出了我国古代桥梁建筑的高水平。

《清明上河图》中的东京城桥梁

护城壕宽达 10 余丈，其东西南三面皆为 3 门，北面为 4 门，共计 13 门。此外还有专供河流通过的水门 6 座。

全城道路从市中心通向各城门，主干道称为御街。总体采用经纬式布局。南北有 3 条主干道，其中南北中轴线上的御街由宫城正南门直达外城正南门，宽 200 多步；另外两条分列两侧，亦是直贯南北。东西有一条主干道，位于皇城的南侧，直贯东西。除此之外，还有一些次干道和次要道路和大道相连，构成了纵横交织、四通八达的道路网络。

建筑学名著《营造法式》

《营造法式》由北宋李诫所著，是我国古代最全面、最科学的建筑学著作，也是世界上最早、最完备的建筑学著作。全书有 36 卷、357 篇、3555 条，是当时中原地区官式建筑的规范。《营造法式》的问世，是宋代建筑技术向标准化和定型化方向发展的标志。

东京城的河流系统也很发达，河道成了城市重要的经济供给线，史称"四水贯都"。这 4 条河流分别是汴河、蔡河、五丈河和金水河。外城、内城和宫城的城墙外都有护城河，四水通过护城河相互沟通，又能独立互不干扰，水运网络非常科学和便捷。其中金水河直通宫城，宫廷用水和物资运送都很方便。

东京城因袭五代的旧城，没有了唐代封闭的里坊，取而代之的是开放的坊巷骨架。其主要干道御街发展为繁华的商业街，其中南北中轴线的御街两旁还设有御廊，允许商人交易。住宅区与商业区既能分段布置，以州桥为界，泾渭分明；又可以相互混杂，合理并存。商业区分布甚广，反映了北宋经济的繁荣。

规模庞大的北宋东京宫殿（绘画）

东京城代表了宋代建筑的特色。宋代对内加强中央集权，重文轻武；对外采取和亲纳币的妥协政策。此时理学盛行，大力鼓吹"扬理抑欲"。在这种精神的影响之下，宋代的建筑丧失了汉唐建筑雄浑的气势，体制和规模随之变小，仅仅在建筑结构上追求绚烂而富于变化，呈现出细致柔丽的独特风格。

五大名窑的"千峰翠色"

Wu Da Ming Yao De Qian Feng Cui Se

瓷器是中国独创性的发明创造，中国被称为"瓷器的国度"。瓷器发展到宋代，进入了一个全面发展的辉煌时期。

宋瓷有官窑和民窑之分，有南北地域之分。所谓官窑，就是国家办的窑，专门为皇宫、王室生产用瓷；所谓民窑，就是民间办的窑，生产民间用瓷。官窑瓷器，不计成本，精益求精，窑址和生产技术都严格保密，工艺精美绝伦，传世的瓷器多是稀世珍品。民窑瓷器看重的是实用和使用价值，生产者要考虑成本，没有官窑讲究，虽然普通也不乏珍品。两宋时期，民窑与官窑交相辉映，蔚为奇观，堪称"千峰翠色"。

宋瓷窑场首推五大名窑，即汝、官、钧、哥、定。闻名于世的五大名窑，说明我国的陶瓷制造业在宋代已经达到了顶峰。

五大名窑之说，始见于明代皇室收藏目录《宣德鼎彝谱》的记载："内库所藏柴、汝、官、哥、钧、定名窑器皿，款式典雅者，写图进呈。"清代许之衡在《饮流斋说瓷》中说："吾华制瓷可分三大时期：曰宋，曰明，曰清。宋最有名者有五，所谓柴、汝、官、哥、定是也。更有钧窑，亦甚可贵。"因为柴窑至今没有发现窑址，又没有实物传世，所以通常把钧窑列入，与汝、官、哥、定并称为宋代五大名窑。

汝窑是宋代的五大名窑之一，以地处汝州（今河南宝丰）而得名，是官窑。北宋后期，汝窑专为宫廷烧造御用瓷器，即"汝官窑"。陆游《老学庵笔记》中曾有"故都时，定窑不入禁中，惟用汝器"的记载。南宋时周辉在《清波杂志》说："汝窑宫中禁烧，内有玛瑙为釉，唯供御拣退，方许出卖，近尤难得。"汝窑所烧陶瓷精美绝伦，

白釉莲纹龙首大净瓶　定窑

在中国陶瓷史上享有盛誉。可惜很多汝瓷毁于宋金战乱，宋代汝瓷传世品全世界仅有 60 余件，被北京故宫博物院以及英国、日本等国收藏，是举世公认的稀世珍宝。汝瓷的特点是胎质细腻，俗称"香灰胎"。其工艺考究，用名贵玛瑙入釉，色泽独特，能够随光变幻。

官窑分为北宋和南宋官窑，窑址先在开封，后迁杭州。考古发现，北宋的官窑在河南汝州张公巷，南宋的官窑在杭州市老虎洞下层。宋代官窑瓷器胎骨坚薄，追求质朴无华，釉色翠美清新，腴润如脂；其特色是釉面布满纹片，这种釉面裂纹原是瓷器上的一种缺陷，后却成为别具一格的装饰方法并名噪一时。历代对官窑评价很高，清代陈浏在《陶雅》中赞美道："宋官窑者绝不经见，

贯耳瓷瓶　官窑

✦ 北宋五大名窑及其产品特色 ✦

钧窑：主要生产青瓷。以釉色晶莹著称，瓷器上没有特别的装饰，十分清雅。

汝窑：主要生产印上花纹的青瓷。

官窑：生产宫廷瓷器，不流入市场。财力雄厚，产品十分精巧。

哥窑：主要生产黑胎瓷器，瓷器的表面有很多裂纹。

定窑：主要生产白瓷，并在瓷器上印上或刻上各式花纹，如动物、花鸟等。

世人罕有识之者。"

　　钧窑是宋代异军突起的名窑，以古钧台（今河南省禹州的钧台及八卦洞）而名，属官窑。钧窑烧造一种复杂的花釉瓷，宋徽宗将之定为御用珍品。钧瓷胎质细腻坚实，造型端庄古朴。其釉色五彩斑斓，通过"入窑一色，出窑万彩"的"窑变"，形成丰富多彩的图画。钧瓷贵在窑变画，画为天然，故有"钧瓷无双"之誉。

　　哥窑是宋代著名的民窑，至今窑址尚未确定，有三种观点，分别认为在龙泉、杭州和景德镇。据史料记载，浙江龙泉章氏二兄弟各建一窑，哥哥建的窑称为"哥

汝窑窑址遗迹

宋元瓷器主体格局依旧是北白南青两大体系，但实际上则是交汇融合，更趋丰富多彩。南方的瓷器在瓷土的选用上有了很大的进展，胎体相当洁白，远胜于以往。北方的窑炉小，于是就有"覆烧工艺"的发明。

● 窑址
—— 宋朝界线

黄河

定窑
磁州窑

耀州窑

开封 ◎
官窑

钧窑

汝窑

长江

杭州 ○

龙泉窑
及哥窑

景德镇窑

建阳窑

宋朝著名瓷窑分布图

窑"，弟弟建的窑称为"弟窑"，也称章窑
或龙泉窑。哥窑瓷器胎骨较厚，胎质细腻，
里外披釉，釉面浑厚滋润。其最显著的特征
是大开片中套小裂纹，即"金丝铁线"。传
世者弥足珍贵，现主要藏于北京、上海、台
湾等地博物馆。

定窑被列为宋代五大名窑之首，在五大
名窑中是唯一烧造白瓷的窑场，以宋属定州

鱼耳瓷炉　哥窑

（今河北曲阳）而得名，是著名的民窑。定窑始烧于唐而终于元，主要以烧白瓷为主，
兼烧黑瓷、酱釉瓷和绿釉瓷等品种。白釉以刻花、印花等装饰手法来美化器物，
可谓独步一时。定窑工匠采用覆烧法（一个匣钵内利用多层垫圈可放数件器物），
烧成的瓷器盘碗口无釉，俗称"芒口"。采用"覆烧工艺"是定窑的首创。

宋元数学四大家

Song Yuan Shu Xue Si Da Jia

中国古代数学经过从汉到唐1000多年的发展，在宋元时期（10～14世纪）
达到了最高峰。宋元时期是以筹算为主要内容的中国古代数学的鼎盛时期，其发
展速度之快、数学著作出现之多和取得成就之高，都可以算得上是中国古代数学
史上最光辉的一页。尤其是从13世纪中叶到14世纪初叶，短短几十年的时间里，
陆续出现了秦九韶、李冶、杨辉和朱世杰四位著名的大数学家，他们是宋元数学
研究的杰出代表。

秦九韶，字道古，鲁郡（今山东兖州）人，生于四川。青年时代，秦九韶随
父亲来到临安（今浙江杭州），学习天文历法和数学。宝庆元年（1225年），秦
九韶随父返回四川，绍定六年（1233年）前后做过县尉。

端平二年（1235年），秦九韶离开四川。后来做过蕲州（今湖北蕲春）通判
及和州（今安徽和县）守。淳祐四年（1244年）担任建康通判；同年11月，因母
丧回家守孝。在守孝的3年时间里，秦九韶埋头著述，于淳祐七年（1247年）完
成巨著《数书九章》。时人称赞秦九韶"性极机巧，星象、音律、算术以及营造
等事无不精究"。

守孝期满后，秦九韶又去做官，开始热衷于功名利禄。他攀附权臣贾似道，于宝祐六年（1258年）任琼州（今海南海口）守。后又追随吴潜，于开庆元年（1259年）任司农寺丞。景定元年（1260年），吴潜罢相，秦九韶受到牵连，被贬梅州（今广东梅县），不久死在任所。

《数书九章》共18卷81题，按用途分为大衍、天时、田域、测望、赋役、钱谷、营建、军旅、市易9类。该书突出的成就是对"大衍求一术"（整数论中的一次同余式解法）和"正负开方术"（数字高次方程的求正根法）的研究；其中的"大衍求一术"在世界数学史上占有崇高的地位。

李冶，生于金代大兴城（今北京）的一个官僚家庭。童年的李冶独自在元氏（今河北元氏）求学。1230年，李冶往洛阳应试，中词赋科进士，初授高陵（今陕西高陵）主簿，没有赴任，后担任钧州知事。1232年，蒙古军攻破钧州城，李冶弃职隐居晋北峰山（今山西绛县）一带。在此期间，他完成了数学名著《测圆海镜》。

开方作法本源图

此图也叫任意高次幂二项式（a+b）^{n}定理系数表，是北宋数学家贾宪首先求出，南宋数学家杨辉将它收入自己的著作《详解九章算法》中。图中从第3行至第7行的各个数字，依次是（a+b）^{2}、（a+b）^{3}、（a+b）^{4}、（a+b）^{5}、（a+b）^{6}展开后各项的系数。各行数字有规律可循，按此规律能将任意高次幂二项式（a+b）^{n}顺利地展开。中国学者将此图称为"贾宪三角"或"杨辉三角"。

1251年左右李冶回到元氏，并在封龙山置下田产。与张德辉和元裕的交往最密，当时人称"龙山三老"。

1257年5月，忽必烈召见李冶于上都（今内蒙古多伦附近）。他的回答得到忽必烈的赞赏。1261年，忽必烈征召李冶，遭到拒绝。1265年，李冶被诏为翰林学士，任职1年，以老病辞去。辞职后李冶隐居封龙山，1279年卒。

《测圆海镜》共12卷，收170个问题，是最早记述"天元术"的著作。李冶还写了《益古演段》，共3卷64个问题，是学习"天元术"的入门书。

杨辉（约生活于13世纪中叶），字谦光，杭州人。生平事迹史载很少。他一生中写过许多数学著作，有《详解九章算法》12卷、《日用算法》2卷和《杨辉算法》7卷。在这些著作里收录了不少现已失传的、古代各类数学著作中非常有价值的算题和算法，为后世保存了十分宝贵的古代数学资料。

朱世杰（约生活于13世纪末14世纪初），字汉卿，号松庭，河北人。他著的

《四元玉鉴》和《算学启蒙》是我国古代数学发展进程中的一个重要里程碑，既有以天元术和高次方程的解法等为代表的北方数学成就，也有日用和商用算法、各种歌诀等南方数学的成就。朱世杰不仅全面继承了中国古代数学的光辉遗产，而且还做出了创造性的贡献。

宋元四大数学家所取得的辉煌成就再次证明，宋元数学是中国传统数学的高峰，代表了当时世界的先进水平，在世界范围内处于领先的地位。

元朝科学第一人——郭守敬

Yuan Chao Ke Xue Di Yi Ren Guo Shou Jing

郭守敬，字若思，邢台（今属河北）人，是我国元代伟大的天文学家、数学家、水利专家和仪器制造家。

郭守敬自幼跟随祖父郭荣学习天文、算学和水利。史载郭荣"通五经，精于算数水利"。郭荣还让郭守敬拜当时的天文和地理专家刘秉忠为师。青年时期的郭守敬在求学时结识了张文谦、张易和王恂等当世学者，通过切磋，在学术上取得了突飞猛进的进步。

1262年，郭守敬经张文谦推荐，受到元世祖忽必烈的召见。郭守敬提出了兴修6项水利工程的建议，其中5项是关于华北地区的农田灌溉工程，1项是关于大都漕运工程。每奏一项，忽必烈都感叹说："任事者如此，人不为素餐矣。" 郭守敬先后担任提举诸路河渠、副河渠使等职，因势利导地兴修了许多水利工程。

1264年，郭守敬随张文谦视察宁夏古渠和查泊兀郎海（今内蒙古乌梁素海一

> ### ◆ 我国历史上使用的三种纪年法 ◆
>
> （1）干支纪年。干支就是天干（甲乙丙丁戊己庚辛壬癸）和地支（子丑寅卯辰巳午未申酉戌亥）的合称。天干和地支循环相配，可配成60组，统称为"六十甲子"。
>
> （2）谥号纪年。齐宣王和鲁隐公均为帝王或诸侯的谥号，这就是帝号纪年。
>
> （3）年号纪年。公元前141年，汉武帝刘彻即位，使用年号"建元"，首创年号纪年。此后历代帝王都仿照他建立自己的年号。

带），修复了很多古渠。郭守敬被提升为都水少监，后又任都水监。

1265 年，郭守敬提出了修复金口河的建议。这项工程兴修后，对于西山物资东运和京西农田的灌溉发挥了巨大的作用。

1275 年，郭守敬在今河北、河南、山东、江苏的广大地域修建了一个庞大的水运交通网，整个工程具有很高的科学性和实用价值。

1276 年，忽必烈下令王恂和郭守敬领导设立太史局，修订新历法。《授时历》的编制工作于 1280 年完成。其间，郭守敬创制近 20 件天文仪器，主持了大规模的天文测量。在主要参与者隐退或去世的情况下，郭守敬还用了 4 年时间，圆满完成了《授时历》的最后定稿。此后，他又完成了 7 部天文学著作。

浑天仪

原由郭守敬设计制造，明代仿制，现存南京紫金山天文台。

1291 ~ 1293 年，郭守敬设计和实施了通惠河水利工程。工程解决了通州到北京间繁忙的漕运。其科学性、合理性和实用性方面都堪称水利工程的杰作。

1303 年，元成宗颁布命令：凡 72 岁的官员都去职返乡，唯独郭守敬以纯德实学和为世师法得以继续留任。1316 年，郭守敬因病去世，享年 86 岁。

郭守敬在我国古代科学技术史上贡献巨大，被誉为"元朝科学第一人"，他一生的贡献主要在水利、仪象和历算三个领域。

在水利方面，郭守敬设计兴修了以通惠河水利工程为代表的一系列大型水利工程。这些水利工程设计的科学合理性、施工的复杂性均建立在郭守敬实地勘测、科学规划的基础之上，对于农田灌溉和南北漕运发挥了巨大的作用，功在当时，利在千秋。他在水利实践中总结出了一些科学概念和方法。他在世界测量史上首次用"海拔"的概念，比德国数学家高斯提出的海拔概念早了 560 年。

在仪象方面，他在主持大都天文台工作期间，设计研制出简仪、圭表、候极仪、浑天象、玲珑仪、仰仪、立运仪、证理仪、景符、窥几、日月食仪以及星晷定时仪等天文仪器。其中简仪是最早制成的大赤道仪，比丹麦天文学家第谷制成的同类仪器早了 310 年；仰仪是世界上第一架太阳投影的观测仪。

宋代的星图、星表

宋代星图出名的有苏颂星图和苏州的石刻星图，均采用元丰年间的恒星观测结果。苏颂星图共5幅，分为两组全天星图。苏州的石刻星图是一幅圆形全天星图，现存于苏州文庙。

宋代星表有杨惟德星表、周琮星表和无名氏星表。星表记载了300多颗恒星的入宿度和去极度值。

在历算方面，他主持修订了《授时历》。按照《授时历》，一年的长度是365.2425天，仅与真实数值相差26秒，3300多年才有一天的误差，和我们现在使用的日历在精确度上完全一致。《授时历》还给出了每经1黄道度的昼夜时间变化表格，其平均误差为0.77分钟。《授时历》在测算方法上更加精确：它发明了三次差内插法用于对日月五星运动不均匀改正等的计算上；创立了类似球面三角的方法用于对太阳视纬、黄赤道宿度及白赤道宿度变换的计算。

另外值得一提的是，为了修订精确的《授时历》，郭守敬组织了规模空前的全国范围内的天文测量工作，无论是从测点的数量，还是从分布的范围上，都远远超过了唐代的僧一行。

郭守敬在水利、天文历法、数学等方面做出杰出贡献，不仅仅是因为他具有出众的天资，更重要的是他勇于实践、敢于革新。

圭表 元代
郭守敬设计制造的天文仪器，现存河南登封观星台。

仰仪（元代）
现存河南登封观星台。外形似平放的锅，又称碗晷，郭守敬利用针孔成像的原理发明制造。用以测定日食发生的时刻、方位角、食分多少和日食全过程，还能测定月球的位置和月食。

黄道婆改进棉纺技术

Huang Dao Po Gai Jin Mian Fang Ji Shu

宋元时期，棉纺技术的普及和发展是我国纺织史上重大的成就。我国元代民间纺织女工黄道婆，在这一方面做出了非常重大的贡献。元代陶宗仪《南村辍耕录》卷 24 记载有她的事迹。

黄道婆，又名黄婆，生卒年不详，松江乌泥泾镇（今上海华泾镇）人，是我国元代著名的女棉纺织革新家。黄道婆大约出生于南宋末年，传说她小的时候给人家做童养媳，因为不堪忍受屈辱，在 18 岁左右逃了出来，流落到海南岛崖州。

黄道婆到了崖州，在黎族地区生活了将近 30 年。当时海南岛盛产木棉，黎族人民的棉纺织技术非常精湛。黄道婆向黎族人民虚心学习，掌握了先进的棉纺织技术；再经过 30 年的刻苦努力，终于成为一位技艺精湛的棉纺织家。

中年的黄道婆非常思念自己的家乡，此时元朝已经取代南宋，江南开始恢复生产，经济状况好转。黄道婆回到了自己的家乡，为故乡人民带回了先进的纺织工具和她精湛的纺织技艺。

黄道婆一边向人们无私地传授纺织技艺，一边利用她的聪明才智，对棉纺织工具和技术进行全面的改进和革新。

其一，黄道婆改革了擀籽工序。开始人们都是用手剖去籽，既麻烦又费时。她就教人用铁杖来擀尽棉籽。后来又引进搅车（轧车），利用机械轴间的空隙碾轧挤出棉籽来，大大提高了生产效率。擀籽工序的改革是当时皮棉生产中一项重大的技术革新。

元代的棉纺织品

其二，黄道婆在弹松棉花的操作上，把小弓改成 1 米多长的大弓，弓弦由线弦改为绳弦，棒椎击弦代替手指拨弦。通过改造，弹出的棉花均匀细致，不留杂质，大大提高了纱线的质量。

其三，在纺纱这道工序上，黄道婆创造出三锭脚纺车，代替原来的单锭手摇纺车。改进后，以脚踏代替手摇，能够腾出双手握棉抽纱，同时纺三根纱，纺织效率提高了两三倍，操作也省力；

这是棉纺织史上的又一次重大革新。这种纺车是当时世界上最先进的纺织工具。元初著名农学家王祯在其著作《农书》中就介绍了这种纺车，其中的《农器图谱》还对木棉纺车进行了详细的绘图说明。这种新式纺车以其优异的性能受到人们的广泛欢迎，在江南一带得到迅速推广和普及。

其四，在织布工序上，黄道婆改进了以前的投梭织布机。在借鉴我国传统丝织技术的基础上，她汲取黎族人民织"崖州被"的长处，研究出了错纱配色、综线挈花等先进的棉织技术，纺织出鲜艳多彩的"乌泥径被"，驰名全国，其绚丽灿烂的程度能与丝绸相媲美。

黄道婆辛勤地向人们传授先进的棉纺织技术，不辞辛劳地进行技术改进和革新，极大地推动了江南一带棉纺织业的发展，使其一度成为全国棉纺织业的中心，历数百年而不衰。

黄道婆一生刻苦研究和辛勤实践，有力地影响和推动了我国古代棉纺织业的发展。黄道婆对于棉纺织技术的改进，反映了宋元时期我国的棉纺织业达到了高度发展的水平，在当时世界上处于先进地位。

宋元时期的纺织技术，在继承汉唐纺织技术的基础之上，又有很大的提高。在制造技术和提花工艺上，都有不少创新。

宋元时期纺织技术的突出成就是棉纺织技术的普及和发展，黄道婆在其中所做的贡献最为巨大。棉纺织技术的发展是建立在棉花的广泛栽种上的。在宋元以前，棉花产地主要是在新疆等边境地区；棉花作为纺织原料，也集中在新疆、云南、海南岛和福建等地。棉花在元代得到了广泛的推广和种植，元政府对棉纺织技术大力提倡，这些条件都促进了棉纺织技术的普及和发展。

《梓人遗制》与纺织机械

《梓人遗制》是元代河中万泉（今山西万荣县）人薛景石所著。书中记载的7项机械中，除第1项是关于车辆制造，其余6项都是关于纺织机械。纺织机械里华机子、罗机子和立机子有很高的史料价值。

◆　宋元纺织机械的进步　◆

（1）纺车从手摇缫车向脚踏缫车过渡。脚踏缫车是人工缫丝机械中最先进的工具，在宋元时期得到普遍使用，完全取代了手摇缫车。

（2）棉纺织机械的创制和改进。

（3）大纺车和水力大纺车的创造。大纺车和水力大纺车的出现，是纺织机械制造方面的划时代进步，它们实现了纺织业的规模化，大大提高了生产效率。

金元医学四大家

Jin Yuan Yi Xue Si Da Jia

在 12 ~ 14 世纪的金元时代，医学理论有了很大发展，产生了金元时期四大医学流派，就是所谓的"金元医学四大家"。

在这四大家里，刘完素认为伤寒的症状多与"火热"有关，因而在治疗上多用寒凉药物，后世称之为"寒凉派"；张从正认为病由外邪侵入人体所生，在治疗上多用汗、吐、下三法以攻邪，后世称之为"攻下派"；李杲提出"内伤脾胃，百病由生"，治疗时重在温补脾胃，因为脾在五行学说中属土，所以后世称之为"补土派"；朱震亨认为人体"阳常有余，阴常不足"，治疗疾病以养阴降火为主，后世称之为"滋阴派"。

金元医学四大家在继承我国传统医学经典理论的基础之上，从各个不同的侧面理解和发挥，使得我国古代医学出现了前所未有的开放局面。

刘完素，字守真，自号通玄处士，别号守真子，金代河间（今河北河间）人，人称"河间先生"或"刘河间"。他自幼聪慧，特别喜欢读医书。传说他母亲生病，三次请医生都没有来，导致其母病逝，所以他就立志学医。他对古代的医书独好《素问》，朝夕研读，终得要旨。他根据《内经》"病机十九条"，提出伤寒火热病机理论，主张寒凉攻邪，名盛当世。金世宗曾三次征聘，他都坚辞不就。刘完素影响甚广，弟子众多，他所开创的寒凉攻邪医风，形成金元时期一个重要学术流派——"河间学派"。

刘完素医学理论的核心是火热论。他在阐述《内经·素问》"病机十九条"时，结合北方地理和北方人民体质强壮的特点，发展了北宋徽宗赵佶提倡的运气学说，深入阐发了火热病机等有关理论，即所谓"五运主病"和"六气为病"。在治疗方面，刘完素重视以寒凉药物治疗外感火热病。他创制了"防风通圣散"和"双解散"等辛凉共用的方剂，有效地解决了外受风寒、内有邪热的矛盾病症。

张从正，字子和，号戴人，金睢州考城（今河南兰考）人。他出身于医学世家，自幼酷爱读书，尤其喜欢作诗，性格豪放。他师从刘从益，深受刘完素学说影响，大定、明昌间以高超的医术闻名于世。兴定年间，张从正被征召入太医院。因与时医医风不合，不久辞职回乡，继续行医。当时已具盛名的文人麻知几与其交往甚密。他在麻氏和常仲明等的协助下，于 1228 年撰成《儒门事亲》15 卷。张从正秉承《内经》《难经》之宗旨，发展张仲景的汗、吐、下三法，创立了以"攻邪论"

为中心的理论学说，形成金元医学一大学术流派"攻下派"。

张从正的主要医学思想，最重要的是"邪气"说。他认为人生病是因为邪气"或自外而入，或由内而生"，提倡采用汗、吐、下三法攻邪，治疗峻猛，与当世医用温补之法迥异。他还主张食补，即祛病之后，还需要用平日的食品进补，补法有六种，即平补、峻补、温补、寒补、筋力之补、房室之补。

金彩龙纹团药盒

李杲，字明之，晚号东垣老人，金真定（今河北正定县）人。他出身富贵之家，自幼好读医书，兼通经史子集，为人守信，能急人所困。20多岁的时候，因为其母患病死于庸医之手，所以开始立志学医。李杲捐资千金，拜易水名医张元素为师，仅数年即尽得所传；后避战乱，到达汴梁（今河南开封）以及鲁北东平、聊城一带。1244年，李杲回乡著述立说，创立了以"内伤脾胃"为主体的理论学说，形成了一大学术流派"补土派"。

李杲在医学理论上，建立了内伤学说，发扬了扶护元气和温养脾胃学说。他认为脾胃为元气之本，人之百病皆由脾胃虚弱所生，故而在治疗方面十分重视脾胃。外感热病，用刘完素寒凉之法；内伤热症，就要升举清阳，温补脾胃，潜降阴火。他还创制了补中益气汤、升阳散火汤等名方，以治疗脾胃内伤疾病。

朱震亨，字彦修，号丹溪，婺州义乌（今浙江义乌）人，人称"丹溪翁"。他自幼聪明好学，为考科举，曾从理学家许谦学习，对理学很有造诣，后专注于医学。朱震亨于泰定乙丑（1325年）拜刘完素的再传弟子罗知悌为师，学成后返归乡里行医。他博采刘完素、张从正、李杲三家学说之长，结合自己的体会及理学造诣，提出"阳有余、阴不足"的理论，形成金元时"滋阴"一派。

"医"字，《说文解字》解释为"治病工"。古代医生有官医和民医，官医最早见载于《周礼》。《周礼》里有食医、疾医、疡医、兽医，还有医师。这里的医师是指主管卫生行政事务的官吏。秦代始有太医令和太医丞等医官职称。汉代有"医工长"，是主管宫廷医药的一种医官，在宫廷中也有女医，称为"乳医"。唐代已有"医生"一词，是太医的一种。宋代时，我国南方称医生为"郎中"，北方称医生为"大夫"，还有些地方将医生称为"衙推"；民间为表示对医生的尊敬，称之为"先生"。

元代医疗器具

北宋医学已分9科，即大方脉（内科）、风科、小方脉（儿科）、产科、疮肿兼折伤（外科）、眼科、口齿兼咽喉、针灸、金镞兼书禁（金镞也属外科，书禁指祝由科等类）。元代增加为13科，即大方脉、风科、小方脉、产科、正骨科、眼科、口齿科、咽喉科、针灸、金疮肿科、杂医科、祝由科、禁科。

从金元医学四大家身上，我们可以看到金元医学开拓、创新、争鸣的繁荣景象。在短短100多年间，诸多名家不仅在理论上各有建树，而且在实践中互相补充，在取长补短中不断进步，促进金元医学迅猛发展。

《王祯农书》和《农桑辑要》

Wang Zhen Nong Shu He Nong Sang Ji Yao

宋元时期，农业生产发展到一个新的水平。土地被广泛开发使用，人们与水争田，与山争地，出现了架田（浮在水面上的田）、梯田（山区的田）和圩田（围湖造田）等形式。农作物大规模种植，作物种类也大大增加。棉花正是在这一时期进入中原。

《农桑衣食撮要》书影

农业生产的发展，极大地带动了农业技艺的交流和总结，宋元时期出现了农学四大家，他们著述的农书不仅对当时的农业生产有着指导性作用，而且对后世影响深远，

牛转翻车

这是《王祯农书》中的插图。牛转翻车是一种使用畜力推动的灌溉工具。

在我国农业发展史上占有举足轻重的地位。

宋元农学四大家分别是宋代的陈旉和元代的孟祺、王祯、鲁明善。这四大家里除了陈旉是南宋人外，其他三家都是元代人。元代在不到100年的统治时间里，为后世留下了3部了不起的农书，即《农桑辑要》《王祯农书》和《农桑衣食撮要》。其中尤以《王祯农书》和《农桑辑要》最具有代表性。

《王祯农书》是元代的一部综合性农书，也是第一本兼论南北农业技术的农书。《王祯农书》由各自独立的三部分组成，共22卷，有13万多字。第一部分6卷19篇，名为《农桑通诀》，也就是农业通论。这部分首先从"农事起本""牛耕起本"和"蚕事起本"三个方面分别论述了农业、牛耕和蚕业的起源；然后从"授时"和"地利"两方面出发，系统地阐述农业种植各个环节所应采取的措施；最后分列了"种植""畜养"和"蚕级"等篇，记载了林、牧、副、渔等广义农业各个方面的内容。第二部分4卷11篇，名为《百谷谱》，是关于作物栽培的论述。这部分把农作物分为80多种、7大类，详细记述了栽培、保护、收获、贮藏和加工利用等方面的技术与方法，后面还附有一段《备荒论》。第三部分12卷，名为"农器图谱"，篇幅占全书的4/5，分20门，共介绍了257种农业机械工具，绘图306幅，每幅图都有文字说明。

《王祯农书》的作者王祯，字伯善，山东东平人，生活在元朝初、中期。关于他的生平事迹，史书记载很少，只知道他做过两任县官：一任是宣州旌德县（今安徽旌德）县尹，一任是信州永丰县（今江西广丰）县尹。《王祯农书》是他在1300年左右任职永丰期间完成的。

《农桑辑要》，成书于元至元十年（1273年），

《王祯农书》中的水排

《王祯农书》首次对2000多年来的农田水利和水利机械做了总结性的记载。这是书中记载的水排，是一种利用水力推动的冶铁装置。

《农桑辑要》中的元代犁耕图

是现存最早的官修农书。全书分为7卷，共约6.5万字。卷一典训，是全书的绪论，主要讲述农桑起源及经史中关于重农的言论和事迹；卷二主要讲耕垦、播种和选种总论以及大田作物的栽培各论；卷三、四分别讲栽桑和养蚕；卷五论述瓜菜和果实等园艺作物；卷六讲竹木、药草、水生植物和甘蔗；卷七讲孳畜、禽鱼、蜜蜂等动物的饲养。《农桑辑要》第一次把蚕桑和棉花的生产放在与粮食生产同等重要的地位，并提出了一种全新的风土观念，为棉花、番薯、玉米、花生、烟草等作物的引进和传播，铺平了道路，同时反映了作者超前的远见。

《农桑辑要》是由元代专管农桑和水利的中央机构"大司农"组织编写的，主要撰稿人孟祺、张文谦和苗好谦等都是当时农业方面的专家。孟祺，字德卿，安徽宿县人，曾担任山东东西道劝农副使，是唯一在《农桑辑要》中署名的作者。张文谦，字仲谦，邢州沙河人，曾担任过司农卿和大司农卿等职，是该书的组织者。苗好谦曾经担任地方劝农官。

田丘

涵洞

柜田图

柜田就是筑堤护田，像小型圩田，四岸开凿有涵洞，里面顺地形修筑田丘，这是解救水荒的好方法。

地理学的兴旺

Di Li Xue De Xing Wang

宋代苏州石刻地理图

经过五代十国的分裂割据，北宋王朝重新实现了全国的统一，其经济、文化和科学技术得到了快速发展，地理学当然也不例外。在宋元时期，我国地理学迎来了发展的高峰期。

首先，在这一时期，地图学发展迅速。北宋时，朝廷一方面要求各地编绘地图奏报中央，另一方面也专门派人到地方测绘地图。出于政治军事的需要，上起皇帝，下至各级官员，对地图的绘制都非常积极。这一时期的地图，不仅数量多，而且种类繁杂，有全国行政区划图，全国州郡县图，域外图，边防图，各府、州、县图，各地水利图、交通图、治河图、都市图、守令图，等等。地图的材料有丝帛纸张，有岩石石碑，还有木制的地图模型等。

在制图理论方面，宋代的沈括和元代的朱思本贡献颇大。北宋杰出的科学家沈括首创了地形高程测量法，也就是水平线两点间直线距离的测量方法。沈括用此法历经 12 年，绘成《天下州县图》（即为《守令图》）。元代的地理学家朱思本历时 10 年，"以五十里为一方"，完成《舆地图》。罗洪先在《广舆图序》评价说："其图有计里划方之法。"

苏州石刻地理图复原图

《天下州县图》和《舆地图》都是全国总图。区域地图有《契丹地理图》和《河西陇右图》等，专业性地图有管理农田的《鱼鳞图》和水利方面的《河源图》等，城市地图有《长安图》等。在这些地图中，尤其以石刻地图最具特色。现存的石刻地图多绘制于宋代。

其次，中央为了加强行政控制，需要了解全国的地理知识，这就促进了方志的繁荣。这一时期，方志的门类和数量都大幅增长，涌现出很多优秀的方志理论和方志体例。

从数量上看，从汉到唐的 1100 多年间，所编方

关于域外的地理著作

徐兢《宣和奉使高丽图经》：北宋作品。描述了高丽（今朝鲜、韩国）的地理、物产、民情风俗和典章制度等。

周去非《岭外代答》：北宋作品。讲述东南亚、西南亚、东非各国的地理、交通、物产和风俗等。

赵汝适《诸藩志》：南宋作品。上卷叙述了亚非两洲共 57 个国家的地理，下卷记载了 47 种外国物产。

周达观《真腊风土记》：元代作品。记载了真腊（今柬埔寨）的建筑服饰、文化风俗、山川地理等诸多方面的情况。

汪大渊《岛夷志略》：元代作品。记载了印度洋沿岸及南海诸国的山川气候等方面的情况。

陈大震《大德南海志》：元代作品。列举来华贸易的国家 124 个，收录地名较多。

志总数不足 400 部；而宋元时期 400 多年里，就出现方志 1031 种之多。从体例上看，宋代已经具有了比较完善的方志体例，而且还在不断进行创新，反映在方志的名称上，已经不再局限于已有的志、编、录、图经和图志等，而是创造出谱、纪旧、类补、统记、故实、类考、须知、新录、记问、会要、拾遗、私志等 20 多个新名目。

在宋元的这些方志里面，地方志共有 989 种，其中宋代 976 种，元代 13 种；全国性的总志 42 种，其中宋代 40 种，元代 2 种。宋代的方志数量明显比元代多。而且宋代方志的质量也比较高，其中的佳作颇受后人好评，如《三山志》《会稽志》《云间志》和《临安志》等。

地舆图

宋元时期涌现出一大批有较高地理学价值的游记和比较重要的沿革地理著作。游记方面有王继业的《西域行程记》，王延德的《西州程记》，沈括的《熙宁使辽图抄》，陆游的《入蜀记》，乌古孙仲端、刘祁的《北使记》，耶律楚材的《西游录》，邱处机、李志常的《长春真人西游记》以及常德、刘郁的《西使记》等。沿革地理方面有郑樵的《通志》、王应麟的《通鉴地理通释》和马端临的《文献通考》等。

综上所述，我国的地理学发展到宋元时期，无论是在理论还是在作品方面都取得了卓著的成就，为明清地理学的发展开辟了一条广阔的大道。

漕运和海运

Cao Yun He Hai Yun

元朝海运河运线路图

　　我国历代的封建王朝都需要把征自田赋的部分粮食运往京师或其他指定地点，用于宫廷消费、百官俸禄和军饷支付以及民食调剂等，这种粮食称为漕粮，漕粮的运输方式称为漕运。

　　广义的漕运有河运、水陆递运和海运三种运输方式。狭义的漕运仅指通过运河沟通天然河道转运漕粮的河运。

　　漕运的起源很早，秦始皇北征匈奴时，百姓"万里从军，千里输粮"，从山东沿海一带运军粮抵达北河（今内蒙古乌加河一带）。漕粮之制起于两汉，汉朝建都长安（今陕西西安），每年都将黄河流域所征收的粮食运往关中。隋朝初年除了自东向西漕运外，还从长江流域转漕北上。特别是隋炀帝开凿大运河，沟通了南北漕运，此后历朝历代都很重视漕运，不仅疏通了南粮北调所需的网道，而且还建立了漕运仓储制度。清咸丰五年（1855 年），黄河改道，运河日浅，漕运日益困难，不得已，清政府在光绪二十七年（1901 年）下令停止漕运。

　　元帝国幅员辽阔，政治和军事的中心在北方，但是经济重心却在南方。北方大量的财政和粮食供给都要靠江浙一带。据《元史·食货志》记载，江浙一带行省每年的粮食产量占到了"天下岁入粮数"的 2/5 还要多。大量的粮食都需要通过漕运来运输。元朝初年，南粮北运主要以运河作为主要漕路，从 1282 年起才逐渐发展起了海运，随后就是以海运为主、河运为辅的联运方式。

京杭大运河纵剖面图

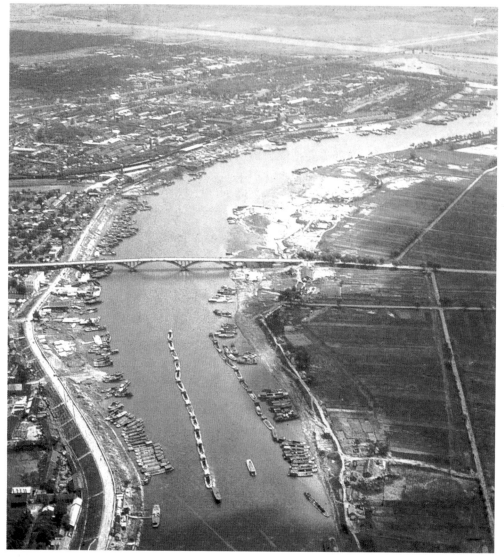

大运河鸟瞰

　　海运、河运和陆运这三种运输方式在运输费用上的比较，有统计说："河漕视陆运之费省什三四，海运视陆运之费省什七八。"海运明显比河运和陆运要便宜很多，但是也有它的缺点，那就是安全性不高。主要是海运途中"风水险恶"，经常会发生"人船俱溺者"，也不乏"船坏而弃其米者"。所以有"漕船泛河则失少，泛海则损多"的说法。

　　元朝既想利用海运的便利，又想减少漂溺的损失，就采用一种海运为主、河运为辅的联运方式。为了利用河运，元朝统治者不断征调民工开掘运河。从至元二十六年（1289 年）正月开凿会通河，六月开成。这一段运河，长 250 余里，

明代漕船一览

> **漕船制造处**：《明书·河漕志》，"皆造于清江、卫河提举司及原卫所"。

> **漕船制造处管理**：《明书·河漕志》，"设官董督之"，即由二处提举司管理。

> **漕船造价**：《宪宗成化实录》，"艘计银百两"。

> **漕船年造量**：《宪宗成化实录》，成化十六年（1480年）以前通常"岁造船六百六十余艘"，但也有增有减。

> **漕船总数量**：《明书·河漕志》，天顺以后"计用漕船一万一千七百七十五艘"，另有海运用的"遮阳船五百二十七艘"。

> **漕船的编制**：《穆宗隆庆实录》，为了防止漕船在运输过程中出现各种奸弊之事，规定"五船编甲，互相觉察"。

> **漕船的配员**：《仁宗洪熙实录》，永乐年间每船配"有官军二三十人"。

> **漕船吃水量**：《治水筌蹄》，"运舟用水三尺"。

> **漕船载重量**：《治水筌蹄》，"每船可运四百万石，然夏旱则又不敢过四百万石"。

> **漕船的归属**：漕船皆为官船，为政府所有，从事漕运人员无论是军还是民，均与漕船的归属无关。每次漕船北上交粮之后，都必须清理干净按时回空，以待下次再用。但是也有少部分漕船为民所有，临时雇用来运输漕粮，这类漕船可不必按时回空。

南起须城县（今山东东平）安山的西南，经寿张县西北到东昌县（今山东聊城），此后又经过不断修筑，前后共历时37年，直到泰定二年（1325年）才告完成。修成的会通河，连通了汶河和御河（今卫河），使漕运更加便利。1291～1293年，郭守敬设计并实施了通惠河工程。通惠河修成后，漕船可从通州直达大都城（今北京）内。

元代的海运路线前后开辟过三条。最主要的有两条：一条是至元十九年（1282年）由海盗朱清和张瑄开辟的，路线是自刘家港（今江苏太仓一带）北经崇明州入海，沿着海岸线航行，最后到达直沽，航程长达13350华里，航期需要两个多月；另一条是至元三十年（1293年）由海运千户殷明略开辟的，路线是从刘家港入海，到达三沙、崇明后入黑水洋，在深水中越过东海（今黄海），再绕山东半岛尖端进入渤海湾，顺风时航期只需10天。

元朝海运的繁荣，刺激了造船业的发展，造船技术也有所提高。漕船作为漕粮运输的主要工具，由专门指定厂家制造，并由官府派员监制。元朝漕船制造多在建康，据史料记载，"海船一载千石"。元代"普通四桅，时或五桅六桅、多至十二桅"，其中的四桅远洋海船载重量约在300吨上下，海船在南洋、印度洋一带居于航海船舶的首位。"舶之大者，乘客可千人以上"，真是"华船之构造、设备、载量皆冠绝千古"，可见元代造船技术之高。

综上所述，无论是在河运还是在海运方面，元代的漕运都有了很大的发展；

伴随着造船技术成熟和水利工程的修复、修建，漕运极大地促进了贸易往来，推动了经济的发展。漕运和海运不仅是元代政府，而且是以后的明清政府高度重视的关系国民经济的一件大事。

元朝海运和河运的发展是政治中心与经济重心分离的结果。唐宋以来，中国的经济重心渐渐南移，到宋、金对峙和蒙古侵扰中原时期，北方战乱，南北经济差距进一步加剧。元朝海运和河运的发展加强了南北文化和物资的交流，促进了造船技术和海外贸易的发展，沿海城镇也由此而繁荣。

运河上的古桥

南粮北调早在唐宋已有，主要靠河运漕运。元朝建都大都后，这座政治性的消费城市需要大量资源，南粮北运已经变成巩固政权的重要手段。最早是以运河运输为主，以陆运作为辅助。由于大都距海较近，加之海运费用较少，因此元朝致力于发展海运。

郑和下西洋

Zheng He Xia Xi Yang

郑和像

郑和下西洋是中国和世界航海史上的一个重要事件，是一个划时代的壮举。2002年底，英国学者孟席斯在《1421年：中国发现世界》一书中大胆地提出"郑和最早发现美洲新大陆后最先实现环绕地球航行"的观点。他指出，郑和比哥伦布早72年发现美洲大陆，比麦哲伦早100年绕行世界，并绘制出了当时的世界地图，比达·伽马领先一步到达印度，航线一度延伸到了南极。虽然他的观点有待于进一步证实，但是从这个观点所引发的全球争议和轰动中不难看出郑和下西洋的历史意义。

郑和，原姓马，名和，字三宝，是云南省昆阳州（今云南晋宁县宝山乡和代村）人。其家在当地很受人们的尊敬。

1381年，年仅11岁的郑和在朱元璋发起的统一云南的战争中被明军俘虏，随即被阉割，留在军中做秀童。19岁时，郑和被选送到北京的燕王府服役，从此追随雄心勃勃的燕王朱棣，并逐渐获得了他的信任。

1399～1402年，朱棣为和其侄建文帝争夺皇位，发动了"靖难之役"。郑和在这场斗争中立下了功劳，因此被提升为内官监太监。永乐二年（1404年）正月初一，朱棣为表彰郑和的功绩，亲笔赐姓"郑"，从此马和更名为郑和，史称"三宝太监"。

1405年，明成祖朱棣出于巩固自己地位的考虑，同时也为了发展对外贸易，扩大明王朝的国际影响，决定派郑和率领船队出使海外。在此后的28年里，郑和先后7次率领庞大的船队远航，成为世界航海史的空前壮举。

最后一次下西洋时，郑和已经60岁。1433年4月，他病逝在印度的古里，时年62岁。

郑和下西洋，反映了我国明代已经拥有世界上最先进的造船和航海技术。

郑和下西洋的船队是一支规模庞大的船队。首先，在船只数量上，每次出使的海船都有200多艘，其中大、中型宝船数量41～63艘，远比西方远航的船只要多；

前哨

前营　　前营

左哨列　　　　右哨列

中军营

后哨

- ▶ 帅船及宝船
- ▬ 战船
- ▬ 坐船
- ▬ 粮船
- ▬ 马船

郑和船队图
根据仅存的资料推测，郑和船队应以燕子展翅式行进，帅船被重点保护。

哥伦布船队 3 ~ 17 艘，麦哲伦船队 5 艘，达·伽马船队 4 艘。其次，从船只种类和装备上，船的类型最少有 7 种，包括宝船（帅船）、马船（综合补给船）、战船（护航用，配有火器）、坐船、粮船（装载粮食和副食品）、水船（储存运载淡水）等。船队还装备了先进的武器，譬如一种可灵活操作的火炮碗口铳和用于水战和攻城用的喷筒；还有新武器"赛星飞"；是世界上最早的水雷雏形。再次，从船队的人数上看，每次下西洋人数在 27000 人以上，约合明朝军队 5 个卫（每个卫 5000 ~ 5500 人）。而哥伦布、麦哲伦、达·伽马航海的人数分别是 90 ~ 150 人、265 人和 170 多人。

如此庞大的船队，是按照军事组织进行编制的。船队分为舟师、两栖部队和仪仗队三个序列：舟师，用于海上作

郑和下西洋宝船复原图

郑和七下西洋路线示意图

舵杆

转舵用的木柄

舵叶

11.07 米

1.6 米

宝船舵杆复原图
郑和宝船用的舵杆，用极坚固的铁力木制成。杆的一端有长方形穿孔，可安装转舵用的木柄，下半部有榫槽，可安装舵叶。从榫的长度判断，舵叶高度超过6米。复原后的宝船杆高度是一般人的7倍，由此可以想象宝船原来的规模。

战，相当于现在的舰艇部队，其战船被组成编队，分为前营、后营、中营、左营、右营；两栖部队用于登陆作战；仪仗队负责警卫和对外交往时的礼仪。按照各自不同的任务，船队人员又分成以下五个部分：指挥部分、航海部分、外交贸易部分、后勤保障部分、军事护航部分。郑和的船队在当时世界上堪称一支实力雄厚的海上机动编队。英国李约瑟博士这样赞誉道："明代海军在历史上可能比任何亚洲国家都出色，甚至同时代的任何欧洲国家，以至当时所有欧洲国家联合起来，可以说都无法与明代海军匹敌。"

在航海技术方面，郑和船队已经把航海天文定位和导航罗盘的应用结合起来，创立了先进的"牵星术"。这项技术利用"牵星板"观测定位，通过测定天的高度来判断船的位置和方向，大大提高了测定船位和航向的精确度。船队还运用先进的航海罗盘、计程仪和测深仪等航海仪器，并且按照航海图、针路簿记载来保证船队的航行路线。这些都反映了明代的航海技术已经达到当时世界的领先水平。

明代战船

福船，明代水军主力战船。特点是底尖而阔，首昂尾耸，高大如楼。

海沧船，又叫冬船、哨船，比福船小。

苍山船，较海沧船小，首尾皆阔，帆橹并用，行动灵活。

沙船，改造自民船，底平，用于协守出哨。

鹰船，两头俱尖，不分首尾，进退如飞。

还有火龙船、两头船、鸳鸯桨船、连环舟和子母舟等。

郑和七下西洋一览

出发年份	回程年份	船队所经主要国家和地区
永乐三年（1405年）	永乐五年（1407年）	占城（今越南中部）、暹罗（今泰国）、爪哇（今印度尼西亚爪哇岛）、旧港（今印度尼西亚苏门答腊岛巨港一带）、满剌加（今马来西亚马六甲）、锡兰（今斯里兰卡）、古里（今印度西海岸卡利刻特）等
永乐五年（1407年）	永乐七年（1409年）	渤泥（今加里曼丹岛北部）、柯枝（今印度西海岸科钦）等
永乐七年（1409年）	永乐九年（1411年）	溜山（今马尔代夫群岛）、小葛兰（今印度西南沿海之奎隆）等
永乐十一年（1413年）	永乐十三年（1415年）	吉兰丹（今马来西亚之吉连丹）、彭亨（今马来西亚东南岸）、木骨都束（今索马里摩加迪沙）、忽鲁谟斯（今伊朗基什姆岛）、麻林（今肯尼亚马林迪）等
永乐十五年（1417年）	永乐十七年（1419年）	不剌哇（今索马里布拉瓦一带）、阿丹（今也门亚丁）、剌撒（今红海东岸）
永乐十九年（1421年）	永乐二十年（1422年）	榜葛剌（今孟加拉）、祖法儿（今阿拉伯半岛南岸哈得拉毛）等
宣德六年（1431年）	宣德八年（1433年）	天方（今沙特阿拉伯麦加）、竹步（今索马里朱巴河口一带）等

郑和留传下来的《郑和航海图》是世界上现存最早的航海图集。

郑和下西洋的航线是从西太平洋穿越印度洋，直达西亚和非洲东岸，绕过南端的好望角，抵达大西洋。这种壮举在中国航海史上是绝无仅有的，在当时世界航海史上也是极为罕见的。

更为难能可贵的是，郑和下西洋，在与外国的实际接触中，始终秉持着和平亲善友好的态度，用李约瑟的话说：从容温顺，不记前仇，慷慨大方，从不威胁他人的生存，虽然以恩人自居；他们全副武装，却从不征服异族，也不建立要塞。

郑和下西洋的实际利益已经难以估量。究其精神意义，此举凝聚并体现了中华民族和平友好、开放进取以及敢为天下先的精神，这种精神正是我们民族之魂。

与黄河的斗争

Yu Huang He De Dou Zheng

自从大禹治水以来，我国人民与黄河的斗争一直没有停止过。明朝前期（1368～1551年），因为河道淤积，黄河频繁泛滥，不仅威胁到两岸人们的生命财产安全，而且影响到南北漕运，给国家造成严重的经济损失。

明代黄河的治理任务相当艰巨。此时的黄河治理，已经不仅仅是单纯的治理水患问题，它还是关乎着维系国家经济命脉的漕运问题，关乎着明朝皇族祖陵安

明代《黄河运河全图》

全卷纵 45 厘米、横 1959 厘米，绢本设色。黄河是横贯中国北方的一条大河，南北大运河则是从浙江杭州，贯穿长江、黄河直达北京的人工运河。元朝为解决南粮北运问题，于至元年间开凿山东境内的会通河及北京的通惠河，但不久就淤积不能通航。明迁都北京后，仍需从南方运输大量粮食到北京，因而动员山东、徐州、应天、镇江等地 30 万民工疏通会通河，使南北大运河畅通无阻，每年漕运粮食达三四百万石。大运河成了明朝的生命线。黄河夹带大量泥沙，进入平原地区后不断淤积，使开封以东河段经常决口泛滥，大运河受阻。所以，明清两代都将黄河与大运河联系在一起。这幅《黄河运河全图》就是将黄河与运河并列在一起绘制的。

危的政治问题。大家都知道，漕运的运河在航道上都要借黄通漕，治河毫无疑问要受到"保漕"思想的影响；另一方面，明王朝的皇陵在凤阳，祖陵在泗州，黄河要借淮入海，地处淮泗之间的祖陵和淮泗以南的皇陵很容易受到威胁。

支大纶感叹道："河之难治如此，其在今日则资其利，而又畏其害。利不可弃，则害不可蠲也，其难则十倍于汉矣。河自汴而合淮，故决在汴。汴幸无决，而东危汶泗，北危清济间，又决而危丰沛矣。即幸旦夕无恙，而又虞其绝北而厄吾漕。幸漕利矣，而合淮会泗，激而横溢，淮凤泗以侵祖陵。纵之则陵危，决之而运道危。愈积愈高，则徐邳之生民危，顾不甚难哉！"

在保护南北漕运方面，明代进行了修浚会通河的工程。永乐九年（1411 年），朱棣命令工部尚书宋礼、刑部侍郎金纯、都督周长等主持修浚会通河。宋礼等人接受了汶上老人白英的建议，建成了南旺分水枢纽，即在江水下游东平戴村筑新坝拦截汶水，使其全部流至济宁以北的南旺。为了通航行船，宋礼等人"相地置闸，以时蓄洪"，新建或改建了一些闸门，节节蓄水，使漕船能顺利通航。

会通河开浚后不久，宋礼等人又在山东境内开新河以接旧河，并在河南境内疏浚黄河故道，引河水入淮，以接济运河水量。

经过数次的修整和治理，南北大运河全线畅通，成为此后 200 余年明王朝的生命线。明人在治理黄河的工程中，既想利用黄河之水以补充运河，又害怕黄河冲毁或淤塞运河，始终挣扎在引黄济运和遏黄保运两种思想之间。为了保证漕运，明人也试图避开黄河，另开新的河道，如开挖了南阳新河和泇河等，可惜的是这个目标直到明末也未完全实现，仍然有近 200 里的途程需要用黄河代运。

护陵是明代中后期治河的重大问题。这一时期，由于黄河河道淤塞，经常发水，祖陵数次被淹。万历十九年（1591 年）九月，"泗州大水，州治淹三尺，居民沉溺

◆ 明代关于治理运河的著作 ◆

（1）王琼的《漕河图志》：成书于明弘治九年（1496 年），共 8 卷，是现存最早关于京杭运河的专著。

（2）谢肇淛的《北河纪》：成书于万历四十二年（1614 年），共 8 卷，记载山东至天津段京杭大运河。

（3）杨宏的《漕运通志》：成书于嘉靖四年（1525 年），共 10 卷。

（4）吴仲的《通惠河志》：成书于嘉靖七年（1528 年），共 2 卷。

十九，没及祖陵"。次年三月，"水势横溃，徐、泗、淮、扬间无岁不受患，祖陵被水"。特别是万历二十二年（1594 年），黄河水大涨，暴浸祖陵，泗城淹没，造成明代历史上的一大灾难。为了护陵，在治理黄河方面，政府采用分黄导淮的方案。

明代在治理黄河的理论方面也有所发展和突破，譬如潘季驯系统的"束水攻沙"理论。"束水攻沙"是潘季驯在吸取前人对河流泥沙运动规律认识的基础上，结合自己的治河经验总结出来的。他认为"水分则势缓，势缓则沙停，沙停则河饱"；"水合则势猛，势猛则沙刷，沙刷则河深"；"筑堤束水，以水攻沙，水不奔溢于两旁，则必直刷于河底，一定之理，必然之势，此合之所以愈于分也"。简而言之，就是利用集中大量的水冲刷河槽达到排沙入海的目的。潘季驯的"束水攻沙"开辟了治河新途径，对清代和后世的治河思想有很深的影响。

在明代也出现了不少著名的治河著作，例如刘天和的《问水集》、万恭的《治水筌蹄》、潘季驯的《河防一览》和吴山的《治河通考》。其中《治水筌蹄》和《河防一览》分别是该时期的治河通运的代表作，具有很高的科技价值。

永乐大帝建故宫

Yong Le Da Di Jian Gu Gong

故宫气势恢宏、庄严华丽，是明清两代的皇宫，亦是中国古代宫殿建筑的扛鼎之作。

故宫又称紫禁城，"紫禁"二字系从紫微星垣而来。大家知道，我国古代天文学家把天上的恒星分为三垣、二十八宿和其他星座。其中的三垣为太微垣、紫微垣和天市垣。紫微星垣（北极星）位于三垣的中央，是所有星宿的中心。紫即为"紫微正中"，皇宫是人间的"正中"；"禁"是指皇宫大内，严禁侵扰。

故宫修建于1406年，工程的营建者是明代的永乐帝朱棣。朱棣曾在北京做燕王，对北京的地理有深刻的认识。

《明史》记载，修建故宫时征集了全国著名工匠10多万名，

故宫神武门

役使民夫达100万之多，整个工程历时15年，直到1421年才最后完成；此后又多次重建和扩建，但整体面貌保持未变。

故宫是一座砖木结构建筑，所用的建筑材料来自全国各地。木料主要来自京郊房山悬山中，也有部分来自湖广、江西、山西等省。汉白玉石料亦来自房山县。宫殿里砌墙用的砖，叫澄浆砖，是在山东临清烧制的；铺地用的方砖，叫作金砖，是在苏州烧制的。整个紫禁城用砖超过了1亿块。

施工所用的材料做工非常精细。譬如砌墙用的澄浆砖，是先把泥土放入池水中浸泡，经过沉淀，然后取出过滤后的细泥，最后才把细泥晾干做坯。还有就是砖块之间、石板之间的黏合剂，材料是煮过后捣碎的糯米和鸡蛋清。选用这种黏合剂，不仅黏力强，而且效果平整美观。

建成后的故宫占地面积72万平方米，内有房屋有9999间，外有高达10米的城墙（南北960米，东西760米），四角各有一座屋顶有72条脊的角楼。在最外端，还有一条宽52米的护城河环绕四周。

故宫的建筑布局整体分为外朝和内廷两大部分。外朝是明清皇帝治理朝政的

故宫午门

◆ 少数民族建筑风格 ◆

藏族建筑：结构形式普遍采用木构架承重，屋顶为平顶。

新疆维吾尔族建筑：穹隆顶建筑。小型的建在土坯墙上，较大型为单拱肋，再大就要采用抹角法。

蒙古族建筑：建筑形式多样，有蒙古包、王府和汉族土房等。蒙古包属活动式轻体结构。王府是仿汉式建筑。

主要场所，以太和、中和、保和三大殿为中心，文华殿和武英殿分列两翼。内廷是皇帝处理日常政务和皇族后妃们居住的地方，一般称为"三宫六院"，主要包括乾清宫、交泰殿、坤宁宫、东西六宫以及御花园。

外朝三大殿是故宫中轴线上的主要建筑。三殿均建在汉白玉砌成的 8 米高巨大平台上，台分三层，中上层各 9 级，下层台阶 21 级，每层都有汉白玉栏杆围绕，总面积约 8.5 万平方米。太和殿也称"金銮殿"，是紫禁城的正殿，也是建筑群中最为高大的建筑。它高 26.92 米，东西面宽 63.96 米，南北进深 37.20 米。中和殿位于太和殿的后面，是一座亭子形方殿，高 18.87 米。保和殿为三大殿的末殿，屋顶为歇山式，高 20.87 米。

故宫建筑设计严谨，表明了我国古代的木构建筑设计到明清时期已经非常的规范化和程序化。在这一时期，殿式建筑以"斗口"作为基本模数。每一个等级的各部分用料尺度是一定的。确定了斗口，就确定了各种尺度，大大简化了工程

外五龙桥 承天门是皇城的入口

《皇都积胜图》之承天门

《皇都积胜图》绘于明朝中、晚期，重现了北京城的繁华面貌，包括正阳门、棋盘街、大明门、承天门、皇宫等范围。图中所见是承天门内外的商业活动，摆摊的小贩成行成市，热闹非凡。

建在世界屋脊上的布达拉宫

布达拉宫位于拉萨市布达拉山上，是藏族人民建造的举世闻名的宏伟建筑。现存的建筑是明朝崇祯十四年（1641年）重修的。该宫依山而建，砌平楼13层，上有宫殿3层，房间2000多间。

营建的程序。拼合梁柱构件技术也是这一时期的重大成果。通过小块木料的拼合组成可用的大木料，大大节省了工程用料。在建筑施工中，广泛采用了模型设计的方法，称之为"烫样"。

故宫是我国同时也是世界上现存规模最大、最完整的古代木结构建筑群。它是我国木结构建筑的典范。1987年，联合国教科文组织世界遗产委员会将其列为世界文化遗产。

万里长城与江南园林

Wan Li Chang Cheng Yu Jiang Nan Yuan Lin

明朝初期，为了防御北逃的元朝残余势力的南下骚扰，明太祖朱元璋下令修筑长城。到了明朝中期，东北女真的兴起，严重威胁边境安全，修筑长城以加强防务成了明朝的一件大事。明代从开国之初修筑，历时100多年时间，直到后期才最终完成了万里长城的全部工程。

明代长城是中国历史上规模最大的长城，也是现存最完整、最坚固和最雄伟的长城。它西起甘肃嘉峪关，东到鸭绿江，横亘甘肃、宁夏、陕西、山西、内蒙古、河北、北京、天津、辽宁等省、市、自治区，全长12700多里（合6350多千米），是名副其实的"万里长城"。

长城整体是由城墙、敌楼、烽火台、关城4个部分组成。城墙高大坚固，是用来防御敌人进攻的设施。敌楼的上层可以守卫射击，下层可以供士兵居住和储存粮械。烽火台是用来传递军情的设施；关城建在地势险要之处，是长城的重要防守据点。

明代长城不仅工程量巨大，而且在工程材料和修筑技术上也有很大进步。在修筑过程中，根据不同的自然条件，采用了不同的修筑方法。长城的西半部（山西以西）地处大漠戈壁，采用夯土筑成；东半部（山西以东至山海关）建在崇山峻岭间，采用外部用砖石砌、里面夯土筑的方法。长城的修筑采用砖砌和石灰浆勾缝，标志着我国古代砖构建筑技术进入了一个新的发展阶段。

明代万里长城的修筑，反映了明清时期我国古代的建筑技术已经达到了相当高的水平。同时，这一时期还是我国园林建筑艺术的集成时期。

明清的园林建筑艺术是在承继传统的基础上发展和提高的，这一时期修建了很多规模宏大的皇家园林，譬如明代故宫里的御花园、清代的避暑山庄，等等。士大夫阶层为了家居生活的需要，也加入到建造园林的行列。他们聘请园林匠师设计建造以山水为主、饶有山林之趣的宅园，作为日常的聚会、游息、宴客、居住之用。

这些私家园林，一般多建在城市里面或是近郊，连通住宅。宅园多叠石理水，设置亭、台、楼、阁，栽植树木花草，力求在不大的面积内追求空间艺术的变化。巧于因借是园林设计的一大特点，利用借景的手法，使得盈尺之间俨然广阔大地。宅园以欣赏为主，风格上讲究素雅精巧，审美意境上追求平中求趣和拙间取华。

明清时期，私家园林很多，几乎遍布全国各地，在江南一带尤其兴盛，也最具代表性。

江南的私家园林，在风格上与北方园林不同，是以开池筑山为主的自然式风景山水

角山长城

从这段长城可以看出长城的基本结构，墙体全部用条石青砖筑成。城墙高 7～8 米，可容 5 马或 10 人并行；女墙约 1 米高，供射击及瞭望用；墙台为实心，每隔 50～100 米就有一个，便于从侧面攻击登城的敌人，也是巡哨之处，有时建有小屋以避风雨。

明长城的防御设施示意图

延绵 6000 多千米的长城，依山而建，构筑成一条蜿蜒绵长的防卫线。简单说来，长城由图中几部分组成，体系严密，为防御而设。

园林。

　　江南园林之所以名动天下，是因为它具有很多有利的条件。首先江南一带河湖密布，自然条件得天独厚；其次在造园材料上有丰富的玲珑剔透的太湖石等。合理的地形加上丰富的材料，再结合江南文化的底蕴，江南园林集自然美、建筑美、绘画美和文学艺术于一身，给人以艺术的享受。

◆ 造园理论著作《园冶》 ◆

　　《园冶》的作者是明末著名造园家计成，成书于明崇祯四年（1631 年），崇祯七年刊行。

　　全书共 3 卷，卷二是图式，附图 235 幅。内容由兴造论和园说两部分组成。在兴造论里，作者阐明写书的目的，着重指出园林兴建的特性是因地制宜，灵活布置。园说是全书的主体，分为相地、立基、屋宇、装拆、门窗、墙垣、铺地、掇山、选石、借景 10 个部分。

　　《园冶》集中反映了中国古代造园的成就，系统地总结了造园的经验，是研究中国古代园林的重要著作。

　　江南园林集中在扬州、苏州、无锡、湖州、常熟、上海、南京等城市，其中又以苏州和扬州最为著名，有"江南园林甲天下，苏州园林甲江南"之说。苏州一地有大小园林几十处，著名的有拙政园、留园、狮子林等。苏州在明清时期经济发达，商贾云集，造林活动俨然成为风尚，前后长达300余年之久。苏州也就成了私家园林的集中地。

　　这一时期随着造园运动的开展，有很多的文人画家参与到园林的设计与造园实践中。其中比较著名的有明朝的计成、张南阳和周秉成，清代的张链、张然和叶眺等。他们既擅长绘画，又是造园家，为园林建筑艺术的发展做出了巨大的贡献。

寄畅园

寄畅园位于江苏省无锡市惠山，建于明代正德年间，取王羲之《兰亭集序》"因寄所托""畅叙幽情"之意，定名为寄畅园。明清是我国园林艺术的集大成时期，此时除了营造规模宏大的皇家园林外，封建士大夫为了满足日常游息、聚会、宴客、居住的需要，在城市中大量营造以山水为骨干、饶有自然意趣的宅园。这个时期的自然山水园林进一步向注重生态环境的方向发展，从而在中国古典园林的成熟期内形成了朴素的园林生态观，对后世中国园林的生态观念产生了一定的影响。

朱载堉发明十二平均律

Zhu Zai Yu Fa Ming Shi Er Ping Jun Lü

明代朱载堉创制的平均律是中国乃至世界音乐科学的重大成就。十二平均律被西方誉为"中国的第五大发明"。

朱载堉，字伯勤，号山阳酒狂仙客，又号狂生，谥端清，史称"端清世子"。

朱载堉出身明王朝皇族，是明太祖朱元璋的九世孙。其父朱厚烷为郑恭王。朱载堉小时悟性就很高，在他父亲及老师何瑭的熏陶下，十分喜爱音乐，并广泛学习了诗文、音律和数学等。11 岁的时候，朱载堉被立为世子。

《乐律全书》书影

《乐律全书》中详论了"十二平均律"理论。该书中还记录了当时的民间歌曲和舞蹈，并提出了关于歌唱和乐器演奏艺术的见解。

明嘉靖二十九年（1550 年），因皇族之间的权力纷争，其父朱厚烷被诬陷削爵，禁锢于安徽凤阳。朱载堉愤然离开王宫，在附近山上筑了一间简陋土屋，独居 10 多年，潜心从事学术方面的研究。嘉靖三十九年（1560 年），朱载堉写出了我国第一部研究古代乐器的著作《瑟谱》。

隆庆元年（1567 年），其父平反昭雪，恢复爵位，朱载堉也恢复了世子身份，但他没有去追求享乐的生活，仍然一心一意地研究学术。万历九年（1581 年），朱载堉 46 岁时，完成了十二平均律的理论计算，登上了乐律学的最高峰。

三分损益律

三分损益律大约出现于春秋中期，甚而是春秋初期。

它是中国音律史上最早产生的完备的律学理论，被称为"音律学之祖"。

《管子·地员篇》《吕氏春秋·音律篇》分别记述了它的基本法则。具体的计算方法是把始音的弦长分为三等份，去其一份（乘以 2/3）谓之损，加上一份（乘以 4/3）谓之益。依次进行 12 次，完成一个八度的 12 个律的数值计算。

"三分损益"法计算到最后一律时不能循环复生，是一种不平均的"十二律"。

万历十九年（1591年），其父病逝，朱载堉承袭爵位。为了专心学术，他7次上疏，请求让位。在第6次上疏后，朱载堉毅然离开王宫，搬到城东北的九峰山，开始过隐居生活，被老百姓称为"布衣王爷"。70岁的时候，朱载堉完成了凝聚了他毕生心血的科学巨著《乐律全书》。

万历三十九年（1611年），朱载堉积劳成疾，长眠在九峰山下，享年76年。

朱载堉一生著述丰富，共30多部，涉及领域很广，包括乐律、数学、物理、天文历法、计量、音乐和舞蹈等学科。

朱载堉在科学领域内的贡献是多方面的。在天文历法方面，他写了历学著作《律历融通》，还在总结前人经验的基础上编著了《律法新说》，包括《黄钟历法》《黄钟历议》和《圣寿万年历》等。他还精确计算出了回归年长度值，精确度几乎与现在国际通用值相同。专家利用高科技测量手段对朱载堉关于1554年和1581年这两年的计算结果进行验证发现，朱载堉计算的1554年的长度值与我们今天计算的仅差17秒，1581年差21秒。在物理学方面他发明了累黍定尺法，精确地计

明画《入跸图》
此画描绘的是明代一个骑马鼓吹乐队正在表演的场景。

◆ 纯律 ◆

　　纯律是用纯五度（弦长之比为 2：3）和大三度（弦长之比为 4：5）确定音阶中各音高度的一种律制。因为纯律音阶中各音对主音的音程关系与纯音程完全相符且其音响也特别协和，故而得名。

　　中国古代没有出现过关于纯律的理论，但是它的确存在并被人们使用着。在七弦琴第 3、6、8、11 等四个徽，依次当弦度 1/5、2/5、3/5、4/5 处，其比值的分母均为 5，为纯律所独有。从湖北随县曾侯钟铭所反映出来的"三度生律法"，表明在 2400 多年前的战国时期人们已经开始使用纯律。

算出北京的地理位置与地磁偏角。在算学方面，他首次运用珠算进行开方，研究出了数列等式，解决了不同进位制的小数换算。

　　朱载堉最杰出的成就还是发明十二平均律。

　　律学，也称音律学或乐律学，是研究发声体发音高低比率的规律和法则的一门学问，属于声学的一个分支。

　　在朱载堉发明十二平均律之前，人们一直使用的是三分损益律，因为这种律不平均，"算术不精"，无法还原。为了弥补这一缺陷，朱载堉创立了新法，精确规定了八度的比例，并把八度分为 12 个相等的半音，即"置一尺为实，以密率除之凡十二遍"。密率即为十二平均律的公比数，为 2 的 12 次方根，数值为 1.059463。

　　十二平均律的优点是能够旋宫转调，特别是在琴键乐器中，可以根据需要任意使用所有的键，因此被广泛应用于世界各国的键盘乐器之上，包括钢琴；朱载堉也因为这个发明被誉为"钢琴理论的鼻祖"。十二平均律被西方普遍认为是"标准调音""标准的西方音律"。

　　朱载堉发明十二平均律之后，大胆地进行了音乐实践，他精心制作出了世界上第一架定音乐器——弦准，制作了 36 支铜制律管。在乐器制造的过程中，他把音乐和舞蹈分成了两个学科，首次提出"舞学"一词，并为舞学制定了大纲，奠定了理论基础。

　　朱载堉用他的聪明才智和持之以恒的努力，在广泛的科学领域里取得了多项世界第一：第一个创立了十二平均律，第一个制造出定音乐器，第一个用珠算进行开方，第一个创立"舞学"。难怪英国的皇家科学顾问李约瑟博士称朱载堉是"东方文艺复兴式的圣人"。

人痘接种防天花

Ren Dou Jie Zhong Fang Tian Hua

大家想必对天花已经很陌生了，因为这种曾令人闻而丧胆的疾病，早在 1979 年已被世界卫生组织正式宣布在全世界根除。而最后一株病毒也在 2000 年由世界卫生组织宣告消灭。1979 年后出生的人都不再注射天花疫苗。

天花是一种极具感染力的病毒，是一种比鼠疫更为恐怖的传染病。天花病毒主要经由飞沫传染，传染力非常强，能够迅速使人死亡。

我国是世界上最早在预防天花病毒上取得突破的国家。根据清初朱纯嘏《痘疹定论》中记载，传说在宋真宗的时候，有一个叫王旦的宰相，他有好几个孩子，但都还没长大就死于天花。待到老年，王旦又生了一个儿子，并为他取名叫素，此时王旦既高兴又担心，他很担心儿子又遭遇到天花的袭击，便招集了很多儿科医生来商议。当时有人提议说，四川峨眉山有一个身怀绝技的女"神医"，专治痘症，万无一失。王旦立即派人去把神医请来为王素种痘，种痘后的王素以后再没感染天花，一直活到了 67 岁。

记载的可靠性已经不能考察了，但是这种人痘接种技术的确在民间流传。有史料证明，至少在 16 世纪中期，中国已经有了人工种痘来预防天花的做法。当时，在安徽有人世代以种痘为业。其基本方法就是先收取痘疮的稀浆贮于小瓷瓶内，遇到想预防天花的小孩，就把痘浆涂染在小孩的衣服上，造成一次人工感染。

人工种痘的方法有很多种，清乾隆七年（1742 年）吴谦等编著的《医宗金鉴》介绍了接种人痘的四种方法：痘衣法（接种的人穿上痘疮患者的内衣，以引起感染，

明朝在医学上的进步

范畴	明朝以前的情况	明朝的发展
病症	天花是无法预防的病症。	发明人痘接种法，把天花患者的痘痂，用水研成粉为痘苗。这种人痘接种法经过改良，成功率达 97%，并启发了英国医生 1796 年发明牛痘接种法。
病理	《伤寒论》自东汉以来，一直认为伤寒是外邪由皮毛侵入人体引起的，以此作为治疗所有疾病的依据。	《瘟疫论》提出传染病是由戾气引起的。戾气由口鼻侵入体内，侵犯的部位不同引起的病症也不同。从此由感染而引起的疾病得到正确的治疗。
著作	宋朝的《证类本草》共 31 卷，60 万字，载有草药 1748 种，以类别分为 10 部，每部再分上、中、下品。	《本草纲目》收药 1892 种，分 52 卷，达 190 万字。以多级分类法来分，以 16 部为纲，60 类为目。分类比前朝的药物学著作更精密，检索更容易，并注重药物考订。

这是最原始的一种方法）、痘浆法（采取痘疮的泡浆，用棉花蘸塞于被接种者的鼻孔，以引起感染）、旱苗法（采取痘痂，研末，以银管吹入鼻孔，引起感染）和水苗法（采取痘痂调湿，用棉花蘸塞于鼻孔，引起感染）。这些方法各有差异，但是其主旨都是"引胎毒外出"，人工造成感染，形成终身免疫。

早期的种痘术所采用的是天花的痂或浆，叫作"时苗"。人工接种对于时苗的选择也有不同。有的选择出痘过程顺利的为时苗，有的选择人工接种后的痘痂为时苗。相较而言，后者的安全性明显高于前者。因选择不同，相应地分出两大流派：湖州派和松江派。人们逐渐认识到经过多次接种后的时苗安全性更高。"其苗传种愈久，则药力之提拔愈清，人工之选练愈熟，火毒汰尽，精气独存。"连续接种 7 次，就被称为"熟苗"。

我国的人痘接种术在预防天花方面发挥了很大作用，并且传播到海外，引起了其他国家的重视和仿效。1652 年，名医龚廷贤的弟子戴曼公将这种方法带到了日本；1688 年，俄国首先派医生来北

清代天花患者图

明清时期常用的预防疫病措施

（1）药物预防：药物外用预防疫病，药物有辟温杀鬼丸、雄黄丸等，还可以用雄黄酒外涂，也能达到很好的效果。

（2）隔离预防：清代熊立品在《治疫全书》中告诫道："温疫盛行，递相传染之际，毋近病人床榻，毋食病家时菜，毋拾死人衣服。"

（3）空气消毒：《本草纲目》等书中记载，对于疫病流传的地区，可在房内用苍术、艾叶、白芷、丁香、硫磺等药物焚烧以进行空气消毒。

（4）蒸煮消毒：李时珍提出，对病人接触过的衣被等，放在蒸笼中蒸或用开水煮沸进行消毒，则"一家不染"。

（5）消灭虫害：消灭虫害，切断传播媒介，来防止疾病流行。清代洪雅存《北江诗话》记载说："赵州有怪鼠，白日入人家，即伏地吐血死，人染其气，亦无不立殒者。"消灭老鼠、蚊、蝇、蛆、虱等虫害，能够有效地预防疫病流传。

英国詹纳发明牛痘预防天花

18 世纪中叶，欧洲天花流行，此时英国的奶牛群也正流行牛痘。英国乡村医生詹纳惊奇地发现，挤奶的女工很少患病，就算患病也很少死去。他产生了接种牛痘预防天花的想法。1796 年 5 月 14 日，詹纳给一位牧工 8 岁的儿子詹姆斯·菲普斯接种了牛痘，菲普斯发热后，很快痘疮结痂，恢复了健康。2 个月之后，詹纳从一个严重天花病人身上取来一滴痘液，接种在菲普斯的手臂上，检验他的免疫能力。7 天过去了，菲普斯健康如初。接种牛痘预防天花的试验取得了成功。

京学习种痘；18 世纪 20 年代以后，人痘接种术传入土耳其和英国等地，被人们用于预防天花，并且直接启发了英国柏克立的乡村医生 E.詹纳发明种牛痘预防天花。由此不难发现，人痘接种法不愧是世界人工免疫学的先驱。

人工种痘防天花反映了我国明清时期医学在免疫学方面的发展。明清时期的经济发展，极大地带动了医药学的发展。药材贸易不仅在国内很繁荣，而且在海外贸易中也占有一席之地。明清鼎盛的南北药材市场，南有禹州（今河南禹州），北有祁州（今河北安国）。大城市相继出现了很多著名的药店。

明清在医学理论方面明显不如金元，虽然医学著作很多，但是都缺乏独立的见解，整体处于孱弱时期。

李时珍与《本草纲目》

Li Shi Zhen Yu Ben Cao Gang Mu

李时珍

李时珍，字东壁，亦名可观，晚年号濒湖山人，湖北蕲州（今湖北蕲春蕲州镇）人。

李时珍出身于医学世家，其父李言闻是当地有名的医生，曾做过太医吏目。他从小爱好读书，14 岁考中秀才，后来参加乡试考举人，屡试不中。

20 岁那年，李时珍身患"骨蒸病"（即肺结核），幸得父亲精心诊治痊愈，于是下决心弃儒从医，潜心钻研医学。李时珍 24 岁开始学医，以后大量阅读了《内经》《本草经》《伤寒论》《脉经》等古典医学著作。

经 10 余年刻苦钻研，30 多岁的时候，李时珍已经成为当地很有名望的医生。

《**本草纲目**》书影

1551 年，李时珍用杀虫药治愈了富顺王之孙的嗜食灯花病，因而医名大显，被武昌的楚王聘为王府的奉祠正，兼管良医所事务。1556 年，李时珍被楚王推荐到太医院工作，担任太医院判的职务。

在太医院期间，李时珍有机会饱览皇家珍藏的丰富典籍，并看到了许多药物标本，大大开阔了眼界。

在学医和行医的过程中，李时珍发现古代的本草书存在不少问题，"品数既烦，名称多杂。或一物析为二三，或二物混为一品"。在药物分类上经常"草木不分，虫鱼互混"。譬如说，天南星和虎掌原是一种药，却被误认为两种药；萎蕤与女萎本是两种药材，而有的本草书说成是一种；更严重的是，有毒的钩藤竟会被当作补益的黄精。李时珍认为产生这些错误的原因主要是对药物缺乏实地调查。他决心要重新编纂一部本草书籍。

李时珍不久就辞官回到蕲州，一面行医治病，一面编修《本草纲目》。他参阅了大量典籍，历 30 年，经过 3 次修改。1578 年编成了该书。

李时珍为了实地了解药物，几乎走遍了湖北、湖南、江西、安徽、江苏等地的名山大川，行程不下万里。对于似是而非或含混不清的药物，他都"一一采视，颇得其真"，"罗列诸品，反复谛视"。

当时，太和山五龙宫产一种"榔梅"，据说是可以让人长生不老的"仙果"。李时珍冒险采摘，研究发现它只是一种变了形的榆树的果实，只能生津止渴而已。李时珍还通过对穿山甲的考察，证实了它以蚂蚁为食，但不是由鳞片诱蚁，而是吐舌诱蚁。对动植物药的实地考察为李时珍编著《本草纲目》提供了可靠的第一手资料。

万历二十一年（1593 年），李时珍逝世，终年 75 岁。

《本草纲目》是一本既有总结性又有创造性的著作。《本草纲目》共有 52 卷，190 万字，分为 16 部（水、火、土、金石、草、谷、菜、果、木、服器、虫、鳞、介、禽、兽、人）62 类，载有药物 1892 种，其中载有新药 374 种，收集医方 11096 个，绘图 1111 幅。在药物分类上改变了原有上、中、下三品的简单分类法，采取了"析族区类，振纲分目"的科学分类，过渡到按自然演化的系统上来。这种从无机到有机、从简单到复杂、从低级到高级的分类法在当时是十分先进的。其中对植物的科学分类，比瑞典的林奈早 200 年。

明代的医药学著作

缪希雍《神农本草经疏》

王纶《本草集要》

陈嘉谟《本草蒙荃》

刘若全《本草述》

皇甫嵩《本草发明》

徐彦纯《本草发挥》

李中梓《本草通玄》

汪机《本草会编》

刘文泰《本草品汇精要》

倪朱谟《本草汇言》

张介宾《本草正》

银锅

金铲

传统制药工具

《本草纲目》除了在药物学方面有巨大的成就外，在化学、地质和天文等诸多方面也有突出贡献。譬如在化学方面，记载了纯金属、金属、金属氯化物、硫化物等一系列的化学反应。

《本草纲目》不仅是我国的一部药物学巨著，而且也是我国古代的百科全书。正如李时珍的儿子李建元在《进本草纲目疏》中说的："上自坟典、下至传奇，凡有相关，靡不收采，虽命医书，实该物理。"

《本草纲目》在万历年间就已经流传到了日本，以后又传到朝鲜和越南，并在 17 ~ 18 世纪传到了欧洲。

徐光启沟通中西

Xu Guang Qi Gou Tong Zhong Xi

明末著名的科学家徐光启，第一个把欧洲先进的科学知识介绍到中国来，是我国近代科学的先驱者。

徐光启，字子光，号元扈，谥文定，上海徐家汇人。

徐光启出生于一个商人兼小地主家庭，少时就聪敏好学。

万历九年（1581 年） 徐光启考中秀才，而后考举人未中。因为家境的关系，他开始在家乡教书。大约在万历二十一年（1593 年），徐光启受聘到韶州去教书，在那里见到了传教士郭居静（意大利人，1594 年来华）。通过和郭居静的交往，徐光启开始接触到西方近代的自然科学，而且还见到了来中国传教的耶稣会会长利玛窦（意大利人）。

万历二十五年（1597 年），徐光启入京应试，被主考官焦竑慧眼赏识，破例拔置为第一名。36岁中了举人，徐光启又回到故乡，一边教书，一边考进士。

万历二十八年（1600 年），徐光启赴京赶考，途经南京，拜会了传教士利玛窦。万历三十一年（1603 年），徐光启再到南京，在传教士罗如望的指点下，加入天主教，教名"保禄"。入教之后，他能够更多地接触到西学。

利玛窦与徐光启
传教士感到向士大夫传教并不容易，故先以西洋的科技知识吸引他们的注意力。利玛窦和徐光启发展为亦师亦友的关系，合作译出欧几里得的《几何原本》，这是传教士来中国翻译的第一本著作。

万历三十二年（1604 年），徐光启考中进士，迎来了他一生中的重大转折。此时，他已经43岁了，为功名耗去了足足23年的时间。

中进士之后，徐光启被选为翰林院庶吉士，以后的时间他与教会来往密切，在万历三十四年（1606 年）秋，徐光启与利玛窦合作翻译西方数学名著《几何原本》的前 6 卷，并于1607年出版。他还翻译了《测量法义》。这些工作是西方科学著作译为中文的开始。

万历三十五年（1607 年），徐光启授翰林院检讨，不久丧父，返乡守制。3 年期满，回京复职，再次担任翰林院检讨，这是个较为轻闲的工作。在这段时间里，他与传教士熊三拔合译了《泰西水法》，介绍西洋的水利技术和各种水利机械。

徐光启在向西方学习科技的过程中，对传教活动也进行了协助，引起了朝臣的误解。他于是辞去工作，在天津购置土地。万历四十一年至四十六年（1613～1618年）间，他在天津搞农事试验，写成了"粪壅规则"（施肥方法）和《农政全书》的大纲。

万历四十六年（1618 年），后金军队进攻边境，朝廷召见了病中的徐光启。万历四十七年（1619 年），徐光启担任詹事府少詹事兼河南道监察御史，负责督练新军。

天启元年（1621 年）三月，徐光启因操劳过度，上疏回天津"养病"；同年六月辽东兵败，奉诏入京，十二月再次辞归天津。

不久，阉党专政，徐光启不肯应召任职，皇帝命他"冠带闲住"。在天津"闲

《几何原本》希腊文字抄本局部
此书是古希腊数学家欧几里得的一部不朽之作，既是数学巨著，也是哲学巨著，并第一次完成了人类对空间的认识。

计算工具——伽利略比例规
伽利略在 1597 年发明的测量工具比例规，是由意大利籍传教士罗雅谷于崇祯年间在《比例规解》一书中介绍到中国的。比例规的外形像圆规，两脚上各有刻度，可任意开合。它是利用比例原理，可用来进行乘、除、求比例中项、开平方、开立方等各种计算的工具。

住"期间，他开始写作《农政全书》（1625 ～ 1628 年）。

崇祯元年（1628 年），徐光启官复原职。八月，充日讲官，为天子师。次年，升为礼部左侍郎，九月主持改历；在此期间他制造仪器，精心观测，写成著名的《崇祯历书》。

1630 年，徐光启升礼部尚书。

1632 年六月，徐光启以礼部尚书兼东阁大学士入阁，参与机要。十一月，加太子少保。

1633 年八月，再加徐光启太子太保、文渊阁大学士，领礼部尚书衔。十一月病危，七日逝世，终年 72 岁。

徐光启一生的贡献是多方面的，他的研究领域涉及天文、算学、测量、农学、水利以及军事等方面，但最主要的贡献却是翻译和介绍西方的科技知识。特别是

◆《农政全书》◆

《农政全书》是一部大型的综合性农书。全书共 60 卷，分为 12 门：农本、田制、农事、水利、农器、树艺、蚕桑、蚕桑广类、种植、牧养、制造、荒政，共计 50 余万字。

《农政全书》在农业技术方面的贡献如下：

（1）提高了南方的旱作技术，还提出了棉、豆、油菜等旱作技术的改进意见。

（2）推广了甘薯种植，总结了栽培的经验。

（3）总结了蝗虫的发生规律和治蝗方法。

他和利玛窦合作翻译的《几何原本》，其深远的影响不仅仅体现在数学上，更深入到人们的思想领域，极大地促进了我国近代科学的产生和发展。

踏遍万水千山的徐霞客

Ta Bian Wan Shui Qian Shan De Xu Xia Ke

在我国明代，有一位奇人，他用自己的双脚丈量人生，同时也为自己的人生写下了一个千古传奇。他就是我国明代著名旅行家和地理学家徐霞客。

徐霞客，名宏祖，字振之，别号霞客，江阴（今江苏江阴）人。

徐霞客出身于缙绅富贵之家，从小就特别喜爱看历史、《舆地志》和山海图经、游记、探险记一类书籍。幼年的徐霞客深深被这些书籍所打动，所吸引。他下决心要做一番不平凡的事业。

徐霞客像

由于徐霞客祖上几代为官，加上当时走仕进之路被认为是读书人的正道，所以少年的徐霞客也免不了要参加科举考试。但是通向仕途的大门并没有向徐霞客打开，失落之余，他下定决心把自己的全部精力倾注在

《霞客游记》书影

地理研究上。

徐霞客在研读古代地理书籍时，发现其中很少有介绍各地的自然地理景观，尤其是边远地区情况的书，他觉得这是个不小的遗憾。

俗话说："读万卷书不如行万里路。"万历三十五年（1607年），22岁的徐霞客背上行装，从此开始了外出旅游的征程。

在此后的30余年里，徐霞客差不多每年都要外出旅游考察。他不辞劳苦，万里遐征，北履燕冀，南涉闽粤，西北攀太华之巅，西南抵云贵边陲。这位孤胆旅行家的足迹遍及全国，到过现在的江苏、浙江、山东、陕西、山西、河南、河北、安徽、江西、福建、广东、广西、湖北、湖南、贵州、云南、北京、天津和上海等19个省市。徐霞客外出考察得到了他家人的大力支持，特别是他母亲持续不断的鼓励。母亲在70岁高龄时，还满怀豪情陪徐霞客游览了荆溪、勾曲（今江苏宜兴一带）。

在考察过程中，徐霞客不仅经历了大自然的严酷考验，而且时时受到种种人为因素的挑战。他曾经3次遇盗，4次绝粮，差点因此而毙命。但是，所有这些困难都没有让他停下脚步。

明崇祯九年（1636年），是徐霞客外出旅游考察中颇具意义的一年。51岁的徐霞客从家乡出发，途经江苏、浙江、江西、湖南、广西、贵州并到达了此次旅

◆ 《徐霞客游记》的科学成就 ◆

（1）水文地理方面：记载了大小河流551条，湖泽59个，潭、塘、池、坑131个，沼泽8个，海2个。（2）生物地理方面：记载植物总数150余种，其中林木最多，占40%，花卉次之，为20%，往下依次为药草11%，竹类8%，菌类6%，野菜5%，藤类3%，对各地的植被情况也有详细的描述。还特别注意到了植物与地理环境的关系。（3）地貌方面：包括岩溶地貌、山岳地貌、红层地貌、流水地貌、火山地貌、冰缘地貌等。其中对岩溶地貌研究最为突出，无论是在广度还是在深度上都是空前的。有关的论述10万多字，是中国系统描述岩溶地貌的巨著。（4）人文地理方面：广泛记录了手工业、矿业、农业、交通运输、商业贸易、城镇聚落的分布和兴衰，特别关注了少数民族地区的政治、风俗。

游和考察最远的地方——云南,历时5年。这次外出考察,是徐霞客一生中最后一次,也是为期最长的一次。

在最后一次考察中,徐霞客因"久涉瘴地,头面四肢俱发疹块",染上重病,后来"二足俱废",不能远行了。1641年,徐霞客病逝,享年56岁。

在长期游历生涯中,不论旅途多么劳累、情况如何艰险,他都坚持把当天的经历和考察情况记在日记里面。在日记里面,徐霞客以清新奇丽的文字描摹大自然的瑰丽多姿。这些日记凝聚着徐霞客大半生的心血和成果,是不可多得的原始资料。可惜的是,他生前来不及整理,日记原稿大都散佚了。后来经过数次整理

徐霞客旅行路线图

这张旅行路线图在某种意义上说也是徐霞客的生命旅程图,他用时间的长度成就了空间的广度。

成书，就是闻名于世的《徐霞客游记》。

《徐霞客游记》被誉为"古今游记之最"，全书共 20 卷，60 多万字。《徐霞客游记》以日记体裁详细地记录了徐霞客旅行生涯中的所见所闻，真实而生动地记述了他所到之地的地质、地貌、水文、气候、动物、植物以及少数民族的经济状况和风俗习惯等，是他 30 多年坚持不懈地研究和探索自然奥秘的总结。游记的内容丰富多彩，记述翔实准确，具有重要的科学价值和很高的学术价值。

宋应星著《天工开物》

Song Ying Xing Zhu Tian Gong Kai Wu

宋应星，字长庚，江西南昌府奉新县北乡人，是我国明代晚期著名的科学家。

宋应星出身于书香世家，曾祖父宋景曾做过都察院左都御史，是明代中期重要阁臣。宋应星共有兄弟四人，他排行老三。

宋应星自幼聪明强记，资质特异，"数岁能韵语"，有过目不忘的才能。他幼时与兄宋应昇同在叔祖宋和庆开办的家塾中读书，一次因故起床很迟，躺在床上边听边记宋应昇背文 7 篇，等到课上馆师考问时，他能够一字不差地背诵，令馆师大为惊叹。年纪稍大，考入本县县学做庠生，熟读了经史及诸子百家，推崇张载，接受了唯物主义自然观。

万历四十三年（1615 年），宋应星与兄宋应昇同赴江西南昌参加乙卯科乡试，两人同榜考中举人，他名列第三，宋应昇第六。在当时江西的 1 万多名考生里面只录取 83 人，奉新只有宋应星兄弟 2 人，故称"奉新二宋"。

天工开物·采玉图

天工开物·明代的手工工匠

《天工开物》的内容介绍

《乃粒》	论述稻、麦、黍、稷、粱、粟、麻、菽（豆类）等粮食作物的种植、栽培技术和生产工具。
《乃服》	论述养蚕、缫丝、丝织、棉纺、麻纺和毛纺等生产技术。
《彰施》	介绍各种植物染料和染色技术。
《粹精》	叙述农作物的加工技术及工具。
《作咸》	论述海盐、池盐、井盐等盐产地及制盐技术。
《甘嗜》	叙述甘蔗种植、制糖技术及工具。
《陶埏》	叙述砖瓦及陶器、瓷器（白瓷、青瓷）的制造技术及工具。
《冶铸》	是论述中国传统铸造技术最详细的记录。
《舟车》	是有关交通工具的专章；用数据标明船舶和车辆，同时说明驾驶方法。
《锤锻》	系统地叙述了铁器和铜器锻造工艺，以及焊接、金属热处理等加工工艺。
《燔石》	主要论述烧制石灰，采煤，烧制矾石、硫黄和砒石的技术。
《膏液》	介绍 16 种油料植物以及提炼油脂的技术及工具。
《杀青》	介绍纸的种类、原料及用途，详细讲了造竹纸和皮纸的全套工艺技术及设备。
《五金》	主要论述金银等有色金属矿的开采、洗选、冶炼和分离技术，还附有珍贵的生产设备图。
《佳兵》	涉及冷武器、火药和火器的制造技术。
《丹青》	主要叙述墨和银朱（硫化汞）的制造技术。
《曲蘖》	记述酒母、药用神曲和丹曲（红曲）的制造技术。
《珠玉》	叙述了采珠、采玉、采宝石的方法以及加工技术。

　　同年秋，兄弟二人赴京师参加次年的丙辰科会试，结果没有考中。事后得知此次考试涉嫌舞弊，状元的考卷是他人代作的。为了下次再考，他们前往江西九江府的白鹿洞书院进修。此后在万历四十七年（1619 年）和天启元年（1621 年），宋应星兄弟两次上京赶考，可惜都未能考中。45 岁以后，宋应星对功名逐渐冷淡下来，开始将主要精力用于钻研与国计民生相关的科学技术，并准备着手编纂一部科技巨著。

　　崇祯七年（1634 年），宋应星出任袁州府分宜县县学教谕。在任职 4 年时间里，他编著了大量的著作并刊行，有《野议》《画音归正》《天工开物》《论气第八种》和《厄言十种》等。

　　崇祯十一年（1638 年），改为福建汀州府推官，是地方司法官员。

　　崇祯十四年（1641 年），调升亳州知州，为从五品。

　　崇祯十五年（1642 年），调任滁和道南瑞兵巡道。

　　崇祯十七年（1644 年）夏，明朝覆灭，清兵入关，他弃官归里。

　　清朝建立后，宋应星一直过着隐居生活，拒不出仕，在贫困中度过晚年。

天工开物·炼铜图

天工开物·开采银矿图

1667 年，宋应星逝世，享年 80 岁。

英国学者李约瑟称赞宋应星是"中国的阿格里科拉"和"中国的狄德罗"。

宋应星博学多才，是一位百科全书式的学者。他著作颇丰，研究领域涉及自然科学、人文科学和文学等诸方面。

《天工开物》是宋应星的主要代表作，此书刊刻于崇祯十年（1637 年）。书名取自《易·系辞》中"天工人其代之"及"开物成务"，强调自然力（天工）与人工的配合，即通过技术从自然资源中开发产物。

《天工开物》分上、中、下 3 卷，共 18 章，绘图 123 幅。它对我国古代农业和工业生产技术进行了系统而全面的总结，内容覆盖了社会全部生产领域，是一部科技史上的百科全书。

《天工开物》上卷包括《乃粒》《乃服》《彰施》《粹精》《作咸》《甘嗜》6 章，涉及与农业相关的诸方面；中卷包括《陶埏》《冶铸》《舟车》《锤锻》《燔石》《膏液》《杀青》7 章，内容有关工业技术；下卷包括《五金》《佳兵》《丹青》《曲蘖》及《珠玉》5 章，也是和工业技术相关的方面。

《天工开物》最可贵的地方在于详尽记载了工农业生产中许多先进的科技成果，并且用技术数据给以定量解说，同时提出了一系列理论，无可置疑地成为一部科学技术的完整著作。

《天工开物》在 18 世纪先后传入日本和朝鲜，成为当时畅销的读物。19 世纪中期，《天工开物》传入法国和德国，后又传入俄国和意大利。1966 年，《天工开物》被译成英文在美国出版。《天工开物》已成为世界科学经典著作，在海外广泛流传，受到高度评价。

康熙与中西算学

Kang Xi Yu Zhong Xi Suan Xue

康熙皇帝，即清圣祖爱新觉罗·玄烨，8岁登基，16岁亲政，文治武功，彪炳千秋，堪称一代明君。他在位时间长达61年，是我国历史上在位时间最长的皇帝。

康熙一生政绩卓著，胆识过人。他智擒鳌拜，撤剿三藩，统一台湾，北拒沙俄，西征蒙古，每次都是大手笔。

康熙之所以能在政治上有如此作为，与他天资聪明固然有关，更与他勤奋好学、孜孜不倦地学习西方的自然科学有很大关系。他通过对西洋科学的广泛研究和学习，不仅增进了学识，更开阔了他的胸襟和眼界，使得他能够站在一个比同时代人更高的起点上看问题。

大家都知道，西方传教士是从16世纪下半叶即明代中叶开始来华传教的。他们向中国宣传他们的宗教，也带来了西方的科学技术，包括天文、数学、地理、物理、化学和火器等。从16世纪末到18世纪初，即明万历年间到清康熙年间，短短的100多年的时间里，西方先进的科技知识大量传入中国，对中国传统科学产生了巨大的冲击。

康熙皇帝对于传入的西方科技始终保持着一种理智开明的态度。他通过考察，了解到了西方科学的先进性。对于先进的好的东西，他敢于学习。对待有渊博科学知识的耶稣会士，他给予充分的信任和尊重，并虚心向他们学习西方的自然科学知识。当时著名的传教士有南怀仁（Ferdinand verbiest）、张诚（Joan Francois）、白晋（Joach Bouvet）、巴多明（Dominjque Parrenin）、安多（Antoine Thomas）和徐日昇（Thomas Pereyra）。

1673～1674年，康熙令南怀仁讲天文仪器、静力学、天文学和几何学。

1689年，康熙召徐日昇、张诚、白晋和安多每天（或隔日）轮流在紫禁城养心殿用满语向他讲授西学，包括几何

《御制数理精义》书影

此为康熙皇帝为倡导数学而编制的书籍，成书后曾专门派人送梅文鼎校阅。

南怀仁像

南怀仁，比利时人，字勋卿，一字伯敦，天主教耶稣会教士。顺治年间入清供职，康熙年间受到重用。为了平定三藩叛军，康熙命他试制新式火炮。南怀仁所造的火炮轻便灵活，适合山地作战，分别在陕西、湖广、江西等地的平叛战争中发挥了重要作用。他还设计、督制了 440 门大炮，培训了 200 多名炮手。

学、代数学和三角学等。当康熙帝到瀛台或到畅春园时，他们也随同前往。

康熙很注意学以致用。法国传教士洪若翰在给拉雪兹神父的信中这样描述道：康熙在将近 5 年的学习过程中，始终十分勤奋，而且丝毫没有耽误政务，他一直注意学用结合。白晋也说，他亲眼看见康熙在宫内外专心进行天体观测、大地测量和几何学研究。他还与张诚分别预测 1690 年 2 月 28 日的日食，所测完全一致，没有差错。

康熙对于学习西方数学也表现出强烈的兴趣。他系统地学习了几何学的理论，是我国接受西方代数学的第一人。

1690 年初，康熙让白晋、张诚等用满语讲解欧几里得几何原理，并运用几何学仪器进行计算。白晋在其所著的《中国皇帝康熙传》一书中这样写道：在五六个月的时间里，康熙已经掌握了几何学，能够随时说出他所画的几何图形的定理及其证明过程。他对我们说，《几何原本》他至少读了 20 遍。康熙还让白晋和张诚用满文编写几何学提纲，让安多编写算术和几何学运算纲要。

《康熙几暇格物编》

《康熙几暇格物编》是康熙的代表作，在我国科学史上占有重要的地位，包含了当时的一些科研成果。

它的科学贡献表现在以下两个方面：

（1）在对自然现象的记述上。记载了黑龙江大马哈鱼的洄游现象，北极附近长年结冰的现象，内蒙古地区某些沙丘的地貌；还记载了木化石、四不象等有关知识。

（2）科学实验和验证上。利用声速来测距离；利用单穗选择而获得优良的稻种；对沿海各地潮汐时刻进行调查。

康熙还仿制和使用了当时世界上最先进的计算工具，如甘特式计算尺和手摇计算机。甘特式计算尺是英国数学家埃德蒙甘特于 1630 年发明的，世界上第一台可计算加减法的手摇计算机是由法国数学家巴斯柯于 1642 年研制成功的。

康熙在数学方面达到了很高的水平，能够对数学专著进行准确的评判。康熙四十一年（1702 年）十月，康熙南巡，李光地进呈清初大数学家梅文鼎的《历算疑问》，康熙看后评价道："所呈书甚细心，且议论亦公平，此人用力深矣。"后经过耐心地研读指出："无疵瑕，但算法未备，盖梅书原未完成。"

为了培养算学人才，1713 年，康熙在京西的畅春园设立了蒙养斋算学馆，并聘请传教士任教师，讲授西方数学。蒙养斋算学馆可谓中国 18 世纪杰出数学家的摇篮，清代大数学家梅珏成、明安图等都是在这里培养出来的。

在明清的历代帝王中，康熙帝算得上是唯一一位认真学习过西方科学的皇帝，他对沟通中西算学做出了杰出的贡献。

在华传教士促进历法发展

Zai Hua Chuan Jiao Shi Cu Jin Li Fa Fa Zhan

在清朝康熙初年，有一场很著名的历法之争，两位主角杨光先和汤若望都是当时非常突出的人物。这场斗争深刻地影响了中国近代的中西科技文化交流，其最直接影响就是导致了康熙学习西方科学。

康熙在《御制三角形推算法论》中说道："康熙初年，因历法争讼，互为讦告，至于死者，不知其几。康熙七年，闰月颁历之后，钦天监再题，欲加十二月又闰，因而众论纷纷，人心不服，皆谓从古有历以来，未闻一岁中再闰，因而诸王九卿等再三考察，举朝无有知历者，朕目睹其事，心中痛恨，凡万几余暇，即专志于天文历法十余载，所以略知其大概，不至于混乱也。"

从这段文字中，我们不难看出，因为此次的历法冤狱死去了很多人，其中包括很多无辜的人。当时中国传统的历法出现了问题，而满朝文武对历法精通的竟无一人，康熙在痛心之余，开始学习西洋的科学。

这场历法冤狱发生在康熙四年（1665 年）。以杨光先、吴明煊为代表的一批守旧官员，聚众诬告德国传教士汤若望等人传播邪教、图谋不轨，并借助辅政大臣鳌拜的势力，把汤若望送进了监狱。

◆ 明清士大夫对于西方科技知识的三种态度 ◆

（1）全盘否定，盲目排外。以明代冷守中、魏文魁和清初的杨光先为代表。他们维护宋儒理学，排斥天主教的教义。

（2）不加分析，全盘接受。以明代徐光启、李之藻和清初江永为代表。对传教士很信任，对西方科技过分推崇。

（3）批判继承，取其精华，弃其糟粕。以清初王锡阐和梅文鼎为代表。能够实事求是，有批判地继承。

杨光先根本就不懂历法，思想非常保守。他对西方科学一概否定，主张"宁可使中夏无好历法，不可使中夏有西洋人"，足见其眼光之短浅、心胸之狭隘。

汤若望本来被判处了死刑，刚好北京发生地震，孝庄皇太后借口上天示警，出面干预，才赦免了他的死罪。

杨光先被任命为钦天监监正，他废止了汤若望的《时宪历》，采用吴明煊的《大统历》。《大统历》漏洞百出，出现了诸如一年两春分、两秋分等低级的错误，引起了人们对其准确性的怀疑。

康熙七年（1668年），北京发生了大地震，汤若望的助手南怀仁预测到了这次地震，而吴明煊和杨光先却没有预测到。南怀仁利用这次机会，把诉状递到了当时尚未亲政的康熙手里。

康熙此时 15 岁，他慎重地审理了这个案子。他认为天文历法关系国之要务，最为精微，主张以实际测量为标准。他下令南怀仁和杨光先用各自的测算方法测算"立春、雨水、太阴、火星、木星"等数据。结果南怀仁的计算准确无误，而杨光先等人却没有测算出来。

康熙宣布罢免杨光先，任命南怀仁为钦天监监副，并恢复使用《时宪历》。

康熙八年（1669年）八月，清政府为汤若望等人平反。杨光先则以"附鳌拜……诬告汤若望谋叛"获罪。康熙可怜他已经年老，就赦免了他的死罪，遣送他回乡；杨光先行至山东德州，突然发病而死，其时 73 岁。

这场历法之争历时 4 年，中间交织着政治斗争，直接影响了西方宗教和科学在中国传播的进程，最终以传教士无罪开释、保守派一败涂地而收场。这是一场科学的胜利，符合历史发展的规律。

汤若望和南怀仁在明朝末年受到徐光启的聘请到北京校正历法。徐光启组织修订的《崇祯历书》还没来得及颁行，明朝就已经灭亡。他们根据自己的观测研究，校正了明代历法中的偏差，将修订的《崇祯历书》改名为《西洋新法历书》进呈清廷，二人也由此相继跻身仕途，担任了主管天文历法的官员。顺治帝对汤若望信任有加，顺治九年（1652年）任命他为钦天监监正，赐太常寺少卿，诰封为光禄大夫，并尊称他为"玛法"（满语"长者""老爷爷"）。南怀仁成为钦天监监副，向康熙帝讲授西学；后来因为有功被提升为工部侍郎，成为在华传教士中官品最高者。

全国性测绘与《皇舆全览图》

Quan Guo Xing Ce Hui Yu Huang Yu Quan Lan Tu

康熙帝是一位雄才大略的政治家，勇于学习西方科学。他亲自主持了我国历史上规模最大的全国性测绘，并绘制完成有名的《皇舆全览图》。

康熙在北拒沙俄、签订《尼布楚条约》的过程中深刻地感受到精确的地图在政治和外交上的作用；同时条约的签订也极大地冲击了康熙帝以往的疆域观念，他渴望对清朝的版图有一个新的更全面的了解。而当时国内还没有一份精确的全国性的地图，前代流传的地图又过于粗疏，存在精度不高和内容不详的缺点。康熙帝决心绘制一份全国性的地图。

因为当时传教士带来了西方先进的科学技术，所以康熙帝认为引进西方先进的测绘技术，可以使他更准确地绘制出全国地图，从而更清楚大清帝国的版图。

康熙下令传教士白晋主持这项工作。为了完成这一伟大的测量工程，康熙三十二年（1693年），白晋奉命返法，觐见法国皇帝路易十四，广召测绘方面的专家，并购得专门的测绘仪器。经过4年准备，白晋率10名优秀的测绘师返华。

测量队以传教士白晋、杜德美、雷孝思等为首，中国的科技人员也参与其中。这支会聚中外科技精英的测量队携带着仪器，分批开赴全国各地进行测量。

康熙四十六年（1707年），康熙令传教士张诚率队在北京附近测量并绘成《京师地图》。此图在精度上明显高于旧图，从而使得康熙

《皇舆全览图》的几个版本

（1）康熙年间木刻墨印设色本（两个版本）

（2）康熙年间彩绘纸本

（3）康熙年间木刻32页本

（4）康熙年间8排41页铜版本

◆ 康熙时全国性地图的测量方法 ◆

规定使用固定统一的尺度，以工部营造尺（1尺＝0.317米）为标准尺和计算单位。以营造尺18丈为1绳，10绳为1里，天上1度即地上200里，也就是200里合地球经线1度。

纬度以赤道为零起算，经度以北京钦天监观象台的子午线为本初子午线。测定地面点的经纬度则采用天文测量法和三角测量法（重要点用天文，大量点用三角）。

下定决心在更大范围内进行测量。

康熙四十七年（1708年）四月，康熙令白晋、杜德美、雷孝思等在河北境内长城以外测量并绘制成《长城地图》。

康熙四十八年（1709年）五月，康熙令雷孝思、杜德美、费稳等测绘东北地区的地图。而后又令杜德美、费稳测绘喀尔喀蒙古（今蒙古国）、陕西、山西地图。

康熙五十年（1711年），康熙令雷孝思、麦大成率队到山东地区测量，又令杜德美、费稳等到西北地区测量。

康熙五十一年（1712年），康熙令雷孝思、冯秉正、何国栋率队到东南各省测量。

康熙五十二年（1713年），测量队兵分三路，分别对中国的南部、西部和中部进行测量。

康熙五十五年（1716年），康熙让两个在钦天监工作的喇嘛跟西方的传教士学习测绘技术，然后派他们到西藏测量，并于次年完成制图工作。

全部测绘工作到康熙五十六年（1717年）基本结束，总历时长达10年；然后将各地的地图汇集起来，又经过1年多的整理；终于在康熙五十八年（1719年）绘成全国性地图一幅，分省地图每省一幅，共计41幅。

《清史稿》记载道："五十八年图成，为全图一，离合凡三十二帧，别为各省图，省各一帧。"这就是著名的《皇舆全览图》。

《皇舆全览图》所绘的地域幅员辽阔，东北抵库页岛，东南至台湾地区，西达阿克苏以西叶勒肯城，北到白尔鄂博（贝加尔湖），南至崖州（海南岛）。图中以汉、满文共注地名（满文用于边疆，汉文用于内地），山脉河流以及各省、府、州、卫、所、县、镇、关、堡等重要地方绘制精详，又以黄纸飞签注五岳、河流等地方。实在是万里江山尽在一览中。

《皇舆全览图》是我国第一幅用科技手段实测的全国地图，在当时的世界范围内也是最先进的。对此，李约瑟评价道："它不但是亚洲当时所有的地图中最好的一幅，而且比当时的西欧各国所有地图更好、更精确。"

从青花瓷到粉彩

Cong Qing Hua Ci Dao Fen Cai

明清时期是我国古代制瓷业高度发展的阶段。

纵观我国的陶瓷发展史，宋代是五大名窑争奇斗艳，元代是一个过渡，明清则几乎是景德镇一枝独秀。当时，景德镇已成为全国的瓷业中心，仅官窑就有300多座。

集中了大量的技术人才，拥有充足的资金，加上工艺的不断改进和成熟，景德镇官窑的制瓷技术代表了当时世界制瓷技术的最高水平。在景德镇烧制的四大传统名瓷中，青花瓷为冠首，最能够代表其技术水准。

青花瓷早在唐代就有了，元代中晚期工艺逐渐成熟。明代洪武年间，青花瓷走向鼎盛，永乐和宣德时期是青花瓷制作的"黄金时代"。清朝康熙年间，青花瓷的制作工艺更是达到炉火纯青的地步。

青花瓷是一种白地蓝花的瓷器。它的釉质透明如水，胎体质薄轻巧。尤其是在洁白的瓷体上敷以蓝色纹饰，更显得素雅而清新，别有情致。青花瓷的出现，在中国陶瓷史上具有划时代的意义。

青花瓷是釉下彩的一种，其制作方法是：先用青料在素胎上绘成各种纹饰或图案，然后上釉在1200℃以上的高温中一次烧成。青花瓷实际是蓝色的，原因是釉料中含有氧化钴。当然，只有配制好釉药和掌握好适当的火候，才能烧制出美丽的蓝色。

明代的青花瓷器最为有名，质地很精美，畅销海外，先后销到日本、朝鲜、菲律宾、泰国、印度、土耳其、伊朗等国家，甚至欧、美等大洲；在那里，青花瓷成为许多国家博物馆的珍藏品。

萧何月下追韩信青花梅瓶

青花又称釉里青，是中国古代重要的彩瓷品种。青花瓷在白色的坯体上用蓝色绘成图案，犹如在白纸上泼墨所作的中国传统风格水墨画。其以素洁典雅的美感，烘托出东方古典艺术风格深厚的韵味。正是基于这种原因，人们将它誉为最能代表中国古代陶瓷艺术风格的瓷器。

到了清代，我国的制瓷技术又有了突破。出现了闻名中外的素三彩、五彩、珐琅彩和粉彩。特别是粉彩瓷器，它是清代结合中西技术的独特创造。

粉彩又称为"软彩"，是釉上彩的一个品种。大约在17世纪法国珐琅彩技术传入中国，清康熙五十二年（1713年），我国的官窑匠师在珐琅彩的启发和影响下，引进了铜胎珐琅不透明的白色彩料，在工艺上又借鉴了珐琅彩的多色阶的配制技法，创造出了"粉彩"。

烧制粉彩所用的白色彩料，在景德镇俗称为"玻璃白"。据分析是由一种叫"白信石"或"亚砒霜"的天然矿物配入铅熔块等熔剂制成的，是一种含砷的乳白色玻璃。在烧制的过程中，主要是通过控制其加入量和火焰温度来获得一系列不同深浅浓淡的色调。

粉彩初创于康熙晚期，其原料主要依赖进口，画意比较简单，传世器物极为罕见。到了雍正六年（1728年），粉彩所需的原料国内已能生产，粉彩技艺也已日臻成熟。自此粉彩彻底取代了五彩的地位，跃居釉上彩的榜首。无论是官窑还是民窑都广泛烧制粉彩。

景德镇白瓷窑模型

龙窑结构示意图

乾隆年间，粉彩瓷器的烧制步入了黄金时代，成为当时景德镇的主要彩瓷制品。嘉庆以后，粉彩瓷器开始日趋衰落，品种和造型大为减少，上乘作品也寥寥无几。到清朝晚期，景德镇制瓷业已经没有能力再制造出精致的粉彩作品了。

粉彩雕瓷果品高足盘　清代

清代粉彩的纹饰品种有白釉地粉彩、色地粉彩和釉下青花等。彩绘图案多以龙凤、花卉、山水、人物、故事等为主题画面，大多以当时名画家的绘画为蓝本，同时兼容西方绘画技法。清代的粉彩瓷器在图案、款式、风格和形态方面都是精美绝伦的，是不可多得的艺术珍品。

从青花到粉彩，我国明清时期的瓷器在技术上不断发展和创新，标志着我国制瓷工艺的高度成熟。

元明清瓷器概况

年代	造型	胎质	釉色	纹饰特点
元代	粗犷厚重	胎较粗松，瓷化度不够，多有烧不透现象	釉色肥厚润腻，发色浓艳鲜丽，有浓重的黑疤，有凹感	绘画层次、主次分明，流畅有力，粗犷而豪放
明永乐、宣德	敦厚古朴	胎质细洁，比元代好	色浓艳鲜丽，带铁锈斑，凹感更强	生动自然，以写意画作为主
明成化	古朴精巧	胎质更细洁，迎光照有肉质感	色幽清淡雅，如玉如脂	绘画技法清秀，布局疏朗
明嘉靖	古朴粗犷	胎质不及成化好	发色鲜丽，蓝中带紫	绘画复杂，技法较粗率
清康熙	精巧工整、古拙	胎质洁白，薄而坚密，瓷化度最高	色艳丽如翠玉，分浓淡、深浅，有阴阳面，层次感分明	注重工笔画，工致精丽，山水画是四王笔法，花鸟和人物的轮廓、线条都工细生动
清雍正	玲珑俊秀高雅	坚白细润，胎薄体轻，可与成化瓷胎媲美	色有翠青、仿成化灰青等，但釉色莹润光洁，深沉无飘浮感	工笔画风格，人物面目清秀，花卉画细腻妩媚
清乾隆	胎质细腻，晚期胎质较粗糙	造型规整，比例合理	发色纯正，蓝色为主，丰厚肥润，色泽沉着均匀	工艺水平高，新创器型很多

曾国藩与近代三大科学家

Zeng Guo Fan Yu Jin Dai San Da Ke Xue Jia

在我国近代史上，有一个很重要的时期，从19世纪60年代开始到90年代末终止，历时35年，史学界将之称为"洋务运动"时期。

洋务运动发轫于1861年初，当时留守北京议和的钦差大臣恭亲王奕訢，领衔上奏《统筹全局折》，经过咸丰批准，正式设立总理各国事务衙门。1894年9月，中日甲午战争爆发，洋务派苦心经营的新式陆军和北洋舰队一败涂地，清政府被迫于次年四月签订丧权辱国的《马关条约》，洋务运动宣告破产。

洋务运动中的洋务派是从封建统治集团内部分化出来的一个派别。它有别于清朝传统顽固派的地方在于主张向西方先进的科学技术学习。

洋务派处在掌权者的地位，他们能够通过行政手段把兴办洋务作为一项基本国策向全国推行。通过创办洋务，西方的科学技术、先进的生产工具和交通工具等相继传入中国。洋务派还设立译书馆等机构，大量翻译西方的科技书籍。洋务运动虽然短暂，它的影响却非常深远，可以说是中国近代化的开端。

洋务派的主要代表人物有恭亲王奕訢和曾国藩、李鸿章等，其中尤以曾国藩的影响最大。

曾国藩，字伯涵，号涤生，湖南湘乡人。他自幼勤奋好学。23岁考取秀才，24岁中举人，28岁中进士。此后留京，10年7迁，连升10级，37岁任礼部侍郎，官至二品。后逢太平天国，他组织湘军，攻破天京，封一等勇毅侯，死后谥"文正"。

曾国藩靠着自己独特的思想和人格魅力，在他的周围吸引了一大批人才，其幕府之盛一直为晚清士人所赞誉。他的弟子李鸿章就称赞说："朝廷乏人，取之公旁……知人之鉴，并

徐寿、李善兰、华蘅芳在江南制造总局翻译处合影

李善兰、华蘅芳、徐寿的数学著作

李善兰翻译的数学著作：《几何原本》后9卷、棣莫甘的《代数学》13卷、罗密士的《代微积拾级》《圆锥曲线说》

李善兰的数学著作：《方圆阐幽》《弧矢启秘》《对数探源》《垛积比类》《四元解》《椭圆正术解》《椭圆新术》《椭圆拾遗》《对数尖锥变法释》《级数回求》

华蘅芳的翻译著作：《代数术》《三角数理》《代数难题解法》《决疑数学》《合数术》《算式解法》

徐寿的翻译著作：《化学鉴原》《化学鉴原续编》《化学鉴原补编》《化学考质》《化学术数》《物体遇热改易记》

世无伦。"幕府里不但有政治精英，也不乏科技奇才。尤其值得一提的是，我国近代三大科学家李善兰、徐寿、华蘅芳都曾是他入幕之宾。

近代的三大科学家加入曾国藩的幕府之中，积极参加曾国藩洋务新政中与科技相关的活动，包括机械制造、造船、军工生产、科技书籍的出版，等等。其中徐寿父子与华蘅芳试制成中国第一台蒸汽机，曾国藩见后大喜，在当天日记中写道："窃喜洋人之智巧我国亦能为之，彼不能傲我以其所不知矣！"他们的工作对

江南制造总局炮厂内景

面对西方列强的入侵，中国官员和士大夫中出现了自强的呼声，洋务运动自此在中国的历史上拉开了序幕。在当时的中国官员和士大夫看来，洋务运动首在兵器工业，可以此作为船坚炮利的基础。利用西方的技术，以最后能在国内自造为目的，是洋务运动的主导思想。

于我国近代科学的发展起到了极大的推动作用。下面我们简单介绍这三位科学家的成就。

李善兰，字壬叔，号秋纫，浙江海宁人。他在数学研究和翻译介绍西方近代数学知识两个方面做出了巨大贡献，堪称洋务时期中国数学第一人。

他9岁读《九章算术》，开始对数学发生兴趣。14岁自学完《几何原本》前6卷。30岁以后在数学方面造诣渐深，取得了一系列重要成就，例如创立了"尖锥术"，导出了三角函数、反三角函数、对数函数的幂级数，系统总结了中国垛积术，发

明了现代组合数学中颇为重要的李善兰恒等式。

1852 年夏，李善兰来到上海，和人合作翻译西方近代数学书籍。1861 年秋，进入曾国藩幕府。1868 年担任北京同文馆天文算学总教习，直到 1882 年逝世。

华蘅芳，字若汀，江苏金匮（今江苏无锡）人。他的主要贡献也在数学和翻译科学书籍方面。1861 年到安庆曾国藩处做幕僚；1865 年，前往上海，筹办江南制造总局；1868 年，和外国传教士合作翻译科技书籍，内容包括地质、气象、机械和军兵等各个方面。

徐寿，字生元，江苏金匮（今江苏无锡）人，我国近代化学研究先驱。19 世纪 50 年代中期，徐寿开始接受西方科技，他制造仪器，进行各种化学实验。他在曾国藩幕府中工作，于 1863 年造出我国第一艘汽船。1868 年后，他主要从事翻译工作，直到逝世。

詹天佑修京张铁路

Zhan Tian You Xiu Jing Zhang Tie Lu

詹天佑，字眷诚，广东南海人，原籍安徽婺源（今属江西省），是我国近代杰出的铁路工程师。

詹天佑出生于一个普通茶商家庭，小时候就对机器十分感兴趣。1872 年他考取幼童出洋预备班，赴美学习；1867 年以优异的成绩毕业于纽海文中学，同年五月考入耶鲁大学土木工程系，专攻铁路工程。

在大学 4 年里，詹天佑学习勤奋，在毕业考试中名列第一。1881 年回国的 120 名中国留学生中，获得学位的只有两人，詹天佑是其中一个。

回国后的詹天佑被派往福州水师学堂学习驾驶海船。1882 年 11 月又被派往旗舰"扬武"号担任驾驶官。在 1884 年爆发的中法马尾海战中，詹天佑表现勇敢沉着，获得官兵的一致称赞。

1886 年，詹天佑应用西方测绘技术测量中国沿海地势，

詹天佑旧照

中国早期铁路修建史

　　1863 年，上海有人首次提出修建铁路的建议，未被采纳。1865 年，英国人杜兰德在北京修建了 1 千米左右的小铁路，被政府限期拆除。1876 年，中国修造第一条铁路（上海至吴淞口），全长 20 千米，行车时速达 24 千米（最高时速 40 千米），后被政府以 28 万两白银买下拆除。1905 年詹天佑主持修建的京张铁路是中国人自己首次修建的铁路。

并绘出沿海险要图，经张之洞之手献给清政府。

　　1888 年，詹天佑被调到唐津铁路担任工程师，从此开始了以自己所学专业报效国家的事业，为我国早期的铁路建设做出了巨大的贡献。

　　在这段时间，詹天佑做了很多工作，尤其以建造滦河大桥工程最为出色。当时天津到山海关的津榆铁路修到了滦河，需要造一座横跨滦河的铁路桥。由于桥基的地质复杂，再加上水涨流急，打桩非常困难。总工程师英国人金达（C.W.Kinder）束手无策，只好聘请日本和德国的工程师，但都以失败而告终。在走投无路的情况下，只好找詹天佑来试试。詹天佑进行仔细的地质勘测后，决定选择新桥址。他认真分析总结了 3 个外国工程师失败的原因，在桥墩的施工上采用了"压气沉箱法"，终于顺利打好桥基，完成了大桥的全部工程。这是我国第一座近代铁桥，全长 305 米。这件事在当时引起巨大的轰动，让每个中国人都觉得扬眉吐气：一个中国工程师居然解决了 3 个外国工程师都无法解决的大难题。

　　1894 年，詹天佑因为在铁路工程中的出色成就，入选英国工程师学会，成为该学会的会员。

　　詹天佑做出的最大成就是主持建成了京张铁路。这项工程使中国人民和工程技术界都非常自豪，极大地激励了民族士气。

　　1905 年，清政府决定兴建北京至张家口的京张铁路。英俄都想乘机插手，他们找出各种借口要挟，但是因为中国人民的强烈反对，他们的企图没能得逞。为了民族利益，詹天佑承担了修建京张铁路的任务。消息传出后，一些帝国主义分子嘲笑挖苦道："中国能够修筑这条铁路的工程师还在娘胎里没出世呢！中国人想不靠外国人自己修铁路，就算不是梦想，至少也得 50 年。"他们攻击詹天佑"狂妄自大""不自量力"。

　　面对这些不堪言论，身为总工程师的詹天佑顶住了压力，他坚决表示说："中国已经醒过来了，中国人要用自己的工程师和自己的钱来建筑铁路。"他坚持不用一个洋人，完全靠中国自己的技术力量来完成勘测、设计和施工建造。他还勉励现场的工程人员说："全世界的眼睛都在望着我们，必须成功！"

　　京张铁路长约 200 多公里，要经过长城内外的燕山山脉，中隔崇山峻岭，地势非常险要。詹天佑带着测量队，不辞辛苦，终于勘测出了经过南口、居庸关、八达岭的线路。

　　京张铁路最困难的是八达岭隧道工程。为了确保提前建成，八达岭隧道采用分段施工的方法。詹天佑还创造性地运用了"折返线"的原理，在山多坡陡的青龙桥修筑一段"人"字形线路，火车以回转运行的办法可以顺利穿越八达岭高峰。这种设计既解决了最困难的越岭问题，又降低了工程造价。

铁路测量仪器

　　京张铁路于 1909 年 8 月建成，原计划 6 年完成，结果只用了 4 年就提前完工，工程费用只有外国人估价的 1/5。整个工程确实实现了开始提出的"花钱少，质量好，完工快"三项要求。

　　京张铁路建成后，詹天佑继续在中国铁路建设上发挥光和热，后因积劳成疾，不幸于 1919 年病逝。周恩来曾高度评价詹天佑的功绩，说他是"中国人的光荣"。

全国主要铁路干线（1911 年止）

线路名称	施工日期	险要工段
京沈线(北京—沈阳)	1881～1911年	滦河大桥305米
京汉路(北京—汉口)	1896～1906年	黄河大桥3031米、米鸡公山山洞
津浦路(天津—南京)	1908～1911年	黄河大桥1245.3米、淮河大桥375米
沪宁路(上海—南京)	1903～1908年	镇江炮台山山洞306米
京张铁路(北京—张家口)	1905～1909年	居庸关山洞367米、八达岭山洞1091米
哈大线(哈尔滨—大连)	1898～1901年	松花江二铁桥2090米

西学的引进与传播

Xi Xue De Yin Jin Yu Chuan Bo

大家都知道，西学最早传入中国，大约是在明末清初，以利玛窦为代表的西方传教士来到中国，他们向中国介绍了一些西方自然科学知识。明清时期，有许多科技史上的杰出人物都在向西方学习，然后取长补短，有所发明创造。

这些人在学习西方科学知识的同时，也翻译一些相关的科学书籍，但是因为种种原因，并没有对中国社会造成多大影响。尤其是在康熙以后，清代统治者奉行闭关锁国政策，西学的传入一度中止。

西学的再次引进是在晚清和民国时期，这次引进无论是规模还是影响力都是空前的，它直接启动了近代中国的现代化进程。西学的引进在学术界被称为"西学东渐"，它使得近代中国社会的各个层面都在痛苦的碰撞和磨合中发生了深刻的变革。

在这一时期，西学的引进分阶段呈现不同的特征。

第一阶段是从第一次鸦片战争到中日甲午战争前（1840～1894年）。这一阶段引进的主要是自然科学，包括数学、天文学、物理学、化学、动植物学、地质学、地理学、医学等基础科学以及与工业制造有关的冶炼、造船、化工、开采、纺织、驾驶、军械等应用科学。引进的自然科学的内容很全面，数量也很多。这一阶段西学传播的主体主要是西方传教士，他们利用报刊、学堂和出版机构，编译西方的科技书籍，其中较为著名的有傅兰雅、林乐知、丁韪良、李提摩太、韦烈亚力等。当然，当时中国著名的学者也参与其中，和传教士合作译书，像李善兰、徐寿、华蘅芳等。

第二阶段是从甲午战争到辛亥革命（1895～1911年）。这一阶段传入的西学，自然科学势头减弱，社会科学日益增多起来。从《译书经眼录》里我们看到，从1900年到1904年译书491部，其中自然科学164部，占总数的33.4%，社会科

晚清制造的电话

学 327 部，占总数的 66.6%。传入的社会科学内容丰富，包括哲学、历史、法学、文学、经济、政治、社会学等学科，以政治和法学类为主。这一时期，西学传播的主体主要是中国的学者，包括对西学有相当或一定了解的开明"士大夫"，如严复、梁启超、章太炎、蔡元培、马君武、黄遵宪、王国维、张相文、丁福保、林纾、孟森等；还有就是洋务运动中派遣留洋陆续归国的留学生，他们为了寻找救国救民的真理，也积极传播西学。

江南机器制造总局制造的后膛钢炮
这是当时中国最先进、威力最大的新式火炮。

第三阶段是民国时期，主要是"五四"新文化运动时期。西学传播的内容进一步丰富，几乎所有的西学门类，包括政治、经济、军事、法律、哲学、宗教、心理学、地理学、史学、文学、美学、语言、文字、艺术、科技、医学、教育，以及各种各样的思潮、学说和观念都先后传入中国。这一时期西学的传播表现出规模宏大、全面系统的特征，以往所有的时期与之相比都显得逊色。在这一时期还有一个特点，就是西方文艺思潮和作品的传入以及马列宁主义思想的传播对当时中国社会产生了巨大影响。这一时期西学传播的主体是欧美、日本归国的留学生。他们对西方文化学

◆ 严复——中国近代深入系统地引进西学第一人 ◆

严复初名体乾、传初，改名宗光，字又陵，后又易名复，字几道，晚号愈野老人，别号尊疑，又署天演哲学家，福建福州人。他是我国近代资产阶级启蒙思想家、翻译家和教育家，也是中国近代深入系统地引进西学第一人。

严复的翻译工作在中国近代史上是一件划时代的事。他翻译的第一部西方资产阶级学术名著《天演论》，将科学进化论带入中国，并使之超出达尔文生物进化论的范畴，具有了世界观的意义。

他先后翻译亚当·斯密的《原富》、斯宾塞的《群学肄言》、约翰·穆勒的《群己权界论》《穆勒名学》、甄克思的《社会通诠》、孟德斯鸠的《法意》和耶方斯的《名学浅说》等西方名著，最早系统翻译介绍西方资产阶级学术思想。

术的了解比开明的士大夫更为深入，能够在传播的基础上有所发明和创造。民国时期著名的思想家、文学家、教育家、科学家和社会科学家，大多是留学生出身。

上述三个阶段的西学东渐，是我们国家在面临生死存亡的关头被迫启动起来的，折射出了近代中国的有识之士不甘受辱、力图自强、不断探索救国救民道路的心路历程。它涉及政治、军事、经济、教育等社会的各个层面，并由此引起新旧观念的碰撞和利益的重新分配，导致了社会的巨大变革。从这个意义上讲，西学的引进和传播，是中国走向现代化的开端。

周口店考古

Zhou Kou Dian Kao Gu

北京人复原模型
此图是根据历年所出土的北京人遗骨化石，经过科学研究复原的模型。

20 世纪上半叶，周口店考古发掘的发现，举世闻名，震惊了当时的整个学术界。

1918 年，瑞典地质学家、考古学家安特生在北京周口店火车站东南大约 4 千米的鸡骨山顶部发掘到了猫、豪猪、兔、鹿等动物化石。这个发现引起了安特生的特别注意。

1921 年，安特生和奥地利古生物学家师丹斯基来到周口店龙骨山的北坡进行了小规模的发掘。两年以后，斯丹斯基又进行了短期的试掘，发现了两枚牙齿。1926 年，他在瑞典皇太子访华的欢迎会上，宣布了这一考古发现。加拿大籍解剖学家步达生对其中一枚牙齿进行了详细研究，提出了一个古人类新种属，即"北京人"。

然而，仅凭牙齿化石就建立新的人类属种的说法引起了国际上许多人类学权威的质疑。步达生与中国方面取得联系，组成联合考古队，并达成协议：采集到的一切标本归中国所有。

考古发掘有条不紊地进行着，因为考虑到天气条件，挖掘只在春秋两季进行。1929 年 12 月 2 日，毕业于北京大学地质系的裴文中在一个山洞里发现了第一个"北京人"头盖骨。国际学术界生动地称它为"古人类全部历史中最有意义、最为动人的发现"。

"北京人"考古

早在旧石器时代早期，"北京人"已懂得用岩石制作石器，用它作为武器或原始的生产工具，在与大自然的斗争中改造自己。学会使用原始的工具从事劳动，这是人和猿的根本区别所在。

在"北京人"居住过的洞穴里，发现厚度达 4 ~ 6 米、色彩鲜艳的灰烬，表明"北京人"已懂得使用火，这是人类由动物界跨入文明世界的重要标志。

对"北京人"及其周围自然环境的研究表明，50 万年前北京的地质地貌与现在并没有太大差别，在丘陵山地上密布着森林群落，栖息着多种动物，其中有鸵鸟和骆驼。这为研究北京生态环境变迁史提供了依据。

"北京人"及其文化的发现与研究，解决了"直立人"究竟是猿还是人的争论。事实表明，"直立人"处于从猿到人进化序列的中间环节。"直立人"的典型形态以周口店"北京人"为准则。

1936 年 11 月，贾兰坡在 11 天之内连续发现三个头盖骨，其中的一个头盖骨非常完整，连神经大孔的后缘部分和眉骨上部及眼孔外部都有。这个发现很快震动了当时的国际学术界。此后，大规模的发掘工作一直延续到 1937 年卢沟桥事变才告一段落。

周口店的大规模正式发掘起自 1927 年，止于 1937 年，10 余年间共发现了 200 多件猿人化石和山顶洞人化石、上万件石制品，还有大量丰富的用火遗迹和哺乳动物化石。在地球漫长的历史长河中，周口店曾生活着距今 70 万年至 20 万年属直立人的北京猿人；距今 10 万年左右的新洞人；距今 7 万年到 2 万年前的山顶洞人。地质时代从早更新世至晚更新世，时间跨度从 500 万年前到距今 1 万多年前止。

周口店"北京人"遗址作为中国主要古人类文化遗址，位于北京西南约 50 千米处（房山区周口店村西的龙骨山）。它的地理坐标是北纬 39 度 41 分，东经 115 度 51 分。遗址面积约 0.24 平方千米，其中核心区 1.2 平方千米，保护区 2 平方千米，环境影响区 6 平方千米。

周口店遗址是一处有关人类起源与进化研究的圣地。它是世界上同时期古人类遗址中内涵最丰富、材料最齐全和最有科研价值的一个，也是唯一保存了纵贯 70 万年的史前人类活动遗迹的遗址。

周口店遗址在古人类学和第四纪地质学研究中占据着十分重要的地位。尤其是"北京人"第一颗头盖骨的发现以及相继的文化遗物与遗迹的发现，在古人类研究史上具有划时代的意义。它彻底结束了困扰科学界近半个世纪的直立人是人还是猿的旷日持久的争论，而北京人用火遗迹的发现，将人类用火的历史向前推进了数十万年。

迄今为止，在周口店遗址已发现的"北京人"化石包括：头盖骨6个，下颌骨15件，牙齿157枚，股骨7段，胫骨1段，肱骨3段，锁骨和月骨各1件，还有一些面骨和头骨碎片，分属于约40个个体。

通过对这些化石的复原和研究，考古学家描摹出北京猿人的体貌特征：头部的原始性比较明显，其特点是头盖骨较厚，额骨低平，鼻子宽扁，眉脊骨高突，吻部前伸，下颌骨前部向后方倾斜。北京猿人的脑量为915～1250毫升，是直立人。据论证，北京猿人的双手和现代人已经基本相同，下肢能够直立行走，但仍然有些弯曲。他们的寿命相当短，绝大多数死于14岁以前，超过50岁的人极少。

北京猿人过着采集和狩猎的穴群居生活。由于条件险恶，单独的个人是难以生存的，只有联合起来结成不可分割的整体，才能够生存下来。由此看来，当时的北京猿人已经有了人类最初的社会组织。

1941年12月，太平洋战争爆发之际，"北京人"化石及大批动物化石、石器在转运过程中离奇失踪，成为世人瞩目的重大悬案。

龙骨山洞穴

周口店"北京人"遗址化石地点分布

第 1 地点：猿人洞。在猿人洞中共发现 98 种哺乳动物化石。

第 2 地点：在"北京人"展览馆以西大约 500 米。出土的动物化石有中国鬣狗、肿骨鹿、犀牛、野猪、鼠类等。时代是中更新世。

第 3 地点：在猿人洞西南大约 400 米。出土的动物化石有黑熊、洞熊等 56 种哺乳动物，时代是中更新世晚期。

第 4 地点：在龙骨山的南坡，距猿人洞大约 70 米。

第 5 地点：在周口店火车站以南，距离猿人洞大约 800 米。动物化石有鼠类等。时代为中更新世。

第 6 地点：在周口店火车站东南大约 4 千米，鸡骨山顶部。化石有猫、豪猪、兔、鹿等。时代为中更新世中期。

第 7 地点：在猿人洞南方大约 1 千米。出土的化石包括鬣狗、肿骨鹿、李氏野猪等。时代为中更新世中期。

第 8 地点：在周口店火车站以东。出土有马牙和一些碎骨的化石。时代为中更新世。

第 9 地点：在猿人洞以南，高出坝儿河河床大约 55 米。出土化石有中国鬣狗、虎、披毛犀、三门马等。时代为中更新世早期。

第 10 地点：在第 3 地点以东。出土化石有维氏狒狒、剑齿虎等。时代为早更新世。

第 11 地点：在猿人洞以南大约 1 千米。（现在不存在）

第 12 地点：又称鱼化石地点，在遗址以南大约 1.5 千米的一个山梁上。

第 13 地点：在第 4 地点以东大约 10 米。出土的动物化石除鸟类外，还有 33 种哺乳动物。

第 14 地点：在第 12 地点西北。出土的化石有披毛犀、三门马等 5 种哺乳动物。时代为中更新世。

第 15 地点：在第 12 地点东北大约 60 米处。时代为中更新世末期或晚更新世初期。

第 16 地点：是第 4 地点以西龙骨山东坡高处的顶盖堆积。

第 17 地点：在猿人洞东北大约 2 千米。

第 18 地点：也叫天仙背洞口，在周口店西北 25 千米。动物化石有豹、羊等。时代为晚更新世晚期。

第 19 地点：在第 12 地点以南大约 500 米的对面山坡上。动物化石有斑鬣狗、虎、棕熊等。时代为中更新世末期或晚更新世初期。

第 20 地点：地名叫大谷儿，在第 18 地点以南 2.5 千米的南山坡上。出土的化石有棕熊、普通刺猬等。时代为中更新世末期或晚更新世初期。

"北京人"头盖骨
1966 年北京市房山区周口店
第 1 地点出土。时代为旧石器
时代早期（距今约 50 万年）。

茅以升造桥

Mao Yi Sheng Zao Qiao

茅以升，字唐臣，江苏省丹徒县人，国际著名土木工程学家和桥梁专家。

茅以升出身于经商世家，祖父茅谦曾是举人。茅以升出生不久就随家迁居到南京。他6岁读私塾，7岁到思益学堂就读，9岁入江南商业学堂。

1911年，茅以升考入唐山路矿学堂。1912年，孙中山到该校演讲，坚定了茅以升走"科学救国""工程建国"道路的决心。他学习刻苦，成绩优异，每次考试成绩都是全班第一。1916年，茅以升通过了美国康奈尔大学的研究生入学考试，随后赴美。他的成绩非常优秀，令该校教授们大为惊讶和赞叹。茅以升仅用1年就获得硕士学位。在毕业典礼上，校长当场宣布：今后凡是唐山工业专门学校（原唐山路矿学堂）的研究生一律免试注册。硕士毕业后，茅以升经导师贾柯贝介绍，到匹兹堡桥梁公司实习，并利用业余时间到卡内基理工学院夜校攻读工学博士学位，1919年成为该校首名工学博士。博士论文《桥梁桁架次应力》的创见被称为"茅氏定律"，荣获康奈尔大学优秀研究生"斐蒂士"金质研究奖章。

1920年，茅以升回国，出任交通大学唐山学校（原唐山路矿学堂）教授，成为国内最年轻的工科教授。次年，升为交通大学唐山学校副主任（副院长）。1922年7月，茅以升受聘到国立东南大学担任教授。1923年，该校设立工科，他成为首任主任。1924年，东南大学工科与河海工程专门学校合并，成立河海工科大学，茅以升任首届校长。1926年，他担任北洋大学教授。1928年，任北平大学第二工学院（即北洋工学院）院长。1930年，任江苏省水利局局长，主持规划象山新港。1932年，重回北洋大学任教。1933年，茅以升接受浙江省的邀请，担任钱塘江桥工委员会主任委员、钱塘江桥工程处处长，他用不到两年半的时间建成了钱塘江大桥。1942年，茅以升赴贵阳任桥梁设计工程处处长，负责筹备中国桥梁公司。

◆ 茅以升的造桥理论 ◆

茅以升结合钱塘江桥的设计与施工，系统研究了"流沙与冲刷的关系""如何将木桩头深深埋入江底""倾斜岩层上的沉箱如何稳定""合金、铬钢杆件的性质"等，还研究了古代桥梁的建筑，为我国的桥梁理论奠定了基础。

科普作家茅以升

茅以升学术精湛，著述颇丰，除专业著作外，还写了大量的科学读物，如《五桥颂》《二十四桥》《人间彩虹》《中国的石桥》等，毛泽东称赞他说："你的《桥话》（载于1963年《人民日报》）写得很好！你不但是科学家，还是个文学家呢！"在他发表的200多篇论著中，有关科普工作的论著和科普文章约占1/3。他的《没有不能造的桥》一文荣获1981年全国新长征科普创作一等奖。

茅以升旧照

新中国成立后，茅以升担任铁道技术研究所所长（后为院长），为我国早期的铁道科研事业做出了巨大的贡献。在桥梁方面，他参与建设了新的钱塘江大桥和武汉长江大桥。

茅以升在科学上的突出成就是在造桥方面。

我国古代造桥技术非常高超，一度居于世界领先水平，可是到了近代，世界造桥史上再也没有出现过中国人的名字，近代化的大桥似乎都是外国人的专利。我国境内的山东济南黄河大桥是由德国人修建的，安徽蚌埠的淮河大桥是由英国人修建的，黑龙江的松花江大桥是由俄国人修建的，广州的珠江大桥是由美国人修建的。茅以升打破了外国人垄断中国近代化大桥设计和建造的局面，在中国近代桥梁史上具有划时代的意义。

1933年，茅以升担任钱塘江桥工委会主委，他独立设计出了6个方案，最后一举夺标。这是中国人第一次自行设计和建造的中国第一座现代化大桥，其意义可想而知。

钱塘江又称钱江，地处入海口，潮水江流，风波险恶，水文情况复杂。尤其是潮头壁立的钱江潮与随水流变迁无定的泥沙，是建桥面临的两大难题。茅以升经过研究和设计，采用"射水法""沉箱法""浮运法"等解决了建桥过程中的一个个技术难题，保证了大桥工程的进展。除了这些困难外，他们还要应付日本飞机的轰炸。在解决大桥的最后一个技术问题时，茅以升进入6号墩的沉箱里面，刚好碰上日军轰炸，幸亏及时停电，才化险为夷。

在钱塘江大桥的建造过程中，茅以升对建桥的每一道工序都仔细检查，大到钢梁的架设，小到每一颗螺钉都有严格的检查程序，确保了大桥的质量和安全。长1453米、耗资160万美元修建的钱塘江大桥因为日本进攻杭州而被迫炸毁，存在了仅仅 89 天。抗战胜利后，茅以升又组织施工人员修复大桥，使钱塘江大桥得以重新飞跨在钱塘江的波涛之上。

茅以升建造钱塘江大桥，在我国近代桥梁史上留下了光辉灿烂的一笔。他对我国桥梁事业的贡献也将为人们铭记。

数学大师华罗庚

Shu Xue Da Shi Hua Luo Geng

华罗庚，江苏省金坛县人，中国现代数学家，也是我国在世界上最有影响的数学家之一。

华罗庚出生于一个贫穷的家庭，父亲以开杂货铺为生。华罗庚自幼喜爱数学，常常因为思考问题过于专心而被同伴们戏称为"罗呆子"。

1921 年，华罗庚进入金坛县立初中，他的数学才能被老师王维克发现，王维克尽心尽力地培养这位有着独特天赋的数学奇才。

1924 年，华罗庚初中毕业后，升入上海中华职业学校，因为拿不出学费而中途退学。

辍学回家的华罗庚，一边帮着父亲经营杂货铺，一边顽强地自学数学。他每天学习达 10 个小时以上，有时睡到半夜，想起一道数学难题的解法，也会翻身起床，点亮油灯，把解法记下来。经过 5 年的努力拼搏，华罗庚终于学完了高中和大学低年级的全部数学课程。

1928 年，华罗庚不幸染上伤寒病，全靠新婚妻子的照料才得以保住性命，但是却落下终身的左腿残疾。

在贫病交加中，华罗庚始终没有放弃数学研究，他接连发表了好几篇重要的论文，引起清华大学熊庆来教授的注意。

1931 年，在熊庆来教授的帮助下，华罗庚来到清华大学数学系，担任一名助理研究员。他用 1 年半的时间学完了数学系全部课程，还自修了英文和德文，能用英文写论文。在这期间，他在国外杂志上发表了三篇论文，被清华大学破格聘为助教。

1936 年夏，华罗庚被保送到英国剑桥大学进修，两年之内发表了 10 多篇非常

华罗庚的恩师熊庆来

　　熊庆来，字迪之，云南省弥勒县人，我国著名数学家、数学教育家，东南大学数学系创始人。1907 年考入云南高等学堂。1913 年以第 3 名考取云南留学生，1913～1914 年在比利时包芒学院预科学习，1915～1920 年在法国留学，1921 年初回国任教。1926 年秋，应邀担任清华学校教授。1929 年，主持开设清华大学算学研究所，次年录取陈省身等为研究生。1931 年召华罗庚至清华大学任助理研究员。1949 年 9 月，随梅贻琦团长赴巴黎出席"联合国教科文组织"第 4 次大会，会议结束后暂留巴黎做研究工作。1957 年 6 月回到北京，后死于"文革"中。熊庆来的突出贡献是建立了无穷级整函数与亚纯函数的一般理论。

有价值的论文，博得国际数学界的赞赏。

　　1938 年，华罗庚回国，担任西南联合大学教授。在昆明郊外一间牛棚似的小阁楼里，他写出了 20 世纪的数学经典论著《堆垒素数论》。

　　1946 年 3 月，华罗庚应邀访问苏联。同年 9 月，应纽约普林斯顿大学邀请去美国讲学。1948 年，华罗庚被美国伊利诺伊大学聘为终身教授。

　　1949 年，华罗庚毅然放弃国外的优裕生活，于 1950 年 3 月携全家回到祖国。他先后担任了清华大学数学系主任、中科院数学所所长等职。其间华罗庚对于人才的培养格外重视，发现和培养了王元、陈景润等数学人才。特别是他发现陈景润更是数学界的一段佳话。他亲自把陈景润从厦门大学调到中科院数学研究所。

　　1958 年，华罗庚担任中国科技大学副校长兼数学系主任。从 1960 年开始，华罗庚在工农业生产中推广统筹法和优选法，足迹遍及 27 个省市自治区，为新中国创造了巨大的物质财富和经济效益。1978 年 3 月，他被任命为中科院副院长，1984 年又以全票当选为美国科学院外籍院士。

　　1985 年 6 月 12 日，华罗庚应邀到日本东京大学做学术报告，原定 45 分钟的报告在经久不息的掌声中延长到 1 个多小时。结束讲话时，突然心脏病发作，不幸逝世，享年 74 岁。

　　华罗庚在数学方面贡献巨大。他一生主要从事解析数论、矩阵几何学、典型群、自守函数论、多复变函数论、偏微分方程、高维数值积分等领域的研究，并取得了突出的成就。华罗庚在 20 世纪 40 年代就解决了高斯完整三角和的估计这一历史难题，得到了最佳误差阶估计（此结果在数论中有着广泛的应用）；证明了历史长久遗留的一维射影几何的基本定理；给出了体的正规子体一定包含在它的中心之中这个结论的一个简单而直接的证明，被称为嘉当－布饶尔－华定理；

对 G．H．哈代与 J．E．李特尔伍德关于华林问题及 E·赖特关于塔里问题的结论作了重大改进，至今仍是最佳纪录。

华罗庚的著作《堆垒素数论》系统地总结、发展与改进了哈代与李特尔伍德圆法、维诺格拉多夫三角和估计方法及他本人的方法，发表后的 40 余年来，其主要成果仍居于世界领先水平，成为 20 世纪经典数论著作之一。另一部数学专著《多个复变典型域上的调和分析》以精密的分析和矩阵技巧，结合群表示论，具体给出了典型域的完整正交系，从而得出了柯西与泊松核的表达式，在国际上有着很深的影响。华罗庚以其杰出的数学成就，当之无愧成为我国 20 世纪伟大的数学家之一。

侯氏制碱法

Hou Shi Zhi Jian Fa

侯德榜，名启荣，号致本，福建省闽侯县人，我国著名科学家、杰出的化工专家。

侯德榜在化学工业史上以独创的制碱工艺闻名，是新中国重化学工业的开拓者，被称为"国宝"。

侯德榜像

侯德榜出生在一个普通农家，自幼半耕半读，勤奋好学，有"挂车攻读"之美名。1903 年，侯德榜得到姑妈资助到福州英华书院学习，并于 1906 年毕业。1907 年，他考入上海闽皖铁路学院，1910 年毕业后在英资津浦铁路当实习生。在这一时期，侯德榜目睹了帝国主义凭借技术优势对贫穷落后的中国人民进行残酷剥削与压迫，立志要学好科学技术，走工业救国的道路。

1911 年，侯德榜考入北京清华留美预备学堂，以 10 门功课 1000 分的成绩誉满清华园。1913 年，他被保送美国麻省理工学院，1916 年毕业，获学士学位。再入普拉特专科学院学习制革，次年获制革化学师文凭。1918 年，又入哥伦比亚大学研究院研究制革，并于 1919 年获硕士学位。1921 年，他以《铁盐鞣革》的论文获该校博士学位。他的论文在《美国制革化学师协会会刊》连载，全文发表，成为制革界至今广为引用的经典文献之一。

索尔维制碱法

向饱和食盐水中通入足量氨气至饱和，然后在加压的情况下通入 CO_2（由 $CaCO_3$ 煅烧而得），因 $NaHCO_3$ 溶解度较小，故有下列反应发生：

$$NH_3+CO_2+H_2O=NH_4HCO_3$$

$$NaCl+NH_4HCO_3=NaHCO_3\downarrow +NH_4Cl$$

将析出的 $NaHCO_3$ 晶体煅烧，即得 Na_2CO_3：

$$2NaHCO_3=Na_2CO_3 + CO_2\uparrow + H_2O$$

母液中的 NH_4Cl 加消石灰可回收氨，以便循环使用：

$$2NH_4Cl + Ca（OH）_2=CaCl_2+2NH_3\uparrow + 2H_2O$$

此法优点：原料经济，能连续生产，CO_2 和 NH_3 能回收使用。

缺点：大量 $CaCl_2$ 用途不大；$NaCl$ 利用率只有 70%，约有 30% 留在母液中。

1921年，侯德榜接受爱国实业家范旭东的邀请，回国担任永利碱业公司的技师长（即总工程师）。他知道创业之初需要实干精神，于是脱下西服，换上了蓝布工作服和胶鞋，同工人一起工作。经常是哪里出现问题，他就出现在哪里。

当时在制碱行业，帝国主义实行技术垄断，中国在技术方面一片空白。侯德榜认真研究，终于揭开了索尔维制碱法的秘密，打破了洋人的技术封锁。

1926年，永利碱厂终于生产出合格的纯碱，命名为"红三角"牌中国纯碱。在当年美国费城举办的万国博览会上，一举获得了金质奖章，被誉为"中国工业进步的象征"。

侯德榜摸索到索尔维制碱法的奥秘，本可以高价出售专利而大发其财，但是他并没有这样做。跟范旭东想法一样，侯德榜主张把这一秘密公布于众，让世界各国人民共享。侯德榜把制碱法的全部技术和自己的实践经验写成专著《制碱》，1932年在美国出版。

◆ 联合制碱法（侯氏制碱法） ◆

根据 NH_4Cl 在常温时的溶解度比 $NaCl$ 大，而在低温下却比 $NaCl$ 溶解度小的原理，在 278～283K（5～10℃）时，向母液中加入食盐细粉，而使 NH_4Cl 单独结晶析出供做氮肥。

此法优点：保留了氨碱法的优点，消除了它的缺点，使食盐的利用率提高到 96%，NH_4Cl 可做氮肥；可与合成氨厂联合，使合成氨的原料气 CO 转化成 CO_2，省却了 $CaCO_3$ 制 CO_2 这一工序。

✦ 侯德榜著书立说 ✦

《制碱》一书于1932年在纽约列入美国化学会丛书出版。这部化工巨著第一次彻底公开了索尔维法制碱的秘密，被世界各国化工界公认为制碱工业的权威专著，相继译成多种文字出版，对世界制碱工业的发展起了重要作用。美国的威尔逊教授称这本书是"中国化学家对世界文明所做的重大贡献"。

《制碱工学》是侯德榜晚年的著作，也是他从事制碱工业40年经验的总结。全书在科学水平上较《制碱》一书有较大提高。该书将"侯氏碱法"系统地奉献给读者，在国内外学术界引起强烈反响。

永利碱厂投入正常运行后，永利公司计划筹建永利硫酸铵厂。侯德榜又开始了从无到有的"创业"历程，跟外商谈判，选购设备，终于在1937年，硫酸铵厂首次试车成功，并很快成为亚洲一流的化工厂。

日本侵略者看中硫酸铵厂的军事价值，先后3次重金收买侯德榜和范旭东。侯、范二人明确表示："宁肯给工厂开追悼会，也决不与侵略者合作。"日本侵略者恼羞成怒，派飞机对碱厂进行狂轰滥炸。在这种严峻的情况下，侯德榜当机立断，组织技术骨干和老工人转移，并把重要机件设备拆运西迁。

1938年，永利公司在四川岷江岸边的五通桥组建永利川西化工厂，侯德榜担任厂长兼总工程师。当时四川的条件不适于沿用索尔维制碱法。

侯德榜决心改进索尔维制碱法，开创出更先进的技术来。他认真总结了索尔维法的优缺点，发现其缺点在于，两种原料组分只利用了一半，即食盐（$NaCl$）中的钠和石灰（$CaCO_3$）中的碳酸根结合成纯碱（$NaCO_3$），另一半组分食盐中的氯却和石灰中的钙结合成了氯化钙（$CaCl_2$），没有用途。

针对这些缺陷，侯德榜创造性地设计了联合制碱新技术。这个新技术是把氨厂和碱厂建在一起，联合生产。由氨厂提供碱厂需要的氨和二氧化碳。母液里的氯化铵用加入食盐的办法使它结晶出来，作为化工产品或化肥。食盐溶液又可以循环使用。

联合制碱法于1941年研究成功，1943年完成半工业装置试验。这一技术是侯德榜在艰苦的环境中经过500多次循环实验，分析了2000多个样品，才最终成功的。新工艺使得食盐的利用率从70%一下子提高到96%，也使原来无用的氯化钙转化成化肥氯化铵，解决了氯化钙占地毁田、污染环境的难题。该方法把世界制碱技术水平推向了一个新高度，赢得了国际化工界的高度评价。1943年，中国化学工程师学会一致同意将这一新的联合制碱法命名为"侯氏联合制碱法"。

新中国成立后，侯德榜继续在化工领域努力工作，他还设计了碳化法制造碳酸氢铵的新工艺，为我国的化肥工业的发展做出了巨大贡献。

李四光与地质力学

Li Si Guang Yu Di Zhi Li Xue

李四光

李四光，原名仲揆，湖北省黄冈县回龙山香炉湾人，我国著名的地质学家。李四光出生于一个贫寒的家庭，1902年入武昌高等小学堂，在填写报名单时，误将姓名栏当成年龄栏，写了"十四"。他发觉后，已经不能再改了，于是灵机一动，"十"添上几笔改成了"李"字。可是"李四"这个名字不好听，这时候他抬头看见中堂上挂有一块匾，上面写着"光被四表"，就在"李四"后加了一"光"字，从此就有了个更加响亮的名字：李四光。

1904年7月，李四光被破格选送到日本留学，1910年7月毕业回国。在留日期间，李四光加入了同盟会，孙中山抚摸着他的头说：你年纪这么小就参加革命很好，你要"努力向学，蔚为国用"，当时他年仅16岁。1911年9月，李四光参加清政府的留学毕业生考试，获得最优等的成绩，赐工科进士，成为我国历史上最后一批进士之一。民国成立后，李四光担任湖北军政府实业部部长。后来因为目睹袁世凯杀害革命党人，辞掉职务，决心留学英国。1913年10月，李四光到英国伯明翰大学学习采矿和地质，于1918年获得自然科学硕士学位。1920年回国，到北京大学担任地质系教授。1921年升为北大地质系主任，其间带领学生在河北和山西等地野外实习，在太行山东麓首次发现中国第四纪冰川。

当时，国际上一直充斥着中国内地无第四纪冰川的谬论。为了证明中国有第四纪冰川的遗迹，李四光走遍了长江中下游、江西庐山、安徽黄山和华南等地，经过深入调查，收集到很多证据，发表了一系列关于中国第四纪冰川的文章。他考察出庐山是"中国第四纪冰川的典型地区"。他的成果得到了国际科学界的承认。

◀ 李四光对古生物科的鉴定方法研究 ▶

李四光通过对大量化石的研究，深感描述鉴定烦琐，于是创立了鉴定的10条标准，大大提高了鉴定的科学性和准确性，这个标准后来也被中外学者所采用。运用这10条标准，李四光确定了中国北部20多个种属。

地质力学里地面形迹构造体系的三种类型

李四光认为，现存于地球表面的一切形变（构造）现象，其方位、形体特征等，对地球自转轴来说，都是有规律的。这些有联系的构造形迹，按照一定形式组合起来，形成一个特殊的体系，即构造体系。构造体系可分为三种类型：（1）纬向构造体系。在中国境内有三条东西走向的构造带，即天山—阴山东西构造带、昆仑山—秦岭东西构造带和南岭东西构造带。（2）经向构造体系。（3）各种扭动构造体系。包括"山"字形构造、"多"字形构造、"人"字形构造、棋盘格式构造和旋扭构造以及各种旋卷构造等。

中国第四纪冰川理论的确立，是我国第四纪地层学和气候学研究上的一个重要里程碑。

1928年李四光担任中央研究院地质所所长，1929年被英国伦敦地质学会选为国外会员，1931年被伯明翰大学授予自然科学博士学位，1934年应邀赴英国伯明翰和剑桥等大学讲学，1936年回国后继续进行地质考察和研究工作。1947年7月，李四光赴英国参加第18届国际地质大会，第一次应用他创立的地质力学理论，做了题为《新华夏海之起源》的学术报告，引起了强烈反响。从此，地质力学这门新学科正式进入世界科技的殿堂。此后，李四光得知新中国成立的消息，冲破国民党反动派的阻挠，于1950年初回到祖国的怀抱。

回国后，李四光担任了新中国的地质部部长，做了大量的地质研究、勘探工作，探明了数以百计的矿种和矿产储量。他运用地质力学理论成功找到油田，使我国一举摘掉了贫油国的帽子。

李四光长期从事古生物学、冰川学和地质力学的研究，在鉴定古生物化石、发现中国第四纪冰川和创立地质力学等方面贡献卓著。他还开创了许多新的领域，包括同位素地质、构造带地质化学、岩石蠕变及高温高压实验、地应力测量、地质构造模拟实验等。纵论其一生，李四光在科学史上最大的贡献，莫过于创立了地质力学这一新兴边缘学科，这也是他凝注心血最多的一门学科。

我们知道，地质力学是一门研究岩石变形和破坏的学科。它是运用力学的观点研究地壳的各种构造体系和形式，进而追溯地壳运动的起源，探讨性解决地壳运动问题的途径。地质力学的研究，对于矿产的分布规律、工程地质、地震地质等方面问题的解决具有重要的指导意义。李四光的地质力学思想较系统地体现在他所著的《中国地质学》《地质力学的基础与方法》《地质力学概论》等著作中。

有志气的童第周

You Zhi Qi De Tong Di Zhou

童第周，字蔚孙，浙江省鄞县人，是 20 世纪中国著名的实验胚胎学家和生物学家。

童第周出生在一个农民家庭，他幼年丧父，家境清贫，全靠兄长抚养。1918 年，童第周进入宁波师范读书，他学习勤奋，以优异的成绩考入省内名望极高的宁波效实中学三年级做插班生。

在效实中学，童第周因为基础薄弱，开始时成绩全班倒数第一，但是他没有灰心。他经常在同学们就寝之后，在路灯光下努力学习，到期末考试的时候，他的成绩已经是全班第一了。当时的校长陈夏常感叹道："我当了多年校长，从来没有看到过进步这么快的学生！"后来童第周回忆说："在效实中学的第一，对我一生有很大影响。那件事使我知道自己并不比别人笨，别人能做到的，我经过努力也一定能做到。世上没有大才，天才是用劳动换来的。"

这件对童第周一生都有影响的事情反映出了他年纪轻轻就很有志气，这种志气使他在以后的科学之途上以巨大的努力获得令世人瞩目的成就。因为他相信通过自己的努力，别人能做到的事情，他也能做到，而且可以做得更好。

1922 年，童第周考入复旦大学，就读于哲学系心理学专业。1927 年毕业后，由中央大学生物系主任蔡堡推荐，任中央大学生物系助教。1930 年，童第周由亲友资助到比利时留学，师从布鲁塞尔大学著名的胚胎学家布拉舍教授，并于 1934 年获博士学位。在留学期间，他总是在默默地做实验，他的生物学天分引起了另一位导师达克教授的注意。1931 年夏天，在法国的海滨实验室，童第周顺利完成了海鞘卵子外膜剥离实验，获得了在国际生物学界声誉很高的李约瑟的赞赏。"九·一八"事变发生后，童第周出于爱国和抗日热情，带头到日本驻布鲁塞尔使馆进行抗议，受到比利时警方的威胁。

童第周在实验室工作图

童第周为克隆技术做出贡献

1996年，一头名叫多莉的绵羊在英国出世。它是第一例体细胞克隆成功的哺乳动物，轰动了世界。其实，童第周从1958年就开始了克隆技术的研究工作，当时他们称之为"细胞核移植"。1963年，童第周成功地进行了鱼的克隆，他的成果代表了当时国际同类工作的最高水平。他的下一个目标是更高等的哺乳动物。可是这个目标被"文革"打断，最终未能实现。近年，童第周的学生杜淼和陈大元成功克隆了兔子、山羊、牛、大熊猫等动物，也算完成了他的夙愿。

1934年7月，童第周放弃国外优厚的条件，回到祖国，任教于国立山东大学生物系。1937年抗日战争爆发后，他随山东大学内迁到四川万县。1938年山东大学解散，他辗转了很多地方。1941年11月，童第周受聘于同济大学。在离乱的日子里，他在经典胚胎学基础理论研究上取得重大突破，引起了国际瞩目。1942年底，李约瑟访问中国，参观了童第周简陋的实验室，对他在如此破陋的条件下获得如此巨大的成就表示惊叹。1946年，童第周担任山东大学动物学系教授和系主任。1948年，当选中央研究院院士。同年，应美国洛氏基金会邀请到美国耶鲁大学任客座研究员，1949年3月回国。

新中国成立后，童第周继续担任山东大学动物系教授兼系主任。1950年他受聘兼任中国科学院实验生物研究所副所长和中国科学院水生生物研究所青岛海洋生物研究室主任。1957年担任中国科学院海洋生物研究所所长。1977年出任中国科学院动物研究所细胞遗传学研究室主任。1978年任中国科学院副院长。童第周在"文革"中受到迫害，后在邓小平的亲自过问下，得以重返实验室。

1979年3月，童第周病逝于北京，享年77岁。

童第周毕生致力于生物研究，工作起来一丝不苟，六七十岁了还坚持自己动手做实验，用他自己的话说，科学家不自己动手做实验就变成科学政客了。学生们到实验室看到的第一个人永远是童第周。他端坐在显微镜前，似乎和这些仪器一样成为实验室不可缺少的一部分。童第周的辛勤努力使他在实验胚胎学、细胞生物学和发育生物学的研究方面取得了创造性的成果。他的研究工作始终居于国内外同类研究的先进行列。他在两栖类胚胎发育研究、文昌鱼的发现及其胚胎发育机理的研究、鱼类的胚胎发育能力和细胞遗传学研究，尤其是在生物遗传学理论的研究中都有杰出的贡献。他培育出的兼具金鱼和鲫鱼性状的"单尾金鱼"被称为"童鱼"。

童第周以他杰出的生物学研究方面的贡献，当之无愧成为我国实验胚胎学的主要创始人之一。

"导弹之父"钱学森

Dao Dan Zhi Fu Qian Xue Sen

钱学森是中国 20 世纪最杰出的科学家，他是一颗璀璨的明星，他在导弹、工程控制以及系统论等诸多方面获得了开创性的成就，当之无愧地成为世界著名火箭专家，中国工程控制论专家、系统工程专家、系统科学思想家。

钱学森，浙江省杭州市人，1911 年 12 月 11 日出生在上海。他的父亲钱均夫早年曾留学日本，是一位教育家，母亲章兰娟也聪颖过人。良好的教育环境使得钱学森聪颖早慧。

钱学森像

1914 年，钱学森随父母迁居北京，1923 年考入北京师范大学附属中学，1929 年考入上海交通大学，就读于机械工程系火车制造专业，并于 1934 年毕业。在大学时代，钱学森学习认真，严格要求自己，成绩优异。

1935 年，钱学森以清华大学公费留学生的身份到美国麻省理工学院学习，仅用 1 年时间就取得了该院航空系的硕士学位。次年 10 月，他师从美国著名空气动力学家冯·卡门教授，在加州理工学院学习航空工程理论，1939 年获航空与数学博士学位。钱学森在空气动力学、航空工程、喷气推进技术等尖端科技方面的才华，使他成为当时最有名望的优秀科学家之一。他与冯·卡门合作取得了多项成果，尤其是著名的"卡门－钱公式"，成为航空科学史上闪光的一页。

"二战"期间，钱学森与马林纳合作，在冯·卡门的指导下，完成了美国第一枚导弹的设计工作，成为美国导弹技术的奠基人之一。1949 年，钱学森推导出著名的"钱学森公式"，提出了设计航程 3107 英里（5000 千米）的助推滑翔超音

◆ 钱学森开创了工程控制论 ◆

钱学森在 20 世纪 50 年代初将控制论发展成为一门新的技术科学——工程控制论，为导弹与航天器的制导理论提供了基础。他把中国导弹武器和航天器系统的研制经验提炼成系统工程理论，应用于军事运筹和社会经济问题，成功地推进了作战模拟技术和社会经济系统工程在中国的发展。

速飞行器的建议。20世纪40年代末，钱学森已被世界公认为力学界和应用数学界的权威和流体力学研究的开路人之一，以及卓越的空气动力学家、现代航空科学与火箭技术的先驱和创始人。

20世纪50年代，美国麦卡锡主义盛行，在国内疯狂迫害共产党人，1950年7月，美国政府取消钱学森参与机密研究的资格。钱学森遭受如此不公正待遇，非常气愤，便决定回国。

出发前，钱学森被美国移民局逮捕，关押在拘留所里两个星期，后来被友人花钱保释出来。美国海军次长金布尔甚至叫嚣道："我宁肯把他枪毙，也不愿放回中国，无论在什么地方他（钱学森）都值5个师。"

"长征"4号运载火箭

中国不但是世界最早发明火药的国家，而且也是世界上最早发明火箭的国家。根据现代的定义，所谓火箭，是指以火药燃烧时产生的高温、高压气体，形成反推力而腾空飞行的装置。中国至迟在12世纪中叶已发明火箭。

在接下来的5年时间里，钱学森一直受到美国移民局的限制和联邦调查局特务的监视，只能教书和从事《工程控制论》的写作。

1955年10月，钱学森在中国外交人员的努力和协助下，终于回到祖国的怀抱。对于钱学森回国一事，周恩来总理非常重视。他在20世纪50年代末一次会议上说："中美大使级会谈至今虽然没有取得实质性成果，但我们毕竟就两国侨民问题进行了具体的建设性接触。我们要回了一个钱学森，单就这件事说来，会谈也是值得的，有价值的。"周总理还专门对聂荣臻交代说："钱学森是爱国的，要在政治上关心他，工作上支持他，生活上照顾他。"

1956年初，钱学森主持制订1956～1967年科学技术发展远景规划纲要第37项国家重要科学技术任务《喷气和火箭技术的建设》报告书，并于1956年2月17日向国务院递交《建立我国国防航空工业的意见书》，最先为中国火箭和导弹技术的建设与发展提出了极为重要的实施方案。

同年，钱学森还协助周恩来和聂荣臻筹备组建了火箭导弹科学技术研究方面的领导机构，并成为这一领导机构的重要成员，负责规划与组建国防部第五研究院。

钱学森在力学领域的开创性贡献

　　钱学森在空气动力学方面提出了跨声速流动相似律，并与冯·卡门一起，最早提出高超声速流的概念，为飞机在早期克服热障和声障提供了理论依据，为空气动力学的发展奠定了重要的理论基础。高亚声速飞机设计中采用的公式就是"卡门-钱公式"。此外，钱学森和冯·卡门在20世纪30年代末还共同提出了球壳和圆柱壳的新的非线性失稳理论，他在1946年对稀薄气体的物理力学特性的研究是这一分支发展的先声。

钱学森

　　他的工程控制论为导弹与航天器的制导理论奠定了基础，对中国的火箭导弹和航天事业的迅速发展做出了重大贡献。

　　钱学森亲自参与指导了我国导弹的设计和研制，因为他的突出贡献，被誉为中国的"导弹之父"。1999年，中共中央、国务院、中央军委授予他"两弹一星功勋奖章"。

　　钱学森研究领域广泛，他在空气动力学、航空工程、喷气推进、工程控制论、物理力学等技术科学领域做出了许多开创性贡献，尤其是为我国火箭、导弹和航天事业的创建与发展做出了卓越贡献。他的著作有《工程控制论》《物理力学讲义》《星际航行概论》《论系统工程》等。

两弹元勋邓稼先

Liang Dan Yuan Xun Deng Jia Xian

　　邓稼先，安徽省怀宁县人，中国著名的核物理学家。他是我国核武器理论研究工作的奠基者和开拓者，因为其早年在研制和发射原子弹、氢弹方面的贡献，被誉为"两弹元勋"。1999年，党中央、国务院和中央军委给他追授了"两弹一星功勋"奖章。

邓稼先出生在一个中产阶级家庭，他的父亲邓以蛰早年留学日本，回国后先后在清华大学、北京大学、厦门大学担任教授。邓稼先在四姐弟中排行老三。

5岁时，父亲为邓稼先请了私塾先生，教他背诵《诗经》和《论语》，打下了很好的文化基础。6岁时，进入北京四存小学，当时他对"四书""五经"不感兴趣，偏爱数学等自然科学。1935年，邓稼先考入北京崇德中学，与高他一级的杨振宁是很要好的朋友。

1941年，邓稼先考上了西南联大物理系，又与杨振宁成为同学。1945年，从西南联大毕业后，邓稼先被北京大学聘为物理助教，在学生运动中担任了北大教职工联合会主席。

> ◆ **原子弹** ◆
>
> 原子弹是一种利用核裂变原理制成的核武器。它是由美国最先研制成功的，具有非常强的破坏力与杀伤力，爆炸同时会发出强烈的核辐射，危害生物组织。制造原子弹的材料是铀235，它在天然铀中只占0.7%。

为了学习更多的科学知识来建设即将诞生的新中国，邓稼先于1947年通过了赴美研究生考试。1948年10月，邓稼先赴美国普渡大学研究生院物理系留学。

在美国留学期间，邓稼先刻苦努力，勤奋学习，3年的课程2年就完成了。他以突出的成绩顺利通过了博士论文答辩，时年26岁，被美国人称为娃娃博士。

1950年8月，邓稼先在获得博士学位的第9天，毅然决定回国。他不仅谢绝了恩师和同校好友的挽留，而且还说服了光学物理学家王大珩（后获"两弹一星功勋"奖章）和低温物理学家洪朝生（后参加"两弹一星"研制）一同回国。

同年10月，邓稼先到中国科学院近代物理研究所任研究员，开始进行中国原子核理论的研究。1953年，他与许鹿希结婚，1954年加入中国共产党。1958年秋，时任核工业部副部长兼原子能所所长钱三强找到邓稼先，说"国家要放一个'大炮仗'"，征询他是否愿意参加这项高度机密的工作。邓稼先知道这是国家的需要，毫不犹豫地同意了。

回到家中，他只对妻子说自己"要调动工作"，不能再照顾家和孩子，也不能再通信。妻子许鹿希心里明白，丈夫肯定是从事对国家有重大意义的工作，表示坚决的理解和支持。邓稼先这一走就是28年。从此，邓稼先的身影只出现在戒备森严的深院和大漠戈壁。

邓稼先接到任务后，先挑选了一批大学生，准备了有关的俄文资料和原子弹模型。1959年6月，苏联政府中止了原有协议，撤走了专家，销毁了资料。中国的核事业必须从零开始，自己动手，搞出自己的原子弹、氢弹和人造卫星。邓稼先和同事们一起研究和翻译资料，用手摇计算机计算数值，推导公式。特别是遇到一个苏联专家留下的核爆大气压的关键数字时，邓稼先在周光召的帮助下，以

氢弹

氢弹（又称热核武器），核武器的一种。主要利用氢的同位素（氘、氚）的聚变反应所释放的能量来进行杀伤破坏。就其原理来说，它并不是"纯净"的聚变核武器，确切地说，它应该叫"三项弹"，裂变引发聚变，聚变释放出的中子诱发出更剧烈的裂变。正因如此，它才具有了空前的威力。

严谨的计算推翻了原有的结论，解决了中国原子弹试验的关键性难题。

经过近两年的努力，他们终于把我国第一颗原子弹的理论计算数据全部推算出来，接着又进行了一系列的试验，成功地模拟了原子弹爆炸的全过程。1964 年 10 月 16 日，中国成功爆炸了第一颗原子弹。

这是一件让中国人民彻底扬眉吐气的大事，意味着中国已经不再惧怕西方国家的核讹诈。原子弹爆炸成功以后，邓稼先又开始投入对氢弹的研究。这是比研制原子弹更加艰难的科学探索。

在邓稼先的领导下，1967 年 6 月 17 日，我国成功地爆炸了一颗氢弹。整个研制过程仅用了 2 年零 8 个月，抢在了法国人的前面，成为继苏联和美国之后，第 3 个拥有核武器的国家。同苏联用 4 年、美国用 7 年、法国用 8 年的时间相比，创造了世界上最快的速度。

1972 年，邓稼先担任核武器研究院副院长，1979 年升为院长。他为我国的核试验贡献了毕生的精力。在我国进行的 45 次核试验中，由邓稼先领导的就有 32 次，其中有 15 次是他亲自在现场指挥。邓稼先为新中国的国防事业做出了巨大的成就，他一生淡泊名利，直到死前才公开其贡献，他的科学成就和他的人格一样，将永远流传。

人工合成牛胰岛素

Ren Gong He Cheng Niu Yi Dao Su

20 世纪 60 年代，人工牛胰岛素在我国合成，这是迄今为止我国唯一能够角逐诺贝尔奖的科技发明，也是我国科学家创造的一次几乎与诺贝尔奖零距离接触的机会。

1955 年，当桑格第一次阐明胰岛素的化学结构时，英国《自然》杂志预言："合成胰岛素将是遥远的事情。"当时我国的情况是，百废待兴，在这方面更是一片空白，除了生产谷氨酸钠（味精）之外，甚至没有制造过任何氨基酸。而且做这项工作还得花去大量的资金。

这些现在想起来，似乎都是颇费周折的事情，在当时却进展得很顺利。据参与主持这项研究的邹承鲁讲，在当时的中国科学院上海生物化学研究所，这一主张一经提出，便获得了一致赞同，也赢得了领导的支持。这个项目很顺利就获得了充足的经费，剩下的就是科学家们自己的事情了。

胰岛素合成的队伍由中国科学院上海生物化学研究所、北京大学和上海有机化学研究所三个单位共同组成。大家知道，胰岛素分子是由 A、B 两条链组成，所以只要分别合成 A、B 两链，再组合就成了。

开始为了摸索合成路线，大家兵分五路，尝试突破。一路由钮经义负责，搞有机合成；二路由邹承鲁负责，搞天然胰岛素的拆合；三路由曹天钦负责，建立肽库和分离分析技术；四路和五路由沈昭文负责，分别做酶激活和转肽工作。经过实践，三路、四路、五路被否定，重点集中在一路、二路和分离分析的工作上。

1960 年初，杜雨苍、张友尚、鲁子贤、邹承鲁等对用 3 个二硫链拆开的天然胰岛素进行组合获得成功，重组的活力逐渐提高到 50%，产物纯化后可以结晶，结晶形状与天然胰岛素相同。另外，杜雨苍、许根俊、鲁子贤和邹承鲁等又研究了合成的 A 链和 B 链连接为胰岛素分子的条件，为全合成开辟了道路。

1963 年，三个单位重新开始协作。1964 年，由钮经义负责的上海生物化学所合成了 B 链，同时用人工合成的 B 链与天然的 A 链合成成功。

A 链合成由汪猷领导的上海有机化学研究所和由邢其毅领导的北京大学协作完成。1964 年，A 链的合成取得成功，同时用人工合成的牛胰岛素 A 链与天然的 B 链接合获得成功。

接下来，就是人工牛胰岛素的全合成。在邹承鲁的负责下，第一次全合成试验即告成功，但活力很低，拿不到结晶。因此，需进一步改善合成的方法。

经过无数次试验，研究人员试用了各种不同的保护剂和各种抽提方法，终于在 1965 年 9 月 17 日得到最好的效果，宣告世界上第一个人工合成的蛋白质在中国诞生了！

人工合成胰岛素是科学史上的一次重大飞跃，是生命科学发展史上一个新的重要里程碑，它标志着人工合成蛋白质时代的开始，使人类在揭示生命奥秘的历程中迈进了一大步。

挑战哥德巴赫猜想的陈景润

Tiao Zhan Ge De Ba He Cai Xiang De Chen Jing Run

陈景润，福建闽侯人，我国现代著名的数学家，在数论和哥德巴赫猜想研究方面获得了卓越的成就。世界级的数学大师阿·威特尔称赞他道："陈景润的每一项工作，都好像在喜马拉雅山顶行走。"

陈景润出生在一个工人家庭，父亲是一位邮政工人，陈景润在众多的兄弟姐妹中排行老三。1945年，陈景润随家迁居福州，并进了英华中学。陈景润从小性格内向，只知道啃书本，同学们给他起了一个绰号"书呆子"。陈景润从小就对数学情有独钟，喜欢钻研，刚好这时候学校来了一位著名科学家沈元教授，他在一堂数学课中，讲了17世纪德国数学家哥德巴赫提出的一个猜想。他还打了个形象的比喻，自然科学的皇后是数学，数学的皇冠是数论，而哥德巴赫猜想就是数学皇冠上的明珠。他的这堂课深深刻在陈景润的脑海里，他暗下决心，一定要摘取这颗"数学皇冠上的明珠"。

1950年，陈景润高中尚未毕业，就以同等学力考入厦门大学。1953年，陈景润大学毕业后被分配到北京一所名牌中学任教。由于他不善言辞，个性也不适宜教书，压力很大，人也病倒了。当时该中学领导在一次会议上碰上来北京的厦门大学校长王亚南，向他抱怨陈景润不行。王亚南了解陈景润的个性和价值所在，于是把他调回厦门大学担任学校图书馆管理员。陈景润回到厦门大学，病也开始好转了。他利用这个有利的时机，如饥似渴地研读了华罗庚的《堆垒素数论》和《数论导引》。他要努力研究，做出成绩来，才不辜负信任和爱护他的人。

功夫不负苦心人，陈景润终于写出了第一篇数学论文《关于塔利问题》，并把它寄到中科院数学所。他希望自己的数学才能能得到当时著名数学家华罗庚的认可，像当年华罗庚被熊庆来赏识一样。果然，华罗庚盛情邀请陈景润参加1956

◆ 哥德巴赫猜想 ◆

在整数里面，能够被2整除的叫偶数，不能被2整除的叫奇数。只能被1和它本身整除而不能被别的整数整除的叫素数；反之，能被别的整数整除的就叫合数。1742年，哥德巴赫写信给欧拉时，提出了：每个不小于6的大偶数都是两个素数之和。这个简单的命题被称为"哥德巴赫猜想"。

征战"哥德巴赫猜想"之旅

1920 年，挪威数学家布朗证明了（9 + 9）（即 9 个素因子之积加 9 个素因子之积）；

1924 年，数学家拉德马哈尔证明了（7 + 7）；1932 年，数学家爱斯尔曼证明了（6 + 6）；

1938 年，数学家布赫斯塔勃证明了（5 + 6）；1940 年，布赫斯塔勃又证明了（4 + 4）；

1948 年，匈牙利数学家兰恩易证明了（1 + 6）；1956 年，数学家维诺格拉多夫证明了（3 + 3）；1958 年，我国数学家王元证明了（2 + 3）； 1962 年，我国数学家潘承洞证明了（1 + 5）；

1962 年，王元、潘承洞又证明了（1 + 4）；1965 年，数学家布赫斯塔勃、维诺格拉多夫和庞皮艾黎都证明了（1 + 3）；1966 年，陈景润证明了（1 + 2）。

年全国数学论文宣读大会。1956 年底，华罗庚把他调到中国科学院数学研究所担任实习研究员。

陈景润调到北京后，在华罗庚的栽培之下，迅速成长起来。他在圆内整点问题、球内整点问题、华林问题、三维除数问题等方面，都改进了中外数学家的结果，取得了最新的成就。但是他并不满足，他要完成青年时期的梦想，向哥德巴赫猜想挺进。陈景润当时居住在 6 平方米的小屋内，借一盏昏暗的煤油灯，进行繁复的计算，条件十分艰苦。但是他浑然不顾，废寝忘食，昼夜不舍，潜心思考，达到了痴呆的地步。有一次一头撞在树上，还问是谁撞了他。1966 年 5 月，陈景润耗去了几麻袋的草稿纸，写成论文《大偶数表为一个素数及一个不超过二个素数的乘积之和》，攻克了世界著名数学难题"哥德巴赫猜想"中的（1+2），创造了距摘取这颗数论皇冠上的明珠（1+1）只有一步之遥的辉煌。可是论文太长了，厚达 200 多页。考虑到科学的简明性，闵嗣鹤教授建议他简化一下。他又投入到更加艰巨的工作中去了。这时"文革"开始，陈景润受到了一定程度的影响，但他并没有放弃。1973 年，陈景润终于将论文简化完成。

陈景润的工作轰动了世界，国际上的反响非常强烈。当时英国数学家哈勃斯丹和西德数学家李希特的著作《筛法》正在印刷所校印，他们见到陈景润的论文后，立即要求暂不付印，并在这部书里加添了一章"陈氏定理"。他们把它誉为筛法的"光辉的顶点"。一个英国数学家在给陈景润的信里称赞他说："你移动了群山！"

陈景润分别在 1978 年和 1982 年两次收到在国际数学家大会作 45 分钟报告的邀请。他本想在他有生之年完成（1+1），彻底摘取皇冠上的明珠。可惜的是，在他生命最后的 10 多年中，帕金森氏综合征困扰他，使他长期卧病在床，最终未能实现夙愿。虽然小有遗憾，但是陈景润在数论和哥德巴赫猜想方面的研究上取得了举世瞩目的成就，他将永垂千古，流芳中国科学史。

"杂交水稻之父" 袁隆平

Za Jiao Shui Dao Zhi Fu Yuan Long Ping

　　20 世纪末期，中国科学史上有一位非常重要的人物，他拥有无数的荣誉，他就是被国际上誉为"杂交水稻之父"的袁隆平。用朴实的中国农民的话说，吃饭靠"两平"，一靠邓小平（责任制），二靠袁隆平（杂交稻）。

　　袁隆平，1930 年 9 月出生于北京，1949 年 8 月考入重庆相辉学院（后改名西南农学院）农学系，1953 年 8 月毕业后分配到湖南省安江农校任教。此后袁隆平一面从事教学，一面从事水稻育种研究。

　　1960 年 7 月，袁隆平在早稻常规品种试验田里发现了一株"株形优异、鹤立鸡群"的水稻植株。第二年的春天，他把这株变异株的种子播到试验田里，期待着收获优良的新一代稻种。可是等到秧苗长高后，袁隆平失望地发现，它们品性上高的高，矮的矮；成熟也是迟的迟，早的早，没有一株超过母株。

　　袁隆平并没有灰心，他对孟德尔和摩尔根的遗传学进行了深入的研究。深入分析后他发现，纯种水稻品种的第二代是不会有分离的，只有杂种第二代才会出现分离现象。既然发生分离，那就可以断定那株性状优异稻株是一株地道的"天然杂交稻"的第一代。

袁隆平在田间

　　袁隆平进而认识到，既然那株"天然杂交稻"的第一代长势这么好，那么证明水稻存在明显的杂种优势现象。只要能探索到其中的规律和奥秘，就可以培育出人工杂交稻来。他决心利用水稻杂交的优势，来提高水稻的产量。

　　袁隆平从此开始把精

水稻品种——武运粳 7 号
杂交水稻的发明被誉为"第二次绿色革命"。农业经济学家唐·帕尔格说："袁隆平为中国赢得了宝贵的时间，他增产的粮食实质上降低了人口增长率。他在农业科学上的成就击败了饥饿的威胁。他正引导我们走向一个丰衣足食的世界。"

力转到培育人工杂交水稻课题的研究上。这在当时是一个很有挑战性的课题。因为水稻是自花授粉的作物。美国著名遗传学家辛诺特和邓恩的经典著作和 20 世纪五六十年代美国大学教科书《遗传学原理》里都明确地写着："自花授粉作物自交不衰退，因而杂交无优势。"国内外的某些权威嘲笑"提出杂交水稻课题是对遗传学的无知"。

1964 年，袁隆平正式提出了利用天然杂交水稻优势的观点，并开始杂交水稻的研究。袁隆平认为利用水稻的杂交优势确实可行的出路就是培育出一个雄花不育的"母稻"，即雄性不育系，然后用其他品种的花粉去给它授粉杂交，产生出用于生产的杂交种子。

在 1964 ~ 1965 年这两年里，袁隆平和助手们忙着寻找雄花不育的"母稻"，终于找到了 6 株天然雄性不育的植株。经过观察试验，他积累了丰富的科学数据，撰写了论文《水稻的雄性不孕性》，发表在《科学通报》上。这是国内首次论述水稻雄性不育性的论文。

此后 5 年多的时间里，袁隆平和助手们先后用了 1000 多个品种，做了 3000 多个杂交组合，都没能培育出不育株率和不育度都达到 100% 的不育系来。后来，袁隆平又提出了利用"远缘的野生稻与栽培稻杂交"的新设想。

❖ 隆平高科出世 ❖

1998 年，经权威的资产评估机构所评估，"袁隆平品牌"无形资产价值 1000 亿元人民币。身为中国工程院院士的袁隆平，是一位具有平民意识的科学家，他并不追逐财富。

1999 年 6 月，湖南省农业科学院联合国家杂交水稻工程技术研究中心等 5 家法人股东，共同出资筹建"袁隆平农业高科技股份有限公司"，其中袁隆平领导的国家杂交水稻工程技术研究中心占有 25% 的股份。2000 年 12 月 11 日，我国第一家以农业科学家的名字冠名的上市公司"袁隆平农业高科技股份有限公司"（简称"隆平高科"）在深圳证券交易所挂牌上市。袁隆平作为公司的股东拥有 250 万股股份。"隆平高科"股票发行价为 12.98 元，当日开盘价为 27.89 元，收盘价为 40.37 元。有人戏称袁隆平为亿万富翁，他不无幽默地说："我只不过是一个过路财神，不过是账面上的亿万富翁。"

1970 年 11 月，袁隆平的助手李必湖在海南岛的普通野生稻群落中发现一株雄花稗育株。这一发现，为培育水稻不育系和随后的"三系"配套打开了突破口，给杂交稻研究带来了新转机。

1972 年，农业部把杂交稻列为全国重点科研项目，组成了全国范围的攻关协作网。1973 年，在突破"不育系"和"保持系"的基础上，袁隆平等率先找到了优势强、花粉量大、恢复度在 90% 以上的"恢复系"。在世界上首次育成强优势杂交水稻。同年 10 月，袁隆平发表了论文《利用野稗选育三系的进展》，正式宣告我国籼型杂交水稻"三系"配套成功。

1974 年，袁隆平和同事们又相继攻克了杂种"优势关"和"制种关"，研究出一套籼型杂交水稻生产技术；袁隆平成为世界上第一个培育成籼型杂交水稻的人。

1976 年到 1987 年，袁隆平培育的杂交水稻的种植面积累计达到 11 亿亩，增产稻谷 1000 亿公斤。袁隆平的杂交水稻解决了中国人民的吃饭问题，确保了我们用占世界 7% 的土地养活占世界 22% 的人口。

1986 年，袁隆平在他的论文《杂交水稻育种的战略设想》中，科学地将杂交水稻育种分为"三系法为主的品种间杂种优势利用，两系法为主的籼粳亚种优势利用，再到一系法为主的远缘杂种优势利用"三个战略发展阶段。

1995 年，两系杂交稻基本研究成功。1997 年，袁隆平发表了重要论文《杂交水稻超高产育种》。

袁隆平培育出杂交水稻，解决了 13 亿中国人民的吃饭问题。他一辈子淡泊名利，专注于科学研究，他的路还在继续，他最大的梦想是解决全世界人民的吃饭问题。